मुजीब रिज़वी

मुजीब रिज़वी इलाहाबाद की मशहूर तहसील चयल के एक क़स्बे में 14 मई, 1934 को पैदा हुए। आरंभिक शिक्षा इलाहाबाद में हुई। स्नातक की डिग्री इलाहाबाद यूनिवर्सिटी से हासिल की। इस दौरान वो पंडित सुंदरलाल के सान्निध्य में स्वतंत्रता आंदोलन और वामपंथी आंदोलनों एवं गतिविधियों में भी सक्रिय रहे। अलीगढ़ से हिंदी में एम.ए. करने के बाद उन्होंने 1960 की दहाई में जामिया मिल्लिया इस्लामिया में हिंदी विभाग की नींव डाली। उन्होंने जामिया और हिंदी विभाग की बेशक़ीमत खिदमत की और अंततः एक्टिंग वाइस चांसलर होकर वहीं से सेवानिवृत्त हुए। सूफ़ी प्रेमाख्यानों पर उनके अनेक निबंध हैं और वे इस विषय के अद्भुत विशेषज्ञ थे। *सब लिखनी कै लिखु संसारा : पद्मावत और जायसी की दुनिया* उनकी बहुचर्चित किताब है। जायसी, मीर अनीस, फिराक़, वैष्णव भक्ति, तुलसी, मुल्ला दाऊद, कबीर और दूसरे सूफ़ी-भक्ति विचारधारा के निर्गुण-सगुण कवियों पर उनके निबंधों पर आधारित यह किताब *पीछे फिरत कहत कबीर-कबीर* 2009 में उर्दू में प्रकाशित हुई थी और अब पहली बार हिंदी में आ रही है।

24 मई, 2015 को उनका निधन हुआ।

पीछे फिरत कहत कबीर-कबीर

मुजीब रिज़वी

लिप्यंतरण

मोहम्मद यूसुफ़

राजकमल पेपरबैक्स

राजकमल पेपरबैक्स में
पहला संस्करण : जनवरी, 2022
दूसरा संस्करण : मई, 2022

राजकमल पेपरबैक्स : उत्कृष्ट साहित्य के जनसुलभ संस्करण

राजकमल प्रकाशन प्रा. लि.
1-बी, नेताजी सुभाष मार्ग, दरियागंज
नई दिल्ली-110 002
द्वारा प्रकाशित

शाखाएँ : अशोक राजपथ, साइंस कॉलेज के सामने, पटना-800 006
पहली मंजिल, दरबारी बिल्डिंग, महात्मा गांधी मार्ग, प्रयागराज-211 001
36 ए, शेक्सपियर सरणी, कोलकाता-700 017

वेबसाइट : www.rajkamalprakashan.com
ई-मेल : info@rajkamalprakashan.com

बी.के. ऑफसेट
नवीन शाहदरा, दिल्ली-110 032
द्वारा मुद्रित

मूल्य : ₹399

PEECHHE FIRAT KAHAT KABIR-KABIR
Criticism by Mujeeb Rizvi
Transliteration by Mohammad Yusuf

ISBN : 978-93-90971-73-2

क्रम

इस किताब का आना 7
पेशलफ़्ज़ 9

अवध के दो अज़ीम शाइर : तुलसीदास और मीर अनीस 15
तुलसीदास 27
भगतों की राधा 33
पीछे फिरत कहत कबीर-कबीर 42
संस्कृत शे'रियात की रोशनी में कलाम-ए-अनीस 49
हसरत की भी क़ुबूल हो मथुरा में हाज़िरी 63
बाज़ार-ए-हुस्न या सेवा-सदन 71
फ़िराक़ और हिंदी रिवायत : रूप का रस और रंग 82
टूटते-बिखरते ख़ाबों की दास्तान : 'कछुआ और ख़रगोश' 123
एक मुअल्लिम की कहानी : कुछ मेरी कुछ उनकी ज़बानी 139
हमारा तालीमी निज़ाम और इस्लाह की नाकाम कोशिश 152
तसव्वुफ़ क्या है? 160
हिंदुस्तानी तमद्दुन के इर्तिक़ा में मुसलमानों का हिस्सा 167
बारहमासा : हिंदी शाइरी में मौसम 189
हिंदी-इस्लामी तहज़ीब का नाफ़ानी पुल : हज़रत अमीर ख़ुसरो 193

उत्तर कथन

मुजीब भाई / *असग़र वजाहत* 201
जाने हुए को जानना / *रवीश कुमार* 221

इस किताब का आना

एक बेनियाज़ सी शख़्सियत जिसका नाम मुजीब रिज़वी था उसकी बिखरी हुई अदबी काविशों से कुछ सफ़हात[1] मैं समेट लाती थी।

मगर मेरे लिए ये एक मुश्किल काम था कि उसको तरतीब दूँ या उनको छपवा सकूँ! मैं इस सिलसिले में अपने दामाद महमूद फ़ारूक़ी को दुआएँ देती हूँ के उन्होंने इस मुश्किल काम को बहुत लगन और मेहनत से किया और एक हद तक उनकी अदबी काविशों[2] को लोगों तक पहुँचाया, ख़ासकर मुजीब की थीसिस, पीएचडी का मक़ाला, जो जायसी की रचना *पद्मावत* पर है!

मुजीब का ख़याल था कि उनकी इस थीसिस पर अभी कुछ और काम करना है, उसको एडिट भी करना चाहते थे, कुछ तो उनका इस सिलसिले में लाउबालिपन, और दूसरी मसरूफ़ियतों ने उनको वक़्त ही नहीं दिया! और इरादा करते-करते ही कि वो इस काम को करेंगे, वो चले गए! उनकी मनमर्ज़ी का काम नहीं हो सका! मगर फिर भी हिन्दी वालों के लिए एक नायाब ज़ख़ीरा छोड़ गए, जो अगर महमूद की मेहनत शामिल ना होती तो आप लोगों तक नहीं पहुँच पाता।

महमूद ने ही फ़ैसला किया कि ये थीसिस जों की त्यों ही छाप दी जाए क्यूँकि उसको एडिट करने वाला ही जा चुका है।

मुजीब की आदत थी कि जब भी कोई मज़मून उनको लिखना या पढ़ना होता तो उसके बारे में ना उनको कोई किताब पढ़ते देखा और ना कोई नोट्स लेते देखा। बस ये ज़रूर होता था कि वो दो-तीन दिन जब उनको मज़मून लिखना होता था तो बहुत ख़ामोश हो जाते थे।

जिस दिन उनको उस मज़मून को पेश करना होता उस दिन अलस-सुबह बैठकर लिखते, दो-तीन घंटे चार घंटे लिखते और शाम को फिर पढ़ आते! मैं कहती रह जाती कि इसकी दो कॉपियाँ करा लें, एक तुम्हारे पास रहे तो अच्छा है। मगर मुजीब एक कान से सुनते और दूसरे कान से उड़ा देते। अक्सर तो जहाँ अपना मज़मून पढ़ने गए वहीं छोड़कर या भूलकर चले आए। कोशिश करके मैं रख लेती तो उनकी इस किताब का पहला एडिशन उर्दू में छपा, क्योंकि किसी ना किसी उर्दू

1. पृष्ठों, 2. प्रयासों

रिसाले ख़ासकर जामिया रिसाले में फ़रमाइश करके उनसे मज़मून लिखवाया जाता था, जिसे वो लिखकर भेज देते थे क़लम से। इसलिए ज़्यादातर मज़मून उर्दू में ही लिखे हुए हैं। मैं उनसे कहती रहती के उनको एक किताबी सूरत में छपवा दें पर उनका जवाब होता कि 'हाँ, कभी फ़ुरसत होगी तो देखेंगे, वैसे जिसको पढ़ना होगा वो रिसाले से भी पढ़ लेंगे।'

जब ये किताब उर्दू में छपी तो उन्हें ख़ुशी ज़रूर हुई थी। अपने जज़्बात के इज़हार के लिए उनके पास अल्फ़ाज़ हमेशा कम पड़ जाते थे! जब वो किताब उनके हाथ में आई तो वो मुस्कुराते हुए आए, और मुझे शुक्रिया कहकर किताब मेरी तरफ बढ़ा दी थी।

मेरा ख़्याल है कि *पद्‌मावत* का छपना एक अच्छा शगुन भी साबित हुआ, क्यूँकि अब हम लोगों को ख़्याल आया कि क्यूँ न 'पीछे फिरत कहत कबीर-कबीर' जो पहले उर्दू में छप चुकी थी, उसको हिन्दी में लाया जाए ताकि इसको हिन्दी वाले भी पढ़ सकें।

अब ये किताब हिन्दी में आ रही है और हिन्दी के क़ारई'न[1] तक पहुँचेगी। मैं शुक्रगुज़ार हूँ प्रोफ़ेसर मोहम्मद काज़िम साहब की जिन्होंने हिन्दी टाइपिंग की और जनाब देवेश साहब ने इसको जाँफ़िशानी से दुरुस्त किया और इमला की तसहीह की!

जनाब जानकी शर्मा ने निहायत जाँफ़िशानी और मेहनत से मुसव्वदा का मुताला करके अल्फ़ाज़ के मा'नी तैयार किए ताकि हिन्दी वालों को उसको पढ़ने में सहूलत हो। असग़र वजाहत ने जामिया पर अपनी किताब में से मुजीब पर मुबनी हिस्सा तह-ए-दिल के तौर पर इस किताब के लिए बख़ुशी पेश किया, उसके लिए उनका तह-ए-दिल से शुक्रिया। किताब पर मृणाल पांडे और मुजीब के मोहसिन और बहुत क़रीबी और अज़ीज़ दोस्त विश्वनाथ त्रिपाठी साहब के तबसिरे के लिए बहोत मशकूर हूँ और अपनी तमाम-तर मसरूफ़ियात और सरगर्मियों के बावजूद रवीश कुमार ने किताब से मुताल्लिक़ अपने ख़यालात का इज़हार किया, इसके लिए हम सब उनके शुक्रगुज़ार हैं। सिबतैन शाहिदी ने सरवर्क़ तैयार कराया और राजकमल से जनाब अशोक महेश्वरी और उनकी पूरी टीम का तह-ए-दिल से शुक्रिया। इन लोगों ने निहायत मेहनत और काविश[2] से *पद्‌मावत* पर मुजीब रिज़वी के काम को पेश किया था, ये किताब भी उन्हीं लोगों की मेहनत का नतीजा है जो क़ारई'न तक पहुँच गई है। हम उम्मीद करते हैं कि इन लोगों की मेहनत राएगाँ[3] नहीं जाएगी और क़ारई'न इसको पसन्द करेंगे।

आख़िर में आप सबका तह-ए-दिल से एक बार फिर शुक्रिया।

—अज़रा रिज़वी

1. पाठकों, 2. प्रयास, 3. व्यर्थ

पेशलफ़्ज़

तहज़ीबी संगम की बात अक्सर कही जाती है और बेहद फ़ख़्रिया अंदाज़ में बड़े ज़ोर-शोर से दोहराई जाती है। इससे मुराद सक़ाफ़ती[1] तारीख़ के एक मख़्सूस दौर की तहज़ीब से होता है। इसे ही गंगा-जमनी तहज़ीब भी कहा जाता है लेकिन इस गंगा-जमनी सक़ाफ़त में टेम्स का पानी इतनी ज़ियादा मिक़्दार में मिल चुका है कि इसके रंग-रूप पहले से बिल्कुल मुख़्तलिफ़ हो चुके हैं। टेम्स इस क़दर ग़ालिब है कि गंगा-जमनी कही जाने वाली तहज़ीब के कुछ धुँधले ख़द-ओ-ख़ाल[2] ही यहाँ-वहाँ नज़र आ जाते हैं। अवध के नवाबी दौर में ही इस पर फ्रांसीसी असरात नज़र आने लगते हैं जो लखनऊ के इमामबाड़ों की तर्ज़-ए-इमारत और नवाबों की तर्ज़-ए-रिहाइश पर भी नुमायाँ हैं। अंग्रेज़ों के तसल्लुत[3] के बाद अंग्रेजी तहज़ीब ब-ज़रीआ-ए-अंग्रेज़ी ज़बान-ओ-अदब और अंग्रेज़परस्ती के तवस्सुत[4] से यूरोपी तहज़ीब को हम अपनाते गए। हमारी तर्ज़-ए-तालीम, हमारे सोचने के ढंग और हमारी ज़िंदगी के हर पहलू पर वह हावी है। दरअस्ल अब हिन्दुस्तान का यही मुश्तरका कल्चर है। पुराने मुश्तरका कल्चर की बाज़याफ़्त[5] फ़ुज़ूल है। इसकी दुहाई देते रहना बेसूद है। लेकिन गंगा-जमना के दोआबे के बासी अपने इसी ख़ित्ते की सक़ाफ़ती बरतरी[6] को फ़रामोश करने को तैयार नहीं हैं। उनके लिए यही मैदान हिन्दुस्तानी तहज़ीब का गहवारा[7] है और अस्ल में यही आर्यावर्त्त है। यहाँ की हर बात मेयारी[8] है। अल्लामा इक़बाल तो रहने वाले रावी के तट के थे लेकिन उन्होंने भी गंगा के किनारे पर ही फ़ख़्र किया है।

ऐ आब-ए-रूदे-ए-गंगा वो दिन है याद तुझको
उतरा तिरे किनारे जब कारवाँ हमारा।

आर्यों का यह पहला कारवाँ था जो मग़रिब[9] से मशरिक़[10] की तरफ़ रवाना हुआ था और गंगा के किनारे आकर रुक गया था। ऋग्वेद में भी सिर्फ़ गंगा के किनारे-किनारे तरक़्क़ी करती हुई आर्याई तहज़ीब के रूप-रंग मिलते हैं। इन आर्यों का दूसरा

---

1. सांस्कृतिक, 2. चिह्न, 3. आधिपत्य, 4. माध्यम, 5. पुनरावलोकन, 6. श्रेष्ठता, 7. पालना, 8. स्तरीय, 9. पश्चिम, 10. पूर्व

क़ाफ़िला ब्रह्मपुत्र के रास्ते आया और मशरिक़ से मग़रिब की तरफ़ हिन्दुस्तान में फैल गया। इसे मग़रिबी आर्यों और गंगा-जमना के मैदान में बसे आर्यों ने हमेशा अपने से कमतर समझा।

संगम को बतौर तहज़ीबी यकजहती[1] के इस्तिआरे[2] के इस्तिमाल किया जाता है लेकिन संगम पर दो दरियाओं का मेल नहीं होता और ना ही इस मक़ाम पर गंगा-जमना एक-दूसरे में ज़म[3] हो जाती हैं। संगम अस्ल में गंगा-जमना के मिलाप का नहीं बल्कि उनके टकराव का निशान है। संगम पर जो लकीरें खिंची हैं उनसे यह टकराव नुमायाँ तौर पर नज़र आता है। गंगा का सफ़ेद पानी न तो जमना के पानी के हरे रंग को हल्का कर पाता है और ना ही जमना अपने हरे पानी से गंगा की सफ़ेदी को थोड़ा-बहुत भी रंगीन कर पाती है। इतना ज़रूर होता है कि इस जगह जमना का इख़्तिताम[4] हो जाता है और गंगा उमड़ती, बल खाती हुई समंदर की बाँहों में समा जाने के लिए आगे बह निकलती है।

इसलिए ग़ौरतलब मस्अला यह है कि इस तहज़ीबी संगम पर कौन सी तहज़ीब इख़्तिताम-पज़ीर[5] हो गइं और कौन सी बग़ैर किसी मिलावट के शुमाली हिन्दुस्तान की सक़ाफ़त की अलमबरदार बनकर सक़ाफ़त की आबयारी[6] करती चली गई। इसका एक जवाब तो उन लोगों का है जो पूरे अह्द-ए-वुस्ता[7] को अह्द-ए-तारीकी[8] मानकर पुरातन आर्याई कल्चर को ज़िंदा करना चाहते हैं, लेकिन जो लोग इस बात से मुत्तफ़िक़[9] नहीं हैं उन्हें भी इस सवाल का जवाब देना है। सक़ाफ़तों में टकराव नहीं होता और ना ही उनका इंज़िमाम[10] होता है। उनमें तो सिर्फ़ लेन-देन होता है। वे एक-दूसरे को पूरा करती हैं।

चूँकि इस बात को मान लिया गया है कि दोआबा ही हिन्दुस्तानी सक़ाफ़त का मंबा और मख़रज[11] है इसलिए उर्दू और हिन्दी अदब के नश्व-ओ-नमा का गहवारा भी इसी गंगा-जमना के मैदान को मान लिया गया है। जबकि अस्लियत यह है कि दोनों अदबों की आबयारी गोमती और सरजू ने भी बहुत की है। इन दोनों ज़बानों का अदब दोआबे से निकलकर गंगा के कनारे-कनारे भी फलता-फूलता नज़र आता है।

गंगा की मज़हबी अहमियत बहुत है। इसमें स्नान करने से सारे पाप धुल जाते है, मोक्ष मिल जाती है लेकिन इस नदी के किनारे कोई इश्क़िया दास्तान जनम नहीं ले पाई। सिन्ध, रावी, ब्रह्मपुत्र के किनारे प्रेमकहानियों से भरे पड़े हैं। जमना के किनारे राधाकृष्ण की प्रेमगाथा तो उस रेत के हर ज़र्रे पर लिखी हुई है। राधा किसी प्रेमदिवानी औरत का नाम नहीं है, यह तो इश्क़ का जज़्बा है, राधाभाव है। इस बात

---

1. एकता, 2. प्रतीक, 3. विलीन, मिल जाना, 4. अंत, समापन, 5. ह्रासोन्मुख, 6. संस्कृति का पोषण और संरक्षण, 7. मध्यकाल, 8. अन्धकार युग, 9. सहमत, 10. एक-दूसरे में विलीन होकर अपना पृथक् अस्तित्व खो देना, 11. उत्स

को समझाने के लिए ही इस किताब में भगतों की राधा के उन्वान से एक मज़्मून पेश-ए-ख़िदमत[1] है।

पंजाबी के एक लोकगीत में रावी ने गंगा पर तंज़[2] किया है। उसने कहा है कि गंगा तू महज़ साधुनी है, तू प्रेम की न रंगीनी से रूशनास[3] है ना ही तू बिरह में प्रेम की पीड़ा को जानती है। तो, तू तो बाँझ है और बाँझ ही रहेगी। रावी के इस बयान के पेश-ए-नज़र मेरा ख़याल है कि गंगा के किनारे नश्व-ओ-नमा[4] पाने वाले उर्दू और हिंदी अदब का जायज़ा लिया जाना चाहिए कि इसमें इश्क़ को किस क़दर और किस अंदाज़ में जगह मिली है।

जमना की लहरों में रची-बसी राधाकृष्ण की कहानी उर्दू-हिन्दी की मुश्तरका विरासत बन जाती है। मौलाना हसरत मोहानी अपना हज मुकम्मल नहीं समझते जब तक वह बरसाने से बृंदाबन तक का तवाफ़[5] न कर लें। 'हसरत की भी क़ुबूल हो मथुरा में हाज़िरी' के उन्वान से एक मज़्मून इस किताब में पेश है जिससे ज़ाहिर होता है कि उन्हें "हज़रत-ए-कृष्ण" से कितनी वालिहाना[6] मोहब्बत थी।

नज़ीर अकबराबादी भी इसी 'बंसीबजैया' पर रीझे हुए हैं। यह वह विरासत थी जिसे मुसलमानों ने भी दिल खोलकर अपनाया। मुग़ल शहज़ादे रसखान तो गोपीभाव के प्रेम में ऐसे सराबोर हुए कि भगतों के भी सरताज बन गए। मलिक मुहम्मद जायसी ने कृष्णजी की गाथा—पैदाइश से वफ़ात तक—'कान्हावत' में लिख डाली है। राधा और कृष्ण के प्रेम की ऐसी मुकम्मल दस्तावेज़ किसी और ने पेश नहीं की है।

सरजू नदी अयोध्या को सैराब[7] करती हुई आगे जाकर घाघरा में मिल जाती है। इसी के किनारे बैठकर महात्मा तुलसीदास ने रामायन की रचना की और इसी का पानी अनीस की शिरयानों[8] में ख़ून बनकर बहा। एक ने रामकथा को बहुत से अस्नाफ़[9] में लिखा और अनीस ने भी कर्बलाकथा को अपना मौज़ूअ-ए-सुख़न[10] बनाया। 'अवध के दो अज़ीम शाइर—तुलसीदास और अनीस' के उन्वान से एक मज़्मून इस किताब में शामिल है, दोनों की बयानिया शायरी में तर्ज़-ए-बयान की मुमासलत[11] हैरतअंगेज़ है।

जनाब फ़िराक़ गोरखपुरी की जमालियाती शाइरी[12] तो ज़ब्त-ए-तहरीर[13] में आई संगम के शहर इलाहाबाद में लेकिन उस पर असरात हैं मलिक मुहम्मद जायसी के, तुलसीदास के, देव और बिहारी के। यह सब दोआबे के बाहर के फ़नकार हैं। उन्हीं की शेरी[14] विरासत को फ़िराक़ साहिब ने बड़ी ख़ूबसूरती से उर्दू के क़ालिब[15] में ढाल दिया है और उसे मालामाल भी कर दिया। इसी की निशानदेही करने के लिए फ़िराक़ साहिब पर काफ़ी बड़ा मज़्मून इस किताब में शामिल है।

---

1. सेवा में प्रस्तुत, 2. व्यंग्य, 3. परिचित 4. उद्‌भव और विकास, 5. परिक्रमा, 6. प्रेमियों जैसी, 7. तृप्त, 8. शिराओं, 9. काव्यरूपों, 10. रचना-विषय, 11. समता, 12. सौंदर्य विषयक कविता, 13. रचना परंपरा, 14. काव्य-परम्परा, 15. देह या रूप

प्रेमचंद तो घाट-घाट का पानी पिए हुए थे लेकिन निवासी तो गंगा के किनारे बनारस के ही थे। उनके नाविल 'बाज़ार-ए-हुस्न' में बनारस के ही समाजी, सियासी माहौल की अक्कासी हुई है लेकिन लखनऊ के समाजी और सियासी माहौल को मुन्अकिस[1] करने वाले नाविल 'उमरावजान' से इसका मुक़ाबला करके उसे घटिया दर्जे का नाविल बताया गया। 'बाज़ार-ए-हुस्न' की कहानी भी एक तवाइफ के इर्द-गिर्द घूमती है लेकिन यह एक सियासी तंज़ का नाविल है जिसमें ख़ानबहादुर, रायबहादुर, मौलाना और पंडित सब ही अंग्रेज़ों की कठपुतली बने सियासी परागंदगी[2] की बिसात बिछाते रहते हैं, लेकिन 'सुमन' के कोठे पर आकर यह सब एक सुर में बोलने लगते हैं। 'बाज़ार-ए-हुस्न' में प्रेमचंद का अस्ल मौज़ूअ[3] गुम हो गया था इसी बात के मद्द-ए-नज़र उन्हें हिंदी में उसका नाम 'सेवा-सदन' रखना पड़ा। 'बाज़ार-ए-हुस्न से सेवा-सदन तक' में इसी मस्अले पर बहस की गई है। डॉक्टर ज़ाकिर हुसैन की तवील कहानी 'कछुवा और ख़रगोश' को बच्चों के अदब में शामिल करने का कोई जवाज़[4] नहीं है। यह कहानी तो उम्रदराज़ और नौजवानों के लिए लिखी गई है। इसका किरदार 'कछुवा' जहाँ-दीदा[5] है। वह इस धरती का पुराना बासी है। पानी में भी रहता है और ख़ुश्की पर भी। उसे मुसलमानों की इस मुल्क में आमद का पता है। उसने उन्हें जमना के किनारे वुज़ू करते देखा है। उसका सिर्फ़ एक ही सवाल है, लेकिन अपने-अपने उलूम[6] के माहिरीन उसके मामूली से सवाल का जवाब देने से क़ासिर हैं। उनका सारा इल्म अल्फ़ाज़ और इस्तिलाहात[7] के गोरखधंधों में बंद है। वे अपनी इल्मियत का डंका तो पीटते रहते हैं लेकिन सीधे-सादे आम आदमी के सवालों का जवाब नहीं दे पाते। यह कहानी हमारे तर्ज़-ए-तालीम पर भरपूर तंज़ है। इसका ज़ियादातर हिस्सा गंगा के किनारे पटना में लिखा गया था लेकिन इसका इख़्तिताम[8] देहली के माहौल में हुआ है। यहीं 'ख़रगोश' इस कहानी का किरदार बनता है। यह पंचतंत्र का महज़ एक छोटा-सा जानवर नहीं है बल्कि जवानी में बदमस्त एक ऐसा किरदार है जो बुज़ुर्गों की टोपी उछालता है, इक़्तिदार[9] को रौंदता फिरता है। इस मौज़ूअ पर एक मुक़ाबला इस किताब में शामिल है जिसमें दिखाया गया है कि यह ख़ुद ज़ाकिर साहिब के टूटे-बिखरे ख़ाबों की कहानी है।

इस किताब में एक मज़मून प्रोफ़ेसर मुहम्मद मुजीब की ज़िन्दगी से मुतअल्लिक़ शामिल है। इसमें उनकी तर्ज़-ए-फ़िक्र और तर्ज़-ए-तहरीर का इहाता[10] किया गया है लेकिन दरअस्ल इस मज़मून में बहस मुजीब साहिब के ड्रामे 'ख़ानाजंगी' से की गई है। यह ड्रामा तक़्सीम-ए-वतन से पहले जामिया की जुबली के मौक़े पर पेश किया गया था। ज़ाहिर में तो इसका मौज़ूअ औरंगज़ेब और दाराशिकोह की ख़ानाजंगी है

1. चित्रित 2. बिखराव, 3. विषय, 4. औचित्य, 5. जिसने दुनिया देखी है, 6. ज्ञान, 7. पारिभाषिक शब्द, 8. समापन, 9. प्रभुत्व, 10. दायरे या घेरे में लेना

लेकिन बातिन में यह दानिशवरों को फ़ैसलाकुन राह इख़्तियार करने का चैलेंज है। हर ज़माने में यह क़बीला हमेशा बहसों में मुब्तला रहा है, बाल की खाल निकालता रहा है, लेकिन कभी कोई मुस्बत[1] राह-ए-अमल इख़्तियार नहीं कर पाया, सरमद की राह पर चलना तो दूर की बात है।

इस किताब में बहुत से ऐसे मज़ामीन शामिल हैं जिनमें 'हिन्दुस्तानी सक़ाफ़त के इर्तिक़ा[2] में मुसलमानों की देन' की निशानदेही की गई है या मुसलमानों की इस कोशिश को पेश किया गया है जिसमें सूफ़िया-ए-किराम[3] ने अपनी दीनी और फ़ल्सफ़ियाना इस्लाहात[4] का मुतरादिफ़[5] हिंदुस्तानी मज़हबी और फ़ल्सफ़ियाना इस्लाहात में ढूँढ़ने की कोशिश की है।

हमने शुरू में दोआबे और मुख़्तलिफ़ नदियों के मुतअल्लिक़ जो बातें कही हैं वह हो सकता है कि कुछ अहल-ए-इल्म[6] को ग़ैरज़रूरी और मुबहम[7] लगें लेकिन यह बातें सिर्फ़ यह दिखाने के लिए की गई हैं कि कल्चर की कोई एक वाहिद[8] इकाई नहीं हो सकती। बस्तियाँ नदियों के किनारों पर आबाद हुई हैं और उनका कल्चर भी इर्तिक़ा-पज़ीर[9] हुआ है इसलिए कल्चर बहुत मुतनव्वे और तरक़्क़ी-पज़ीर[10] है, उसे किसी हिसार[11] में नहीं बाँधा जा सकता और ना ही हिन्दुस्तान जैसे बड़े मुल्क में सिर्फ़ और सिर्फ़ एक सक़ाफ़ती धारे का तसव्वुर किया जा सकता है। हिंदुस्तानी कल्चर अस्ल में एक वहदत[12] में पिरोए होने के बावजूद इलाक़ाई है। इसी इलाक़ाई मिट्टी, पानी और आब-ओ-हवा का असर हिंदी और उर्दू के परवान चढ़ाने में मददगार हुआ और उसी ने उन्हें मुख़्तलिफ़ रिवायतों के ज़ेर-ए-असर होते हुए भी एक मुश्तरका विरासत अता की है।

यह मज़ामीन न इकट्ठा हो सकते थे और ना ही किताबी शक्ल में उनके छपने की नौबत आ सकती थी अगर मेरी ज़िंदगी की हमसफ़र अज़रा ने बेहद दौड़-भाग न की होती।

किताब की छपाई का सहरा[13] यक़ीनन प्रोफ़ेसर चंद्रशेखर, अब्दुल मुग़नी, अब्दुर्रशीद और अकरम परवेज़ के सिर है लेकिन मैं उनमें से किसी का भी शुक्रिया अदा करके उनके ख़ुलूस को ठेस नहीं पहुँचा सकता।

—मुजीब रिज़वी

230, ज़ाकिर नगर, नई दिल्ली
15 जून, 2009

---

1. सकारात्मक, 2. विकास, 3. प्रतिष्ठित सूफ़ियों, 4. धार्मिक एवं दार्शनिक सुधार, 5. पर्याय, 6. विद्वान, 7. संदिग्ध, अस्पष्ट, 8. अकेली या एकमात्र, 9. विकासोन्मुख, 10. विविध और प्रगतिशील, 11. घेरा, सीमा, 12. एकत्व, 13. श्रेय

अवध के दो अज़ीम शाइर तुलसीदास और मीर अनीस

अवध की सरज़मीन पर तीन ऐसी हस्तियाँ उभरीं जिन्होंने बयानिया शाइरी को नुक़्ता-ए-उरूज[1] पर पहुँचा दिया और उन्होंने उरूस-ए-सुख़न[2] को इस तरह सजाया और सँवारा कि उसके हुस्न की ताबनाकी[3] को सदियों की धूल भी धुँधला न सकी। इस सिलसिले की इब्तिदा शाइर-ए-दर्द मलिक मुहम्मद जायसी से होती है और इसकी आख़िरी कड़ी मद्हख़ान-ए-अहल-ए-बैत[4] मीर अनीस हैं। शाइरी दर्द से ख़ाली हो तो जायसी के लिए वह एक बेरूह हसीन जिस्म है और अनीस की दुआ है कि मर्सिया दर्द से ना ख़ाली होवे। तुलसीदास के लिए शाइरी राम का लुत्फ़-ओ-करम(1) है और अनीस के लिए "लुत्फ़ हज़रत का ये है, रहमत-ए-यज़दानी है"(2) तुलसीदास ख़ुद को शाइर होने के लाइक़ भी नहीं समझते, वह सिर्फ़ मद्ह-ए-राम[5] में सरशार हैं।(3) और राम की सनाख़ानी[6] को ही अपनी ज़िन्दगी का हासिल और अपनी शाइरी की मेराज[7] समझते हैं। अनीस खुद को मुब्तदी[8] कहते हैं और शौक़-ए-मद्दाहि-ए-शब्बीर[9] के लिए दस्त-ब-दुआ हैं :

मुब्तदी हूँ, मुझे तौक़ीर अता कर यारब
शौक़-ए-मद्दाहि-ए-शब्बीर अता कर यारब (4)

तुलसीदास भी खुद को "बाल-कवि"(5) कहते हैं और "मुब्तदी शाइर राम की इल्तिफ़ात का वरदान चाहता हैं।" "बाल-कवि" मुब्तदी का मुतरादिफ़[10] है। तुलसीदास ने इंकिसारी[11] का दामन कभी नहीं छोड़ा और ज़हन की जौदत[12] और तबीअत की रवानी का दावा अपने कलाम में किसी जगह नहीं किया। वह अपनी अज़मत को राम की इनायत ही समझते हैं। अनीस ने एक जगह ज़रूर "एक क़तरा-

---

1. चरम बिंदु, 2. काव्यरूपी दुल्हन, 3. आभा, 4. हसन और हुसैन की संघर्षगाथा के गायक, 5. राम के गुणगान, 6. स्तुति, 7. श्रेष्ठता और उत्कर्ष, 8. नौसिखिया, 9. हुसैन की प्रशंसा का शौक़, 10. पर्यायवाची, 11. विनम्रता, 12. पवित्रता व तीव्रता

ए-नाचीज़ को" दरिया करने का दावा किया है लेकिन फ़ौरन ही एहसास-ए-नदामत ने उन्हें यह कहने पर मजबूर कर दिया है :

मुजरिम हूँ, कभी ऐसी ख़ता की नहीं मैंने
भूले से भी आप अपनी सना की नहीं मैंने
तक़्सीर बिहल कीजिए, बेजा किया मैंने

तुलसीदास "प्राकृतजन"(6) (जसद-ए-ख़ाकी) की क़सीदाख़ानी[1] शाइरी के लिए बाइस-ए-नंग[2] समझते हैं और जो ऐसी बेअदबी करता है उसे हमेशा नदामत होती है। "राम(7) की मोहब्बत के सिवा तुलसीदास के दिल में कुछ भी नहीं है।" इसी आवाज़ की गूँज अनीस के यहाँ भी सुनाई पड़ती है। वह मद्ह-ए-उमरा[3] पर नादिम हैं और मोहब्बत-ए-इमाम-ए-अज़ली का दम भरते हैं।

दिल(8) से कभी मद्ह-ए-उमरा की नहीं मैंने
नाज़ाँ(9) हूँ मोहब्बत पे इमाम-ए-अज़ली की

तुलसी को यक़ीन है कि कलजुग में रामकथा ही रंज-ओ-मिहन(10) से नजात दिला सकती है, राम की सनाख़ानी(11) ही कलजुग से नजात पाने का वाहिद[4] ज़रिया है। कलजुग पर तुलसीदास ने 'रामचरितमानस' में रोशनी डाली है लेकिन 'कवितावली' और 'दोहावली' में उन्होंने कलजुग के मसाइब की भरपूर अक्कासी की है। उनका कहना है कि कलजुग में इंसाफ़ नापैद[5] है क्यूँकि "वेद(12) की शरीअत भुला दी गई है और ज़मीन पर चोर राजा बन बैठे हैं। बातिल[6] का बोलबाला है नेक-ओ-बद का फ़र्क़ मिट गया है। इस अह्द में शुरफ़ा की मिट्टी पलीद है और कमीन(13) साहिब-ए-इख़्तियार बन बैठे हैं। इसलिए सज़ा ही सज़ा मिलती है, जज़ा की गुंजाइश बाक़ी नहीं है। "कुछ साहिब-ए-राए लोगों का कहना है कि कलजुग के बहाने तुलसीदास ने अपने अह्द की ज़बूँ-हाली[7] का रोना रोया है। लेकिन मेरा ख़याल है कि कलजुग का रिवायती बयान काफ़ी हद तक इस सिलसिले में तुलसीदास पर असर-अंदाज़ हुआ है लेकिन हक़ीक़त यह ज़रूर है कि तुलसीदास ने राम को अह्द का नजात-दिहंदा (लोकनायक) बनाकर पेश किया है और उन्होंने अवाम को तल्क़ीन[8] की है कि राम का दामन ही उनका वाहिद सहारा है।

कलजुग का यही मातम और पुरआशोबी ज़माने[9] से नजात दिलाने वाले इमाम हुसैन से यही फ़रयाद मीर अनीस के कलाम में सुनाई पड़ती है। उनको भी शिकायत है कि अद्ल-गुस्तरी नापैद है, हक़-ओ-बातिल[10] में तमीज़ नहीं होती, नेक-ओ-बद

---

1. क़सीदे पढ़ना, 2. अशोभनीय, 3. अमीरों की प्रशंसा, 4. एकमात्र, 5. नास्ति, जिसका अस्तित्व न हो, 6. मिथ्या, 7. दुर्दशा, 8. शिक्षा, सद् परामर्श, 9. पतनशील युग, 10. सत्य एवं मिथ्या

की पहचान ख़त्म हो चुकी है। उनको भी नजात की कोई उम्मीद है तो सिर्फ़ सरकार-ए-मुहम्मदी और सरकार-ए-हुसैनी से है :

आलम (14) है मुकद्दर, कोई दिल साफ़ नहीं है
इस अह्द में सब कुछ है, पर इंसाफ़ नहीं है।
नेक-ओ-बद-ए-आलम (15) में तअम्मुल नहीं करते।
कुछ दफ़्तर-ए बातिल (16) की हक़ीक़त नहीं मौला
मैं क्या हूँ, किसी रूह को राहत नहीं मौला
ख़ामोश (17) हैं, गो शीशा-ए-दिल चूर हुए हैं
अश्कों के टपक पड़ने से मजबूर हुए हैं।
ख़ाहाँ (18) नहीं याक़ूत-ए-सुख़न का कोई गो आज
है आप की सरकार तो, या साहिब-ए-मेराज
ऐ बाइस-ए-ईजाद-ए-जहाँ, ख़ल्क़ के सरताज (19)
उम्मीद (20) इसी घर की, वसीला इसी घर का
दौलत यही मेरी, यही तोशा है सफ़र का

हुसैन और राम के किरदार में मुमासलत[1]

कलाम-ए-जायसी तम्सील-निगारी[2] का शाहकार है और इसीलिए 'पद्मावत' के तमाम किरदार अलामती[3] हैं। मजाज़ और हक़ीक़त का हसीन इम्तिज़ाज[4] 'पद्मावत' के हर बंद में मुन्अकिस[5] है। जायसी का हीरो राजा रतनसेन तख़्त-ओ-ताज से मुँह मोड़कर राह-ए-सलूक पर ग़ामज़न होता है और उसकी गदाई[6] माशूक़ से वस्ल, फ़ना-फ़िल-माशूक़ और बक़ा-बाद-ए-फ़ना के तमाम मराहिल सर करने में कामयाब होती है।[7] इसके मुक़ाबले में अलाउद्दीन की शाही-ए-सतवत-ओ-जबरूत को एक "मुश्त-ए-ख़ाक" के इलावा कुछ नसीब नहीं होता। गदा मिटकर भी ख़ुशनसीब है और शाह तमाम कर्र-ओ-फ़र के बावजूद हिरमाँ-नसीब है। यही वह सुतून है जिस पर कलाम-ए-अनीस की इमारत खड़ी है। यही वह फ़ज़ा है जो अनीस की शाइरी को जाविदाँ[8] बनाती है। लेकिन इस हक़ीक़त को नज़रअंदाज़ नहीं किया जा सकता कि गदा और फ़क़ीर हुसैन पर अनीस ने अपने मर्सियों में कम से कम तवज्जुह मर्कूज़ की है। शाह हुसैन के आब-ओ-ताब में इमाम हुसैन का यह वस्फ़ गुम हो गया है। यही वजह है कि अनीस के इमाम हुसैन तुलसीदास के राम से ज़ियादा क़रीब नज़र आते हैं।

---

1. सादृश्य, 2. रूपक-कथा, 3. प्रतीकात्मक, 4. मिश्रण, 5. चित्रित, 6. फ़क़ीरी, 7. रतनसेन अपनी फ़क़ीरी के माध्यम से पद्मावती के मिलन और मृत्यु के उपरांत शाश्वत प्रेम को इसलिए करने में कामयाब रहता है, 8. अमर

तुलसीदास ने एक राजा के पैकर-ए-ख़ाकी[1] में वेदांती फ़ल्सफ़ा समोकर उसे उलूहीयत[2] के उस दर्जे पर फ़ाइज़[3] कर दिया है जो वहदत-उल-वुजूद[4] के हम-पल्ला है और अनीस ने इमाम-ओ-वली को साहिब-ए-तख़्त-ओ-ताज बनाकर इस तरह पेश किया है कि वह एक नेक-ख़स्लत, पाक-तीनत, दीनदार और दीन-पनाह शहंशाह बनकर हमारे सामने आते हैं।

तुलसीदास ने राम के लिए अवधपति (शाह-ए-अवध), महीपाल (ख़ुसरव-ए-ज़मीं), दिक्पाल (शाह-ए-शशजहत), महाराज, राजा, युगपाल (शाह-ए-ज़माँ) और साहिब (21) ऐसे अल्फ़ाज़ इस्तिमाल किए हैं। शाह-ए-यस्रब-ओ-बत्हा, शाह-ए-दीन-ओ-दुनिया, शाह-ए-ज़माँ, ख़ुसरव-ए-ज़मीं, बादशाह-ए-काइनात, शाह-ए-बह्र-ओ-बर, जहाँदार जैसे अल्फ़ाज़ का अनीस ने भी हुसैन के शाहाना किरदार की अक्कासी के लिए सहारा लिया है। उन्होंने अपने पूरे कलाम में अगर किसी एक लफ़्ज़ का सबसे ज़ियादा इस्तिमाल किया है तो वह शाह और उसके मुतरादिफ़ात[5] हैं। तुलसीदास और अनीस दोनों ने अपने हीरोओं को एक मिसाली बादशाह के किरदार में पेश किया है क्यूँकि दोनों हमख़याल हैं कि कलजुग की तवाइफ-उल-मलूकी[6] का वाहिद हल एक मिसाली सल्तनत का क़ियाम है।

तुलसीदास और अनीस दोनों ही दीनदारी को जहाँदारी के लिए लाज़िमी समझते हैं और इसीलिए उन्होंने राम और हुसैन के किरदार में जहाँदारी और दीनदारी को समो दिया है। दोनों की जुदाई में मिसाली बादशाह पैदा नहीं हो सकता। यज़ीद, सहाबी-ए-रसूल होने का दावेदार होने पर भी दीन से मुन्हरिफ़[7] है, फ़ासिक़-ओ-फ़ाजिर[8] है। चारों वेदों का जानकार होने पर भी रावण ज़ालिम-ओ-जाबिर और मुजस्सम किब्र[9] है। अनीस इसीलिए ऐसे बादशाह को क़ाबिल-ए-नफ़रत समझते हैं। वह तो यज़ीद के लिए शाह और बादशाह का लफ़्ज़ भी इस्तिमाल करना गवारा नहीं करते। उन्होंने अपने कलाम में यज़ीद को हमेशा अमीर-ए-शाम, हाकिम और रईस ही गर्दाना है। तुलसीदास ने रावण को लंकापति (शाह-ए-लंका) तो कहा है लेकिन इसके लिए उन्होंने भी ऐसे अल्फ़ाज़ के इस्तिमाल से गुरेज़ किया है जो उनके आदर्श राजा के लिए वक़्फ़ हो चुके हैं।

तुलसीदास के राम "धर्म-धुरंदर(22) (सुतून-ए-दीन), शाह की शक्ल में वली हैं, अख़्लाक़ियात(23) का सरचश्मा हैं।" वह अंतर्यामी (राज़-ए-निहानी के जानकार) हैं। अनीस के हुसैन तो अपने दीन की हिफ़ाज़त के लिए ही सब कुछ क़ुर्बान कर रहे हैं। उन्हें सिर देना मंज़ूर है लेकिन यज़ीद के हाथ में हाथ देना मंज़ूर नहीं है। वह "शाह-ए-दींपनाह"(24) हैं वह शह-ए-दीं भी हैं और इल्म-ए-इमामत(25) (अंतर्यामी) से आगाही भी रखते हैं।

---

1. नश्वर शरीर, 2. चेतना, 3. आसीन करना, 4. एकेश्वरवाद, 5. पर्यायवाची, 6. कुप्रबंध, अव्यवस्था, 7. विमुख, 8. बदचलन और गुनहगार, 9. साक्षात् घमंड

जहाँदारी और दीनदारी एक दूसरे में पैवस्ता हों तो उसका लाज़िमी नतीजा दीन-पनाही और जहाँ-पनाही[1] है। जिस बादशाह की सल्तनत में जहाँपनाही का फ़ुक़्दान[2] हो और "रिआया(26) परेशानहाल हो", तुलसी को कामिल यक़ीन है कि "वह राजा दोज़ख़ में जलेगा।" अनीस के लिए यज़ीद दोज़ख़ी है क्यूँकि उसकी हकूमत में तो इमाम हुसैन ऐसी बरग़ुज़ीदा हस्ती को भी सकून नसीब नहीं है।

तुलसीदास के राम "ग़रीबनवाज़"(27) हैं। वह उनकी ग़रीबनवाज़ी के ज़िक्र से कभी नहीं चूकते। उनके राम(28) "धन-दौलत, दीन-ईमान, जगह-ज़मीन के दाता भी हैं और नजात-दिहंदा भी।" अनीस के हुसैन भी ग़रीबनवाज़ हैं। राम तो ख़ैर अवध के शाह थे भी लेकिन हुसैन तो किसी गाँव के ज़मींदार भी नहीं थे। फिर भी अनीस ने उनकी सख़ावत, ग़ुरबापरवरी और जहाँपनाही को हमारे दिलों पर नक़्श करने में कामयाबी हासिल की है। हुसैन भी ग़रीबों के वाली-ओ-मददगार हैं, वह ज़र भी देते हैं और जन्नत में घर भी देते हैं वह गुनहगारों की शिफ़ाअत[3] भी करते हैं और मोहताजों की हाजत-रवाई[4] भी।

चिल्लाती थीं राँडें कि चली शह की सवारी
लेगा ख़बर अब कौन मुसीबत में हमारी
आँखों से यतीमों के दुर-ए-अश्क थे जारी
मुज़्तर थे अपाहिज, ज़ुअफ़ा करते थे ज़ारी
कहते थे गदा, हमको ग़नी कौन करेगा
मुहताजों की फ़ाक़ा-शिकनी कौन करेगा।(29)
उनसे क़तरा कोई माँगे तो गुहर देते हैं
हैं सख़ी इब्न-ए-सख़ी, बात पे सर देते हैं
पेट साइल का ये फ़ाक़ों में भी भर देते हैं
या तो ज़र देते हैं, फ़िरदौस में घर देते हैं
आस मुजरिम की, गुनहगार की उम्मीद हैं ये (30)

तुलसीदास के राम सिर्फ़ एक आदर्श राजा नहीं हैं, वह अवतार भी हैं और क़ादिर-ए-मुतलक़[5] भी। "ब्रह्मा, विष्णु, महेश उनको समझने से क़ासिर[6] हैं।" उनको वही जान सकता है जिसे वह तौफ़ीक़[7] अता फ़रमाएँ" और जानने वाला उनमें ही फ़ना हो जाता है।

सोइ जानइ जेहि देहु जनाई
जानत तुमहिं तुमहिं होइ जाई (31)

---

1. धर्म की शरण और संसार की शरण, 2. अभाव, 3. अपनाकर सेवा करना, 4. इच्छापूर्ति, 5. सर्वशक्तिमान, 6. अक्षम, 7. सद्बुद्धि,

राम ने इंसान की बहबूद और फ़लाह[1] के लिए जसद-ए-ख़ाकी[2] इख़्तियार किया है और एक आम राजा की तरह वह बात करते हैं, काम करते हैं।

नर तनु धरेहु संत सुर काजा
कहहु करहु जस प्राकृत राजा (32)

तुलसीदास के राम ज़र्रे-ज़र्रे में मौजूद हैं। उनके वुजूद से कोई जगह ख़ाली नहीं है। राम ने अपने ठहरने के लिए ऋषि वाल्मीकि से जगह माँगी थी। वाल्मीकि के ज़बानी तुलसीदास ने इस राज़ को अयाँ कराया है

पूँछेहु मोहि कि रहौं कहँ, मैं पूँछत सकुचाउँ
जहँ न होहु तहँ देहु कहि, तुमहिं देखावौं ठाउँ (33)

अनीस के हुसैन भी शम्अ-ए-ईमान हैं, उनके नूर के निहाँ होने से आलम-ए-इम्कान में अँधेरा हो जाएगा, उन्हीं के नूर से फ़लक रौशन है और ज़मीन मुनव्वर[3] है।

शम्अ-ए-ईमाँ हूँ, अगर सर मिरा कट जायेगा
ये मुरक़्क़ा अभी इक दम में उलट जाएगा
अभी नज़रों से निहाँ नूर जो मेरा हो जाए
महफ़िल-ए-आलम-ए-इम्काँ में अँधेरा हो जाए।
मुझसे रोशन है फ़लक, मुझसे मुनव्वर है ज़मीं

अनीस के कलाम में हुसैन की शख़्सियत के मज्मूई तअस्सुर[4] की मौलाना शिबली ने मुख़्तसर लेकिन भरपूर निशानदेही की है कि "इमाम हुसैन अलैहिस्सलाम तमाम आलम के कारोबार के मालिक हैं। जिन्-ओ-इंस, शजर, हजर सब उनके महकूम हैं।[5] उनका ग़ैज़[6] में आना आलम-ए-किर्दिगार का ग़ैज़ में आना है।"(34) इस तरह तुलसी के राम और अनीस के हुसैन दोनों ख़ाकी[7] भी हैं और आफ़ाक़ी[8] भी। दोनों फित्रत-ए-बशरी से महदूद भी हैं और माफ़ूक़-उल-फित्रत से लामहदूद भी।[9]

तुलसीदास के राम "रघुकुलतिलक", "रघुकुलदीप", "रविकुल" (शुआअ-ए-ख़ानदान-ए-सूरज) हैं। अनीस के हुसैन भी शम्अ-ए-ख़ानदान-ए-नबूवत हैं और शुआ-ए-आफ़ताब-ए-रिसालत हैं। दोनों ने अपने हीरोओं की अर्ज़ी और समावी अज़्मत[10] के महल को उनकी ख़ानदानी बरतरी के सुतून पर खड़ा किया है। हुसैन को बात पर सिर देने की ख़ुसूसियत ख़ानदान से वर्से में मिली है :

हैं सख़ी इब्न-ए-सख़ी, बात पे सर देते हैं

---

1. उन्नति एवं समृद्धि, 2. मानव शरीर, 3. आलोकित, 4. समग्र प्रभाव, 5. सब चराचर उनके अधीन हैं, 6. अत्यधिक क्रोध, 7. पार्थिव, 8. ब्रह्मांडीय, 9. भाव यह है कि राम ससीम भी हैं और निस्सीम भी, 10. धरती व आकाश से सम्बन्धित महानता

राम को भी ज़बान का पास वर्से में मिला है। तुलसीदास भी अपने राम की ख़ुसूसियत पर नाज़ाँ हैं।

रघुकुल रीति सदा चलि आई
प्रान जाई पर बचन न जाई (35)

लंका की लड़ाई में तुलसीदास ने राम से एक ख़ामोश तमाशाई का रोल अदा कराया है। वह आख़िर तक नबर्द-आज़मा[1] नहीं हुए। विभीषण के पूछने पर राम ने इसकी वजह भी बताई है। उन्होंने कहा है कि "हमारी जंग का मक़सद खूँ-रेज़ी नहीं है। बल्कि हक़-ओ-बातिल का फ़ैसला है। हमारा हथियार ग़ैज़-ओ-ग़ज़ब नहीं बल्कि सब्र-ओ-तहम्मुल है।(36) अनीस के हुसैन का भी मक़सद जंग ही है :

यकसाँ है बर्र-ओ-बह्र हमारी निगाह में
ग़ैज़-ओ-ग़जब को दख़्ल न दो हक़ की राह में (37)

हुसैन खूँ-रेज़ी नहीं चाहते। उनके लिए रहम लाज़िम है क्यूँकि वह इमाम-ए-दोजहाँ है :

रह्म लाज़िम है हमें, हम हैं इमाम-ए-दोजहाँ (38)
कोई बंदा न मिरे हाथ से मारा जाए (39)

तीन दिन के भूके और तश्नालब हुसैन ने मैदान-ए-कर्बला में तीन हमले करके फ़ौज-ए-यज़ीद[2] की सफ़ों को दरहम-बरहम कर दिया है और आख़िर में हातिफ़ की सदा आती है कि हुसैन दिखा चुके अपनी शुजाअत[3] के जौहर, अब तलवार रोक लो और अपना वादा वफ़ा करो। इस तरह अनीस के हुसैन की शहादत मजबूरी का नतीजा नहीं है बल्कि रिज़ा-ए-इलाही[4] पर सर-ए-तस्लीम ख़म करने का नतीजा है। इस राज़ को तुलसीदास ऐसा शायर ही समझ सकता था। उन्होंने कहा है कि मैदान-ए-जंग में उस पर कोई फ़त्ह हासिल कर सकता है, जिसके ख़ादिम जिन्-ओ-बशर, शजर-हजर[5] सभी हैं, इस शिकस्त-ओ-फ़त्ह के राज़ को वही जान सकता है जिस पर राम का इल्तिफ़ात[6] होगा।" (40)

सक संग्राम जीत को ताही
सैवेंही सुर निराग जग जाही
यह कौतूहल जानइ सोई
जा पर कृपा राम की होई

---

1. युद्धरत, 2. अत्याचारी शासक यज़ीद की सेना, 3. पराक्रम, 4. ईश्वरेच्छा, 5. चराचर, 6. कृपा

अनीस का कलाम भी इसी बात को दुहराता दिखाई पड़ता है कि शहादत-ए-हुसैन के राज़ को वही जान सकता है जो फ़िदा-ए-हुसैन हो जाए। यह भी क़ाबिल-ए-ग़ौर है कि तुलसीदास के राम ने भी हर्ब की हुनरमंदी और शुजाअत के जौहर लंका की पूरी जंग में सिर्फ़ एक बार ही दिखाए हैं।

तुलसीदास के लक्ष्मण और अनीस के अब्बास का किरदार भी साफ़ हद तक यक्साँ है।

अनीस के अब्बास इमाम के ख़ादिम भी हैं और हुसैन के ऐसे भाई भी :

गुज़री थी उम्र हाथ जिसे जोड़ते हुए

इमाम हुसैन अगर मुजस्सम तहम्मुल हैं तो हज़रत अब्बास ग़ैज़-ओ-ग़ज़ब का पैकर हैं :

रुख़ से जलाल-ए-शेरे-ख़ुदा आशकारा है

अब्बास के किरदार में जलाल और जमाल की ख़ूबसूरत आमेज़िश है। उनका

चेहरा तो हूर का है, पे तेवर हैं शेर के (41)

तुलसीदास के राम भी मुतहम्मिल-मिज़ाज[1] और बुर्दबार[2] हैं। लेकिन लक्ष्मण पुरजोश, ग़ज़बनाक और तुनुकमिज़ाज हैं वह राम के ख़ादिम हैं और छोटे भाई भी। अब्बास हज़रत अली के फ़रज़ंद[3] हैं लेकिन माँ दूसरी हैं। लक्ष्मण भी दशरथ के बेटे हैं लेकिन उनकी भी माँ दूसरी हैं। तुलसीदास के लक्ष्मण राम के मुक़ाबले में गोरे हैं और वह भी जलाल-ओ-जमाल का हसीन पैकर हैं। असलियत यह है कि तुलसी के लक्ष्मण राम की शख़्सियत का ही एक रुख़ हैं। उनके तक़ाज़ा-ए-बशरीयत के पैकर का ही नाम लक्ष्मण है। इस तरह इमाम हुसैन का फ़ित्री इंसान अब्बास की शक्ल में रूनूमा[4] हुआ है। यही वजह है लक्ष्मण राम के साथ और अब्बास हुसैन के साथ साए की तरह लगे रहते हैं और किसी का परतौ[5] उससे कभी जुदा नहीं हो सकता। हज़रत अब्बास की शहादत पर इमाम हुसैन ने बैन किया है और अनीस ने इस बैन में इस तरह बड़ा लतीफ़[6] इशारा भी किया है :

मर जाऊँगा मैं, साथ अगर छूट जाएगा
भाई मरा तो रिश्ता-ए-जाँ टूट जाएगा (42)

'रामचरितमानस' में तुलसीदास ने भी बेहोश लक्ष्मण के सिरहाने राम से बैन कराया है। इस बैन में भी यही आवाज़ गूँज उठी है: राम कहते हैं कि "लक्ष्मण तुम्हारे बग़ैर मैं मिस्ल उस ताइर[7] के हूँ जिसके बाज़ू काट डाले गए हों, तुम्हारे बग़ैर

1. धैर्यवान, 2. सहिष्णु व गम्भीर, 3. सुपुत्र, 4. प्रकट, 5. प्रकाश, 6. ललित, सुंदर, 7. पक्षी

मैं मिस्ल उस साँप के हूँ जिसका मणि छीन लिया गया हो,(43) मेरे भाई तुम्हारे बग़ैर मैं मिस्ल पत्थर के मुजस्समे के हूँ।" (44)

राम के मुख़ालिफ़ीन को तुलसीदास ने राक्षस, निशाचर (बदरूह), बद-हैअत, देवहैकल, ज़ालिम, दीन से मुन्किर, बदकिरदारी के पैकर की शक्ल में ही पेश किया है। उनके इन किरदारों का दिल ही सियाह नहीं है, वह तो मुजस्सम आबनूस हैं। अनीस के यहाँ भी मुख़ालिफ़ीन शक़ी, मल्ऊन, ज़ालिम, बद-किरदार, मुन्किर-ए-दीन[1], फ़ासिक़-ओ-फ़ाजिर[2] हैं। वह भी देव-हैकल हैं और सियाह-किरदार ही नहीं सियाह-जिस्म भी हैं।

रावण की बीवी मंदोदरी मुहिब्ब-ए-राम है और रावण को ज़ुल्म से बाज़ रखने के लिए कोशाँ है। वह रावण के सामने राम की हम्द-ओ-सना करती रहती है। यज़ीद की बीवी हिंदा भी हुसैन की परस्तार और अहल-ए-बैत की अज़्मत की गर्वीदा[3] है। लेकिन वह वाक़िआ-ए-कर्बला के उस आखिरी मोड़ पर हमारे सामने आती है जब वह सिर्फ़ नामूस-ए-अहल-ए-बैत[4] को तसल्ली-ओ-तशफ़्फ़ी ही दे सकती है। वह भी इमाम हुसैन का मातम करती है, अपने शौहर को मलामत करती है और मोहब्बत-ए-हुसैन को अपने लिए क़ाबिल-ए-फ़ख़्र समझती है।

अनीस की शीरीं और तुलसी की सबरी के किरदार में भी बेहद मुमासलत[5] है। शीरीं इमाम की क़द्रदाँ है और उनके ख़ैरमक़दम के लिए बेचैन-ओ-बेक़रार है। सबरी भी रामभगत है और राम को बेर खिलाने के लाख जतन करती है। दोनों का जज़्बा एक है, दोनों अपना सब कुछ राम-ओ-हुसैन को पेश कर देना चाहती हैं। फ़र्क़ इतना है कि सबरी की पेशकश क़ुबूल हो जाती है और शीरीं अपने इमाम की मुंतज़िर ही रहती है।

किरदार-निगारी के इलावा तर्ज़-ए-बयान में भी अनीस और तुलसीदास में बेहद यक्सानियत पाई जाती है। तुलसीदास वाक़िआ-निगार भी हैं और मुरक़्क़ा-निगार[6] भी। उनके यहाँ भी जुज़्इयात-निगारी[7] और तस्वीरकशी का ग़ालिब रुज्हान है। तुलसीदास ने भी जंग का नक़्शा खींचा है। तीरअंदाज़ी और तलवार की तारीफ़ में मुबालग़ा-आमेज़ी[8] से काम लिया है,(45) घोड़ों की सुबुक-रवी और तेज़गामी का दिल खोलकर उन्होंने भी बयान किया है। अकबर माँ और फूफी से रुख़्सत-ए-वग़ा माँगते हैं और राम कौशल्या से रुख़्सत-ए-बनबास के तलबगार हैं। अकबर की माँ का जवाब है कि

कुछ माँ का हक़ भी कम नहीं होता है बाप से

और तुलसी की कौशल्या का जवाब है कि(46) "न मैं तुम्हें रोक सकती हूँ और न जाने की इजाज़त दे सकती हूँ। अगर सिर्फ़ बाप ने जाने की रज़ामंदी दी है तो माँ का हक़ बाप से ज़ियादा समझकर बन को मत जाओ।"

---

1. धर्म-विमुख, 2. बदलचन व गुनहगार, 3. प्रशंसक, 4. हजरत इमाम हुसैन की गरिमा को मानने वाले, 5. समानता, 6. चित्रकार, 7. सूक्ष्म चित्रण, 8. अतिशयोक्ति

तुलसीदास और अनीस में न सिर्फ़ जज़्बात-निगारी और मुरक़्क़ा-निगारी[1] की सतह पर यक्सानियत[2] पाई जाती है बल्कि दोनों के यहाँ तश्बीह[3] और इस्तिआरों[4] और तराकीब की फ़ज़ा भी यक्साँ है। कभी-कभी तो मिस्रे कुछ इस तरह टकरा जाते हैं कि एहसास होता है कि तुलसीदास ने अनीस की शक्ल में अवतार ले लिया है और अनीस ने उर्दू के बजाए अवधी में अपना कलाम पेश किया है। तवालत के पेश-ए-नज़र एक ही मिसाल पर इक्तिफ़ा[5] करना पड़ रहा है। तुलसी ने लिखा है कि

होइये सोई जो राम रचि राखा (47)

ज़बान का पर्दा हटा दीजिए और राम की जगह अल्लाह कर दीजिए तो हू-ब-हू यही बात और इसी अंदाज़ में अनीस ने भी लिखी है।

होगा वही, अल्लाह को जो मद्द-ए-नज़र है (48)

तुलसी और अनीस में ख़्यालात-ओ-जज़्बात की यह हमआहंगी और ज़बान की रवानी व तश्बीहों और इस्तिआरों की फ़रावानी[6] अस्ल में धरती की देन है। अनीस अयोध्या (फ़ैज़ाबाद) के सपूत हैं और तुलसीदास ने अयोध्या को अपना क़िब्ला बनाया और 1574 ईस्वी में इस जगह बैठकर अपने शाहकार 'रामचरितमानस' की तक्मील[7] की। दोनों का मिज़ाज अवधी है और अनीस के यहाँ यह बहुत ही निखरा हुआ मिलता है क्यूँकि सदियों की तराज़ू में तुलकर इस मिज़ाज ने अनीस के अह्द में ही निखार और तवाज़ुन[8] हासिल किया है।

सन्दर्भ

(1) तुम्हरी कृपा सुलभ सो मोरीं : रामचरितमानस, 1/14/11

जदपि गीतरस एकौ नाहीं
रामप्रताप प्रगट यह माहीं
सोइ भरोस मोरि मन आवा
केह न संग बड़प्पन पावा

(2) इंतिख़ाब-ए-मरासी : मक्तबा जामिया, 1970 ई, सं. 172

(3) रामचरितमानस : ब-1/12/9-1/14/17

(4) इंतिख़ाब-ए-मरासी : मक्तबा जामिया, 1970 ई, सं. 172

(5) बालविनय सुनि सुरिच लिख मो पर हो-हो, कृपाल : रामचरितमानस, 1/12/7-1/14/17

1. चित्रात्मकता, 2. एकरूपता, 3. उपमा, 4. प्रतीकों, 5. संतोष, 6. अधिकता, 7. पूर्ण, 8. सन्तुलन

(6) किन्हें पराकृत जन गुन गाना—सिर धुनि, गिरा लगति पछताना : रामचरितमानस, 1/11/7
(7) रामभरोस हृदैं मन्हिं दूजा, मानस : 2/129/4
(8) इंतिख़ाब-ए-मरासी : मक्तबा जामिया, 1970 ई, सं. 17
(9) इंतिख़ाब-ए-मरासी : मक्तबा जामिया, 1950 ई, सं. 17
(10) रामकथा जग मंगल करनी : मानस, 1/10/5
(11) कबि कोबिद इस हृदैं बिचारी—गावहीन जस कलि मिल हारी : मानस, 1/11/162
(12) बेद धरम दूर गए-भूमि चोर भूप भए : मानस-1/82
(13) गोंड गँवार नृपाल मही जमन महा महिपाल
साम न दाम, न भेद कलि केवल दंड कराल : दोहावली-559
(14-20) इंतिख़ाब-ए-मरासी : मक्तबा जामिया, 1970 ई, सं. 15-16
(21) मानस-28/3/5 1/37/801, 7/38/4—कवितावली; 7/23, हनुमान : 11, 14, 16
(22) धर्म धुरंदर नृप ऋषि जानी : मानस-1/143/1
(23) धर्म धुरंदर नीति निधाना : मानस-1/153/3
(24) इंतिख़ाब-ए-मरासी : मक्तबा जामिया, 1970 ई, सं. 48-93
(25) वही
(26) जासु राज प्रिय प्रजा दुखारी, सो नृप अदसि नरक अधिकारी : मानस- 2-71/6
(27) मानस : 2/13/6-7, कवितावली : 219/5, हनुमान : 14
(28) दान मुक्ति धन धरम धाम के : मानस, 2/32/2
(29) इंतिख़ाब-ए-मरासी : मक्तबा जामिया, 1970 ई, सं. 32
(30) ऐज़न[1], पृ. 44
(31) मानस : 2/27
(32) ऐज़न : 2/127
(33) ऐज़न : 2/127
(34) मुवाज़ना-ए-अनीस-ओ-दबीर : मक्तबा जामिया, 1970, स. 232
(35) मानस : 1/28/4
(36) मानस : लंकाकांड : बंद-61
(37) इंतिख़ाब-ए-मरासी : मक्तबा जामिया, 1970 ई, सं. 186
(38) ऐज़न, स. 42
(39) ऐज़न, स. 42
(40) मानस : 6/55/3-7
(41) इंतिख़ाब-ए-मरासी : मक्तबा जामिया, 1970 ई, सं. 86
(42) ऐज़न, स. 134
(43) जथा पंख बिन खग अति दीना – मनि बनु फनि गरि बर कर हीना
(44) इस मम, जिनो बंधु बिन तोही – जूँ जड़ दैव जियावे मोही : मानस : लंकाकांड, बंद 61

---

1. पूर्ववत्

(45) जे जल चलहिं थलहिं की नाईं – टाप न बूड़ बेग अधिकाईं : मानस : 1/195/7

(46) राख सकै ना कह सक जाऊ : मानस : 2/55/1
जौं केवल पितु आयसु ताता – तौ जनि जाहु जानि बड़माता : मानस : 2/56/1

(47) मानस : 1/52/7

(48) इंतिख़ाब-ए-मरासी : मक्तबा जामिया, 1970 ई, स. 35

तुलसीदास

तुलसीदास के कारनामों को तो हम जानते हैं, लेकिन बेशतर सूफ़ी-संतों की तरह उनके हालात-ए-ज़िंदगी से नावाक़िफ़ हैं। उनकी जा-ए-पैदाइश[1] सोराँव है या राजापुर, हम यक़ीन से नहीं कह सकते। उनकी पैदाइश और मौत का साल भी पूरे यक़ीन से नहीं बताया जा सकता। हमारी सारी मालूमात का इन्हिसार[2] अंदाज़ों पर है और अंदाज़ों के बारे में कोई बात यक़ीन से नहीं कही जा सकती। अब तक यही अंदाज़ा लगाया जा सका है कि तुलसीदास 1523 ई. से 1533 ई. के दरमियान पैदा हुए होंगे और 1632 ई. के क़रीब उनका इंतिक़ाल हुआ होगा। सच्चाई जो भी हो लेकिन यह एक नाक़ाबिल-ए-इनकार हक़ीक़त है कि उन्होंने शहंशाह अकबर के जाह-ओ-जलाल को देखा था। जहाँगीर के अह्द में वह ज़िंदा थे। वह तुलसी से गोस्वामी तुलसीदास हो चुके थे। उनके कलाम से हमें इस बात का इल्म ज़रूर होता है कि वह बचपन में ही बाप की शफ़क़त[3] और माँ की ममता से महरूम हो चुके थे। बेसहारा और दाने-दाने को मोहताज थे। पेट की आग से इसीलिए वह अच्छी तरह वाक़िफ़ थे। वह लिखते हैं—

आगि बड़वागि तें बड़ी है आग पेट की

यानी जंगल की आग से भी पेट की आग बड़ी है। इफ़्लास[4] और भूक का बयान उन्होंने बार-बार किया है। तरह-तरह से उन्हें अपनी शाइरी का मौज़ूअ बनाया है। एक जगह आम आदमी की हालत-ए-ज़ार का नक़्शा खींचते हुए वह कहते हैं—"नहिं पट कटि नहिं पेट अघाहीं" यानी न तो लोगों के तन पर कपड़ा है और न ही उनके पेट में रोटी है। ग़ालिबन अपने ज़ाती तजुर्बे की वजह से ही वह ग़रीब अवाम के हमदर्द हैं और राम के औसाफ़[5] को अपनी शाइरी का वाहिद मौज़ूअ बनाते हुए भी उन्होंने मुफ़्लिसों के दुख-दर्द की अक्कासी से भी परहेज़ नहीं किया। उन्होंने राम का ज़िक्र एक राजा की हैसियत से किया है। लेकिन उनकी ग़रीबनवाज़ी पर बराबर ज़ोर देते रहे हैं। उनका कहना है कि वह बादशाह यक़ीनन दोज़ख का ईंधन बनेगा जिसके राज में उसकी रिआया दुखी होगी।

---

1. जन्म-स्थान, 2. निर्भरता, 3. स्नेह, 4. दरिद्रता, 5. गुणों

जासो राज प्रिय प्रजा दुखारी
सो नृप औसि नर्क अधिकारी

सूफ़ी-संत ख़ुद तारिकुद्दुनिया[1] रहे हैं लेकिन दुनिया वालों की बहबूद[2] का ख़याल उन्हें हर क़दम पर रहा है। तुलसीदास ने भी इसी नुक़्ता-ए-नज़र से अख़्लाक़ियात का दर्स[3] दिया है। समाज को ख़ुशहाल बनाने के लिए कुछ उसूल बताए हैं। राजा और प्रजा के तअल्लुक़ात पर रोशनी डाली है। हकूक़-ओ-फ़राइज़ को वाज़ह किया है। उनका यही समाजी तसव्वुर रामराज है। गाँधीजी के तसव्वुर-ए-हयात[4] को रामराज और हरिजन की इस्तिलाहात[5] तुलसीदास से ही मिली हैं। तुलसीदास के रामराज में हर एक प्यार-ओ-मोहब्बत के रिश्ते में बँधा हुआ है। "सब नर करहिं परस्पर बीती" और हर एक बग़ैर किसी तरीक़[6] के नजात पाने का मुस्तहक़ है। "सकल परमगति के अधिकारी।"

तुलसीदास का रामराज ऐसा समाज है जिसमें न कोई मुफ़्लिस है, न दुखी और न बेसहारा। इसमें न कोई जाहिल है और न ही गुनों से आरी[7] :

नहिं दरिदर कोउ दुखी न दीना
नहिं कोउ अबुधि न लच्छन हीना

तुलसी के इस समाज में सब लोग बा-हुनर, पंडित और आलिम हैं, सबको एहसास का पास है और कपट और चालाकी से वह पाक हैं :

सब गुनकर, पंडित सब ज्ञानी
सब कृतज्ञ नहिं कपट सयानी

तुलसीदास महात्मा थे, राम के भक्त थे लेकिन अपनी ज़मीन से जुड़े हुए थे। अपने अह्द की समाजी हक़ीक़त को जानते थे। पाखंड और ख़ुशामद इस अह्द के लोगों का शेवा[8] था :

"तेइ जोगी तेइ सिद्ध नर पूज्यते कलजुग माँहीं"

यानी कलजुग में वही लोग जोगी और सिद्ध कहलाते हैं जो किसी बा-असर इंसान की ख़ुशामद में लगे रहते हैं। आला अक़्दार[9] की फ़िक्र इस समाज को नहीं थी। पेट पालना ही उसका दीन-ओ-मजहब था :

"संगति साधन भइ उदर भरन"

---

1. संसार से विरक्त, 2. कल्याण, 3. उपदेश, शिक्षा, 4. जीवन-दृष्टि, 5. पारिभाषिक शब्द, 6. प्रयत्न, 7. रहित, 8. मार्ग, 9. श्रेष्ठ मूल्यों

बुग़्ज़[1], घमंड, लालच इस अह्द के इंसान का तुर्रा-ए-इम्तियाज़[2] था। माँ-बाप औलाद को नेकी सिखाने के बजाए वह तौर-तरीक़े सिखाते थे जिससे दौलत हासिल हो सके। तुलसीदास रामायण में कहते हैं—

मातु पिता बालकन्हिं बोलावहिं
उदर भरै सोइ धरम सिखावहिं

यानी माँ-बाप अपने बच्चों को बुलाकर एक ही फ़र्ज़ की तल्क़ीन[3] करते हैं और वह है पेट भरने की तरकीब। तुलसीदास ज़िंदगी में रोटी-रोज़ी की अहमियत से मुन्किर[4] नहीं हैं। वह रियाज़त[5] और इबादत के लिए भी रोटी की ज़रूरत महसूस करते हैं। उनके ख़याल में ख़ाली पेट और कमज़ोर जिस्म कोई फ़रीज़ा[6] अदा नहीं कर सकता। लेकिन वह अक्ल-ए-हलाल[7] के क़ाइल हैं, दौलत की हवस को वह पाप समझते हैं। आजकल हमारे समाज में भी तरह-तरह के योगी और महर्षि नज़र आते हैं। तुलसीदास के अह्द में भी हालत कुछ ऐसी ही थी। अपनी नेकी, हिल्म[8] और इल्म से साधुओं की शुहरत नहीं थी। वह मशहूर थे अपनी जटाओं से, बढ़े नाख़ूनों से, अपने चेलों से

जाके नख उर जटा विसाला
सोइ तापस प्रासिद्ध कलि काला

यानी जिसके नाख़ून और जटाएँ बढ़ी हुई हों, वही शख़्स इस कलजुग में तपस्या करने वाला मशहूर हो जाता है।

कलजुग की जो अक्कासी तुलसीदास ने की वह हमारे अह्द की भी हक़ीक़त है। उनके अह्द के भूगिचोर यानी ज़ागींदार और भूमिहार आज भी मौजूद हैं। वह राजा नहीं हैं लेकिन नेता बन गए हैं। इसलिए आज भी तुलसीदास ग़रीब किसान की ज़बान हैं और उनके कलाम से वह अपने अह्द की हक़ीक़त को समझता है।

तुलसीदास पर इल्ज़ाम है कि उन्होंने ब्रह्मनी मत को शुमाली[9] हिंदुस्तान में नई ज़िंदगी बख़्शी, उन्होंने उस अह्द के हिंदू समाज को एक नई राह दिखाई, उन पर यह भी इल्ज़ाम है कि उन्होंने छुआछूत को बढ़ाया, जात-पात के बंधन को मज़बूत किया और औरतों को कम दर्जे की मख़्लूक़ समझा। लेकिन हक़ीक़त यह है कि तुलसीदास इन बातों से बहुत ऊपर थे। वह इंसान-दोस्त थे, किसी फ़िर्क़े या मठ का वह प्रचार नहीं करते थे। वह अस्ल में उन तमाम तफ़रीक़ों[10] को मिटाना चाहते थे, सभी को राम के गिर्द इकट्ठा करना चाहते थे।

---

1. द्वेष, 2. वैशिष्ट्य, 3. प्रेरणा या हिदायत, 4. इनकार करनेवाला, 5. साधना, 6. दायित्व, 7. परिश्रम, 8. सहिष्णुता,9. उत्तरी, 10. भेदभाव

तुलसीदास ने लाखों अश्आर क़लमबंद किए हैं और कहीं भी हिंदू या तुर्क लफ़्ज़ का इस्तिमाल नहीं किया। वह जात-पात को कोई अहमियत नहीं देते। ख़ुद अपने बारे में कहते हैं।

धूत कहौ अवधूत कहौ रजपूत कहौ जोलहा कहौ कोऊ

वह जुलाहा भी कहलाने को तैयार हैं क्यूँकि उनके मुताबिक़ गुलाम का ख़ानदान वही होता है जो शाह का होता है। वह राम के गुलाम हैं, इसलिए उनका ख़ानदान भी वही है जो राम का है। इसीलिए वह फ़ख़्र से कहते हैं :

तुलसी सरनाम गुलाम है राम कू
जाकू रुचै सो कहे कुछ कोऊ

यानी तुलसी तो सिर्फ़ राम का मश्हूर-ओ-मारूफ़ गुलाम है, जिसे जो अच्छा लगे उसे कह ले। वह जात-पात से बेनियाज़ हैं, मज़हबी दीवारों को आड़े नहीं आने देते। वह माँगकर खा लेते हैं, मस्जिद में सो रहते हैं और किसी से वासिता नहीं रखते। इसका एलान उन्होंने अपनी मश्हूर किताब 'कवितावली' में किया है।

माँगि के खैबू, मसीत को सोइबू
लैबु को एकु न दैबु को दोऊ

यह एलान वही शख़्स कर सकता है जो सच्चा ख़ुदापरस्त और जो इंसान और इंसान के दर्मियान तफ़रीक़ न करता हो। लेकिन तुलसीदास का अलमिया[1] यह है कि उन्हें हिंदू इह्या-परस्त[2] क़रार दे दिया गया है। उन्हें जात-पात को मज़बूत करने का ज़रिया बनाया गया है। इस इंसानदोस्त भगत और शाइर को एक फ़िर्क़े से जोड़ने का सहरा भी हमारे हुक्मराँ अंग्रेज़ों के सर है। 1831 ई. में सबसे पहले एशियाटिक सोसाइटी के जर्नल के 18वें नंबर में 'रिलिजियस सेक्ट ऑफ़ हिंदूज़' के उन्वान से जनाब विल्सन का मज़्मून शाया हुआ। इसी में तुलसीदास को बहैसियत-ए-हिंदू शाइर सराहा गया और रामायन को हिंदुओं की बाइबिल बताया गया है। उसी वक़्त से तुलसीदास का यह अलमिया शुरू होता है। फिर तो यूरोप के कई आलिमों और मुहक़्क़िक़ों[3] में तुलसीदास को उसी रंग में पेश करने की दौड़-सी लग गई। नतीजे के तौर पर रामायन की एक मज़हबी हैसियत हो गई। अंग्रेज़ी सियासत ने इस इंसान-दोस्त शाइर के कलाम को अपना आला-ए-कार बनाया, रामायन तुलसीदास का शाहकार है लेकिन 'विनयपत्रिका' और 'कवितावली' उनकी ऐसी तख़्लीक़ात हैं जो रामायन से कम अहम नहीं हैं। इन किताबों में ज़ियादातर तलाज़मे[4] अवामी जिंदगी से लिए गए हैं, उनकी ज़बान और बयान ज़ियादा हक़ीक़त-पसंदाना है। उनका

1. त्रासदी, 2. पुनरुत्थानवादी, 3. शोधकर्ताओं, 4. संदर्भ

मौज़ूअ भी रामभगती ही है लेकिन नजात के लिए उनका पाठ कोई नहीं करता। उनसे सिर्फ़ उनकी शाइराना अज़्मत की निशानदेही होती है।

तुलसीदास मुवह्हिद[1] थे वह 'ज़ात' को हर ज़र्रे में मौजूद पाते हैं। उनके राम हर जगह मौजूद हैं। वह हमेशा से हैं और हमेशा रहेंगे। ज़ाहिर में राजा राम बशर हैं लेकिन बातिन[2] में वह क़ादिर-ए-मुतलक़[3] हैं, ख़ालिक[4] और रब हैं। वाल्मीकि के आश्रम में जाकर रामचन्द्रजी ठहरने के लिए जगह का मुतालबा करते हैं। महर्षि वाल्मीकि उनके बातिन को जानते हैं। वह उनके ज़ाहिर से धोका खाने वाले नहीं हैं। उन्होंने इस हक़ीक़त की तरफ़ इशारा किया।

पूछयो मोहि कि रहुँ कहँ, मैं पूँछत सकुचाऊँ
जहँ न हो तहँ देहु कह तुंभि दिखा दूँ ठाऊँ

यानी तुम मुझसे पूछते हो कि कहाँ रहूँ? तुमसे पूछने में मुझे तकल्लुफ़ हो रहा है। तुम जहाँ मौजूद न हो वह जगह बता दो, वही मक़ाम तुम्हारे ठहरने के लिए मैं बता दूँ।

इसके बाद वाल्मीकि ने उन्हें वे जगहें बताई हैं जहाँ राम का मस्कन[5] हो सकता है। उनमें न मंदिर का ज़िक्र है न ब्राह्मण का। सिर्फ़ पाक-तीनत[6] और पाक-बातिन[7] लोगों का दिल ही राम का सही मस्कन है। जो दूसरों की मसर्रत पर ख़ुश होते हैं और दूसरों की तकलीफ़ महसूस करते हैं, उन्हीं के दिल में राम रहते हैं। ज़ाहिरी पाट और दिखावे की इबादत से वह नहीं मिलते। वाल्मीकि के मुँह से तुलसीदास ने यही पैग़ाम दुनिया को दिया है।

जो हरषहिं पर संपति देखी
दुखित होहिं पर बिपति बिसेषी

तसव्वुफ़ की इस्तिलाहों को तुलसीदास ने जिस तरह और जिस फ़रावानी[8] से इस्तिमाल किया है वह इस बात का सबूत है कि वह मज़हबी और लिसानी तअस्सुब से पाक थे। राम की रजाई (रिज़ा-ए-इलाही) साहिबू दीन दुनी (मालिक-ए-दीन-ओ-दुनिया), दीन (आख़िरत), ग़नी, करामात, मंशा-ए-इलाही, जमाअत, ख़ल्क, हराम, रह्म, क़ह्र, मक़ाम, इताअत, क़सम, बाग़बान, बख़्शिश, बख़्शाना, सज़ा, दानी, दया-दरिया (दरिया-ए-सख़ावत-ओ-करम), गुनाह ऐसे लफ़्ज़ हैं जो बोलचाल की ज़बान से मुतअल्लिक़ नहीं हैं, तुलसीदास ने उनके ख़ालिस इस्तिलाही मानी को अपने कलाम में जगह दी है। इससे साफ़ ज़ाहिर है कि वह अपना पैग़ाम मुसलमानों तक भी पहुँचाना चाहते थे और इसीलिए उनकी इस्तिलाहात में ही उन्होंने उनसे

1. अद्वैतवादी, 2. अंतर्मन, 3. सर्वशक्तिमान, 4. सर्जक, 5. निवास, 6. सच्चरित्र, 7. निर्मल हृदय, 8. अधिकता

बातें की हैं। दूसरों से उन्होंने उनकी इस्तिलाह में बात की है। तुलसीदास एक भगत थे, अज़ीम शाइर थे, उन्होंने अपने कलाम से यह साबित कर दिया कि सिर्फ़ एक मौज़ूअ को लेकर भी अज़ीम शाइरी की जा सकती है। बशर्ते कि उसकी सलाहियत हो। उन्होंने बयानिया शाइरी भी की है और दूसरे असनाफ़-ए-सुख़न[1] पर भी क़लम उठाया है। लेकिन सबका मौज़ूअ राम हैं। वह अवधी और ब्रज दोनों ज़बानों पर क़ुदरत रखते थे, लेकिन अवधी में उन्होंने सिर्फ़ रामायन की तख़्लीक़[2] की है और उसके बाद इस ज़बान में एक सतर नहीं लिखी। इसके असबाब मालूम करने की सख़्त ज़रूरत है।

तुलसीदास की शाइरी जिस क़दर इंसानी ज़िंदगी पर असरअंदाज़ हुई है, गाँव के गूँगों को ज़बान देने में वह जिस क़दर कामयाब थे, उसकी मिसाल ज़रा मुश्किल से ही मिलेगी। इसकी वजह यही है कि वह बातिन के चेहरे से पर्दा हटाते थे और हक़ के पैग़ाम्बर थे।

---

1. काव्य-विधाएँ, 2. रचना

भगतों की राधा

राधा के वुजूद में एक हसीन सा उंसुरी इम्तिज़ाज[1] है। इसमें हुस्न-ओ-रानाई का एक माद्दी पैकर[2] है, माद्दियत से कुल्ली तौर पर पाक इश्क़-ए-लामुतनाही[3] का एक तसव्वुर है। वह एक देवी भी है। विष्णु की महबूबा लक्ष्मी की औलाद, सांख्य फ़ल्सफ़ियों की मादर-ए-तख़्लीकं "नारी' (Univese) का एक हमागीर मुजस्समा, इन तीनों में इश्क़ की आमेज़िश से हमआहंगी पैदा की गई है। इसी हमागीर[4] इश्क़ ने राधा को माद्दियत की सत्ह से बुलंद करके इस दर्जे पर फ़ाइज़[5] कर दिया है जहाँ आशिक़, इश्क़ और माशूक़ एक हो जाते हैं, जहाँ आबिद-ओ-इबादत-ओ—माबूद[6] का फ़र्क़ मिट जाता है। राधा की शख़्सीयत में ये तीनों अनासिर[7] इस तरह रच-बसकर एक हो जाते हैं कि किसी एक को भी अलग करने से पूरी शख़्सीयत बेमानी और बेरंग हो जाएगी। फिर भी इस मज़्मून में हम कोशिश करेंगे कि राधा की शख़्सीयत के इर्तिक़ा[8] पर रोशनी पड़ सके और उसके लामुहीत[9] वुजूद का एक ख़ाका ज़हन-नशीन हो जाए।

जसद-ए-ख़ाकी[10] में राधा बरसाना गाँव की रहने वाली एक अलबेली, छबीली, अल्हड़ दोशीज़ा है। वह शीरीं की तरह न कोई शहज़ादी है और न क़िले की फ़सीलें उसके हुस्न की पासबानी करती हैं। वह लैला की तरह नाक़ा-ओ-महल भी नहीं रखती। हीर और सोहिनी की तरह वह कुम्हारों के घरों का दिया भी नहीं है। फिर भी वह उन्हीं मशहूर आलम-ए-ग़ैरफ़ानी[11] हीरोओं की बिरादरी की एक फ़र्द है। बावजूद-ए-मुल्क-ओ-क़ौम, मज़हब-ओ-मिल्लत, रंग और रूप की तफ़रीक के उन सब में लाफ़ानी इश्क़ एक क़द्र-ए-मुश्तरक है। राधा वृषभान जैसे बाइज़्ज़त गोप की इकलौती बेटी है। जमना का पानी उसकी रगों में ख़ून बनकर दौड़ रहा है। रावी और जेह्लम को अगर अपनी हीर और सोहिनी पर फ़ख़्र हो सकता है तो जमना भी अपनी राधा पर जितना फ़ख़्र करे कम है। हीर और सोहिनी का प्यार अगर दरियाओं के तलातुम[12] में डूबकर लाफ़ानी बनता है तो राधा का इश्क़ एक आग का दरिया है

---

1. तात्त्विक संगम, 2. मौलिक देह, 3. असीम अनंत प्रेम, 4. व्यापक, 5. बिठा देना, 6. आराध्य और आराधक, 7. तत्त्व, 8. विकास, 9. असीम, 10. पार्थिव, 11. अनश्वर, 12. ऊँची लहरें, भँवरें

जिसे तैर कर पार उतरने की ताक़त इस नाज़ुक-बदन में मौजूद है। अज़रा, लैला, शीरीं और सोहिनी अगर इश्क़ के आदाब[1] बरतना जानती थीं तो राधा ख़ुद इश्क़ की एक मूर्ति है। राधा और कृष्ण के इश्क़ की दास्तान ब्रज की गलियों से शुरू होती है, जमना की लहरों, करील-कुंजों के सायों और गोधूली के पर्दे में नश्व-ओ-नमा[2] पाती है। इस इश्क़ का आग़ाज़ तो है लेकिन इंतिहा कोई नहीं। इस इश्क़ का आग़ाज़ दिलकश, बेझिझक, बेबाक और फ़ित्री है और तसन्नो[3] से बिलकुल आरी। राधा सहेलियों के साथ, पानी से लबरेज़ घड़ा सर पर उठाए, चुहलें करती, हमराहियों पर फब्ती कसती चली आ रही है, बनवारी सँवरिया मोहनकृष्ण गलियों में घूमते, दोशीज़ाओं के घड़ों को गोफन का निशाना बनाते उसकी राह में हाइल[4] हो जाते हैं। दोनों की आँखें चार होती हैं, दोनों मबहूत[5] ठिठककर रह जाते हैं। ज़बान बंद थी, आँखों ने न जाने क्या-क्या सलाम-ओ-पयाम पहुँचाए होंगे, मासूम दिलों की धड़कनों में न जाने कितने राग गूँजे होंगे। लेकिन अफ़सोस है कि किसी साहिब-ए-दिल ने इन रागों को नहीं सुना, इन धड़कनों को महसूस नहीं किया और न इन वारदात-ए-क़ल्बी की "हर्फ़-ओ-सौत" के सहारे कोई तर्जुमानी की। हद यह है कि सूरदास ऐसा शाइर भी इस वाक़िए को सरसरी तौर पर लिखकर कहने लगता है कि कृष्ण ने पूछा—"क्या वृषभान की बेटी तुम्हीं हो, कभी-कभी हमारे घर भी खेलने को आया करो।" राधा का जवाब बड़ा खुरदुरा है—"जाओ-जाओ हम नहीं पहचानते हैं, हमारे रास्ते से हट जाओ, हम तुम्हारी चिकनी-चुपड़ी बातों में आने वाले नहीं है।" इसके बाद शुअरा[6] इस तेज़गामी से काम लेते हैं कि इश्क़ की तमाम मंज़िलें मिनटों में तै हो जाती हैं और वह कैफ़ियात-ए-हिज्र[7] के बयान में ज़ोर-ए-क़लम दिखाने की मंज़िल पर दम लेते हैं। इस "तेज़गामी" की वजह से उनके फ़न का दम भी उखड़ा-उखड़ा नज़र आता है। लेकिन यह सारे शाइर भगत पहले हैं और शाइरी उनके लिए राधा के पैकर में अपने आप को पेश करने का सिर्फ़ एक ज़रिया है। उन्होंने वस्ल को सरसरी तौर पर क्यूँ टाला और हिज्र को अहमियत क्यूँ दी, इसका तअल्लुक़ राधा के तसव्वुर और भगती तहरीक के नज़रियात से है और इसका ज़िक्र मुनासिब मौक़े पर आएगा।

राधा का यह पैकर लोकगीतों और लोक-कहानियों का रहीन-ए-मिन्नत[8] है। संस्कृत ज़बान के शाइरों ने इस रूमान से मुतअल्लिक़ बहुत कम लिखा है। अश्वघोष की 'बुद्धचरित' (पहली सदी ईसवी) में राधा और कृष्ण की मोहब्बत का ज़िक्र ज़िम्नन्[9] आया है। आनंदवर्धन की किताब 'ध्वन्यलोक' (नवीं सदी ईसवी) में भी दो-चार श्लोक दाख़िल कर दिए गए हैं। हेमचंद (बारहवीं सदी ईसवी) ने अपनी किताब 'प्राकृत व्याकरण' में भी दो-चार दोहों पर इक्तिफ़ा किया है। इसके

1. शालीन व्यवहार, 2. विकास 3. कृत्रिमता, 4. बाधक, 5. स्तब्ध, 6. शाइर का बहुवचन, 7. विरह की मनोदशा, 8. मुखापेक्षी, 9. आनुषंगिक रूप से

इलावा 'वेनी-शृंगार' ड्रामे में भी इस लाफ़ानी मोहब्बत का महज़ ज़िक्र कर दिया गया है। जयदेव की 'गीतगोविंद' ज़रूर ऐसी किताब है जिसका मौज़ूअ राधा-कृष्ण का रूमान है, लेकिन वह चौदहवीं सदी की तख़्लीक़ है। इस मौज़ूअ की तरफ़ से संस्कृत के अहल-ए-क़लम की यह बे-एतिनाई[1] और गुरेज़ इस बात की शहादत है कि इस दास्तान का तअल्लुक़ ग़ैर-आर्याई ज़ातों और क़बीलों से है।

इसके बरख़िलाफ़ प्राकृत और अपभ्रंश में राधा-कृष्ण की दास्तान-ए-मोहब्बत अहम मक़ाम रखती है। पहली सदी ईसवी में प्राकृत ज़बान में हाल सातवाहन नामी राजा ने 'गाहा सतसईं' नाम से एक किताब मुरत्तब कराई थी। इन गाथाओं (हिकायतों) में कृष्ण-राधा, गोपी, यशोदा का ज़िक्र जगह-जगह आया है लेकिन 'गाहा सतसईं' की राधा भगतों की राधा नहीं है, इसका दर्जा वही है जो अज़रा, हीर, शीरीं, हीर और सोहिनी का है।

संस्कृत के शाइरों की ऐसी दिलकश मौज़ूअ से बे-एतिनाई पर यह शुब्हा होता है कि इस कहानी का तअल्लुक़ द्राविड़ों से है। वेदों में ख़ुद कृष्ण एक राक्षस की तरह मज़्कूर हैं जो सुरों की गाएँ चुरा ले जाते हैं। यह भी मुमकिन है कि राधा और कृष्ण की ग़ैर-फ़ानी दास्तान बाद के आने वाली क़ौमों से मुतअल्लिक़ हो। डॉक्टर हज़ारी प्रसाद द्विवेदी की दलील में काफ़ी वज़्न है। वह इस रोमान का तअल्लुक़ "मग़रिबी हिंद में हर्ष के बाद आकर बसने वाली आभीर क़ौम से बताते हैं। यह क़ौम किसी बाल-कृष्ण की पूजा करती थी और किसी राधा का भी तसव्वुर इनके गीतों में बराबर पाया जाता है। यह क़ौम फ़ल्सफ़ियाना मू-शिगाफ़ियों[2] से दूर थी और वह सीधे-सादे ढंग से इश्क़िया जज़्बात को ज़ाहिर करती थी। इसका इश्क़ ख़ालिस मजाज़ी था और इश्क़-ए-हक़ीक़ी से यह अभी मुतआरिफ़ नहीं हुई थी।" इन्हीं आभीरों ने गुजरात से लेकर बंगाल तक तमाम शुमाली[3] हिंदुस्तान में अपभ्रंश को फ़रोग़ दिया और अपभ्रंश के साथ लोकगीतों और लोक-कहानियों की रिवायतों को भी फ़रोग़ मिला। राधा और कृष्ण की रूमानी दास्तान नौजवानों के दिलों की धड़कन बन गई। शुमाली हिंदुस्तानियों के जज़्बात पर राधा-कृष्ण इस क़दर छा गए कि हर अलबेला 'सँवरिया' 'कन्हैया' बन गया और हर छबीली 'गोरी', 'राधे' बन गई। लेकिन पहली सदी की किताब 'बुद्धचरित' में इस दास्तान का ज़िक्र बंगाल में पहाड़पुर और मथुरा में पाए जाने वाले राधा-कृष्ण के पत्थर के मुजस्समे (पहली सदी ईसवी) अलवार भगतों के चार हज़ार गीतों के मज्मूए 'प्रबंधम' में नानपनाई (राधा) से मुतअल्लिक़ पुर-असर गीत (पाँचवीं, छठी, सदी ईसवी) द्विवेदी जी के नज़रिए का वज़्न कम कर देते हैं और इसका इम्कान ज़ियादा मालूम होता है कि इस लाफ़ानी दास्तान का तअल्लुक़ द्राविड़ क़ौम से ही है और वक़्त के हाथों इस तस्वीर में मुख़्तलिफ़ रंगों की आमेज़िश होती रही है।

---

1. उदासीनता, 2. गूढ़ दार्शनिक रहस्यों, 3. उत्तरी

राधा का दूसरा रूप देवीरूप है। इसको समझने के लिए महाभारत, पुराणों और भगती की उसूली किताबों का मुतालआ ज़रूरी है। छह सौ क़ब्ल-ए-मसीह[1] में किसी वासुदेव की इबादत का ज़िक्र मिलता है। इस तरीक़ा-ए-इबादत में ख़ारिजी रस्म-ए-रिवाज और क़ुर्बानी के लिए कोई जगह नहीं है। इसका तमामतर ज़ोर तज़्किया-ए-नफ़्स[2] पर है। इसी तरीक़े को महाभारत में नारायिनी धर्म कहा गया है। वैदिक यज्ञ से मुख़्तलिफ़ यह विष्णु यज्ञ है। क़ुर्बानी इस यज्ञ में भी दी जाती है लेकिन अपने नफ़्स की। इस्तिलाही अल्फ़ाज़ वही हैं लेकिन उनका तअल्लुक़ ख़ारिजी अलाइक़[3] से नहीं बल्कि दाख़िली कैफ़ियात[4] से है। 'हरिवंश-पुराण' को महाभारत का ज़मीमा तस्लीम किया जाता है। वह ज़मीमा हो या ना हो लेकिन यह बात पाया-ए-सबूत[5] को पहुँच चुकी है कि अट्ठारह पुराणों में से सबसे पुराना और पहला पुरान यही है। इसमें कृष्ण को जिस अंदाज़ से पेश किया गया है उससे कृष्ण जागीरदाराना तअय्युश की अलामत बन जाते हैं, लेकिन पुराण के लिखने वाले दूसरे लम्हे ही तर्क-ए-दुनिया, तर्क-ए-लज़्ज़त और तज़्किया-ए-नफ़्स का दर्स देना शुरू कर देते हैं। ऐसा लगता है कि इन पुराणों में तांत्रिकों, चार्वाकियों और वाममार्गियों के फ़ल्सफ़ा-ए-लज़्ज़तियात और वैदिक-धर्म के त्याग, तपस्या, संन्यास जैसे मुतज़ाद[6] ख़यालात को हमआहंग करने की कोशिश की गई है, लेकिन यह कोशिश कामयाब नहीं कही जा सकती क्यूँकि इसकी सत्ह माद्दियत से बुलंद नहीं हो सकी है। यह कोशिश कामयाब हुई लेकिन इसका सहरा अह्द-ए-वुस्ता[7] के भगत आलिमों के सर है। 'भागवतपुराण' (नवीं, दसवीं सदी ईसवी) ही की बुनियाद पर भगती का महल तामीर किया गया। इसमें कृष्णलीला का तफ़्सीली ज़िक्र है लेकिन तअज्जुब है कि राधा को कोई अहम मक़ाम इस पुराण में भी नहीं दिया गया। मिन्जुमला[8] बहुत-सी गोपियों के एक ऐसी गोपी का ज़िक्र आता है जो कृष्ण की चहेती है। इसी को बर-बिना-ए-क़ियास[9] राधा तसव्वुर कर लिया जाता है। इसका मतलब यह है कि लोककथा की राधा ने कम से कम दसवीं सदी तक देवी राधा का मक़ाम हासिल नहीं किया था।

राधा को देवी राधा बनाना ग़ालिबन उस वक़्त तक नामुमकिन था जब तक कि शंकराचार्य की इंतिहापसंद तौहीद के मुक़ाबले में सन्वियत[10] का वह नज़रिया सामने न आ जाए जो दुई[11] में भी वहदत[12] की कारफ़र्माई देखता था और 'ब्रह्म-सूत्र' की माया को कपिल मुनि के सांख्य फ़ल्सफ़े के क़ालिब[13] में ढालकर मादर-ए-तख़्लीक़ 'नारी' की शक्ल न दे दी जाए। शंकराचार्य के फ़ल्सफ़े को बुनियादी तौर पर मानते हुए रामानुज आचार्य (1037-1134 ई), निंबार्क (बारहवीं सदी),

1. ईसा पूर्व, 2. इंद्रिय निग्रह, 3. ब्राह्य जीवन संदर्भों, 4. आंतरिक मनोदशा, 5. प्रमाणित होना, 6. विरोधपूर्ण, 7. मध्य युग, 8. बहुतों में से एक, 9. अनुमान के आधार पर, 10. मध्यम मार्ग, 11. द्वैत, 12. अद्वैत, 13. रूप

मध्व (तेरहवीं सदी) और विष्णुस्वामी ने सिर्फ़ "माया' की तर्दीद[1] की और अपने ख़यालात को बतौर-ए-तर्मीम पेश किया। इन मुफ़क्किरों[2] ने माया को भी इसी एक 'अबदी हक़ीक़त"[3] का ज़ुहूर तस्लीम किया। सन्वियत और वहदानियत के इसी मेल की वजह से निंबार्क ने अपने तर्ज़-ए-फ़िक्र को द्वैताद्वैत (दुई में यक्ताई) का नाम दिया। उन्होंने माद्दे और रूह के तअल्लुक़ को चराग़ और लौ की तम्सील[4] से समझाया है— लौ चराग़ ही का जुज़् है फिर भी इससे मुख़्तलिफ़ है। चराग़ से ही लौ रूनुमा होती है फिर भी अपनी हैअत[5] में इससे अलग है। चराग़ से अलग लौ का कोई वुजूद न होने पर भी इसका वुजूद है। इसी तरह 'ब्रह्म' ही तख़्लीक़ की इल्लत[6] भी है और मामूल[7] भी, इसीलिए शाहिद और मश्हूद[8] अलग-अलग होकर भी हक़ीक़तन् एक ही हैं।

मध्वाचार्य ने सिरे से वहदानियत[9] से इनकार किया और माद्दे और रूह को दो अलग हक़ीक़तें माना लेकिन माद्दे को रूह का ताबे[10] तस्लीम किया। यह इताअत[11] ऐसी ही है जैसे बीवी-शौहर के ताबे होती है।

सोलहवीं सदी के पहले निस्फ़ में वल्लभाचार्य (1479-1531 ई.) ने शंकर के अद्वैत को तस्लीम करते हुए इसे "माया" से पाक कर दिया। उन्होंने कहा कि हक़ीक़त एक है लेकिन माद्दा उसी की तजल्ली[12] है। इसीलिए उन्होंने इस ख़याल का नाम शुद्ध अद्वैत (तर्मीमशुदा वहदानियत) रखा। उन्हीं के हमअस्र चैतन्य महाप्रभु (1486-1533 ई.) ने भी रूह और माद्दे के फ़र्क़ को एक धोका बताया और कहा कि दोनों में फ़र्क़ भी है और नहीं भी। इसलिए उन्होंने अपने फ़ल्सफ़े को भेदाभेद कहा।

इन फ़ल्सफ़ियों ने कृष्ण को ही ब्रह्म माना और यह भी तस्लीम किया कि यही ब्रह्म अवतार लेता है। चूँकि यह लोग माद्दे की हक़ीक़त को भी तस्लीम करते थे इसलिए उन्होंने सांख्य फ़ल्सफ़े को तस्लीम करके परमब्रह्म को पुरुष माना और उसका अवतार राम और कृष्ण को माना। कपिल मुनि ने माद्दे को नारी माना और परमब्रह्म को तमाम ख़्वाहिशात-ए-तख़्लीक़ी, यहाँ तक कि 'मशीयत'[13] से बालातर तस्लीम करके इसी नारी को ही मादर-ए-तख़्लीक़ तसव्वुर किया है। इसीलिए माद्दे का अवतार भी ज़रूरी हो गया क्यूँकि बग़ैर दोनों के इख़्तिलात[14] के तख़्लीक़ मुमकिन नहीं है और ज़ुहूर[15] भी नामुकम्मल है। राम के अवतार के साथ यही 'नारी' सीता की शक्ल में ज़ाहिर होती है और कृष्ण के अवतार के वक़्त यही राधा के रूप में जनम लेती है। इसीलिए हमारी देवी, राधाकृष्ण की तख़्लीक़ी क़ुव्वत भी है, उनकी

---

1. खंडन, 2. चिंतकों, 3. शाश्वत सत्य, 4. रूपक, 5. आकार, 6. कारण, 7. परिणाम, 8. जीव और ब्रह्म, 9. अद्वैतवाद, 10. अधीन, सेवक, 11. आज्ञा पालन, 12. प्रकाश, 13. ईश्वर इच्छा, 14. अनुरूपता, 15. प्रकट या ज़ाहिर होना

तख़्लीक़ भी है और मादर-ए-तख़्लीक़ भी है। राधा का यह रूप बारहवीं सदी तक बनता और निखरता रहा है।

भगती का मंबा चाहे वेदों को माना जाए और चाहे उपनिषदों को उसका सरचश्मा क़रार दिया जाए, चाहे पुराणों में उसकी बुनियाद तलाश की जाए और चाहे अलवार भगतों के नग़्मों में उसको ढूँढ़ा जाए, लेकिन यह एक हक़ीक़त है कि भगती एक मुनज़्ज़म[1] तहरीक की शक्ल में सोलहवीं सदी ही में फली-फूली। यह वह ज़माना है जब मुसलमान यहाँ पूरी तरह क़दम जमा चुके थे और मुख़्तलिफ़ तहज़ीबों में हमआहंगी के रुज्हानात रूनुमा हो चुके थे। उस वक़्त तक भगती के तीन उसूल थे जिन्हें नुमायाँ हैसियत हासिल थी। एक अनन्य भगती (यकगीर-ओ-मुहकमगीर), दूसरे अनुकंपा (तौफ़ीक़-ब-क़द्र-ए-ज़र्फ़), तीसरे समर्पण (राज़ी-ब-रिज़ा-ए-इलाही), इन उसूलों और मुस्लिम सूफ़ियों के नज़रियात में इतनी नुमायाँ मुताबक़त[2] पाई जाती है कि बेइख़्तियार ख़याल पैदा होता है कि किसी एक ने दूसरे से ये ख़यालात मुस्तआर[3] लिये हैं। चूँकि ये नज़रियात सूफ़ियों के यहाँ पहले से ज़ब्त-ए-तहरीर[4] में आ चुके थे और मुख़्तलिफ़ सिलसिलों में रियाज़त का जो तरीक़ा मुक़र्रर हुआ उसमें इन्हीं उसूलों को पेश-ए-नज़र रखा गया, इसलिए यह तस्लीम करना पड़ता है कि भगतों ने ही (ख़यालात बेशक ग़ैर-मुनज़्ज़म[5] तौर पर मुख़्तलिफ़ किताबों में मौजूद थे और यह भी मुमकिन है कि ये ख़यालात हिंदुस्तानी किताबों से ही सूफ़ियों तक पहुँचे हों) सूफ़ी सिलसिलों के तंज़ीमी और नज़रियाती उसूलों को अपनाया है। डॉक्टर ताराचंद और डॉक्टर यूसुफ़ हुसैन ख़ाँ की किताबों में इस सिलसिले में कुछ वाज़ह इशारे मिलते हैं। लेकिन ये दोनों मुसन्निफ़[6] अपने ख़यालात की ताईद में कोई खुली दलील पेश नहीं करते।

राधा का तीसरा रूप इन्हीं उसूलों का जीता-जागता मुजस्समा है। राधा सिर्फ़ कन्हैया से, श्याम से इश्क़ करती है लेकिन इन्हीं श्याम को वह राजा कृष्ण की शक्ल में पहचानती नहीं है। इसको कृष्ण का ग्वाले का रूप ही प्यारा है। पीतांबर और तमाल के हार से सजा रूप ही उसके दिल की ठंडक है। कृष्ण की बंसी पर वह अपना तन-मन निछावर करती है, उनके शंखनाद से उसे कोई दिलचस्पी नहीं है और मथुरा के राजा कृष्ण से उसे कोई सरोकार नहीं है। इससे बड़ी यकगीरी और मुहकमगीरी[7] की मिसाल और क्या हो सकती है। यही चीज़ सोलहवीं सदी के भगतों का तुर्रा-ए-इम्तियाज़[8] है। कहा जाता है कि नंददास ने तुलसीदास से कहा कि राम की तरह कृष्ण भी विष्णु के अवतार हैं इसलिए उनको प्रणाम करने में क्या हर्ज है। तुलसी ने जवाब दिया कि विष्णु जब बंसी मुँह से हटाकर हाथ में धनुष थाम लेंगे तब ही तुलसी का सर उनके सामने झुक सकेगा। इसका मतलब यह है कि तुलसी

---

1. व्यवस्थित, 2. अनुरूपता, 3. उधार, 4. सृजन परंपरा, 5. अलिखित, मौखिक, 6. लेखक, 7. एकात्मकता, 8. विशेषता

के यहाँ कृष्ण की बंसी के बजाए राम की धनुष 'यकगीरी-ओ-मुहकमगीरी'[1] की अलामत थी।

कृष्ण की मर्ज़ी में ही राधा ख़ुश है। वह ग़मज़दा भी है तो इसलिए नहीं कि उसे अपना दुख तिल-तिल करके काटता है, बल्कि ग़मज़दा इसलिए है कि दुख के ज़िक्र से कृष्ण की याद ताज़ा होती रहती है। इसके लिए ज़िक्र-ए-हबीब और उस ज़िक्र की ग़म-आगीं मसर्रत सब कुछ है।

भगती तहरीक माद्दी[2] ख़ाहिशात के रुख़ को ख़ुदा की तरफ़ मोड़कर ज़ह्नी सुकून हासिल करने पर ज़ोर देती है। भगती के लिए तअल्लुक़-ए-ख़ातिर[3] पैदा करना ज़रूरी है। तअल्लुक़-ए-ख़ातिर दोस्ताना भी हो सकता है और पिदराना भी। ममता का लगाव भी पैदा किया जा सकता है और ख़ादिम की हैसियत भी हासिल की जा सकती है। इज़्दिवाजी[4] मोहब्बत का भी मुज़ाहिरा किया जा सकता है और रूमान का भी सहारा लिया जा सकता है। बहरहाल कोई न कोई तअल्लुक़ ज़रूर होना चाहिए, हद है कि यह तअल्लुक़ दुश्मनी का भी हो सकता है। लेकिन सोलहवीं सदी में इश्क़ पर बेहद ज़ोर दिया गया। इश्क़ भगतों के लिए मक़्सद भी हो गया और वसीला भी। इसी इश्क़ की आमेज़िश करके वल्लभाचार्य ने अपनी तर्ज़-ए-रियाज़त[5] को पुष्टिमार्ग का नाम दिया और चैतन्य महाप्रभु ने अपनी भगती को राग-अनुराग कहा। स्वामी हितहरिवंश का सिलसिला राधावल्लभी कहलाया और स्वामी हरिदास ने अपने सिलसिले को सखी या टट्टी का नाम दिया। इन्हीं चारों सिलसिलों ने राधा को इश्क़ का अवतार बनाकर पेश किया। इसका इश्क़ सादिक़[6] है, दूसरे भगतों के लिए एक मिसाल है और वह एक ऐसे सालिक[7] की हैसियत से पेश की गई है जो इश्क़ की तमाम मनाज़िल से वाक़िफ़ है और इश्क़ के दर्द को माद्दी सत्ह से इतना बुलंद कर देती है जहाँ दर्द, दर्द न रहकर सुरूर-ओ-मस्ती की एक क़ैफ़ियत में बदल जाता है। उसके इश्क़ में तस्कीन की ख़ाहिश का शाइबा[8] भी नहीं है। यह इश्क़ बराए इश्क़ है।

इस सिलसिले में यह बात क़ाबिल-ए-ग़ौर है कि वल्लभाचार्य ने अपनी किताबों में इश्क़ बराए इश्क़ के उसूल को गोपीभाव कहा है और एक ख़ास गोपी के इश्क़ को बतौर-ए-मिसाल पेश किया है। लेकिन डॉक्टर गोवर्धननाथ शुक्ल के तमामतर इसरार के बावजूद यह बात पाया-ए-सबूत को नहीं पहुँच सकी कि वल्लभ ने इस गोपी का नाम साफ़ तौर पर राधा ही बताया है। 'भागवतपुराण' तमाम भगती अदब का मख़रज है। इसमें भी राधा की जगह किसी गोपी का ज़िक्र है जो कृष्ण की चहेती है, कृष्ण जिसके साथ अकेले घूमना पसन्द करते हैं। दूसरी गोपियाँ रश्क करती हैं। भगतों ने इसी ख़ास गोपी को बाद में राधा कहना शुरू कर दिया लेकिन यह नाम सबसे पहले किस किताब में आया यह कहना मुश्किल है। इसलिए वल्लभ

1. एकनिश्ठता और दृढ़ता, 2. भौतिक, 3. आत्मीय संबंध, 4. दांपत्य संबंधी, 5. उपासना पद्धति, 6. सच्चा, 7. उपासक, प्रेमी, 8. किंचित् प्रभाव

के गोपीभाव को राधाभाव कहना ग़लत होगा। कम से कम वल्लभ के बाद पच्चीस साल तक यह गोपी राधा का नाम इख़्तियार नहीं कर सकती थी। उसको स्वामी विट्ठलनाथ ने राधा बनाया और पुष्टिमार्ग में गोपीभाव की अलामत बनाकर भगतों के लिए बतौर-ए-मश्अल-ए-राह पेश किया। राधावल्लभ और सखी सिलसिलों में उसूली किताबों का फ़ुक़्दान[1] है। इसके इलावा उन्होंने राधा को आबिद के दर्जे से बुलंद करके माबूद बना दिया है, इसलिए उनकी राधा पर ग़ौर करना हमारे मौज़ूअ से ख़ारिज है।

दूसरी तरफ़ रूपस्वामी और गोपस्वामी की किताबों में शुरू से राधा का ज़िक्र मिलता है। ये दोनों चैतन्य महाप्रभु के मुसलमान शागिर्द थे। राग अनोगा भगती के नज़रियात को उन्होंने ही तर्तीब दिया है। उन्होंने इश्क़-ए-मजाज़ी[2] के तमाम मराहिल पर तफ़्सीली बहस की है और इश्क़-ए-हक़ीक़ी[3] की तक्मील के लिए इन मराहिल[4] से गुज़रना ज़रूरी क़रार दिया है। इन राहों पर चलकर राधा अपने नक़्श-ए-क़दम सब्त[5] करती जाती है और दूसरे भगतों की रहनुमाई करती है। इन्हीं दोनों ने भगती में 'हिज्र'[6] के उंसुर[7] को जगह दी है। उनके मुताबिक़ हिज्र की दो क़िस्में हैं—एक वस्ल से पहले का हिज्र और दूसरा वस्ल के बाद का हिज्र। वस्ल[8] की ख़्वाहिश को उन्होंने मुलव्वस[9] बताया और हिज्र को ही इश्क़ की तक्मील का वसीला क़रार दिया। इसीलिए ज़ौजैन की मोहब्बत को उनके यहाँ अहम दर्जा हासिल नहीं है क्यूँकि दिल की तड़प के लिए उसमें कहीं ज़ियादा गुंजाइश है और इश्क़ बराए इश्क़ की कामयाबी इसी में मुमकिन है। इसके बाद सारे भगती सिलसिलों में हिज्र का जज़्बा अहम मक़ाम हासिल कर लेता है और दिल की तड़प पर ही भगत की कामयाबी का इन्हिसार होता है। हिज्र की यह मक़्बूलियत तअज्जुब-ख़ेज़ है क्यूँकि हिंदुस्तानी मिज़ाज ने अलमिये[10] को ड्रामे तक में भी कुबूल नहीं किया। फिर इबादत में हिज्र को इस क़दर अहम क्यूँ और कैसे तस्लीम कर लिया गया, यह क़ाबिल-ए-ग़ौर अम्र[11] है?

हिज्र ने ही राधा के रूप को निखारा है। एक तरफ़ वह एक औरत है, वफ़ा-शिआरी की मूरत है, हिरमाँ-नसीबी[12] का मुजस्समा है। दूसरी तरफ़ उसकी कोई जिंस नहीं है। वह एक सालिक[13] है। वह एक बुलबुला है जो दरिया से मिलने के लिए बेताब है। एक सूफ़ी और राधा के मस्लक-ए-इश्क़[14] में बुनियादी फ़र्क़ भी है। सूफ़ी तलाश-ए-महब्बत में सरगर्दां है क्यूँकि उस माशूक़ को वह महज़ हिजाबात में पोशीदा तसव्वुर करता है। सूफ़ी का महबूब न तो साफ़ छुपता है और न सामने ही आता है। लेकिन राधा का महबूब (ब-शक्ल-ए-अवतार कुछ भी हो) एक हसीन मर्द

1. अभाव 2. लौकिक प्रेम, 3. आध्यात्मिक प्रेम, 4. सोपान, 5. लगाना, चिह्न छोड़ना, 6. विरह, 7. तत्त्व, 8. मिलन, संयोग, 9. लिप्त रहना, 10. त्रासदी, 11. विचारणीय बात (या तत्त्व), 12. दुर्भाग्य, 13. ईश्वर का सान्निध्य चाहनेवाला, 14. प्रेम-मार्ग

है, इसी माद्दी दुनिया का एक फ़र्द है। इसीलिए राधा के यहाँ वस्ल की मुआमला-बंदी भी अहम है क्यूँकि उसकी याद से कृष्ण हमेशा तसव्वुर में सामने रहते हैं। शाइर ने ग़ालिबन किसी ऐसी ही वारदात की कैफ़ियत बयान की है।

तुम मिरे पास होते हो गोया
जब कोई दूसरा नहीं होता

इसी तन्हाई की तलाश में राधा सरगर्दां है। सूफ़ी का वस्ल एक ख़ुशकुन तसव्वुर है, जबकि वस्ल का इंबिसात[1], राधा के लिए एक हक़ीक़त है। सूफ़ी हिज्र की मंज़िल से गुज़रता हुआ वस्ल हासिल करने की कोशिश करता है, ख़ुदी को मिटाकर दुई के पर्दे को चीरता हुआ रुख़-ए-यार से चिल्मन हटाता है और उसकी तजल्ली-ए-बेमिसाल[2] की ज़ियारत करके फ़ना-फ़िल्लाह[3] हो जाता है। लेकिन इस तजल्ली का क़ुर्ब राधा को पहले से ही हासिल है इसीलिए वह वस्ल से हिज्र की तरफ़ बढ़ती है। इस हिज्र की वजह 'ख़ुदी' है। वह कृष्ण की चहेती है, इस घमंड ने ही उसे कहीं का न रखा और हमेशा-हमेशा के लिए दीदार-ए-यार के लिए वह तड़पने लगी। वह एक आवाज़ सुनने के लिए सरापा हिज्र-ओ-इंतिज़ार बन गई।

छबीले नैको मुरली बजाओ!

1. आनंद, 2. अनुपम प्रकाश, 3. परमतत्त्व में लीन

पीछे फिरत कहत कबीर-कबीर

कबीरदास पर बहुत कुछ लिखा गया है, लेकिन इसका ज़ियादातर हिस्सा महज़ क़ियास-आराई[1] है। उनके बारे में तरह-तरह के सवाल उभरते हैं जिनके जवाब तख़य्युल की उड़ान भर कर हासिल किए गए हैं और दलाइल[2] के ज़रिए उन्हें बावर कराने की कोशिश की गई है। कबीरदास के नाम, उनकी ज़ात, ख़ानदान, मक़ाम-ए-पैदाइश, सन-ए-पैदाइश, सन-ए-वफ़ात और उनके कलाम की मत्नी[3] सेहत पर सवालिया निशान लगे हुए हैं। उनके बारे में बग़ैर किसी शक-ओ-शुब्ह के इतना ज़रूर कहा जा सकता है कि गुरुग्रंथ साहिब में कबीरबानी मौजूद है और अह्द-ए-वुस्ता[4] की फ़ारसी तहरीरों में उन्हें मुवह्हिद[5] कहा गया है। 'रुक़्आत-ए-मुश्ताक़ी' के मुसन्निफ़ उनके हमअस्र थे और उन्होंने उनका ज़िक्र अपनी किताब में बार-बार किया है। जो ख़ुद हिंदी के शाइर थे और उनका तख़ल्लुस 'राजन' था। उन्होंने अपनी किताब में कबीर के कई पद भी पेश किए हैं। सूफ़ियों के मल्फ़ूज़ात के सफ़्हों पर कबीरबानी के नमूने भी मिल जाते हैं।

लेकिन कबीरदास को महाकवि बनाने का सहरा टैगोर के सर है। उन्होंने 'कबीर की सौ नज़्में' शाए करके और इस बात का इक़रार करके कि नोबेल इनाम-याफ़्ता उनकी किताब 'गीतांजली' पर कबीरबानी का ज़बरदस्त असर है, कबीरदास को क़ाबिल-ए-एहतराम शाइर बना दिया। इसके बाद कलाम-ए-कबीर की ढूँढ मची और उनके कुल्लियात मंज़र-ए-आम पर आने लगे। बहुत से पुराने क़लमी नुस्ख़ों[6] और शाए-शुदा कुल्लियात के ज़रिए कबीरबानी की साइंसी तद्वीन[7] भी की गई। लेकिन फिर भी वुसूक़[8] से नहीं कहा जा सकता कि जो कलाम कबीरदास से मंसूब किया गया वह जूँ का तूँ उन्हीं का है। डॉक्टर पारसनाथ तिवारी ने ग्यारह मुख़्तलिफ़ मत्नों की निशानदेही की है। सबसे ज़ियादा पुराना और मोतबर वह कलाम है जो गुरुग्रंथ साहिब में दर्ज है। गुरुग्रंथ साहिब को गुरु अर्जुनदेव ने 1611 ई. में तरतीब दिया था। संत दादू की राजस्थानी रिवायत में भी कलाम-ए-कबीर का ज़ख़ीरा मौजूद है जिसका क़लमी नुस्ख़ा 1649 ई. में तैयार हुआ था।

---

1. मात्र अनुमान पर आधारित, 2. दलील का बहुवचन, 3. पाठ संबंधी, 4. मध्य युग, 5. एकेश्वरवादी, 6. हस्तलिखित पांडुलिपियाँ, 7. भाष्य, 8. विश्वास

कलाम-ए-कबीर के बारे में इख़्तिलाफ़-ए-राए चाहे जितना भी हो, यह बात मुसल्लम है कि कबीरदास सूफ़ियाना शाइर या भगती की ज्ञानमार्गी शाख़ा के इमाम हैं। उनका अह्द 15वीं सदी के अवाख़िर[1] से लेकर 16वीं सदी के अवाइल[2] तक फ़ैला हुआ है। उनका सन-ए-पैदाइश कुछ भी हो लेकिन उनसे पहले 1369 ई. में मुल्ला दाऊद 'चंदाइन' की तस्नीफ़ कर चुके थे और उनके दौरान-ए-हयात क़ुतबन 'मिरगावती' (1503 ई.) लिख चुके थे। उन दोनों की ज़बान कबीरदास की ज़बान से बिल्कुल नहीं मिलती। उनके यहाँ फ़ारसी के मुन्फ़रिद[3] अल्फ़ाज़ नहीं हैं। लेकिन उनके कलाम में इन अल्फ़ाज़ और फ़ारसी तरकीबों के तर्जुमें काफ़ी बड़ी तादाद में मौजूद हैं। जबकि कबीरदास की बानी में फ़ारसी अल्फ़ाज़ का इस्तिमाल काफ़ी तादाद में है लेकिन उनके बरतने में कबीर की अपनी इन्फिरादीयत[4] है। क़ुरआन के लिए कबीरदास जगह-जगह 'कतीब' का इस्तिमाल करते हैं लेकिन हिंदी के सूफ़ी शाइरों के यहाँ वेद और पुराण, क़ुरआन के मुतरादिफ़[5] हैं। मसलन् जायसी ने कहा है—

लिखि पुरान बुद्धि फुटवा साँचा
भा परवान दोऊ जग बाँचा

कबीर ने "कतीब" के इलावा जगह-जगह वेद-पुराण का भी इस्तिमाल किया है। इसलिए पुरान से अट्ठारह पुरान मुराद लेना मुनासिब नहीं है। पुरान से इनका मतलब क़ुरआन से ही है। राम-रहीम, केशव-करीम, ख़ालिक़-हरि, यम-इज्राईल जैसे दो ज़बानों के अल्फ़ाज़ में यकजहती पैदा करते हुए वह अक्सर अपनी बानी में नज़र आते हैं।

कबीरदास जब क़ाज़ी और मुल्ला से मुख़ातिब होते हैं तो फ़ारसी के ज़रिए अपनी बात कहते हैं। लेकिन इन अल्फ़ाज़ के आम-फ़ह्म मतालिब से हटकर वह ख़ास इस्तिलाही मानों में इनका इस्तिमाल करते हैं। "मजलिस-ए-दौर-ए-महल" में महल(1) से मुराद इमारत से नहीं है बल्कि जगह से है और मजलिस का मतलब ख़ुदा की अंजुमनआराई है। उन्होंने दुनिया को दुनी कहा है, इसका मतलब है कमीनी औरत। कबीर की माया यही दुनिया-ए-दुनी है क्यूँकि यह बेस्वा, सतरभतरी, ठगनी है। उन्होंने माया को बहना भी कहा है लेकिन उसकी तस्वीर भी वही है जो एक कमीनी औरत की हो सकती है। कबीर ने कहा है :

कोई कहो कबीर कोई राम राई हो

यहाँ कबीर अल्लाहु-अकबर का मुतरादिफ़ है।

---

1. अंत, 2. आरंभ, 3. अकेले, विशिष्ट, 4. निजता, 5. समानार्थक

कबीर ने फ़रमाया है—

अल्लह सोई जिन उमति उपाई

उम्मत, मिल्लत और उम्मा, इस्लामी इस्तिलाहात हैं। उम्मत क़ुरआन में मुख़्तलिफ़ मानों में मुस्तामिल है। क़ुरआन में कहा गया है 'कानुल-नासउम्मातेवहदत' यानी इंसान उम्मत-ए-वाहिदा[1] था। फिर ख़ुदा ने नबियों की शरीअत के लिहाज़ से उसे मिल्लतों में तक़्सीम किया। उम्मा तमाम मिल्लतों का मिला-जुला गिरोह है।(2) इस लफ़्ज़ में काइनाती वुस्अत[2] है और इसका अस्ल अम्म (माँ) के लिहाज़ से एक होने का मफ़्हूम[3] रखता है। कबीरदास के लिए न कोई हिंदू है और न कोई तुर्क। उनको हैरत है कि यह दुई किसने चलाई है क्यूँकि सभी ख़ुदा के बंदे हैं। ऊपर के मिस्रे में कबीरदास उम्मत का इस्तिमाल इसी उम्मत-ए-वाहिदा के मफ़्हूम में करते हैं क्यूँकि ख़ुदा ने ही यह उम्मत-ए-इंसानी पैदा की है।

कबीरदास के मुंदरजा-ए-ज़ैल[4] मिस्रे में "अव्वलदीन", "साहिब-जोर (ज़ोर) नहीं फरमाया" (फ़र्माया) काबिल-ए-ग़ौर अल्फ़ाज़ हैं—

अल्लह अव्वलदीन का साहिब जोर नहीं फरमाया

अल्लाह दीन और साहिब है। एक ही दीन है जो हज़रत-ए-आदम से चला आ रहा है। इसी दीन का पैग़ाम लेकर पैग़ंबर भेजे जा रहे हैं और क़ुरआन में इसी दीन की तस्दीक़ की गई है चाहे वह जिस इल्हामी किताब के ज़रिए भेजा गया हो और चाहे जिस पैग़ंबर ने इसकी तब्लीग़ की हो। क़ुरआन में कहा गया है 'ला-इकराहा-फ़िद्दीनि' यानी दीन के मुआमले में ज़ोर-ज़बर्दस्ती नहीं है और यह भी कहा गया है कि हमारा दीन हमारे लिए है और तुम्हारा दीन तुम्हारे लिए। इस तरह ख़ुदा ने दीन के सिलसिले में ज़ोर-ज़बर्दस्ती से मना किया है। कबीर के मुंदरजा-ए-बाला[5] मिस्रे में "जोर नहीं फरमाया" के ज़रिए इसी बात की तरफ़ वाज़ह इशारा किया गया है।

कबीरबानी में ज़कात (जगात) मज़हबी फ़रीज़े के बजाए सरकारी टैक्स के मफ़्हूम में इस्तिमाल हुआ है। उन्होंने कहा है—

रे जम नाहन वे ब्योपारी
जे धरीं जगात तुम्हारी

[ऐ यम, मैं वह व्यापारी नहीं हूँ जो तुम्हारी ज़कात बाक़ी रखे।]

मुन्किर-नकीर को कबीरदास ने कास्थ (कायस्थ) कहा है। इन दोनों फ़रिश्तों का काम इंसान की बुराई-अच्छाई का आमालनामा तैयार करना है और रोज़-ए-महशर अल्लाह के दरबार (दरगाह) में पेश किया जाएगा। कायस्थों के यहाँ भी ऐसे

1. वह रचना जिसमें एकत्व हो, 2. ब्रह्मांडीय विस्तार, 3. अर्थ, आशय, 4. निम्नलिखित, 5. उपर्युक्त

दो देवताओं चित्रगुप्त का तसव्वुर है जो हर रोज़ लोगों के कंधों पर बैठे इंसान की बुराई और अच्छाई क़लमबंद करते रहते हैं। कबीरदास ने कहा है :

कबीर चितचमकिया, किया पियाना दूर
कायथ कागद काढ़िया, तब दरिगह लिक्खा पूर

[जब दूर देश (दूसरी दुनिया) को मैं रवाना हुआ तो कायस्थ ने मेरे आमालनामे[1] का इतना बड़ा चिट्ठा निकाला कि दरबार-ए-इलाही उससे भर गया।]

अलस्त[2] का ज़िक्र क़ुरआन में है। उस दिन ख़ुदा ने रूहों से अह्द-ओ-पैमान[3] किया था। इसीलिए यह यौम-ए-अलस्त और मीसाक़-ए-अलस्त कहलाता है। यह अह्द-ओ-पैमान उस वक़्त हुआ था जब ख़ुदा के इलावा किसी का वुजूद नहीं था। ख़ुदा ने रूहों से पूछा कि "क्या मैं तुम्हारा परवरदिगार नहीं हूँ।" रूहों का जवाब था "तू ही हमारा परवरदिगार है।" इसी अलस्त की तरफ़ कबीरदास ने इशारा किया है।

धरती, गगन, पवन नहिं हुत्ता नहिं तोया नहिं तारा
तब हरि, हरि के जन हुत्ते, कहे कबीर बिचारा

[जब ज़मीन, आसमान, हवा, पानी और तारे नहीं थे तब हरि (अल्लाह) और हरि के बंदे थे, यह बात कबीर सोच-समझ कर कहते हैं।]

कबीरबानी में कई बार सहर (शह्र) लफ़्ज़ आया है। डॉक्टर माताप्रसाद गुप्त ने इसे सहर (सुब्ह) का मफ़्हूम देने की कोशिश की है लेकिन यह शह्र ही है। कबीर ने इसको नगर के बजाए मुल्क के मानी में इस्तिमाल किया है—

सहर, माल, अज़ीज़, औरती, कोइ दस्तगीरी नाहीं

[मुल्क-ओ-माल, अज़ीज़ और बीवी कोई भी दस्तगीरी नहीं करता]

कबीर कभी सिर्फ़ मुसलमानों यानी मुल्ला और क़ाज़ी को ललकारते हैं, कभी वह सिर्फ़ पांडे और पंडित से गुफ़्तगू करते हैं और कभी वह तुर्क-ओ-हिन्दू दोनों से एक साथ मुख़ातिब होते हैं। इसी लिहाज़ से उनकी लुग़ात में तब्दीली होती रहती है। जब वह सिर्फ़ मुसलमानों से बात करते हैं तो उनकी बात में फ़ारसी लुग़ात और इस्लामी अक़ीदत के मुताबक़त[4] से इस्तिलाही अल्फ़ाज़ बड़ी तादाद में ख़ुद-ब-ख़ुद आ जाते हैं। नमूने के तौर पर एक छोटी सी फ़िहरिस्त यहाँ पेश है।

सद्क़ा, मुहकम, महल, दोस्त, दोजग (दोज़ख़), भस्त (बिहिश्त), हराम, बिस्मिल, दरगाह, खैर (ख़ैर), दीदार, दिलदार, निशान, बाँग, नमाज (नमाज़), हज, काबा, मसख़रा, मिहरकी, कालबूत (कालबुद), निहाल, पैमाल (पाइमाल), ख़ार, कर्द (कारद) यानी छुरी, दफ़्तर, विलायत, नामहरम, ग़ाफ़िल, फ़िक्र, पीर, पैग़म्बर,

1. कर्मों की सूची, 2. क़ुर्आन मजीद की एक आयत की ओर संकेत है—"क्या नहीं हूँ मैं।", 3. प्रतिज्ञा, संकल्प, 4. अनुरूपता

औलिया, पैकाकार (पाएकार), असमान (आसमान), रहीम, रहमान, ख़ुदा, ख़ता, दरिया, निहंग, ख़ाक, नूर, अव्वल, अल्लाह, तालिब, तलब वग़ैरह।

जब वह हिन्दुओं से बात करते हैं तो योग, ब्रह्मनी मत के रीत-रिवाजों और वैष्णव मत की इस्तिलाहात के ज़रिए अपने मफ़्हूम को अदा करते हैं। वह जब दोनों फ़िक्रों से मह्व-ए-गुफ़्तगू[1] होते हैं तो ऐसे अल्फाज़ साथ-साथ लाते हैं कि उनकी बात दोनों की समझ में आ जाए। इसकी मिसाल दर्ज-ए-ज़ैल[2] है।

दगाबाज लोटें और रोवें जारि गाड़ि खुर खोजिन्ह खोदें
कबीर पँगुड़ा अल्ला राम का हरि गर पीर हमारा

[दग़ाबाज़ यानी अह्ल-ओ-अयाल लोटते और बिलकते हैं तुम्हें दफ़्न करके तुम्हारे निशानों को इस तरह मिटाते हैं जिस तरह जानवरों के खुर के निशानों को मिटाया जाता है।]

कबीरदास अक्सर फ़ारसी के अफ़आल[3] का तर्जुमा करके उन्हें अपने इज़्हार का ज़रीआ बना लेते हैं। यहाँ चंद मिसालें पेश हैं—

कबीर	**अस्ल फ़ारसी**
सदक़े करों	सदक़ा कर्दन
बाँग दिए	बाँग दादन
बिस्मिल करें	बिस्मिल कर्दन
करे हराम	हरामकारी कर्दन
कइ पैमाल	पाइमाल कर्दन

अपनी बानी में कबीरदास कभी-कभी फ़ारसी के जुमले भी काम में लाते हैं।

पंज रंजिस करद दुस्मन, मरद करे पैमाल

[फ़ारसी में "पंज" का एक मतलब हवास-ए-ख़म्सा[4] भी है, ये दुश्मन हैं जो रंजिशें देते यानी सताते हैं, उन्हें मारकर पाइमाल कर दूँ।]

मैं खुर्दा सुमा बिसयार
हम चु बूदन-ए-बूद खालिक
कबीर पनहि खुदाई की रह, दिगर दावा नीस

[कबीर ख़ुदा की पनाह में रहता है, इसलिए उस पर किसी दूसरे का दावा नहीं है।]

इस मिस्रे में लफ़्ज़ "नीस" क़ाबिल-ए-ग़ौर है। अस्ल में यह नीस्त[5] की बोलचाल की शक्ल है और इसी दस्तूर-ए-क़वाइद[6] के लिहाज़ से अस्त की शक्ल बोलचाल की फ़ारसी में "अस" राइज है।

---

1. वार्ता में लीन, 2. निम्नांकित, 3. क्रियाएँ, 4. पंचेंद्रिय, 5. संस्कृत नास्ति, ६. व्याकरण के नियम

असमान मियान-ए-निहंग-ए-दरिया, तहाँ गुस्ल करदाँ बूद

[मैं आसमान के बीच दरिया के मंझधार में ग़ुस्ल कर रहा था]

इस मिस्रे का तअल्लुक़ योग से है। ब्रह्मरंध्र या हज़ार पंखड़ियों वाला कमल ऊपर है जिसमें अमृत का चश्मा रवाँ है। उसमें जब योगी अस्नान करने लगता है तो वह अमर हो जाता है।

हम जमीं असमाँ खालिक, गौंद मुसकिल काल

[हम ज़मीन और ख़ालिक़ आसमान है। वह गौंद मुश्किल यानी मुश्किलात की फ़ौज से हिफ़ाज़त करने वाला है]

कबीर को अनपढ़ कहा जाता है। उन्होंने ख़ुद भी कहा है कि मैंने मसि (सियाही) और कागद (काग़ज़) छुआ ही नहीं और पोथी को बहा दिया है। लेकिन उनकी लुग़ात और इज़हार-ए-बयान की क़ुदरत के जो चंद नमूने ऊपर पेश किए गए हैं, उससे लगता है कि वह अल्फ़ाज़ का इस्तिमाल बहुत सोच-समझकर और पूरी जानकारी के साथ करते हैं। फिर ऐसे शाइर को अँगूठा-टेक और उसकी ज़बान को सधुक्कड़ी कहना कहाँ तक मुनासिब और दुरुस्त है।

कबीरदास की भगती जज़्बा-ए-इश्क़ की कारफ़र्माई[1] है लेकिन वह एक साथ योगी, भगत और राह-ए-इश्क़ के राही हैं। योग में गोरखनाथ से इस्तिफ़ादा करते हैं और उन्हीं अलामतों के ज़रिए अपना मतलब अदा करते हैं जिन्हें गोरखनाथ, नाथ और सिद्ध अपनी बानियों में बरत चुके थे। इन्हीं अलामतों की छाप अमीर ख़ुसरो के हिंदी कलाम में भी नज़र आती है।(3) इश्क़िया भगती में वह जयदेव के क़रीब हैं और इस मैदान में वह गवय्यों को ही अपना गुरु मानते हैं। कुछ नक़्क़ादों का ख़याल है कि उन पर तसव्वुफ का रंग चढ़ा हुआ है। लेकिन मेरे ख़याल में ऐसा है नहीं। कबीर के यहाँ आतिश-ए-इश्क़ का तसव्वुर है लेकिन यह आग किसी के हुस्न के ज़रिए नहीं लगती बल्कि उसे जलाने वाला गुरु है। यह आग कभी नाल के गोले से लगती है और कभी दीये से। इसमें जलन तो है लेकिन तड़प नहीं है क्यूँकि इसमें फ़िराक़-ओ-हिज्र[2] की तपिश पैदा नहीं होती। इसमें न *सहरा-नवर्दी* है और न जुनून की कैफ़ियत है। पिया-मिलन से ख़ौफ़ ज़रूर तारी है और यह नतीजा है अपने आमाल के *मुहासबे* की बदौलत। इसके रू-ब-रू होना तैशुदा है। लेकिन कोई आरज़ू है तो बस इतनी कि पिया से "एकम-एक हो जाएँ" उसका वस्ल हासिल हो जाए। यह तभी मुमकिन हो सकता है जब पिया की ख़ुशनूदी[3] हासिल कर ली जाए और यह महज़ रियाज़त और इबादत से हासिल नहीं हो सकती। यह बहुत कठिन रास्ता है। यह ख़ाला का घर नहीं है। इसके लिए सर कटाना पड़ता है। एक बहादुर

---

1. सक्रियता, 2. विरह-वियोग, 3. अनुकंपा

जंगजू को कबीर ने अपने इस ख़याल के इज़हार का ज़रीआ बनाया है। उनकी बानी में 'शूर' यानी मर्द-ए-इश्क़ के औसाफ़[1] को बार-बार बयान किया गया है। कबीरदास के यहाँ सती भी इसी शुजाअत की अलमबरदार है लेकिन वह शूर के मुक़ाबले सती को तरजीह देते हैं। इसकी वजह यह बताते हैं कि शूर एक झटके में सर कटाकर नजात पा जाता है लेकिन सती तिल-तिलकर जलती है। लगातार जलते रहने का यही जज़्बा कबीरदास के तसव्वुर-ए-इश्क़ में कारफ़र्मा है। इसके बहुत से दिलगुदाज़ मुरक़्क़े[2] हमें उनकी बानी में मिलते हैं और उन्हें भगत से शाइर बना देते हैं। रूह दुलहन है, यह दुनिया उसका मायका है और इसका पिया दूसरी दुनिया में है। इसलिए वह उसकी ससुराल है। दुलहन बिदाई के बाद चार कहारों की डोली पर चढ़कर ससुराल जाती है। मय्यत को भी चार लोग कंधा देते हैं। दोनों सूरतों में बिदाई का मंज़र बहुत दर्दनाक होता है। मैके, ससुराल और बिदाई के इस तलाज़मे का कबीर की शाइरी में बहुत बड़ा मक़ाम है। बाबुल के गीत इसी तलाज़मे की देन हैं। इसी की बदौलत कलाम-ए-कबीर में हुज़्न-ए-गुदाज़[3] पैदा होता है। और पढ़ने और सुनने वाला इसके तग़ज़्ज़ुल[4] में डूब जाता है।

कबीरदास मर्द-ए-इश्क़ उसी को मानते हैं जो कारज़ार-ए-इश्क़ में डटा रहे, पुर्ज़े-पुर्ज़े हो जाए लेकिन मैदान न छोड़े

सूरा सोई सराहिये, लड़े धनी के हेत
पुरजा पुरजा है परैं तौउ न छारै खेत

सन्दर्भ

(1) *हद छाड़ि बेहद गया, किया सुन्नि असनान*
मुनी जन महल न पावई, तहाँ किया बिसराम

(2) 'दीनी और सियासी इक़्तिदार की तफ़रीक़ का तसव्वुर क़ुरआन-ओ-सुन्नत की रोशनी में' : सय्यद क़ुदरतुल्लाह काज़मी, मक़ाला, 'इस्लाम और अस्र-ए-जदीद', ज़ाकिर हुसैन इंस्टीट्यूट ऑफ़ इस्लामिक स्टडीज़, जामिया मिल्लिया इस्लामिया, नई दिल्ली, जिल्द-3, सफ़हा-116

(3) तफ़्सील के लिए देखें राक़िमु-उल-हुरूफ़ की किताब 'ख़ुसरोनामा', मक्तबा जामिया, नई दिल्ली

1. गुणों, 2. चित्र, 3. मार्मिक सौंदर्य, 4. काव्य रस

संस्कृत शे'रियात की रोशनी में कलाम-ए-अनीस

संस्कृत शेरियात के लिहाज़ से मर्सिये को "खंडकाव्य" के ज़ुमरे में रखा जा सकता है। इसमें ज़िंदगी के किसी हादिसे को उसके तमाम सियाक़-ओ-सबाक़[1] और तफ़्सीलात के साथ नज़्म किया जाता है। इसके बरअक्स "महाकाव्य" में पूरी ज़िंदगी के उतार-चढ़ाव की भरपूर अक्कासी की जाती है। नौ रसों का बयान दोनों में किया जाता है या किया जा सकता है, सिर्फ़ तफ़्सील का लिहाज़ रखना ज़रूरी है क्योंकि "खंडकाव्य" की वुसअत महदूद है और महाकाव्य में रसों की भरपूर अक्कासी के वसीअ मौक़े फ़राहम होते हैं।

वाक़िआ-ए-कर्बला यूँ तो इस्लामी तवारीख़ का एक छोटा-सा जुज़ है लेकिन इसकी मानवीयत में इतनी वुसअत पैदा हो गई है कि यह अलामत की शक्ल इख़्तियार कर गया है। यह अलामत है क़ुर्बानी की, जिद्दो-ओ-जिह्द की, सर झुकाने के बजाए सर कटाने की और बक़ौल महात्मा गाँधी के तारीख़-ए-इंसानी में पहले जाँबाज़ सत्याग्रही की। मर्सियों में लेकिन उन वाक़िआत की अक्कासी की गई है जो इमाम हुसैन के मैदान-ए-कर्बला में घेरकर पहुँचाए जाने और उसके बाद दस दिन तक रोज़ाना उस दश्त-ए-बला में रूनुमा होने वाले वाक़िआत को शेरी पैकर में ढाला गया है। ज़रूरतन उसके लिए ज़मीन तैयार करने वाले मुज़्मरात[2] और उसके *वुक़ूअपज़ीर* होने के तअल्लुक़ से दी जाने वाली बशारतें[3] मर्सियों का मौज़ूअ रहे हैं लेकिन ज़ियादातर मर्सियों में किसी एक शहीद की शहादत और उसके ग़म के शिद्दत-ए-एहसास को बर्दाश्त करने की हुसैनी ताक़त की अक्कासी की जाती है। बाद-ए-शहादत-ए-हुसैन जो मुसीबतें अह्ल-ए-बैत को झेलनी पड़ीं उन्हें भी मर्सियागोयों ने शेरी क़ालिब में ढाला है। किसी मर्सियागो के मर्सियों का पूरा ज़ख़ीरा तो पूरे वाक़िआ-ए-कर्बला को बयान करने का मुतहम्मिल है लेकिन अलग-अलग मर्सिये बहुत ही महदूद नौइय्यत के होते हैं।

अनीस मर्सियागो हैं और तुलसीदास रामचरित-नामी महाकाव्य के शाइर हैं। पहले ने तरह-तरह से एक ही सिन्फ़ (मुसद्दस में लिखे मर्सिये) में वाक़िआ-ए कर्बला बयान किया है और दूसरे ने महाकाव्य लिख चुकने के बाद भी रामकथा

1. आगा-पीछा, पूर्वापर, 2. गूढ़ संकेत, 3. इल्हाम, भविष्यवाणियाँ

को अलग-अलग सिन्फ़ों (दोहा, कवित्त, पद, बरवै वग़ैरह) में पेश किया है। सिर्फ़ इस बात का लिहाज़ रखा है कि रामकथा के उन वाक़िआत की तफ़्सील बयान की जाए जो महाकाव्य के लवाज़िमात[1] के पेश-ए-नज़र *रामचरितमानस* में मुख़्तसर लिखे गए हैं, इसलिए अनीस और तुलसीदास के मुतालए के सिलसिले में यह बात ज़रूरी है। दोनों के पूरे कलाम को रखा जाए, तभी अवधी तहज़ीब की झलकियों की यकसानियत कहीं साफ़ तौर पर और कहीं परतौ के तौर पर हमें नज़र आएगी।

अनीस ने लिखा है—

सच है कि इस ज़बाँ को कोई जानता नहीं
जो जानता है और को वह मानता नहीं (1)

ग़ौरतलब बात यह है कि कौन सी ज़बान है जिसे बक़ौल अनीस कोई नहीं जानता? मेरे ख़याल में इसकी वज़ाहत[2] दूसरे मिस्रे में की गई है और इससे ज़ाहिर होता है कि मीर साहिब जिस ज़बान का ज़िक्र कर रहे हैं वह उनकी अपनी शेरी ज़बान है। हर बड़ा शाइर अपने लिए एक अलग शेरी ज़बान तख़्लीक़ करता है। लेकिन हर शेरी ज़बान अनीस को वर्से में मिली है। इसका एतिराफ़[3] उन्होंने मुतज़क्करा-ए-बाला[4] शेर वाले बंद में ख़ुद किया है—

बस ऐ अनीस बज़्म में है नाला-ओ-फ़ुग़ाँ
पूछ उनके दिल से जो हैं सुख़नफ़ह्म नुक्तादाँ
हक़ है सुना नहीं कभी इस हुस्न का बयाँ
गोया कि यह ख़लीक़ की है सर-बसर ज़बाँ

इस तरह यह ज़बान ख़लीक़ की है जिस में मीर साहिब ने तब्अ-आज़माई की है। इसके लिए ज़रूरी है यह कि ख़लीक़ और अनीस की तख़्लीक़ी ज़बान और अंदाज़-ए-बयान का तक़ाबुली मुतालआ किया जाए। लेकिन यहाँ इस बात पर इक्तिफ़ा[5] करना ज़रूरी है कि आख़िर वह कौन से अनासिर हैं जो इस शेरी ज़बान में शामिल हैं—अनासिर[6] कई हो सकते हैं लेकिन यहाँ हम सिर्फ़ उस उंसुर[7] पर तवज्जो मर्कूज़ रखना चाहते हैं जिसका तअल्लुक़ अवधी ज़बान-ओ-अदब से है। ग़ालिबन उस उंसुर ने बिलवास्ता या बिलावास्ता अनीस को बहुत गहराई से मुतअस्सिर किया है।

मीर साहिब का कहना है कि—

आलम तमाम जुज़्व है और कुल हुसैन है (2)

---

1. रचना के लिए आवश्यक चीजें, 2. व्याख्या, स्पष्टीकरण, 3. स्वीकार, 4. पूर्वोक्त, 5. संतोष, 6. उंसुर का बहुवचन, तत्त्वों, 7. तत्त्व

जुज़्व[1] और कुल[2] का तअल्लुक़ उपनिषद के फ़ल्सफ़े से है। यह ख़ल्क़ उसी रूह-ए-कुल का जुज़्व है और इसका ख़ात्मा तभी होगा जब जुज़्व अपने कुल में दोबारा समा जाएगा। गीता में कृष्ण ने जो अपना विश्वरूप या विराट रूप दिखाया है उसमें भी इसी नज़रिया-ए-काइनात और ख़ल्क़-ओ-ख़ालिक़ के तअल्लुक़ को एक मंज़रनामे के ज़रिए पेश किया गया है। उसमें सारी काइनात कृष्ण में समाती जाती है और अर्जुन को कृष्ण बताते हैं कि सब कुछ मुझमें है और मैं सब में हूँ। यह नज़रिया तसव्वुफ़ में भी मौजूद है और बुलबुले व दरिया के ज़रिए शेरी इज़हार के लिए आम हो गया है। तुलसीदास ने इस नज़रिए को राम की ज़ात में समो दिया है।

राम अपने बनबास के दौरान वाल्मीकि ऋषि के आश्रम में पहुँचते हैं और महर्षि से आराम करने के लिए कोई जगह मिल जाने की दरख़ास्त करते हैं, वाल्मीकि ऋषि मुस्कुरा कर कहते हैं—

जग पीखन तुम्हि देख निहारे
बिधि हरि सँभो नचाव निहारे(3)

[यह दुनिया स्वांग है और तुम इसके तमाशबीन हो। ब्रह्मा (बनाने वाला देवता), विष्णु (पालने-पोसने वाला देवता) और महेश (इस दुनिया को फ़ना करने वाला देवता) को नचाने वाले यानी चकमा देने वाले हो]

पूँछयो मोहि कि रहूँ कहँ
मैं पूछत सकुचाऊँ
जिन्ह न हो तहँ देहू कहसी
तुम्हें दिखा दूँ ठाऊँ(4)

[मुझसे पूछते हो कि कहाँ रहूँ, यही बात तुमसे पूछने में मुझे हिचकिचाहट हो रही है। तुम जिस जगह न हो वह जगह मुझे बता दो कि वही जगह मैं तुम्हें आराम करने के लिए बता दूँ।]

यानी हर जगह और चीज़ में तुम मौजूद हो। यही बात तरह-तरह से राम के अस्ल जौहर के बारे में तुलसीदास ने कही है। राम तो ख़ालिक़-ए-कुल के ख़ैर अवतार हैं लेकिन जब इस नज़रिए का इतलाक़[3] अनीस हज़रत इमाम हुसैन पर कर देते हैं तो हैरत ज़रूर होती है।

हज़रत अली की तारीफ़-ओ-तौसीफ़ करते हुए तो अनीस मुबालग़े की तमाम हदें पार कर जाते हैं। लगता ही नहीं है कि यह ज़िक्र एक तारीख़ी इंसान का है या किसी देवमालाई शख़्सियत का है। इस सिलसिले में मीर साहिब का बयान मुलाहज़ा हो :

---

1. अंश, 2. संपूर्ण, 3. लागू होना

नै देव उनके सामने ठहरे, न जिन लड़े
शेर-ए-ख़ुदा ज़मीं के तले तीन दिन लड़े (5)
क्यूँकर नजात चाह से यूसुफ़ ने पाई है
तूफ़ाँ से किसने नूह की कश्ती बचाई है (6)
आदम से पहले अर्श पे किसका ज़ुहूर था
हक़ से क़रीब कौन था और कौन दूर था
हर आन किस पे रहमत-ए-हक़ का वुफ़ूर था
जिसकी ज़िया थी तूर पे वह किसका नूर था
चिल्ला रहे थे बह्र-ए-मदद सबको देर से
किस शेर ने छुड़ा दिया, सलमाँ को शेर से (7)
ईसा को किसने बख़्शा है सरमाया-ए-हयात
यूनुस को किसने बत्न से माही के दी नजात
गुल कर दिया है नार को किसने ख़लील पर (8)
ख़ुर्शीद सात बार हुआ किससे हमकलाम
किससे ज़मीन कहती थी शब को ख़बर तमाम
नातिक़ है किसकी शान में अल्लाह का कलाम
इंजील और ज़बूर में लिक्खा है किसका नाम (9)
ग़ालिब वही है, तूर वही, नूर है वही (10)
क़ुरआँ में कौन नूर समावात-ओ-अर्ज़ है
ताअत वो किसकी है जो ज़माने पे फ़र्ज़ है (11)

हज़रत अली की शुजाअत[1] बेमिसाल है लेकिन वह जिन् और देव से लड़ते "ज़मीन के तले" (पाताल) में पहुँच गए हों, इसके लिए अंधा अक़ीदा[2] दरकार है। देव और जिन से मुराद राक्षसों से ही है, इस बात में शक की गुंजाइश नहीं है। राम उनसे लड़ने और पाताल वालों को दीनदार बनाने ज़रूर पहुँचे थे। यहाँ राम और लक्ष्मण क़ैदी भी बना लिये गए थे। हनुमान जी ने आकर उन्हें इस क़ैद से आज़ाद कराया था। इसलिए उनका एक लक़ब "बंदी छोड़" भी है।

चाह से यूसुफ़ को निकालने वाले, तूफ़ान में नूह की कश्ती पार लगाने वाले, आदम (पैग़ंबर-ए-अव्वल) से पहले अर्श पर ज़ुहूरपज़ीर,[3] तूर की रोशनी और मूसीक़ी पैग़ंबरी के दाता, हज़रत सलमान को शेर से आज़ादी दिलाने वाले, ईसा को सरमाया-ए-हयात बख़्शने वाले, हज़रत यूनुस को मछली के पेट से बाहर निकालने वाले और हज़रत इब्राहीम ख़लीलुल्लाह की आग को गुलज़ार बनाने वाले, इस बयान के मुताबिक़ यक़ीनन हज़रत अली हैं जबकि इन सब बातों का तअल्लुक़

1. पराक्रम, 2. श्रद्धा, 3. प्रकट

उस क़ादिर-ए-मुतलक़ की क़ुद्रत से है जिसके परस्तार[1] बंदे ख़ुद हज़रत अली हैं।

मुल्ला मंझन ने अपनी मशहूर-ए-ज़माना हिंदी इश्क़िया मस्नवी में हज़रत रसूल-ए-अकरम के बारे में लिखा है कि "ज़ाहिर में जो मुहम्मद हैं, बातिन[2] में वही ख़ुदा हैं।" मीर अनीस के बयान से भी कम-ओ-बेश यही ज़ाहिर होता है कि वह भी कहना चाहते हैं कि "ज़ाहिर में जो अली हैं, बातिन में वही ख़ुदा हैं।'

हज़रत इमाम हुसैन की शान में तो मीर साहिब ने हू-ब-हू यही बात कही है :

पैदा है तो हुसैन है, पिन्हाँ हुसैन है
आलम तमाम जिस्म है और जाँ हुसैन है(12)

तुलसी के राम तो इस नज़रिए की मुकम्मल शक्ल हैं। वह इंसानी जिस्म में हैं लेकिन पिन्हाँ तौर पर हैं तो ख़ुदा—

एक जगह अनीस ने यह भी कहा है—

दुनिया में कौन मुंतज़िम-ए-काइनात है

पुरानों के मुताबिक़ काइनात का इंतिज़ाम परमात्मा ने विष्णु देवता को सौंप रखा है। ऐसा तो नहीं है कि विष्णु की देवमालाई[3] हैसियत और हज़रत अली की शख़्सियत को यहाँ एक-दूसरे में ज़म[4] कर दिया गया हो। तुलसी के राम अस्ल में तो विष्णु के ही अवतार हैं और इसीलिए उनसे हुस्न-ए-इंतिज़ाम को "रामराज" के नाम से 'रामचरितमानस' में पेश किया गया और "नहज-उल-बलाग़ा" अलीराज के हुस्न-ए-इंतिज़ाम की तारीख़ी शहादत है।

हज़रत अली मुश्किलकुशा हैं। लेकिन अनीस का दावा है कि उन्होंने हज़रत इब्राहीम, हज़रत नूह, हज़रत सलमान, हज़रत ईसा, हज़रत मूसा, हज़रत यूनुस जैसे पैग़ंबरों की मुश्किलकुशाई की है। "कष्टमोचन" राम की सिफ़त है और यह मुश्किलकुशाई का बिल्कुल लफ़्ज़ी तर्जुमा है।

रसूलों की मुश्किलकुशाई और नजात-दिहंदगी[5] की तरफ़ अनीस ने आबिद-ए-बीमार से भी इशारा कराया है। उनके मुँह से मीर साहिब ने कहलाया है : "हम वो हैं जिनसे रसूलों ने मदद चाही है।"(13)

विष्णु देवताओं और राम ऋषियों की मुश्किलकुशाई करते पुराणों में नज़र आते हैं। दाराशिकोह ने वली का तर्जुमा ऋषि और अवतार का मज़हर-ए-अत्तम किया है। नबी और रसूल का तर्जुमा दूसरे मुस्लिम आलिमों ने बसीठ (पैग़ंबर) किया है लेकिन दाराशिकोह इसका मुतरादिफ़[6] "महासुध" को क़रार देता है। अनीस ने जिस तरह हज़रत अली को रसूलों का मददगार बताया है, हो सकता है उनकी मुराद ऋषियों से हो।

---

1. प्रशंसक, 2. भीतर, अंतस्, 3. मिथकीय, 4. समाहित, 5. आपाधापी से मुक्ति, 6. समानार्थक

अनीस के ऐसे बयानों पर पुराणों और ख़ासकर 'रामचरितमानस' के असरात को अगर हम क़ाबिल-ए-एतिना मान भी लें तो सवाल उठता है कि ये असरात अनीस ने बराह-ए-रास्त अपनी बयानिया शाइरी में जज़्ब किए हैं या ये वह तर्ज़-ए-बयान है जो उन्हें ख़लीक़ से विरासत में मिला है। यह मुमकिन है, क्यूँकि शह्र-ए-लखनऊ बहुत बाद में आबाद हुआ है और इससे क़ब्ल अयोध्या और फ़ैज़ाबाद ही अवधी तहज़ीब का गहवारा थे। लेकिन मुझे लगता है कि यह ज़मीनी नहीं बल्कि तहज़ीबी वर्सा[1] है। हज़रत अली और विष्णु को गडमड करने वाले नज़ारी इस्माईल थे जिन्होंने ग़ज़नवी हमलों से पहले सराइकी इलाक़े में हुकूमत क़ाइम कर रखी थी। चौदहवीं सदी में इस ख़ित्ते में इस्माईली तसव्वुफ़ का सिलसिला अर्सा-ए-दराज़ तक फूलता-फलता रहा है। इसे सदूरी सिलसिले के नाम से जाना जाता है क्यूँकि इसके बानी[2] मुल्ला सद्रुद्दीन थे।

इस सिलसिले की बाइबल 'दशम अवतार' (दसवाँ अवतार) नामी किताब है। विष्णु के यह दसवें अवतार हज़रत अली हैं। अह्द-ए-औरंगज़ेब में महदी होने का दावेदार महामति प्राणनाथ ने ख़ुद को महदी-ए-मौऊद और राजा छत्रसाल को हज़रत अली का अवतार अपनी किताबों में बताया है और क़ुरआन को तमाम किताबों की सनद पेश करने वाला बताते हुए "सिंध" नाम से क़ुरआनी तालीम को हिंदी अश्आर में क़लमबंद किया है। उन पर नज़ारी इस्माइलियों का बहुत असर है और हिंदी के संत शाइर कबीरदास भी उनके असरात क़ुबूल किए हुए मिलते हैं।

अहद-ए-वुस्ता की हिंदी शाइरी इस्लाम के इस्माइली नज़रिए से न सिर्फ़ सरसरी तौर पर वाक़िफ़ है बल्कि उससे गहरा रिश्ता भी जोड़े हुए है। हो सकता है कि ख़लीक़-ओ-अनीस के तर्ज़-ए-बयान में अवधी की चाशनी के साथ इस तरह के नज़रिए भी औद[3] कर आए हों? ऐसा होना इसलिए मुमकिन नज़र आता है क्यूँकि हिंदी शाइरी में 936 ई. से वाक़िआ-ए-कर्बला का ज़िक्र मिलने लगता है।

मलिक मुहम्मद जायसी ने अपनी मस्नवी 'आखिरी कलाम' इसी सिन्फ़[4] में तस्नीफ़ की थी। इसमें दरअस्ल यौम-ए-महशर की अक्कासी की गई है। हज़रत फ़ातिमा की फ़रयाद सुनकर ख़ुदा ने शिफ़ाअत[5] रोक रखी है। शाफ़े-ए-महशर और ख़ातून-ए-महशर के वालिद हज़रत मुहम्मद मुस्तफ़ा भी शिफ़ाअत-ए-मुहम्मदी के लिए नहीं बल्कि तमाम रसूलों की उम्मतों की शिफ़ाअत के लिए अपनी ही बेटी से रुजूअ करते हैं और शिफ़ाअत सबको तभी नसीब होती है

जब यज़ीद को दोज़ख़ की बद्तरीन सज़ा मिल जाती है। हालाँकि जायसी चिश्तिया और बाद में महदिया सिलसिले में बैअत थे लेकिन उन पर भी इस्माइली नज़रियात की छाप साफ़ नज़र आती है। बहरहाल यह काफ़ी तहक़ीक़-तलब मस्अला है।

---

1. सांस्कृतिक दाय, 2. प्रवर्तक, 3. लौटना, 4. विधा, 5. गुनाहों की मुआफ़ी की सिफ़ारिश

कुछ पुराणों में यह तसव्वुर पाया जाता है कि ज़मीन गाय के सींग पर टिकी हुई है। थककर जब वह ज़मीन का बोझ दूसरी सींग पर मुंतक़िल करती है तो ज़ल्ज़ला आ जाता है। ज़ाहिर है कि यह इंतिहाई ग़ैर-साइंसी नज़रिया है लेकिन इसकी गूँज मीर अनीस के इस मिस्रे में साफ़ सुनाई पड़ती है—

मिलता न पता ज़ेर-ए-ज़मीं गाउ ज़मीं का

मर्सियों में श्रृंगार-रस के लिए गुंजाइश नहीं है। यहाँ इश्क़िया शाइरी के श्रृंगार-रस का इस्तिमाल दानिस्ता तौर पर किया जा रहा है क्यूँकि श्रृंगार-रस ज़ियादा ज़मीनी है और फ़ल्सफ़ा-ए-इश्क़ से यक्सर मुबर्रा[1] है। इसमें भाव को नुक़्ता-ए-रस तक पहुँचाने के लिए भाव की अक्कासी लाज़िमी है। तुलसीदास के राम क़ाबिल-ए-परस्तिश हैं क्यूँकि उनकी शक्ल में उलूहियत[2] ने बशरीयत[3] का जामा पहन रखा है और हज़रत इमाम हुसैन शहीद-ए-आज़म हैं, इमाम हैं, इस्लाम के पासबान हैं, ऐसी शख़्सियतों के तअल्लुक़ से श्रृंगार पर क़लम उठाना जू-ए-शीर लाने से ज़ियादा मुश्किल है। मीर अनीस ने अपने एक मर्सिये में इसके लिए गुंजाइश निकाल ही ली है—

बानो से जो मानूस शहंशाह-ए-ज़मन थे
कुछ प्यार की बातें थी मोहब्बत के सुख़न थे (14)
शीरीं पे जो हज़रत की नज़र जा पड़ी इक बार
बानो से ये बोले ब-तबस्सुम श-ए-अबरार
ख़ुशचश्म है, किस मर्तबा शीरीन ख़ुश-अतवार
इस तरह की आँखें, कभी देखी नहीं ज़िन्हार
फ़र्माई जो ये बात शहंशाह-ए-उमम ने
निहोड़ा लिया सर दुख़्तरे-ओ-सुल्तान-ओ-अजम ने (15)

अपनी ही कनीज़ के हुस्न की तारीफ़ अपने ही शौहर के मुँह से सुनकर ईरान की शहज़ादी के दिल पर क्या गुज़री होगी, इसका अंदाज़ा ब-ख़ूबी लगाया जा सकता है। लेकिन इमाम आली मक़ाम की ज़ौजा को जलापे का एहसास तो हो सकता है लेकिन वह सब्र-ओ-तहम्मुल का दामन नहीं छोड़ सकती। इसलिए ख़ुशी-ख़ुशी शौहर की मर्ज़ी को अपनी मर्ज़ी बना लेती है।

सोचा कि ये मीलान शहे-जन-ओ-बहर है
कि आँखों की तारीफ़ तो मंज़ूर-ए-नज़र है (16)

शीरीं की कनीज़ बनने को भी हज़रत बानो अपने लिए बाइस-ए-शरफ़ समझती

1. एकदम अलग, 2. दैवी, 3. मानवीय

है और अपनी कबीदा-ख़ातिरी को फ़ल्सफ़ियाना मख़मल से पोंछ डालती हैं—

फिर दिल से कहा, आशिक़-ए-सादिक़ तू अगर है
माशूक़ जो राज़ी हो तो क्या इसमें ज़रर है
फर्ज़ंद-ए-नबी इब्न-ए-शहंशाह-ए-नजफ़ है
शीरीं की कनीज़ी में मुझे दें तो शरफ़ है (17)

बानो के दिल में जो कौंदा उठा था उसकी लपट वफ़ा-शिआर शौहर के दिल तक न पहुँचे, यह मुमकिन नहीं था

शै समझे गिला होगा, दिल अफ़सुर्दा है बानो
तारीफ़ पे शीरीं की, कुछ आज़ुर्दा है बानो (18)

इमान हुसैन की बा-वफ़ा बीवी के कहने पर ज़हा का पिसर[1] बानो के हमराह हो लिया और एक हुजरे में पहुँचकर देखता है—

है मोतियों में शीरीं, सितारों में हो जो माह (19)

शह ज़ी सूरत-ए-हाल समझ गए और हँसकर उन्होंने बानो से फ़रमाया :

जो समझी हो तुम, इसका मुझे ध्यान नहीं है
जब तुम सी हो बीबी तो कुछ अरमान नहीं है (20)

इमाम हुसैन शीरीं को आज़ाद कर देते हैं और हज़रत बानो तोहफ़ा-तहाइफ़ से लादकर रुख़्सत करती हैं।

'रामचरितमानस' में श्रृंगार-रस को इस तरह बयान करने की गुंजाइश नहीं थी। लेकिन ऐसा भी नहीं है कि तुलसीदास ने श्रृंगार-रस को अपना मौज़ूअ-ए-सुख़न न बनाया हो, लेकिन एहतियात उनके यहाँ भी लाज़िम है। ज़न-ओ-शौहर[2] के हाव के मंज़र पेश करने में दोनों के यहाँ बड़ी हद तक यकसानियत है। बन में जाते हुए राम, सीता और लक्ष्मण को देखकर औरतें आ जाती हैं और सीता से पूछती हैं कि इन दोनों में से तुम्हारे साजन कौन हैं। 'रामचतिमानस' में सीता इस सवाल का यूँ जवाब देती हैं—

बहरि बदन बिधु अंचल ढाँकी
पी तन चित्तै भौंह कर बाँकी (21)

[फिर चाँद से मुखड़े को आँचल से ढाँका और भँवें तिरछी करके पिया के तन को देखा]

बाँकी चितवन की इस अदा को शेरों में ढालने के मौक़े अनीस के पास बहुत नहीं थे। लेकिन मौक़े मिलते ही उन्होंने इसका पूरा फ़ाइदा उठाया। अनीस के एक

---

1. पौत्र, 2. पति-पत्नी

मर्सिये में इस वाक़िए की अक्कासी है जब हज़रत अब्बास को फ़ौज-ए-हुसैनी का अलमदार बनाकर उन्हें सिपहसालारी का अलम सिपुर्द किया जाता है। इस मौक़े पर हज़रत ज़ैनब और हज़रत इमाम हुसैन मौजूद हैं। उस वक़्त ज़ौजा[1]-ए-अब्बास तशरीफ़ लाती हैं और शौहर पर प्यार भरी नज़र डालती हैं। यहाँ मीर साहिब ने बाँके नैनों के करिश्मे का मंज़र पेश कर ही दिया।

शौहर की सम्त पहले कनखियों से की नज़र (22)

कनखियाँ श्रृंगार-रस का हाव दोनों के यहाँ हैं हालाँकि मानवीयत[2] में फ़र्क़ है। यहाँ शौहर को फख़्र और प्यार से देखा गया है और आगे इसका इन्कार किया गया है—

फ़ैज़ आपका है और तसद्दुक़ इमाम का
इज़्ज़त बढ़ी कनीज़ की रुतबा ग़ुलाम का

इस जज़्बाती लम्हे में बड़ी नंद उससे बढ़कर और उससे ज़ियादा दिलआवेज़ हाव का मुज़ाहरा[3] नहीं कर सकती।

सर को लगा के छाती से ज़ैनब ने ये कहा
तू अपनी माँग कोख से ठंडी रखे सदा (23)

यहाँ माँग और कोख ठंडी रखने की जो दुआ दी गई है उसका भी तअल्लुक़ श्रृंगार-रस से ही है।

महाकाव्य में जंगी मंज़र पेश करना ज़रूरी नहीं है लेकिन मर्सियों का ये एक लाज़िमी उंसुर है। तुलसीदास को तो ज़रूरतन् जंग-ओ-जदल का नक़्शा ख़ींचना पड़ा क्यूँकि राम और रावन की जंग का नक़्शा ख़ींचे बग़ैर रामकथा पूरी ही नहीं होती। इस सिलसिले में भी तुलसीदास और मीर अनीस तमाम दूरियों के बावजूद काफी क़रीब हैं।

राम की फ़ौज अनगिनत है और राम का लश्कर बेशुमार है। राम की फ़ौज में बानर और भालुओं की भरमार है जो शुजाअत और वफ़ादारी में यकता हैं लेकिन फ़ुनून-ए-हर्ब[4] से नाबलद[5] हैं और फ़ौजी नज़्म-ओ-नसक़[6] से नावाक़िफ हैं। वो सिर्फ़ दुश्मन को घेरकर हर तरह के हथियार से हमलाआवर होने के क़ाइल हैं। यही हाल रावन की राक्षसी फ़ौज का भी है। दोनों तरफ़ सिर्फ़ चंद योद्धा हैं जो एक-दूसरे को ललकारते हैं और फ़ुनून-ए-हर्ब की महारत का नमूना पेश करते हैं।

इसके बरअक्स हुसैन के सिर्फ़ बहत्तर साथी हैं। उनमें बूढ़े, जवान, बच्चे सभी शामिल हैं। दूसरी तरफ़ नामी-गिरामी जंगजूओं के इलावा लाखों की फ़ौज है। हुसैन

---

1. पत्नी, 2. अर्थवत्ता, 3. अभिव्यक्त, 4. युद्ध-कला, 5. अनभिज्ञ, 6. प्रबंध

तो आमादा-ए-जंग नहीं हैं, वो तो इत्माम-ए-हुज्जत[1] कर रहे हैं। राम का तो जनम ही दुनिया से रावण के फ़ित्ने को पाक करने के लिए हुआ है और हुसैन यहाँ नाना से किए वादे को निभाने का रोल अदा कर रहे हैं।

'रामचरितमानस' में भी राम ने जंग नहीं कि सिर्फ़ अपनी शुजाअत का सबूत बहम करने के लिए एक दफ़्अ तीरअंदाज़ी की महारत का नमूना पेश किया है और हुसैन ने भी मैदान-ए-जंग में शुजाअत और शमशीरज़नी की महारत के नक़्श छोड़े हैं।

लंका सोने की है, उसका क़िला बहुत बुलंद है। 'रामचरितमानस' में रावण क़िलाबंदी बिल्कुल उसी तरह करता है जैसाकि तुलसी के ज़माने में रिवाज था। राम के पास कोई गढ़ नहीं है इसलिए क़िलेबंदी का सवाल ही नहीं उठता लेकिन दोनों तरफ़ से फ़ौजी सफ़आराई के नमूने भी पेश नहीं होते।

इसके बरअक्स कर्बला की जंग एक दश्त-ए-बियाबाँ में दरिया-ए-फ़रात के किनारे लड़ी जा रही है। यहाँ न कोई गढ़ है और न गढ़ी। इमाम हुसैन के ख़ैमों की हर तरफ़ से नाकेबंदी की गई है और एक ग़ैर-फ़ौजी लाइहा-ए-अमल[2] इख़्तियार किया गया है। इसके तहत हुसैन के ख़ैमे में पानी की सप्लाई पर पहरा बिठा दिया गया है। इसके इलावा फ़ौजपज़ीरी भी उतनी ही ग़ैर-मुनज़्ज़म[3] है, जितनी बानरों, भालुओं और राक्षसों का लश्कर। शहादत के सुरूर से सरशार जब कोई हुसैनी ख़ैमे से निकलकर आता है और ललकारता है तो ये अफ़वाज[4] भी एक भीड़ की तरह चारों तरफ़ से उन पर हमलाआवर हो जाती हैं और हर तरफ़ से उनपर तीर बरसाने लगती हैं या उन अस्लहों का इस्तिमाल करने लगती हैं जो फेंककर मारे जाते हैं। यहाँ भी जंगबंदी और सफ़आराई[5] का कोई नमूना नज़र नहीं आता।

'रामचरितमानस' में जब कोई जंगजू नबर्द-आज़मा[6] होता है तो वह तीरअंदाज़ी और मंतरबाज़ी से अपनी महारत का मुज़ाहरा करता है। इनमें ज़ियादातर अस्लहे तख़य्युली और तिलिस्माती होते हैं इसलिए तुलसीदास ने उनके बेतहाशा इस्तिमाल को बारिश की तम्सील से पेश किया है। यहाँ भी हथियार सावन की झड़ी की तरह गिरते हैं और भादों की बूँदों की तरह टपकते हैं और असाढ़ के डोंगर जैसे बरसते हैं।

मीर अनीस के मर्सियों में भी तीरों के बरसने का अंदाज़ यही है—

मीना की तर्ह बरसने लगे शाह-ए-दीं पे तीर
दामन पे तीर, जेब पे तीर, आस्तीं पे तीर (24)

बौछाड़ है सरों की दरहड़े लहू के हैं (25)

---

1. विवाद की समाप्ति, 2. कार्य शैली, 3. अव्यवस्थित, 4. फ़ौज का बहुवचन, 5. पंक्तिबद्ध होना, 6. युद्धरत

बहिया लहू की आई ये बरसा ज़मीं पे ख़ून (26)

इस ज़ोर-शोर से कोई लड़ता नहीं कभी
यूँ डोंगरा असाढ़ में पड़ता नहीं कभी (27)

तुलसीदास और अनीस ने हथियारों की इफ़रात और ग़ैरज़रूरी इस्तिमाल की मुबालग़ा-आमेज़ अक्कासी की है और यह बात भी दोनों में यकसाँ है कि किसी ख़ास क़ौमी हिक्मत-ए-अमली को तवज्जुह का मर्कज़[1] नहीं बनाया गया।

शमशीरज़नी और शहसवारी का आपस में गहरा तअल्लुक़ है। पैदल सिपाही भी शमशीरज़नी के जौहर दिखा सकता है। लेकिन अनीस के कलाम में शहसवार ही शमशीर के करतब दिखाता है। लेकिन ज़ियादातर होता यह है कि शमशीर और घोड़ा मम्दूह[2] हो जाते हैं और शमशीर चलाने वाले और घोड़े को चलाने वाले हाथ नज़र से ग़ाइब हो जाते हैं लेकिन इसमें कोई शक नहीं कि ग़ुलू के बावजूद अनीस के यहाँ शमशीरज़नी के बहुत से दिलआवेज़ मुरक़्क़े[3] मिलते हैं। तड़प रहे कुश्ते और कश्ती-ए-गर्दूं पर चढ़ा हुआ ख़ून का दरिया लुत्फ़-ओ-इंबिसात[4] का नज़ारा नहीं हो सकते। लेकिन अनीस के यहाँ इस सिलसिले के बहुत से नमूने ऐसे मिलते हैं जो तनफ़्फ़ुर[5] की जगह दिल-ओ-दिमाग़ को इंबिसात से पुर कर देते हैं।

जब बढ़ के सन से सूरत-ए-तेग़-ए-अली चली
साबित हुआ कि ज़र्बत-ए-दस्त-ए-अली चली
दिल पर ख़फ़ी चली तो गलों पर जली चली
तन से निकल के रूह पुकारी चली-चली (28)

मगर रामचरितमानस में शमशीर का कोई इस्तिमाल नहीं है। सिर्फ़ रावन के पास रथ है, बाक़ी सब पैदल लड़ रहे हैं। इसलिए घोड़ों की तारीफ़-ओ-तौसीफ़[6] क़लमबंद करने का कोई मौक़ा तुलसीदास को हासिल नहीं है। लेकिन एक मौक़ा इस सिलसिले में तुलसीदास को उस वक़्त मिलता है जब अयोध्या से जनकपुर के लिए राम की बारात रवाना होती है। यहाँ भी मुबालग़ा-आमेज़ी[7] तो है लेकिन बहुत दिलकश है। तुलसीदास लिखते हैं—

निदरि पवन जनु चहत उड़ाने (29)

[घोड़े इस तरह तरारे भर रहे थे जैसे उन्होंने हवा को मात देने की ठान ली है।]

यहाँ तुलसीदास ने घोड़ों की तेज़रफ़्तारी को अपना मौज़ूअ बनाया है तो एक दूसरे शेर में वह उनकी सुबुक-रवी का मुरक़्क़ा पेश करते हैं—

---

1. केन्द्र, 2. प्रशंसित, 3. चित्र, दृश्य, 4. आनंद, 5. घृणा, 6. गुण-गान, 7. अतिशयतापूर्ण वर्णन

जे जल चलहिं थलहिं की नाईं
टाप न बूड़ बेग अधिकाईं (30)

[यह घोड़े पानी पर इस तरह चलते हैं जैसे ख़ुश्की पर दौड़ रहे हैं। इनकी चाल में इतनी तेज़ी और सुबुकरवी है कि उनके टाप भी पानी में नहीं डूबते।]

तुलसीदास को श्यामकरन घोड़े बहुत पसन्द हैं तो अनीस फ़रस-ए-शब्देज़ पर फ़िदा हैं। 'रामचरितमानस' के मुसन्निफ़ ने घोड़ों के उस वक़्त के मुख़्तलिफ़ करतबों की अक्कासी की है जो बारात चढ़ने के मौक़े पर अपने सवार के इशारों पर दिखाते हैं। लेकिन अनीस के घोड़े मैदाने-ए-जंग में अपने सवार से लगाम के ज़रिए इशारा पाकर अपनी जंगी तर्बियत और महारत का दिलकश नज़ारा पेश करते हैं। सुबुक-रवी[1] और तेज़रफ़्तारी अनीस का मौज़ूअ है।

अनीस ने अपने इमाम और तुलसीदास ने अपने राम के सब्र-ओ-तहम्मुल[2], शुजाअत-ए-बुर्दबारी[3] को तरह-तरह से अपने कलाम में पेश किया है। दोनों ने अपने मम्दूहों के ख़साइल[4] के साथ-साथ उनके जिस्मानी हुस्न की भी ख़ूब दाद दी है। अनीस और तुलसी दोनों ने बचपन के जिस्मानी हुस्न के भी नक़्श उभारे हैं और जवानी के भी। अनीस ने इमाम हुसैन की ज़ईफ़ी[5] के भी दर्दनाक मुरक़्क़े पेश किए हैं लेकिन तुलसीदास को ऐसा मौक़ा ही नहीं था। क्यूँकि *रामचरितमानस* की कहानी ऐन जवानी ही में ख़त्म हो जाती है।

तुलसीदास के यहाँ रिवायती अंदाज़ से मर्दाना वजाहत बयान की गई है जिसमें चौड़ी पेशानी, नूरानी चेहरा, चौड़ा-चकला सीना, मज़बूत बाज़ू और घुटनों से नीचे तक जाने वाले हाथ का ज़िक्र किया है। तुलसीदास की मर्दाना कशिश की इंतिहा कामदेव है। इसलिए वह यह कहकर क़लम तोड़ देते हैं कि राम की जिस्मानी दिलकशी करोड़ों कामदेवों को लजाने वाली है।

लेकिन अनीस इमाम हुसैन की जिस्मानी दिलकशी को पेश करने में काफ़ी हद तक ज़नाना हुस्न की अक्कासी के लिए इस्तिमाल होने वाले ज़राए-इज़्हार का सहारा लेते हैं। मसलन्—

ये रू-ए-रोशन और ये गेसु-ए-मुश्कफ़ाम
याँ शाम में तो सुब्ह है और सुब्ह में है शाम
हाले में यूँ नज़र नहीं आता मह-ए-तमाम
क़ुद्रत ख़ुदा की, नूर का ज़ुल्मत में है मक़ाम
ज़ुल्फ़ों में जल्वागर नहीं चेहरा जनाब का
है निस्फ़ शब में आज ज़ुहूर आफ़्ताब का (31)

---

1. मंद गति, 2. सहिष्णुता, 3. पराक्रम व गंभीरता, 4. स्वभाव, आदत, 5. बुढ़ापा

कमान-ए-अब्रू पर अनीस फ़िदा हैं, माह-ए-नूर भी उसके मुक़ाबले में कुछ नहीं है, दश्त-ए-ख़ुतन के ग़ज़ाल[1] की आँखें भी इमाम हुसैन की आँखों से ख़जिल हैं, दाँत मोतियों का ख़ज़ाना हैं।(32) यह पैराया-ए-बयान ज़नाना हुस्न के लिए आम तौर पर इस्तिमाल होता है।

हुसैन के तिफ़्लाना हुस्न का नक़्शा भी कुछ इसी क़िस्म के रंगों से उभारा गया है।

वो गोरे-गोरे चेहरों पे ज़ुल्फ़ें इधर-उधर
करते गुलों में नूर-बदन जिन से जल्वागर (33)

अनीस के इस बयान को पढ़कर हज़रत इमाम हुसैन के बजाए किसी हसीना का चेहरा ज़ह्न में उभरता है।

तुलसीदास और अनीस दोनों ही अपने को दोहराते हैं, बार-बार इसी मौज़ूअ की तकरार[2] करते हैं। रामचरितमानस के मुसन्निफ़ की मजबूरी है कि इसे अपने क़ारी को यह बावर कराना है कि ज़िक्र तो है राजा रामचन्द्र का लेकिन अस्ल में यह आलम के पालनहार, ख़ालिक़-ए-काइनात हैं। इस बात की याद-दिहानी के लिए तुलसीदास राम के इस पहलू की तकरार करते नहीं थकते। हो सकता है कि उनके ज़ह्न में यह ख़याल भी हो कि ऐसा करने से उन्हें पुन्य (सवाब) मिलेगा।

अनीस की मजबूरी यह है कि उन्हें नए मर्सिये लिखने हैं और वाक़िआ-ए-कर्बला को मर्सिया-गोई के दाइरे में बार-बार लिखना है। इसलिए मज़्मून के दोहराए जाने पर हैरत की गुंजाइश नहीं है। बंद के बंद अनीस के अलग-अलग मर्सियों में एक जैसे मिलते हैं, लेकिन इससे उनकी अज़मत[3] में हरगिज़ कोई कमी नहीं आएगी।

सन्दर्भ

(1) अनीस के मर्सिये : जिल्द-ए-दोम मर्तबा सालिहा आबिद हुसैन, तरक़्क़ी उर्दू ब्यूरो, नई दिल्ली, दूसरा एडिशन, 1990, सफ़्हा, 27

(2) ऐज़न[4], सफ़्हा, 141

(3) रामचरितमानस, बंद, 127

(4) ऐज़न, बंद 127

(5) अनीस के मर्सिये : जिल्द-ए-दोम, मर्तबा सालिहा आबिद हुसैन, सफ़्हा-17

(6) ऐज़न, सफ़्हा, 17

---

1. चीन के एक प्रसिद्ध स्थान खुतन का हिरन, यहाँ की कस्तूरी बहुत प्रसिद्ध है, 2. पुनरावृत्ति, पुनरुक्ति, 3. महानता, 4. पूर्ववत्

(7) ऐज़न, सफ़्हा, 17
(8) ऐज़न, सफ़्हा, 17
(9) ऐज़न, सफ़्हा, 17
(10) ऐज़न, सफ़्हा, 17
(11) ऐज़न, सफ़्हा, 1
(12) ऐज़न, सफ़्हा, 162
(13) ऐज़न, सफ़्हा, 356
(14) ऐज़न, सफ़्हा, 369
(15) ऐज़न, सफ़्हा, 369
(16) ऐज़न, सफ़्हा, 370
(17) ऐज़न, सफ़्हा, 370
(18) ऐज़न, सफ़्हा, 370
(19) ऐज़न, सफ़्हा, 370
(20) ऐज़न, सफ़्हा, 370
(21) रामचरितमानस, तुलसीदास, अयोध्याकांड, बंद-117
(22) अनीस के मर्सिये, मर्तबा सालिहा आबिद हुसैन, सफ़्हा-322
(23) ऐज़न, सफ़्हा, 322
(24) ऐज़न, सफ़्हा, 26
(25) ऐज़न, सफ़्हा, 65
(26) ऐज़न, सफ़्हा, 89
(27) ऐज़न, सफ़्हा, 89
(28) ऐज़न, सफ़्हा, 69
(29) रामचरितमानस, तुलसीदास, बंद-6/298
(30) ऐज़न, बंद-299
(31) अनीस के मर्सिये, मर्तबा सालिहा आबिद हुसैन, सफ़्हा-14, बंद-7
(32) ऐज़न, सफ़्हा, 14, बंद-9 और 10
(33) ऐज़न, सफ़्हा, 14, बंद-15

हसरत की भी क़ुबूल हो मथुरा में हाज़िरी

हसरत मोहानी के मत्बूआ कलाम में श्रीकृष्ण का अव्वलीन ज़िक्र रिसाला "ज़माना" कानपुर के अक्टूबर 1923 ई. के शुमारे में शाया उनकी ग़ज़ल में मिलता है। यह ग़ज़ल 26-30 सितंबर, 1923 ई. के दरमियान उन्होंने कही थी :

आँखों में नूर-ए-जल्वा है बे-कैफ़-ओ-कम है ख़ास
जबसे नज़र पे उनकी निगाह-ए-करम है ख़ास
कुछ हमको भी अता हो कि ऐ हज़रत-ए-किरष्ण
इक़्लीम-ए-इश्क़ आपके ज़ेर-ए-क़दम है ख़ास
हसरत की भी क़ुबूल हो मथुरा में हाज़िरी
सुनते हैं आशिक़ों पे तुम्हारा करम है ख़ास

इन अशआर में इश्क़ के दाता की हैसियत से श्रीकृष्ण से अक़ीदत का इज़्हार किया गया है और उसमें इस बात का भी वाज़ह[1] इशारा है कि श्रीकृष्ण की क़ुर्बत की ख़ातिर हसरत मथुरा में हाज़िर हुए थे (हसरत 1878 ई. में पैदा हुए। वह एक अर्से से शाइरी कर रहे थे। 1903 ई. से 'उर्दू-ए-मुअल्ला' के मुदीर[2] भी थे। लेकिन सितंबर 1923 ई. से क़ब्ल उनके यहाँ श्रीकृष्ण से लगाव का पता नहीं चलता)। बाँसुरी-बजय्या की मूरत दिल में बसाने की वजह ख़ुद हसरत ने अपने दीवान-ए-हफ़्तम के तब्अ-ए-अव्वल के दीबाचे में बताई है। उन्होंने लिखा है कि "हज़रत श्रीकृष्ण अलैहिर्रहमता के बाब में फ़क़ीर अपने पीर और पीरों के पीर हज़रत सय्यद अब्दुर्रज़्ज़ाक़ बाँसवी कुद्दसल्लाह सिर्रु-हू' के मसलक-ए-आशिक़ी का पैरो[3] है।" लेकिन इस मस्लक-ए-आशिक़ी[4] के पैरो वह अर्सा-ए-दराज़ से थे। इसलिए सवाल पैदा होता है कि उन्होंने 45 साल की उम्र तक इसका इज़्हार क्यूँ नहीं किया? वह कौन से मुहर्रिकात[5] थे जिन्होंने सिलसिला-ए-तरीक़त[6] से मिली चिंगारी को यकायक शोला बना दिया। इसकी वजह एक यह हो सकती है कि बाँसा में हाज़िरी देने की वजह से उसके क़ुर्ब-ओ-जवार में फैले हिंदी के सूफ़ी शुअरा के कलाम से वह रूशनास हुए हों। बाँसा ज़िला बाराबंकी में वाक़े है। इसी ज़िले में वाक़े रूदौली

1. स्पष्ट, 2. संपादक, 3. अनुयायी, 4. प्रेम का पंथ, 5. कारण, 6. अध्यात्म

क़स्बा मशहूर बुज़ुर्ग और हिंदी के बुलंदपाया शाइर हज़रत अब्दुल्कुद्दूस गंगोही का वतन है। दरियाबाद 'हंसजवाहर' नामी हिंदी मस्नवी के ख़ालिक़ क़ासिम शाह का मस्कन[1] है। 'प्रेम-चिंगारी' के मुसन्निफ़ शाह नजफ़ अली सलोनी बाराबंकी के बासी थे। काकोरी में क़ाइम क़ादिरिया सिलसिले की एक शाख़ के बुज़ुर्ग शाह मुहम्मद काज़िम क़लंदर हिंदी के ज़बर्दस्त शाइर थे। उन्होंने 'शांति-रस' की तख़्लीक़ की है। उनके बेटे शाह तुराबअली क़लंदर भी साहिब-ए-दीवान हिंदी शाइर और सूफ़ी बुज़ुर्ग हैं। हसरत ने फ़तेहपुर सहवा से हाईस्कूल पास किया था और वह सूफ़ी शाइर अब्दुस्समद मस्ता की आरामगाह है। हसरत सिलसिला-ए-क़ादिरिया की एक शाख़ से मुंसलिक[2] ज़रूर थे लेकिन वह तमाम बुज़ुर्गों की दरगाह पर हाज़िरी देना बाइस-ए-सआदत समझते थे। इसलिए मुमकिन है कि अपने पीर की दरगाह के इर्द-गिर्द फैली ख़ानक़ाहों की ज़ियारत के लिए वह इन बुज़ुर्गों की दरगाहों तक पहुँचते हों और उनमें पोशीदा हिंदी अदब के ख़ज़ाने से मुतआरिफ़ हुए हों। चूँकि इन तमाम सूफ़ी शुअरा को श्रीकृष्ण से अक़ीदत थी और श्रीकृष्ण की इश्क़िया दास्तान को तरह-तरह से उन्होंने अश्आर का पैकर दिया है इसलिए इसका इम्कान-ए-क़वी[3] है कि हसरत के दिल पर इसका असर हुआ हो और वह भी श्रीकृष्ण की गोपियों में शामिल हो गए हों। क़ादिरिया सिलसिला आम तौर पर बहुत ही रासिख़ू-उल-अक़ीदा[4] समझा जाता है लेकिन उसकी हर शाख़ के बुज़ुर्ग के यहाँ श्रीकृष्ण से अक़ीदत मिलती है। इसी सिलसिले की कालीबी और मारहरा शाख़ के पीर-ओ-मुर्शिद हज़रत बरकतुल्लाह शाह भी हिंदी के शाइर थे। और अपने मज्मूआ-ए-कलाम कोरी क़ालिब में ढाला है लेकिन अल्फ़ाज़ से भरम में मुब्तला नहीं होना चाहिए। इन बुज़ुर्गों ने कृष्णभक्ति की शाइरी की इस्तिलाहात को ख़ूब-ख़ूब इस्तिमाल किया है। लेकिन उसे उन्होंने सूफ़ियाना मानवीयत से रूशनास कराया है। ये लोग न श्रीकृष्ण को विष्णु का अवतार मानते हैं और ना ही मुजस्सम ख़ुदा। सूफ़ी के लिए काइनात एक तिकोनी इकाई है। यह तिकोन हुस्न, इश्क़ और हिज्र से तश्कील पाता है लेकिन तीनों एक नुक़्ते पर मिल जाते हैं और बक़ौल-ए-हज़रत गेसूदराज़ इश्क़-ओ-आशिक़-ओ-माशूक़ तीनों एक हो जाते हैं। श्रीकृष्ण का तसव्वुर मजाज़ और हक़ीक़त का एक अनोखा इम्तिज़ाज[5] है और दोनों मिलकर एक हो गए हैं और हज़रत कृष्ण काइनात का वह मर्कज़ हैं जहाँ हुस्न, इश्क़ और हिज्र तहलील होकर सिर्फ़ कन्हैया होकर रह जाते हैं। श्रीकृष्ण के इसी तसव्वुर पर सूफ़ी बुज़ुर्ग शैदा हैं। हसरत के लिए कृष्ण इज़्हार और इब्लाग़[6] का ज़रिया बन जाते हैं। यह इज़्हार तमामतर अलामती[7] है और अलामतों की रोशनी में ही इन बुज़ुर्गों के कलाम को परखने की कोशिश करनी चाहिए।

1. ठिकाना, 2. संबद्ध, 3. बहुत सम्भावना, 4. लीक का पक्का, 5. संगम, 6. अभिव्यक्ति, 7. प्रतीकात्मक

बाँसे के क़ुर्ब-ओ-जवार[1] में वाक़े दरगाहों की ज़ियारत और सूफ़ियों बुज़ुर्गों के हिंदी कलाम से रूशनासी श्रीकृष्ण की तरफ़ हसरत को माइल करने की वजह हो सकती हैं। मुमकिन है कि हसरत की तबीअत का यह रंग महज़ बुज़ुर्गों की रिवायत की पैरवी ही हो। लेकिन जिस शिद्दत-ए-जज़्बात से उन्होंने श्रीकृष्ण का ज़िक्र अपनी शाइरी में किया है और उनसे जिस ज़ाती और रूहानी तअल्लुक़ का वह बार-बार ज़िक्र करते हैं, उससे साफ़ ज़ाहिर है कि इस क़िस्म की वालिहाना[2] अक़ीदत महज़ रिवायत के निबाह से पैदा नहीं हो सकती। इससे ज़ाती जान-पहचान की बू आती है। श्रीकृष्ण से हसरत की यह जान-पहचान यक़ीनन 'गीता' के ज़रिए हुई है। उन्होंने यक़ीनन गीता पढ़ी थी। इस बात का वाज़ह इशारा उनके एक शेर में मिलता है।

हर हिन्दू का मज़बूत है जी
गीता की ये बात है दिल पे लिखी
आख़िर में जो ख़ुद भी कहा है यही
फिर आएँगे महराज तिलक

इस शेर में साफ़ तौर पर यह बात भी उन्होंने कही है कि गीता की इस तफ़्सीर[3] का उन्होंने मुतालआ[4] किया है जिसे तिलक ने लिखा था। लेकिन हर तफ़्सीर लिखने वाले ने अपने नज़रिए के मुताबिक़ किसी एक पहलू पर ही ज़ोर दिया है। तिलक ने अपनी तफ़्सीर में कर्म-मार्ग पर बेहद ज़ोर दिया है। कर्म-मार्ग हसरत के ज़ह्न को अपील करता है और इस पैग़ाम को वह क़ुरआन के ऐन मुताबिक़ पाते हैं। 'कुल्लियात-ए-हसरत' के मुरत्तिब[5] ने भी इस बात का इक़रार इन अल्फ़ाज़ में किया है, "उनका ख़याल था कि गीता में विराग और त्याग पर ज़ोर नहीं दिया गया है बल्कि श्रीकृष्ण अमल यानी कर्मयोग के फ़ल्सफ़े की तब्लीग़ करते थे। इसलिए उनके नज़दीक़ इस्लाम और गीता की तालीमात में जा-ब-जा यकसानियत पाई जाती है।" हमारे ख़याल में इस्लाम और गीता की तालीमात की मुमासलत का तसव्वुर वह अस्ली मुहर्रिक है जिसने हसरत को श्रीकृष्ण का गर्वीदा बनाया और वह भी उनकी बाँसुरी की धुन पर रक़्स कर उठे। उन्होंने यक़ीनन गीता का मुतालआ तिलक के इंतिक़ाल के क़ब्ल किया था क्यूँकि इसका इशारा उन्होंने तिलक के इंतिक़ाल पर लिखे अपने अश्आर में किया है।

हम ऊपर इशारा कर चुके हैं कि सूफ़ियों ने श्रीकृष्णभक्ति की इस्तिलाहात को अपने इज़्हार का ज़रिया बनाया है और उसे सूफ़ियाना मानवीयत से मालामाल किया है। उनका तरीक़ा-ए-इज़्हार अलामती है और सूफ़ियों में मुस्तनद[6] अलामतों

---

1. आस-पड़ोस, 2. प्रेमियों जैसी, 3. भाष्य, टीका, 4. अध्ययन, 5. संपादक, 6. प्रामाणिक

की रोशनी में हम हसरत के इश्क़-ए-श्रीकृष्ण को परखने की कोशिश करेंगे। इन अलामतों को एक सूफ़ी बुज़ुर्ग हज़रत अब्दुल वाहिद बिलगरामी ने अपनी फ़ारसी तस्नीफ़ 'हक़ाइक़-ए-हिन्दी' में मुदल्लल तौर पर बयान किया है। उनकी यह किताब 1566-67 ई. में लिखी गई थी। 'हक़ाइक़-ए-हिन्दी' की रोशनी में कलाम-ए-हसरत को समझने की जसारत हम यहाँ कर रहे हैं।

श्रीकृष्ण जी से मुतअल्लिक़ हसरत के हिंदी और उर्दू अश्आर में श्रीकृष्ण और उसके मुतरादिफ़ कन्हाई, बनवारी, मुरारी, गिरधारी, बिहारी, श्याम, शाम, ब्रज-मोहन, मनमोहन, नंदलाल जैसे अल्फ़ाज़ का इस्तिमाल हुआ है। हज़रत अब्दुल वाहिद बिलगिरामी का कहना है कि श्रीकृष्ण और उनके नाम के मुतरादिफ़ से सूफ़िया की मुराद रिसालत-पनाह से होती है। कभी-कभी इन अल्फ़ाज़ से सिर्फ़ इंसान भी मुराद लिया जाता है। कभी उससे ज़ात और इंसान की वहदत[1] की तरफ़ इशारा किया जाता है और कभी-कभी बुत-ए-तर सा बच्चा और मुग़बच्चे[2] के मानी में भी उनका इस्तिमाल होता है। हसरत के कलाम से मालूम होता है कि उन्होंने इन अल्फ़ाज़ के ज़रिए हक़ीक़त-उल-मुहम्मदिया की तरफ़ इशारा किया है। लेकिन आम तौर से ज़ात और सिफ़ात की वहदत के इज़्हार का काम उन्होंने इन अल्फ़ाज़ से लिया है। श्रीकृष्ण की शख़्सियत में मजाज़ और हक़ीक़त का इम्तिज़ाज उनके लिए बहुत ही दिलकश है। हसरत ने ख़ास तौर से कन्हैया लफ़्ज़ का इस्तिमाल माशूक़ के मुतरादिफ़[3] के तौर पर किया है। यह उनकी अपनी नुद्रत[4] है। इसका वाज़ह इशारा उनकी एक हिंदी नज़्म में मिलता है।

बग़दादी दिया लौ-खिवय्या
हम हूँ गरीब हैं पार-जवय्या
बिरहा की मारी निपट दुखयारी
ताकन कब लग दूर से नय्या
पार उतार पिया से मिलाओ
रज़्ज़ाक़ पिया, बाँसे नगरिया के बसय्या
बाँसे नगर के फ़रंगीमहल के
एकी नाम के दोई कन्हैया
रज़्ज़ाक़ वहाब पिया बिन हसरत
हमरी तब्हा का है कौन सुनय्या

(तिरछी नज़र, लखनऊ, 6 / फरवरी, 24 ई.)

हसरत के अश्आर में मथुरा, गोकुल, बृंदाबन, बरसाना और नंदगाम जैसे मक़ामात का ज़िक्र आया है :

1. एकत्व, 2. अग्निपूजक का बच्चा, 3. समानार्थक 4. नवीनता

मथुरा कि नगर है आशिक़ी का
दम भरती है आरज़ू उसी का
हर ज़र्रा सरज़मीन-ए-गोकुल
दारा है जमाल-ए-दिलबरी का
बरसाना-ओ-नंदगाँव में भी
देख आए हैं जल्वा हम किसी का
पैग़ाम-ए-हयात-ए-जाविदाँ था
हर नग़्मा कृष्ण-बाँसुरी का

वो नूर-ए-सियाह था कि हसरत
सरचश्मा फ़रोग़-ए-आगही का

हजरत अब्दुल वाहिद बिलगरामी के मुताबिक़ ब्रज, गोकुल वग़ैरह अल्फ़ाज़ अगर हिन्दवी कलाम में आएँ तो उनसे आलम-ए-मल्कूत या कभी-कभी आलम-ए-जब्रूत से मुराद लेनी चाहिए। मथुरा से आरिफ़ों[1] के ग़ैर-मुस्तक़िल मक़ाम की तरफ़ इशारा किया जाता है, यह मक़ाम आलम-ए-नासूत[2] है और यहाँ से सफ़र करके सालिक दाइमी मक़ाम में पहुँचता है जो आलम-ए-मल्कूत और आलम-ए-जब्रूत में है। लेकिन हसरत हमें गोकुल, बरसाने, नंदगाँव में घूमने के बाद मथुरा में मक़ाम करते मिलते हैं। इससे ज़ाहिर है कि मथुरा उनका दाइमी मक़ाम है और वह आलम-ए-मल्कूत के मुतरादिफ़ है। दूसरे मक़ामात से उनका सफ़र शुरू होता है इसलिए उन्हें आलम-ए-नासूत की अलामत ही समझना चाहिए। सूफ़िया के यहाँ शहर की इस्तिलाह वुजूद-ए-मुतलक़ के कसरत में ज़ुहूर[3] के लिए इस्तिमाल होती है।

अपनी इस ग़ज़ल में हसरत ने पैग़ाम, बाँसुरी और नूर-ए-सियाह की इस्तिलाहात का भी इस्तिमाल किया है। सूफ़ियाना इस्तिलाह में पयाम और पैग़ाम उन चंद कलिमात-ए-मख़्सूसा को कहा जाता है जो माशूक़ की तरफ़ से आशिक़ को सुनाए जाते हैं। इस तरह हसरत ने ख़ुद को आशिक़ और श्रीकृष्ण को माशूक़ तसव्वुर किया है क्यूँकि पैग़ाम-ए-हयात-ए-जाविदाँ उन्हें श्रीकृष्ण से मिला है।

तजल्लियात के बहुत से रंग सूफ़िया ने बताए हैं। उनकी इस्तिलाह में नूर-ए-सियाह या नीला बाँईं जानिब से ज़ाहिर होता तो उसे तजल्ली-ए-नफ़्स समझना चाहिए। इन बुज़ुर्गों के मुताबिक़ नफ़्स कुल हक़ीक़त-उल-मुहम्मदिया है क्यूँकि जुम्ला आलम की हक़ीक़त-ओ-माहियत यही है। हसरत के लिए यह नूर-ए-सियाह फ़रोग़-ए-आगही है। इससे साफ़ ज़ाहिर है कि नूर-ए-सियाह की

1. ज्ञानियों, 2. मृर्त्यलोक, 3. प्रकट होना

इस्तिलाह हक़ीक़त-उल-मुहम्मदिया के मुतरादिफ़ तौर पर इस्तिमाल की गई है।

'हक़ाइक़-ए-हिंदी' के मुसन्निफ़ के मुताबिक़ बाँसुरी या उसके मुतरादिफ़ इस बात की अलामत हैं कि यह सारी काइनात उसी वुजूदे-ए-मुतलक़ की मौसीक़ी की आवाज़ है। यह कुन का भी मुतरादिफ़ है। हसरत ने श्रीकृष्ण की बाँसुरी को इन्हीं मानी में इस्तिमाल किया है। उनकी बाँसुरी हयात-ए-जाविदाँ का नग़्मा सुनाती है। मौलाना रूम की नै की तरह हिज्र की दास्तान नहीं दुहराती।

इन्हीं इशारों से रचे-बसे जज़्बात का इज़्हार हसरत ने अपने एक हिंदी गीत में भी किया है।

मन तोसे प्रीत लगाई कन्हाई
काहू और की सरत अब काहे का आई
गोकुल ढूँढ बिंदराबन ढूँढा
बरसाने लग घूम के आई
तन-मन-धन सब वार के हसरत
मथुरानगर चल धूनि रमाई

(ज़माना, कानपुर, अक्टूबर, 24 ई.)

सूफ़िया की इस्तिलाह[1] में त्यौहारों जैसे दीवाली या होली के ज़िक्र से इश्क़ के लुत्फ़-ओ-इंबिसात की कैफ़ियत[2] मुराद ली जाती है। यह कैफ़ियत माशूक़ की मिह्रबानी से मुयस्सर होती है। लेकिन चूँकि आशिक़ पर करम की यह नज़र कभी-कभी होती है इसलिए वह इसकी ताब नहीं ला पाता। होली पर अश्आर लिखकर सूफ़िया ने इसी जज़्बे की अक्कासी की है। ज़ात के मुख़्तलिफ़ सिफ़ात-ओ-अफ़्आल-आसार[3] में ज़ाहिर होने को रंग कहते हैं। हसरत की होली में भी यही जज़्बा कारफ़र्मा है।

मो पे रंग न डार मुरारी
बिनती करत हूँ बिहारी
पनिया भरन का जाए न दैहीं
श्याम भरे पिचकारी
थर-थर काँपत लाजन हसरत
देखत हैं नर-नारी

(12 मार्च, 1924 ई.)

---

1. पारिभाषिक शब्दावली, 2. आनंद की अनुभूति, 3. होली के रंग इंसान के विभिन्न गुणों और क्रियाओं की अभिव्यक्ति होते हैं।

बिरहा, बरखा-रुत और बदरिया कारी जैसी सुफ़ियाना इस्तिलाहात का इस्तिमाल हसरत ने अपने एक गीत में किया है।

कहाँ जाए रहे गिरधारी
औरन मिल सुध भूल हमारी
रोवत-धोवत तलफत-बिलकत
बिरहा की रैन गई कट सारी
जिया जात बरखा-रुत हसरत्
देख-देख बदरिया कारी

हज़रत बिलगरामी ने फ़रमाया कि बरखा-रुत से उस इश्क़ और मारिफ़त[1] की तरफ़ इशारा होता है जिसका ज़िक्र इस हदीस में है। "मैंने दोस्त बनाया इस वजह से कि मैं पहचाना जाऊँ"। बदरी 'ग़माम' के मुतरादिफ़ है। इससे मुराद वह हदीस ली जाती है जिसके मुताबिक़ तख़्लीक़-ए-काइनात से पहले वुजूद-ए-मुतलक़ हल्के बादलों में था जिसके ऊपर और नीचे हवा नहीं थी। इस लफ़्ज़ से सानवी हक़ीक़तें भी मुराद ली जाती हैं। कारी ज़ुल्मत का मुतरादिफ़ है और सूफ़ी की इस्तिलाह में जो इदराक[2] में न आवे वही ज़ुल्मत है। बिरहा या हिज्र की तीन क़िस्में हैं।

आम सालिक के लिए याद-ए-ख़ुदा से ग़फ़्लत हिज्र है, बंदगान-ए-ख़ास के लिए कभी-कभी ख़ुदी का ध्यान हिज्र है और जो सूफ़ी बक़ा-ब-अल्लाह[3] की मंज़िल तक पहुँच जाते हैं उनके लिए अपना वुजूद-ए-ख़ाकी हिज्र है। अपने इस गीत में हसरत ने हिज्र की कैफ़ियत को रो-धोकर भोग लिया है और हल्के बादलों में पोशीदा माशूक़-ए-हक़ीक़ी को देखने के ख़ाहिशमंद भी हैं और ख़ौफ़ज़दा भी। हसरत ने हज़रत अबुल हसन ख़ाक़ानी के क़ौल का मंज़ूम तर्जुमा किया है। इसमें भी सब्ज़ बादल ज़िक्र-ए-मौला और अह्ल-ए-दिल में मोहब्बत के मुहर्रिकात[4] की अलामत है और अब्र-ए-सफ़ेद से पाकान-ए-दुनिया-ओ-आब-ए-रहमत[5] मक़्सूद[6] है।

बादा-ओ-साग़र कहे बग़ैर अगर ग़ालिब की बात नहीं बनती है तो ख़ुश्बू-ओ-क़बा कहे बग़ैर हसरत का काम भी नहीं चलता। इसका ज़िक्र किसी न किसी तरह उनकी बेशतर ग़ज़लों में मौजूद है। यहाँ मिसालन् चंद अश्आर पेश हैं।

जन्नत की हवस हो तो मैं काफ़िर, कि परेशाँ
उस शोख़ की ख़ुश्बू-ए-क़बा मेरे लिए है

राह-ए-जन्नत से फिरी आशिक़-ए-महजूर की रूह
कुछ अजब चीज़ थी उस बू-ए-क़बा की तासीर

---

1. सूफ़ी साधना का अंतिम सोपान, 2. बोध, 3. ईश्वर की नित्यता, 4. प्रेम के उत्प्रेरक, 5. ईश्वर की दया रूपी जल, 6. अभिप्रेत

ख़ुश्बू या उसके दूसरे मुतरादिफ़ से सूफ़ी इश्क़ से लबरेज़ दिल की ख़ुश्बू मुराद लेते हैं। इब्न-ए-अरबी के मुताबिक़ नफ़्स की क़बा[1] शरीअत[2] है, क़ल्ब की तरीक़त, सिर् की हक़ीक़त, रूह की अबूदियत और ख़फ़ी की महबूबियत है। हसरत के कलाम में क़बा-ए-महबूबियत का ज़िक्र ज़ियादा है। अंगिया और कंचुकी वग़ैरह मल्बूसात से हिंदी शाइरी में सूफ़िया ने अहवाल-ए-इश्क़ और मक़ामात-ए-मारिफ़त की निशानदेही की है। इस तरह हसरत की शाइरी में ख़ुश्बू और क़बा भी अपने अलामती मानी में इस्तिमाल हुए हैं और उनके इरफ़ान[3] के मक़ामात के तअय्युन में मददगार हैं—

इरफ़ान-ए-इश्क़ नाम है मेरे मक़ाम का
हामिल हूँ किसके नग़्मा-ए-लै के पयाम का

हसरत की शाइरी सूफ़ीयाना इस्तिलाहात[4] से भरी हुई है। कहीं वह उनका इस्तिमाल फ़न्नी चाबुकदस्ती[5] से कर पाए हैं और कहीं उनकी क़ै करने लग जाते हैं। उन्होंने ग़ैर-शाइराना इस्तिलाहात से भी परहेज़ नहीं किया। वह जुनून-ए-मोहब्बत के दीवाने हैं। उनके सर में सौदा-ए-हिक्मत नहीं है। हिक्मत भी एक सूफ़ियाना इस्तिलाह है जिससे मुराद इल्म-ए-शरीअत-ओ-तरीक़त है। वह इश्क़ में सरमस्त थे लेकिन रियाज़त, ज़िक्र-ओ-फ़िक्र, हब्स-ए-दम और अन्फ़ास[6] के पाबंद नहीं थे। वह अपने इश्क़ के ज़रिए उस मक़ाम पर पहुँच गए थे जहाँ दूसरे मश्क़-ओ-कोशिश से पहुँचने के मुतमन्नी[7] होते हैं। आलम-ए-रूया में उन्हें रसूल-ए-अकरम की ज़ियारत होने लगी थी। गोया वह सूफ़ियों की ज़बान में फ़नाफिर्रसूल के दर्जे पर पहुँच चुके थे। वह अपने अश्आर में किसी मौजूद से हमकलाम नज़र आते हैं। जेल की तन्हाई में किसी की मौजूदगी और उससे हमकलामी ज़िंदाँ[8] की कुल्फ़त[9] को उनके लिए बहिश्त[10] बना देती है।

होती है रोज़ बारिश-ए-इरफ़ाँ मिरे लिए
गोया बहिश्त-ए-इश्क़ है ज़िन्दाँ मिरे लिए

हसरत ने अपना बहुत ही मुनासिब तज्ज़िया किया है—

ख़ल्वत में वो मैख़ार है जल्वत में नमाज़ी

उनकी शाइरी को इसी पैमाने से नापना चाहिए और अपनी जज़्ब की हालत को ही उन्होंने ज़ियादातर शेरी क़ालिब में ढाला है। इसीलिए ख़ल्वत[11] में मैख़ारी उनकी श्रीकृष्ण-परस्ती की ग़म्माज़[12] है।

---

1. चादर, 2. शरीअत, तरीक़त, हक़ीक़त और मारिफ़त सूफ़ी साधना के चार सोपान हैं, 3. ख़ुदा शनासी, 4. पारिभाषिक शब्दावली, 5. कौशल, 6. सूफ़ियों की विभिन्न क्रियाएँ, 7. आकांक्षी, 8. कारागार, जेल, 9. यंत्रणा, 10. जन्नत, 11. एकांत, 12. चुग़ली करनेवाला, यहाँ 'प्रमाण' अर्थ लेना चाहिए।

बाज़ार-ए-हुस्न या सेवा-सदन

प्रेमचन्द के क़ाबिल-ए-ज़िक्र नाविलों में ज़ियादातर के नाम ज़बान के फ़र्क़ के बावजूद हिंदी और उर्दू में हममानी हैं। नाविल चाहे पहले उर्दू में लिखा गया हो या पहले हिन्दी में ज़ब्त-ए-तहरीर में लाया गया हो, नाम रखने की ग़रज़ से प्रेमचन्द ने दोनों सूरतों में उर्दू और हिंदी के हममानी और मुतरादिफ़ अल्फ़ाज़[1] तलाश कर लिए हैं। मसलन् *गोशा-ए-आफ़ियत, मैदान-ए-अमल, चौगान-ए-हस्ती* वग़ैरह के हिंदी नाम *प्रेम-आश्रम, कर्म-भूमि, रंग-भूमि* हैं जिनके ठीक वही मानी हैं जो उनकी उर्दू शक्ल के हैं। कुछ नाविल ऐसे भी जिनके नाम उर्दू और हिंदी में एक जैसे हैं। मसलन् *ग़बन, निर्मला* और *गोदान* वग़ैरह। लेकिन जेर-ए-बहस नाविल ऐसा है जिसका नाम उर्दू में *बाज़ार-ए-हुस्न* है और हिंदी में *सेवा-सदन*। इस सिलसिले में प्रेमचंद का यह इन्हिराफ़[2] क्यूँ?

यह बात मुसद्दक़ा[3] है कि कहानियों और नाविलों के नाम से उनके मौज़ूअ की अक्कासी होती है। इसलिए सवाल उठता है कि 'बाज़ार-ए-हुस्न' के ज़रिए क्या प्रेमचंद नाविल का मौज़ूअ बाज़ारी औरतों के मसाइल को बनाना चाहते हैं और सेवा-सदन से इन मसाइल के हल की अक्कासी होती है जो उन्होंने नाविल के आख़िर में बयान किए हैं। लेकिन ऐसी सूरत में मानना पड़ेगा कि बाज़ार-ए-हुस्न के मसाइल इस नाविल का मौज़ूअ हैं और सेवा-सदन का क़ियाम इसका वह हल है जो प्रेमचन्द ने समझाया है। यह बात तस्लीम कर ली जाए तो सवाल उठेगा कि प्रेमचन्द उर्दू में मौज़ूअ पर ज़ोर क्यूँ देते हैं और हिंदी में मस्अले के हल पर किस लिए मुसिर[4] हैं? क्या यह बात क़ाबिल-ए-क़ुबूल हो सकती है कि बाज़ार-ए-हुस्न या सेवा-सदन के हममानी अल्फाज़ प्रेमचन्द को न मिल सके और उन्होंने यही मुनासिब समझा कि दोनों ज़बानों में इस नाविल के अलग-अलग नाम रखे जाएँ। यह बात क़रीन-ए-क़ियास नहीं है क्यूँकि इन अल्फ़ाज़ के मुतरादिफ़ात तलाश कर लेना प्रेमचन्द के लिए नामुमकिन नहीं था।

यह हक़ीक़त भी तस्लीम-शुदा है कि बाज़ार-ए-हुस्न' 1914-17 ई. में उर्दू में लिखा गया था लेकिन शाया यह पहले हिंदी में हुआ(1) और उर्दू में इसका

---

1. पर्यायवाची शब्द, 2. बचाव, अलग व्यवहार, 3. प्रसिद्ध या प्रामाणिक, 4. आग्रहशील

पहला हिस्सा 1921 ई. में छपा और दूसरा हिस्सा 1922 ई. में शाया हुआ। इस लिहाज़ से यह नाविल पहली जंग-ए-अज़ीम के दौरान और बर्तानवी हकूमत की सियासी इस्लाहात 1909-10 ई. (मार्ले-मिंटो इस्लाहात) और 1919 ई. के एक्ट की इस्लाहात की आहट भी जंग शुरू होते ही आसमान-ए-सियासत के उफ़ुक़[1] पर गूँजने लगी थी और हिंदुस्तानी क़ाइदीन[2] उससे उम्मीदें वाबस्ता किए हुए नए सियासी मोड़ की तवक़्क़ो[3] कर रहे थे। 'बाज़ार-ए-हुस्न' की तख़्लीक़ से इस तरह मार्ले-मिंटो इस्लाह[4] का निफ़ाज़[5] छै या सात साल पहले हो चुका था और हिंदी की इशाअत के वक़्त न तो पहली जंग-ए-अज़ीम में बर्तानिया फ़ातिह होकर सुर्ख़ुरू हुआ था और ना ही उसने हिंदुस्तानी क़ियादत की तवक़्क़ो के मुताबिक़ हिंदुस्तान को डोमिनियन स्टेटस देने के बजाए 1919 ई. एक्ट की सूरत में फ़िर्क़ावाराना तफ़रीक़ के पौधे की नश्व-ओ-नमा की थी।

इस मुद्दत के दौरान "दोनों मज़हबी फ़रीक़ के अख़बारात का लब-ओ-लहजा, उमूर-ए-मज़हबी के मुतअल्लिक़ निहायत मुतअस्सिबाना[6] रहा मगर उमूर-ए-सियासत पर नर्म। अगरचे कई एडिटरों से ज़मानत तलब की गई, मगर मुक़दमा सिर्फ़ एक ही अख़बार पर चलाया गया।"(2) 'जगत' के मुदीर पंडित प्रभाकर राव इसी सूरत-ए-हाल की नुमाइंदगी 'बाज़ार-ए-हुस्न' में करते हैं। वह अंग्रेज़ों के नहीं बल्कि मुसलमानों के ज़बर्दस्त मुख़ालिफ़ हैं(3) और इसलिए तवाइफ़ों के मस्अले को हिंदू-मुस्लिम रंग देकर उन्हें सेठ बलभद्र ने अपनी तरफ़ मिलाने की कोशिश की है। उस ज़माने के अख़बारात के ग़ैर-ज़िम्मेदाराना रवैये का तज्ज़िया पद्म सिंह ने सुभद्रा के सामने इस तरह पेश किया है कि "ये लोग अपने ख़रीदारों की तफ़रीह के लिए इस क़िस्म का एक न एक शिगूफ़ा छोड़ते रहते हैं। ऐसे सूफ़ियाना मज़ामीन से ख़रीदारों की तादाद में ख़ूब इज़ाफ़ा होता है। पब्लिक को ऐसे झगड़ों में ख़ास मज़ा आता है और एडिटर साहिबान अपने फ़राइज़ को भूलकर पब्लिक की इस निज़ाअ-पसंद मैलान[7] से फ़ाइदा उठाते हैं। पेशवाई के आला रुत्बे से गुज़रकर मख़्लूक़ की बदमज़ाक़ियों की परस्तिश करने लगते हैं। बाज़ असहाब तो यह कहने में तअम्मुल[8] नहीं करते कि ख़रीदारों को ख़ुश रखना हमारा फ़र्ज़ है। हम उनका खाते हैं तो उन्हीं का गाएँगे।(4) "अख़बारों की फ़िर्क़ावारियत ने ज़बान-ए-अदब के गुलशन को भी झुलसाना शुरू कर दिया था। 'बाज़ार-ए-हुस्न' में जिस दौर की अक्कासी की गई है उसमें 'आर्य-गज़ट' ने 'ज़माना' और 'अदब' रिसालों का ज़िक्र करते हुए यह फ़िक़रा लिखा था, "हिंदुओं ने हिंदी और देवनागरी अक्षरों (हुरूफ़) के बरख़िलाफ़ मुसलमानों के साथ मिलकर और मुसलमानों से बढ़कर काम करना शुरू कर दिया है।"(5) ज़ाहिर है कि उस ज़माने में प्रेमचंद भी यही काम कर रहे थे। इस तअस्सुब

1. क्षितिज, 2. नेतागण, विधि विशेषज्ञ, 3. अपेक्षा, 4. सुधार, 5. लागू होना, 6. द्वेषपूर्ण, 7. झागड़ालू मानसिकता, 8. संकोच

का असर उन पर भी चढ़ा होगा और उर्दू-हिंदी ने निज़ाई सूरत[1] इख़्तियार कर ली होगी जिसकी तरफ़ प्रेमचन्द ने 'बाज़ार-ए-हुस्न' में इशारा किया है। मुसलमान मेंबरों पर पद्म सिंह के भरोसे को चकनाचूर करने के लिए तेग़ अली ने कहा है कि "वहाँ इस वक़्त उर्दू-हिंदी का क़ज़ीया दरपेश है। गऊकशी, जुदागाना इंतिख़ाब, सूद का मुजव्वजा क़ानून इन्हीं सब मसाइल से मज़हबी तअस्सुबात को बरअंगेख़्ता[2] करने की कोशिश की जा रही है।"(6)

उस ज़माने में फ़िर्क़ावाराना बुनियाद पर इस्लाही अमल की कोशिशें ज़ोर-शोर से चल रही थीं। चूँकि प्रेमचंद के किरदार सुमन का तअल्लुक़ हिंदू मज़हब और ब्रह्मन जाति से है इसलिए उन्होंने 'बाज़ार-ए-हुस्न' में हिंदू इस्लाही राह-ए-अमल की अक्कासी की है। और मुसलमानों की इस क़िस्म की कोशिश का ज़िक्र नहीं किया है लेकिन उन्होंने इस क़िस्म की काविशों[3] पर भरपूर तंज़ करते वक़्त उनको भी छोड़ा नहीं है। इन तहरीकों में एक तरफ़ जाति पर ज़ोर है तो दूसरी तरफ़ सबको "हिंदू" परचम के तले जम्अ करने की कोशिश की है। पंडित बिट्ठल दास को इस बात का ग़म है कि सुमन नामी एक हिंदू औरत तवाइफ़ हो गई है और उससे भी कहीं ज़ियादा तकलीफ़ उन्हें इस बात से है कि एक ब्रह्मनी ने दालमंडी में पनाह ली है। यूँ तो इस बात का ज़िक्र जगह-जगह मिलता है लेकिन अपनी इस तकलीफ़ को बिट्ठल दास ने बहुत वाज़ह अल्फ़ाज़ में सुमन को यह कहकर बताया है कि "ब्रह्मनी अपने ख़ानदान और ज़ात के नाम पर ये सब मुसीबतें झेलती है। मुसीबतों को झेलना, उनमें साबित-क़दम रहना, यही औरत का धर्म है। सुमन, तुम्हारे इस फ़ेल ने ब्रह्मन ज़ात का ही नहीं, सारी हिंदू क़ौम का सर नीचा कर दिया है।"(7) इसका मतलब यह है कि अगर सुमन जुल्हा या रोज़ी होती तो इन इस्लाह-पसंदों को इस वाक़िए से कोई सरोकार न होता। इसमें सरासर हिंदुस्तानियत का तो फ़ुक़दान[4] है ही लेकिन इंसानियत और इंसानी रिश्तों की भी क़त्अ-ओ-बुरीद[5] की गई है। नेकी-ओ-बदी भी ज़ात और मज़हब के ख़ाने में बाँट दिए गए हैं। सेठ चमनलाल को सुमन के तवाइफ़ बनने से क़ल्बी सुकून मिला है क्यूँकि "आख़िर तुर्कनें आकर मंदिर को नापाक करती हैं, ब्रह्मनी रहे तो क्या बुरा है।"(8) सेठ जी को सुमन की इस इस्लाह में पॉलिटिक्स का रंग साफ़ नज़र आता है और उन्हें ख़दशा है कि मुसलमानों को यह बात बुरी मालूम होगी।"(9) और वो हुक्काम से शिकायत करेंगे और उन्हें मअन् किसी साज़िश का गुमान हो जाएगा।"(10) लेकिन बिट्ठलदास चूँकि ज़ियादा ईमानदार और पुर-ख़ुलूस आदमी हैं इसलिए वह इस बदगुमानी के ख़िलाफ़ कहते हैं कि मैं मुसलमानों को इतना मुतअस्सिब नहीं समझता कि वो इस कार-ए-ख़ैर से बदगुमान हों।"(11)

---

1. टकराव की स्थिति, 2. भड़काना, 3. कोशिशों, 4. अभाव, 5. टूट-फूट, हानि पहुँचाना

इस दौर में हिंदुस्तानी समाज की एक ख़ुसूसियत यह भी है कि कट्टर मज़हबी लोग ज़ियादा ग़ैर-मुतअस्सिब हैं और अंग्रेज़ी तालीमयाफ़्ता ज़ियादातर नीम-मज़हबी होते हुए भी मुतअस्सिब और फ़िर्क़ापरस्त हैं। बिट्ठलदास कट्टर हिंदू हैं लेकिन मुक़ाबलतन् मुसलमानों से मुतनफ़्फ़िर[1] नहीं हैं और पेंशन-याफ़्ता डिप्टी कलेक्टर सय्यद शफ़क़त अली और हकीम खाँ साहिब और शोहरत खाँ दोनों रासिख़-उल-एतिक़ाद आदमी थे, "मगर तंग ख़याल[2] न थे।"(12) दूसरी तरफ़ सियासी और मआशी मफ़ाद[3] की तराज़ू में समाजी और सियासी मसाइल को तोलने वाले हैं। जिन्हें मज़हब से नहीं बल्कि अंग्रेज़ों की ख़ुशनूदी[4] हासिल करने और अपने मफ़ाद की तक्मील की ख़ातिर फ़िर्क़ापरस्ती का ज़ह्र उगलने से ज़ियादा सरोकार है। सेठ बलभद्र और हाजी हाशिम ऐसे लोगों के नुमाइंदा किरदार हैं। पदम सिंह के होली के जश्न में भी मिस्टर कपाटे जैसे लोग मौजूद हैं जो फ़ख़्रिया मिस्टर रोदरा से कहते हैं कि "उन्होंने मुबारक हुसैन को मुक़र्रर किया। बंदे ने गोविंद राम को मुक़र्रर किया। उन्होंने हक़-तलफ़ी की। मैंने भी हक़-तलफ़ी की।"(13) दोनों तरफ़ से की जाने वाली हक़-तलफ़ियों की तवील फ़हरिस्त को प्रेमचन्द ने मिस्टर कपाटे के मुँह से अपने नाविल में पेश किया है। "अजी देखते जाइए। अगर इनका नातिक़ा[5] न बंद कर दिया तो कहिएगा। अब की मवेशीख़ानों की मुआइने को चलता हूँ। दो-चार शिकार ज़रूर ही फाँसूँगा। अब ज़रा इस ज़ियादती को देखिए कि क़ाज़ीगंज के क़ाज़ियों ने अभी पारसाल के मुतालबे[6] भी अदा नहीं किए, हाल का ज़िक्र क्या मगर उनसे तक़ाज़ा तक नहीं हुआ और भगवा के ठाकुरों पर महज़ हाल की एक क़िस्त न देने की इल्लत में समन जारी कर दिए गए। वज़ीर-ए-आला की सालाना आमदनी पाँच हज़ार से कम नहीं, उन पर टैक्स नहीं लगाया गया। बेचारे ग़रीबदास की आमदनी मुश्किल से एक हज़ार होगी मगर उसकी बहियों पर एतबार नहीं किया गया। पाँच हज़ार का मुतालबा वुसूल कर लिया गया।"(14)

प्रेमचन्द ने 'बाज़ार-ए-हुस्न' में इन्हीं हिन्दू क़ौम और मुस्लिम क़ौम के रँगे सियारों का पर्दाफ़ाश किया है।

जिस दौर की अक्कासी 'बाज़ार-ए-हुस्न' में है उसमें तरह-तरह के आश्रम क़ायम हो रहे थे लेकिन उनमें से कई का क़ियामे इस्लाह[7] के बहाने अंग्रेज़ों के ख़िलाफ़ जिद्द-ए-जिह्द की तर्बियत-गाहों[8] के तौर पर भी हुआ था। इसलिए अंग्रेज़ हुकूमत उन्हें शक की नज़र से देखती थी। इस बात का ज़िक्र प्रेमचन्द ने बिट्ठलदास की एक हिक्मत-ए-अमली के ज़रिए किया है जो उन्होंने सेठ चमनलाल से अपना पिंड छुड़ाने के लिए इस्तिमाल की थी। बिट्ठलदास ने सेठ जी को बताया कि कलेक्टर ने विधवा-आश्रम को सालाना इमदाद इसलिए नहीं दी

---

1. घृणा करनेवाला, 2. संकीर्ण विचारों वाले, 3. आर्थिक लाभ, 4. कृपा-दृष्टि, 5. जिह्वा, वाणी, 6. देय राशि की माँग, तक़ादा, 7. सुधार, 7. विद्रोह के शिक्षा केंद्र

क्यूँकि वह उसे सियासी काम समझते हैं।(15) सेठ चमनलाल उन दर्दमंदान-ए-क़ौम से हैं जो अगर अंग्रेज़ रामलीला को भी पॉलिटिक्स समझ लें तो वह उसे भी बंद कर दें।(16) वह 'गीता' की एक कॉपी भी घर में नहीं रखते। आख़िर 'गीता' सियासी किताब क्यूँ क़रार पाई। ग़ालिबन[1] इसकी वजह 'गीता' की वह तफ़्सीर थी जो तिलक ने लिखी थी। अरबिंदो घोष ने बंगाल के इंक़लाबियों को इसी 'गीता' के ज़रिए इंक़लाब का सबक़ पढ़ाया था। अंग्रेज़ों के ख़िलाफ़ जिद्द-ओ-जिह्द में गीता ने बड़ा रोल अदा किया था। इसलिए 'गीता' अंग्रेज़ों की नज़र में मज़हबी नहीं बल्कि एक ख़तरनाक सियासी किताब का दर्जा रखती थी। सेठ चमनलाल जैसे अंग्रेज़-परस्त लोग इस आला फ़ल्सफ़ियाना और मज़हबी किताब को घर में रखने के रवादार नहीं हैं, लेकिन यही हज़रत "मुस्लिम भाइयों" से हिंदुओं को बदज़न करने का मौक़ा नहीं छोड़ते। म्यूनिसिपैलिटी के हिंदू मेंबरों के जलसे में उन्होंने इज़हार-ए-ख़याल किया है कि "हमारे मुस्लिम भाइयों ने इस वक़्त हमारी गर्दन बुरी तरह पकड़ी है। उन्हें चुपड़ी मिल रही हैं और दो-दो। चावलमंडी और चौक में ज़ियादातर मकानात हिंदुओं के हैं...इसका सारा वबाल हिंदुओं के सर पड़ेगा...उन्हें मुफ़्त की नेकनामी हासिल होगी...छुपे हमले करना कोई उनसे सीख ले...सूद के पर्दे में हिंदुओं पर हमले किए...यह नई तरकीब निकाली...चंद हज़रात सस्ती शोहरत हासिल करने के लिए बिरादरान-ए-वतन के हाथों में कठपुतली बने हुए हैं। वो नहीं जानते कि उनका यह इन्हिराफ़ हिन्दू क़ौम के लिए किस क़दर नुक़्सान का बाइस होगा।"(18)

यह सियासी मफ़ाद का दौर था और तेग़ अली ने दुरुस्त तंज़ किया है कि इसमें "हक़ और इंसाफ़ का नाम न लीजिए।" इस किरदार के ज़रिए प्रेमचन्द ने उस ज़ह्नियत को तंज़न् आशकारा[2] किया है जो उस ज़माने में हिंदू और मुसलमानों में पैदा हो चुकी थी। तेग़ अली ने म्यूनिसिपैलिटी के मेंबरों के जलसे में तंज़िया अंदाज़ में कहा कि "अगर आप मुदर्रिस हैं तो हिंदू लड़कों को फ़ेल कीजिए, तहसीलदार हैं तो हिंदुओं पर बेजा टैक्स लगाइए, मजिस्ट्रेट हैं तो हिंदुओं को सख़्त सज़ा दीजिए, सब-इंस्पेक्टर पुलिस हैं तो हिंदुओं पर झूटे मुक़द्दमात दाइर कीजिए, तहक़ीक़ात करने जाइए तो हिंदू के बयानात ग़लत लिखिए, अगर आप चोर हैं तो किसी हिंदू के घर डाका डालिए, अगर आपको हुस्न-ओ-इश्क़ का ज़ौक़ है तो किसी हिंदू नाजनीन पर डोरे डालिए, तब आप क़ौम के ख़ादिम, क़ौम के मुहसिन, क़ौमी कश्ती के नाख़ुदा, सब कुछ हैं।"

इस दौर में एक तरफ़ हिंदुस्तानी बुर्ज़वाई तब्क़ा हुसूल-ए-इक़्तिदार[3] के लिए ख़ुशामदाना तग-ओ-दौ कर रहा है और दूसरी तरफ़ जुदागाना इंतिख़ाब और राए-दिहिंदगी की दरख़ास्त-गुज़ारी की मुहिम शद्द-ओ-मद्द से जारी है। 1906 ई. में सर आग़ा ख़ाँ की सरबराही में एक वफ़्द[4] शिमले में लॉर्ड मिंटो से मिला था

1. कदाचित्, 2. व्यंग्य के रूप में व्यक्त करना, 3. प्रभुत्व प्राप्ति, 4. शिष्टमंडल

और दरख़ास्त की थी कि मुसलमानों का इंतिख़ाब जुदागाना होना चाहिए। इस साल हिंदू महासभा और मुस्लिम लीग का क़ियाम अमल में आया था। यह वफ़्द काउंसिल की मेंबरी के सिलसिले में जुदागाना इंतिख़ाब चाहता था। लंदन में अमीर अली भी हिंदुस्तानी उमूर के वज़ीर मार्ले से मिलकर इसी बात पर ज़ोर दे रहे थे। लेकिन इस तग-ओ-दौ के नतीजे में 1909 ई. के मार्ले-मिंटो इस्लाह के तहत सिर्फ़ "अल्कटोरल कॉलेज" मिल सका। इसका मतलब था कि किसी जगह इंतिख़ाब के लिए सिर्फ़ उम्मीदवार मुसलमान होंगे और राए-दिहिंदा तमाम हिंदुस्तानी होंगे। कांग्रेस इससे मुत्मइन थी और उसने शुक्रिए की एक तज्वीज़ पास की थी जिसके मुईअद[1] सुरेंद्रनाथ बनर्जी थे और ताईद पंडित मदन मोहन मालवीय ने की थी।(21) लेकिन मुस्लिम लीग इस बात से सख़्त नाख़ुश थी और इसे मुसलमानों के साथ दग़ा क़रार दिया था। उसका कहना था कि मुसलमानों को नुमाइंदगी तो मिल जाएगी लेकिन "अस्ल मुसलमानों' का इंतिख़ाब नहीं हो सकेगा क्यूँकि कांग्रेस किसी मुसलमान को इंतिख़ाब में ख़ड़ा करके हिंदू वोटों की मदद से जिता देगी। प्रेमचंद ने इस वफ़्दबाज़ी[2] का ज़िक्र 'बाज़ार-ए-हुस्न' में किया है। हाजी हाशिम ने मुख़्तलिफ़ मेंबरों के ख़यालात सुनने के बाद और बात बिगड़ती महसूस करके कहा है कि 'उसूल भी कोई चीज़ है। पर आज मालूम हुआ कि महज़ एक वहम है। अभी बहुत अर्सा नहीं गुज़रा कि आप हज़रात इस्लामी वज़ाइफ़ के डेपुटेशन लेकर गए थे और अगर मीर हाफ़िज़ ग़लती नहीं करता तो इन मौक़ों पर आप लोग ही पेश-पेश नज़र आते थे मगर आज यकायक यह इंक़िलाब देख रहा हूँ।(22) 'इस्लामी वज़ाइफ़ के डेपुटेशन' से मुराद मुसलमानों के लिए वज़ीफ़े की रक़म जमा करना हरगिज़ नहीं हो सकता। इसका वाज़ह इशारा आग़ा ख़ान वफ़्द की तरफ़ ही है। आख़िर वह उसूल क्या हैं जिसकी ख़िलाफ़वर्ज़ी का ताना हाजी हाशिम ने दिया है। हाजी साहिब के लफ़्ज़ों में यह उसूल "बिरादरान-ए-वतन की हर एक तज्वीज़ की मुख़ालफ़त" करना है क्यूँकि उनसे किसी बहबूद की तवक़्क़ो नहीं हो सकती।(23) अबुल वफ़ा को "बिरादरान-ए-यूसुफ़ की नेकनीयती पर यक़ीन नहीं आ सकता।" सय्यद शफ़क़्क़ूत के लिए यह उसूल "इस्लामी वक़ार का क़ाइम करना और हर एक जाइज़ तरीक़ से बिरादरान-ए-वतन का नुक़्सान हो तो हमें उसकी परवा नहीं।"(24)

प्रेमचंद जब *बाज़ार-ए-हुस्न* लिख रहे थे तो फ़िर्क़ावारियत की इस ज़ह्नियत की जड़ें मज़बूत हो रही थीं। अंग्रेज़ों ने मुसलमानों को 1909 ई. में सिर्फ़ "इलेक्टोरल कॉलेज" की मुराआत[3] दी थीं इसलिए उन्हें अपनी तादाद की फ़िक्र थी। मुंशी अबुल वफ़ा ने इसी बात को अपनी तक़रीर में वाज़ह किया है कि–हमें भी अपने नफ़अ-ओ-नुक़्सान का एहसास होने लगा है। यह हमारी मज्मूई[4] तादाद को घटाने की सरीह कोशिश है। तवाइफ़ें नव्वे फ़ीसद मुसलमान हैं...हमको तो सिर्फ़ उनकी

1. प्रस्तावक, 2. शिष्ट मंडल की सक्रियता, 3. रियाअतें, 4. कुल, समग्र

तादाद से ग़रज़ है।(25) उस वक़्त ग़ालिबन 1919 ई. में मुसलमानों, सिक्खों और हरिजनों को मिलने वाले जुदागाना इंतिख़ाब के हुक़ूक़ की बाज़गश्त सुनाई पड़ने लगी थी और हिंदू हरिजनों से अलग किए जाने की माँग कर रहे थे। इसलिए अबुल वफ़ा ने कहा है कि "बिरादरान-ए-वतन डोमों को भी अपनी क़ौम में मिलाने पर आमादा हैं। क़ौमी पॉलिटिकल मफ़ाद के लिए उन्हें अपने क़ौमी जिस्म का एक अज़्व बनाए हुए हैं। मगर जब उन्हें हिंदू जमाअत से अलाहदा करने की कोशिश की जाती है तेा हमारे अह्ल-ए-वतन कैसे चराग़-पा होते हैं। वेद और शास्त्र से सनदें पेश करते फिरते हैं।"(26)

पॉलिटिकल मफ़ाद के इन दिलदारों के दर्मियान हिंदुओं और मुसलमानों दोनों में ऐसे लोग भी मौजूद हैं जो मुख़ालफ़त बराए मुख़ालफ़त के रवादार नहीं हैं और जाइज़-नाजाइज़ का ख़याल रखते हैं। ये लोग हिंदुस्तानी क़ौमी मफ़ाद का भी लिहाज़ रखते हैं।

सियासी माहौल इस दौर में फ़िर्क़ावारियत से आलूदा[1] है अैर सियासी मफ़ाद की तक्मील का ज़रिया बाहमी नफ़रत को बनाया गया है। लेकिन समाजी सत्ह पर इत्तिहाद-ओ इत्तिफ़ाक़[2] का माहौल क़ाइम है। भोलीबाई की मीलाद-ए-शरीफ़ में रऊसा और शुरफ़ा बिला-तख़्सीस-ए-मज़हब शिरकत करते हैं। वे मैदान-ए-सियासत में हरीफ़ हैं। लेकिन रामलीला, मुहर्रम, उर्स, मीलाद-ए-शरीफ़ और होली के मौक़ों पर एक-दूसरे के यहाँ आते-जाते हैं और उनके दर्मियान समाजी लेन-देन में तफ़रीक़ नज़र नहीं आती है। भोलीबाई के मीलाद में पंडित गजानंद भी जाते हैं और छूत-छात के क़ाइल ब्रह्मनी सुमन को भी मीलाद-ए-शरीफ़ की शीरीनी लेने में आर नहीं है। भोलीबाई पद्म सिंह के यहाँ होली के मौक़े पर मुजरा करने जाती है और उसमें मुंशी अबुल वफ़ा जैसे हिंदुओं से मुतनफ़्फ़िर शख़्स शिरकत करते हैं। यही मुसलमान तवाइफ़ रामनवमी के दिन मंदिर में गाने के लिए बुलाई जाती हैं और बड़े-बड़े पंडित उसकी नज़र-ए-ग़लतअंदाज़ के मुंतज़िर रहते हैं, हालाँकि यह बात सुमन के लिए सूहान-ए-रूह है। लेकिन इसे भोलीबाई के तवाइफ़ होने का शिकवा है, उसके मुसलमान होने का गिला नहीं है। बिरादरान-ए-वतन के बद्तरीन मुख़ालिफ़ अबुल वफ़ा की नज़र में 'बाज़ार-ए-हुस्न' ही वह मक़ाम है जहाँ हिंदू-मुसलमान दिल खोलकर मिलते हैं, जहाँ हसद और बाहमी मुख़ालफ़त का गुज़र नहीं।"(27) सदन के दिल को यह बात लगती है। लेकिन इस बाज़ार-ए-हुस्न में भी छूत-छात का लिहाज़ रखा जाता है। यहाँ दिल मिलते हैं, जिस्म मिलते हैं, खाने-पीने की समाजी पाबंदियों को मद्द-ए-नज़र रखा जाता है। "यहाँ कितने हिंदू हज़रात आया करते हैं।" उनके लिए भोलीबाई ने "एक हिंदू" कहार रख लिया है।"(28) सुमन तवाइफ़ बन जाती है लेकिन ब्रहमनी रीति-रिवाज की पाबंद रहती है। वह

1. प्रदूषित, 2. मेलजोल व एकता

"अपना खाना अपने हाथों से पकाती थी।"(29) "व्रत रखती थी, गंगा-स्नान करती थी। मुंशी अबुल वफ़ा की इत्तिलाअ के मुताबिक़ मुसलमान तवाइफ़ "रोज़े रखती हैं, अज़ादारी करती हैं, मौलूद और उर्स करती हैं।"(30) गोया पेशा और मज़हब अलग-अलग ख़ानों में बँटे हुए हैं और एक-दूसरे से ला-तअल्लुक़ हैं, यही ला-तअल्लुक़ी[1] मज़हब की रूह यानी अख़्लाक़ियात को इंसानी समाज से ख़ारिज करती है और दीन-धर्म को फ़िर्क़ावारियत के इस्तिहसाल का ज़रिया बनाती है। *बाज़ार-ए-हुस्न* के सफ़्हात में कहीं अयाँ तौर पर और कहीं पोशीदा तौर पर यही आवाज़ गूँजती सुनाई पड़ती है।

बाज़ार-ए-हुस्न मज़्लूमों की समाज की ठुकराई हुई औरतों की बस्ती है। इसको बसाने और रौनक़ बख़्शने वाले शह्र के रऊसा, हुक्काम और तुज्जार[2] हैं—"कोई क़द्रदाँ न था, कोई गाहक, कोई जौहरी, कोई दलाल, इस जम्मिग़फ़ीर[3] से बैर मोल लेने की जुरअत कौन करता, म्यूनिसिपैलिटी के अराकीन[4] इनके हाथों में कठपुतली बने हुए थे।"(31) वसीअतर[5] पैमाने पर देखा जाए तो यह बाज़ार-ए-हुस्न तमाम मज़्लूम हिंदुस्तानियों की आबादी की अलामत है और म्यूनिसिपैलिटी के अराकीन हुक्मराँ तबक़े के नुमाइंदे हैं। यह तबक़ा मुअज़्ज़िज़ीन, बा-रुसूख़ अश्ख़ास[6], महाजनों और ताजिरों का है और इसमें अंग्रेज़ी तालीम-याफ़्ता आला मुतवस्सित तबक़े[7] के अश्ख़ास भी शामिल हैं। ज़मींदार और तअल्लुक़ेदार इसी तबक़े का बा-असर हिस्सा हैं। इसलिए उनके मफ़ाद को जब ख़तरा लाहक़ होता है तो हाजी हाशिम और सेठ बलभद्र दोनों के पेट में दर्द होने लगता है।"(32) और दोनों अपने-अपने मज़हब का परचम बुलंद करने लगते हैं। गोया दोनों का मफ़ाद एक है लेकिन उसके हुसूल के लिए वह अवामुन्नास[8] के मज़हबी जज़्बात का इस्तिहसाल करते हैं। सेठ बलभद्र खुल्मखुल्ला तंबीह करते हैं कि "अगर आपने सरमायादारों के जज़्बात का लिहाज़ न करके बोर्ड में इस तज्वीज़ को पास कराना चाहा तो आपको उनसे शिकायत का कोई मौक़ा नहीं होना चाहिए। अगर वह हर मुमकिन ज़रिए से अपने अग़राज़ की मुहाफ़ज़त[9] करें।"(33) महसूस यह होता है कि प्रेमचंद दालमंडी के बाज़ार-ए-हुस्न को अलामती तौर पर पेश करते हैं और मुल्क में हो रहे सरमायादाराना इस्तिहसाल[10] का नक़्शा क़ारईन को दिखाना चाहते हैं। इस जिद्द-ओ-जिह्द में इस्तिहसाल करने वाले तबक़े में बिला-इम्तियाज़-ए-दीन-ओ-धरम इत्तिहाद है। लेकिन दूसरी तरफ़ मज़्लूमीन मुंतशिर हैं। एहसास-ए-सूद-ओ-ज़ियाँ से बेख़बर हैं। प्रेमचंद उनको भी तबक़ाती इत्तिहाद-ओ-इत्तिफ़ाक़ का सबक़ सिखाते हैं। इसलिए बाज़ार-ए-हुस्न में तमाम तवाइफ़ें बिला-तफ़रीक़-ए-मज़हब एक परचम तले जम्अ हो जाती हैं।(34) यही सबक़ मुल्कगीर पैमाने पर प्रेमचंद किसानों को देना चाहते हैं। सुमन

1. असंबद्ध, 2. व्यापारी, 3. भारी भीड़, 4. सदस्यगण, 5. व्यापक, 6. प्रतिष्ठित व संभ्रांत लोग, 7. मध्य वर्ग, 8. जनसाधारण, 9. हित रक्षा, 10. शोषण

के दिल में किसानों के इस्तिहसाल के ख़िलाफ़ जज़्बा जाग उठता है और कुंवर अनिरुद्ध एक किसान-सभा क़ाइम करने के लिए जलसा करते हैं जिसका मक़सद किसानों को ज़मींदारों के दस्त-ए-ज़ुल्म से बचाना होगा।(35) महाशय बिट्ठलदास ने मज़ार-ए-ऐन की इम्दाद के लिए एक फ़ंड खोला है जिससे किसानों को बीज वग़ैरह फ़राहम करते हैं।

बाज़ार-ए-हुस्न में इस पसमंज़र की निगारिश के पेश-ए-नज़र अगर इस नाविल के अस्ल मौज़ूअ का तअय्युन किया जाए तो साफ़ नज़र आएगा कि यह दालमंडी की तवाइफ़ सुमन की कहानी नहीं है। सुमन और दालमंडी तो सिर्फ़ सियासी और मआशी मफ़ाद का पर्दाफ़ाश करने के लिए लाए गए हैं जो मज़हब के नाम पर राइज समाजी इत्तिहाद की बीख़कनी[1] कर रहा है। बुर्जुवा तबक़े के इस घिनौने खेल को तवाइफ़ों की कहानी के ज़रिए इंतिहाई मज़्हकाख़ेज़[2] सूरत में प्रेमचंद ने पेश किया है। अस्ल बात तो यह है कि प्रेमचंद दालमंडी वाले बाज़ार-ए-हुस्न से वाक़िफ़ ही नहीं हैं। इसलिए उर्दू नक़्क़ादों ने *लैला के ख़ुतूत* और *उमरावजान अदा* से *बाज़ार-ए-हुस्न* का मुक़ाबला करके इसे रूखा-फीका और घटिया नाविल क़रार दिया। लेकिन तवाइफ़ों की ज़िंदगी की अक्कासी प्रेमचंद का मक़सद ही नहीं है। उन्होंने तो बाज़ार-ए-हुस्न का इस्तिमाल रँगे सियारों को बेनिक़ाब करने के लिए किया है और इसी तरह उसे मज़्हकाख़ेज़ बनाया है।

हमने शुरू में यह सवाल उठाया था कि इस नाविल का उर्दू में बाज़ार-ए-हुस्न नाम बरक़रार क्यूँ है? इसका जवाब इस तज्ज़िये से मिलता है कि बाज़ार-ए-हुस्न दालमंडी नहीं है, उसका इतलाक़ तमाम मज़्लूमीन पर होता है। क्यूँकि उसमें मज़हबी बुग़्ज़-ओ-इनाद नहीं है। यही इस नाविल का अस्ल मौज़ूअ है। इसलिए बाज़ार-ए-हुस्न नाम अपने वसीअतर मानी में इंतिहाई मौज़ूँ और मुनासिब है।

प्रेमचंद ने *बाज़ार-ए-हुस्न* में तबक़ाती इत्तिहाद[3] का एक नमूना भी पेश किया है। इसकी शुरुआत यतीमख़ाने से हुई थी जहाँ हर मज़हब-ओ-मिल्लत की तवाइफ़ों की बच्चियों को बराए-तर्बियत रखा गया है। यह एक जिद्दत है क्यूँकि यह हिंदुस्तानी क़ौमियत के इत्तिहाद की अलामत है। यतीमख़ाने और अनाथ आश्रम पहले भी थे लेकिन वो मज़हबी तफ़रीक़ की बुनियाद पर क़ाइम थे। ये तर्बियत-गाह ऐसी है जिसके क़ियाम में और नश्व-ओ-नमा में सभी शामिल हैं। महबूब ख़ान ने अपनी सारी मिल्कियत इस यतीमख़ाने के लिए वक़्फ़ कर दी है।(36) और गजानंद ऐसे साधू-संन्यासी सुमन को उपदेश देकर इस यतीमख़ाने की ख़िदमत के लिए राज़ी करते हैं।(37) इसमें तवाइफ़ों की सिपुर्द की हुई पचास लड़कियाँ हैं। बाज़ार-ए-हुस्न के दौर में मुसलमान "ख़ाना" और हिंदू "आश्रम" का इस्तिमाल कर रहे थे। यह

1. मूलोच्छेद करना, 2. हास्यास्पद, 3. वर्ग सहयोग, एकता

उनकी फ़िर्क़ावाराना तश्ख़ीस[1] की अलामतें थीं। लेकिन प्रेमचंद के यतीमख़ाने में तो सभी हैं। इसलिए इसका नाम भी कुछ अलग होना ज़रूरी है, इसीलिए इस इदारे का नाम "सेवा-सदन" है। यह हिंदुओं और मुसलमानों का यतीमख़ाना नहीं है बल्कि हिंदुस्तानियों का इदारा है इसलिए यहाँ की प्रार्थना हुब्ब-उल-वतनी का तराना है। सुभद्रा की आमद पर यहाँ की लड़कियाँ गाती हैं।

सारे जहाँ से अच्छा हिंदोस्ताँ हमारा
हम बुलबुलें हैं इसकी ये गुलसिताँ हमारा

इस तरह सेवा-सदन मुत्तहदा क़ौमियत की अलामत है। इस अलामत को भी बरक़रार रखना ज़रूरी था। इसीलिए प्रेमचंद ने अपने नाविल का दूसरा नाम सेवा-सदन रखा। बाज़ार-ए-हुस्न को जिस वसीअतर मानी में प्रेमचंद ने इस्तिमाल किया उसका हिंदी में मुतरादिफ़[2] तक़रीबन नामुमकिन है। लेकिन प्रेमचंद इस इस्तिआरे[3] से लगाव रखते हैं। इसलिए उन्होंने उर्दू में इस नाविल का नाम बाज़ार-ए-हुस्न ही रखना मुनासिब समझा और इस क़िस्म का इस्तिआरा हिंदी में दस्तयाब न होने की वजह से नाविल के अमली हिस्से की बुनियाद पर इसका नाम सेवा-सदन रहने दिया।

सन्दर्भ

(1) हिंदी में इस नाविल को दिसंबर 1914 ई. में हिंदी पुस्तक एजेन्सी, कलकत्ता ने शाया किया और उर्दू में लाहौर के दार-उल-इशाअत ने दो हिस्सों में 1921 ई. और 1922 ई. में तब्अ किया। (प्रेमचंद : फ़न और तामीर-ए-फ़न, जाफ़र रज़ा, 1977 ई. इलाहाबाद, सफ़्हा-100), अमृत राय ने *बाज़ार-ए-हुस्न* की तस्नीफ़ की इब्तिदा जनवरी 1917 ई. में क़रार दी है। (*क़लम का सिपाही,* सफ़्हा-171)।

(2) रिसाला अदीब, एडिटोरियल, ब-हवाला अप्रैल 1912, ब-हवाला ख़ुदाबख़्श लाइब्रेरी जरनल नं. 78-79 ई.

(3) बाज़ार-ए-हुस्न, सफ़्हा-212

(4) बाज़ार-ए-हुस्न, सफ़्हा-325-326

(5) आर्या गज़ट एडिटोरियल, फ़रवरी 1911, इन दोनों उर्दू रिसालों के मालिक और मुदीर हिंदू थे।

(6) बाज़ार-ए-हुस्न, सफ़्हा-296

(7) बाज़ार-ए-हुस्न, सफ़्हा-104, इसके लिए देखिए सफ़्हा 110 पर सुमन के जवाबात जो उसने बिट्ठलदास को दिए हैं और सफ़्हा 114 पर पदम सिंह पर बिट्ठलदास का तंज़

(8) बाज़ार-ए-हुस्न, सफ़्हा-127

---

1. निश्चित करना, 2. पर्याय, 3. प्रतीक

(9) बाज़ार-ए-हुस्न, सफ़्हा-128

(10) बाज़ार-ए-हुस्न, सफ़्हा-128

(11) बाज़ार-ए-हुस्न, सफ़्हा-128

(12) बाज़ार-ए-हुस्न, सफ़्हा-2042

(13) बाज़ार-ए-हुस्न, सफ़्हा-462

(14) बाज़ार-ए-हुस्न, सफ़्हा-46

(15) बाज़ार-ए-हुस्न, सफ़्हा-238

(16) बाज़ार-ए-हुस्न, सफ़्हा-238

(17) बाज़ार-ए-हुस्न, सफ़्हा-238

(18) बाज़ार-ए-हुस्न, सफ़्हा-213, चौक में सबसे ज़ियादा दुकानें सेठ बलभद्र और चमनलाल की थीं और चावलमंडी में दीनानाथ की, सफ़्हा-211

(19) बाज़ार-ए-हुस्न, सफ़्हा-208

(20) बाज़ार-ए-हुस्न, सफ़्हा-208

(21) इंडियन नेशनल कांग्रेस की रिपोर्ट, 1908, तज्वीज़ 2, सफ़्हा-46

(22) बाज़ार-ए-हुस्न, सफ़्हा-210

(23) बाज़ार-ए-हुस्न, सफ़्हा-210

(24) बाज़ार-ए-हुस्न, सफ़्हा-210

(25) बाज़ार-ए-हुस्न, सफ़्हा-205

(26) बाज़ार-ए-हुस्न, सफ़्हा-205

(27) बाज़ार-ए-हुस्न, सफ़्हा-256

(28) बाज़ार-ए-हुस्न, सफ़्हा-70

(29) बाज़ार-ए-हुस्न, सफ़्हा-156

(30) बाज़ार-ए-हुस्न, सफ़्हा-205

(31) बाज़ार-ए-हुस्न, सफ़्हा-178

(32) बाज़ार-ए-हुस्न, सफ़्हा-204, और देखिए सफ़्हा-205 पर म्यूनिसिपैलिटी के मुसलमान मेंबरों के जलसे की रूदाद और सफ़्हात 212 से 217 में म्यूनिसिपैलिटी के हिंदू मेंबरों के जलसे की रूदाद

(33) बाज़ार-ए-हुस्न, सफ़्हा-217

(34) बाज़ार-ए-हुस्न, सफ़्हा-382-84 पर तवाइफ़ों के जलसे की रूदाद

(35) बाज़ार-ए-हुस्न, सफ़्हा-394 और देखिए सफ़्हा-409

(36) बाज़ार-ए-हुस्न, सफ़्हा-382

(37) बाज़ार-ए-हुस्न, सफ़्हा-406

फ़िराक़ और हिंदी रिवायत
रूप का रस और रंग

फ़िराक़ हुस्न-ओ-इश्क़ के शाइर हैं। आशिक़ों के मातम-ए-बेवफ़ाई और माशूक़ों की कजअदाई[1] से उन्हें सरोकार नहीं है। मौलाना रूम के लफ़्ज़ों में वह इश्क़ की दास्तान इश्क़ ही की ज़बान में बयान करते हैं। उर्दू शाइरी और उसके मुतशाइरों[2] के हाथों इश्क़ की मिट्टी काफ़ी पलीद हो चुकी है। इश्क़-ए-सूफ़िया की ख़ास-उल-ख़ास इस्तिलाह है। यह एक बह्र-ए-बेकराँ[3] है और इसे अल्फ़ाज़ के कूज़े में बंद करना नामुमकिन है। सूफ़िया ने इसलिए इसके मानी-ओ-मतालिब वाज़ह करने की कोशिश नहीं की लेकिन सालिकीन को समझाने के लिए कुछ तो वज़ाहत करनी ही थी। इसलिए किसी ने इश्क़ को दर्द बताया और किसी ने इसे नार ठहराया। इसी की बदौलत शाइरी में दर्द-ए-इश्क़ और आतिश-ए-इश्क़ के नग़मे हमें सुनाई दिए। लेकिन कुछ सूफ़िया इश्क़ को जान-पहचान का मुतरादिफ़ समझते हैं। उसके मंबा[4] हज़रत अली का यह क़ौल है : "जिसने जान लिया अपने रब को उसने पहचान लिया अपने आपको।" यह मुतसव्विफ़ाना फ़िक्र[5] का एक अहम नुक्ता है जो अपने आपको पहचान लेता है वह अनल-हक़ का दावेदार हो जाता है। यह अलग बात है कि वह किसी मुआशरती मस्लहत के तहत उसे छुपा ले और मंसूर की जुर्अत-ए-रिंदाना से काम न ले। यही जान-पहचान सूफ़ी के नज़दीक़ इलाहियात की आख़िरी मंज़िल है। यही हक़ीक़त है। फ़िराक़ के लिए इश्क़ न दर्द-ए-फ़िराक़-ए-यार है न ही तपिश-ए-नार[6] है। उनके लिए यह अपनी ही नहीं काइनात की भी पहचान है—

यही मक़सद हयात-ए-इश्क़ का है
ज़िंदगी, ज़िंदगी को पहचाने
हासिल-ए-हुस्न-ओ-इश्क़ बस इतना
आदमी, आदमी को पहचाने

ज़िंदगी को ज़िंदगी की और आदमी को आदमी की पहचान होते ही दुई मिट

1. टेढ़ी-तिरछी अदाएँ, 2. जो शाइर न हो और खुद को शाइर जताए, 3. समुद्र जिसमें ज्वार हो, 4. स्रोत, उत्स, 5. सूफ़ी चिंतन, 6. नरक की अग्नि

जाती है, बहुरंगी ख़त्म हो जाती है और यकरंगी ही यकरंगी नज़र आती है, भेद मिट जाते हैं और कसरत, वहदत में मरबूत[1] नज़र आती है, हर जल्वा अपना ही रूप नज़र आने लगता है। तभी ज़मान-ओ-मकान में बँधी ज़िंदगी की धारा को मानी मिल जाते हैं, और मजबूर इंसान में मशीयतों[2] की कलाई मरोड़ने की सकत आ जाती है।(1)

वही है हुस्न जो तारीख़ को मआनी दे
वही है इश्क़ जो बन जाए ज़ेवर-ए-किरदार

फ़िराक़ की शेरी दुनिया में इश्क़ आलाम-ए-नशात से ऊपर है और हुस्न वफ़ा-ओ-जफ़ा की बंदिश से आज़ाद है—

है इश्क़ तो मावरा-ए-आलाम-ओ-नशात
और हुस्न, वफ़ा-जफ़ा से बालातर

यह हुस्न वही है जो तअय्युन-ए-अव्वल है, ख़ालिक़-ए-काइनात का पहला तसव्वुर-ए-काइनात है, हुस्न-ए-मुतलक़ की पहली तज्सीम है, रूह-ए-कुल की पहली माद्‌दी शक्ल[3] है, वजूद-ए-मुतलक़ के माद्‌दी अवतार का पहला क़दम है। यह वरा-उल-वरा के मुजस्सम होने का पहला रूप है, ये तंज़ील[4] की पहली सीढ़ी है। यह हुस्न ही हुस्न है, नूर ही नूर है। यह पारस-रूप(2) है। इसी की किरनों से आलम-ए-मौजूद वुजूद में आया है। फ़िराक़ के लिए भी हुस्न एक आलम-ए-असरार[5] है, इसका शुहूद-ओ-ग़ैब उनके लिए एक ही है

हैं एक शुहूद-ओ-ग़ैब इन दोनों की
हर ख़ित्ता-ए-बदन में सरहदें मिलती हुई
सर-ता-ब-क़दम आलम-ए-असरार है हुस्न
मानी सूरत है और सूरत मानी

फ़िराक़ को हर सूरत में इसी हुस्न-ए-अबदी[6] (3) की सूरत नज़र आती है, हर नज़ारे में इसी का जल्वा दिखाई देता है, बज़्म-ए-इम्काँ की हद, दामान-ए-अदम को जमाही की चुटकी में बंद करने वाला और गिरेबान-ए-वुजूद को अँगड़ाई के हाथों से पकड़ने वाला यही हुस्न है—

ग़ाफ़िल कशिश-ए-हुस्न से बचना बेसूद
खिंचते आते हैं बज़्म-ए-इम्काँ के हुदूद
चुटकी में जमाही की है दामान-ए-अदम
अँगड़ाई के हाथों में गरीबान-ए-वुजूद

---

1. संबद्ध, जुड़ा हुआ, 2. ईश्वर की इच्छा, 3. परमात्मा का मौलिक रूप, 4. नाज़िल होना, उतरना, 5. रहस्यपूर्ण स्थिति, 6. शाश्वत सौंदर्य

हुस्न अगर काइनात का पहला हसीन तख़य्युल है तो इश्क़ वह अमानत है जिसका बार उठाने की हिम्मत सिर्फ़ लाग़र इंसान ही कर सका। "हमने दिखलाई अमानत आसमानों को और ज़मीन को और पहाड़ों को, फिर किसी ने क़ुबूल न किया कि इसको उठाएँ, और डर गए, और उठा लिया इसको इंसान ने, यह है बड़ा बेतर्स और नादान"(4) तफ़्सीर[1] के मुताबिक़ यह बार-ए-अमानात-ए-इश्क़ ही है। एक फ़ारसी शाइर ने भी इसी सदाक़त[2] को बयान किया है।

आसमाँ बार-ए-अमानत न तवानस्त कशीद
क़ुरअ-ए-फ़ाल ब-नाम-ए-मन-ए-दीवाना ज़दंद

सब पे जिस बार ने गिरानी की
उसको ये नातवाँ उठा लाया (मीर)

क़ुरआन में नाज़िल लफ़्ज़ को हिंदी के सूफ़ी शाइर मलिक मुहम्मद जायसी ने भी इश्क़ का ही मुतरादिफ़ गर्दाना है। वह कहते हैं कि "प्रेम की चिंगारी को सुनते ही आसमाँ और ज़मीन डर गए। वह हिज्र का मारा और वह दिल क़ाबिल-ए-मुबारकबाद हैं जिन्होंने इस आग को अपने अंदर समो लिया।"(5) इश्क़ की इस नौइयत को जायसी ने मज़ीद वाज़ह कर दिया है—"पहाड़, समुंदर, चाँद, सूरज और बादल जिस आग को बर्दाश्त न कर सके, ऐ मुहम्मद! वह हस्ती क़ाबिल-ए-सताइश है जो इश्क़ की इस आग में जलती है।"(6) जायसी के यहाँ इश्क़ जान-पहचान भी है और नार भी। इसलिए उन्होंने अपने अश्आर में इश्क़-ए-आतिश को ही पेश किया है। लेकिन उनसे इस बात की तस्दीक़ हो जाती है कि इश्क़ ही वह बार-ए-अमानत है जो ख़ालिक़-ए-काइनात ने आदम-ए-ख़ाकी को वदीअत[3] किया था और काइनात में वही जियाला था जिसने बेधड़क उसे उठा लिया। फ़िराक़ के अश्आर में इसकी वाज़ह मिसाल तो नहीं मिलती लेकिन मुंदरजा-ए-ज़ैल[4] शेर में वह इसी तरफ़ इशारा करते मिलते हैं—

जो उलझी थी कभी आदम के हाथों
वो गुत्थी आज तक सुलझा रहा हूँ

हिज्र और वस्ल का उनका तसव्वुर भी इसी हक़ीक़त की ग़म्माज़ी करता है—

ख़ोज किसकी है मुझे हिज्र उसी का है नाम
वस्ल क्या बस इसी इक उक़्दे का वा हो जाना

---

1. व्याख्या, 2. सच्चाई, 3. अमानत सौंपना, 4. निम्नांकित

फ़िराक़ के मुतअल्लिक़ नियाज़ फ़तेहपुरी ने फ़रमाया है—"वह शेर नहीं कहते ज़िंदगी और मोहब्बत के निकात पर तब्सरा करते हैं...इतना लतीफ़ और अमीक़ तब्सरा कि शाइरी से अलाहदा एक मुस्तक़िल लज़्ज़त महसूस होने लगती है।" यक़ीनन वह लतीफ़ पैराए[1] में रुमूज़-ए-इश्क़[2] के असरार बयान करते हैं लेकिन उसकी फ़ल्सफ़ियाना असास[3] उनकी फ़िक्र का नतीजा हरगिज़ नहीं है। यह तसव्वुफ़ की ही घटा है जो उनकी शाइरी पर छाई हुई है और यह वहदत-उल-वुजूद[4] का ही रंग है जो उनके कलाम में ग़ालिब है। इसी सदाक़त को सामने लाने के लिए ऊपर के सफ़्हात में हुस्न-ओ-इश्क़ का तफ़्सीली जाइज़ा लिया गया है। वह इस मैदान के बाज़ाबिता मुफ़क्किर[5] भी नहीं हैं। इस हक़ीक़त का इन्किशाफ़[6] उन पर इल्म के ज़रिए नहीं बल्कि विज्दान[7] के सहारे हुआ है। इश्क़ के फ़ल्सफियों की सतह पर उन्हें रखकर परखना जाइज़ नहीं है।

उर्दू शाइरी में सूफ़ियाना तसव्वुर-ए-इश्क़ को दर्द और तपिश से पाक करके नशात की कैफ़ियत से उन्होंने ज़रूर रूशनास कराया। तैत्तिरीय उपनिषद के मुताबिक़ आनंद भी ब्रह्म है। मजमूई तौर पर हिंदू फ़ल्सफ़े में ब्रह्मानंद (नशात) है। नशात की आमेज़िश से फ़िराक़ का दर्द-ए-इश्क़ मुस्कुराहट में तब्दील हो जाता है। उसे सहा(8) जाना ही इश्क़ की मेराज है। यही दर्द आदमी को दीवाना भी बनाता है और इंसान भी—

इस नर्म-निगाही से चमक उठता है ऐ दोस्त
वो दर्द जो इंसाँ को बना देता है इंसाँ

फिराक़ अपने दर्द को नशात[8] की चादर में छुपाते हैं, नशात को लामहदूद[9] (9) बनाने की कोशिश करते हैं। लेकिन वह सिर्फ़ नशात का भरम पैदा कर पाए हैं और नशात-ए-इश्क़ के फ़ल्सफ़े को शेरी क़ालिब में नहीं ढाल सके। हुस्न-ओ-इश्क़ से मुतअल्लिक़ उनका तसव्वुर बुनियादी तौर पर सूफ़ियाना है इसलिए एक रम्ज़ है, एक भेद है और उसका इज़्हार भी रम्ज़ और किनाए से ही मुमकिन है। दूसरी बात यह कि फ़िराक़ ग़ज़ल-गो शाइर हैं और तग़ज़्ज़ुल के लिए रम्ज़ियत बहुत ज़रूरी है। यहाँ नशातिया कैफ़ियत का बयान इशारों में ही हो सकता था। उसकी भरपूर अक्कासी के लिए हुस्न-ओ-इश्क़ को नाम देना और कोई धाम मुक़र्रर करना ज़रूरी था। हुस्न-ओ-इश्क़ को राम-सीता, शकुंतला-दुष्यंत, पार्वती-शिव, रतनसेन-पद्मावती, राधा-कृष्ण के नाम दिए बग़ैर इस कैफ़ियत की अक्कासी वाल्मीकि, कालिदास, मलिक मुहम्मद जायसी और सूरदास के लिए भी मुमकिन नहीं थी, लेकिन ये शुअरा भी अपनी बुलंदी को तभी छू पाते हैं, जब वो ग़म में डूब जाते हैं। ग़म-आमेज़ नशात की शाइरी की डगर बहुत कठिन है। ज़रा-सी जुंबिश से भाव से

1. सुंदर रूप, 2. प्रेम का मर्म, 3. बुनियाद, 4. अद्वैत, 5. चिंतक, 6. खुलना, 7. बोध, 8. हर्ष, 9. असीम

भटककर बाव[1] के पोखर में शाइर ग़ोते लगाने लगता है। वह जिस्मानी हरकात-ओ-सकनात के मुरक़्क़े[2] खींचने लगता है, मुआमला-बंदी से लुत्फ़अंदोज़ होने लगता है। दूसरी तरफ़ फिसलता है तो दर्द से चीख़ने लगता है। फ़र्याद और गिड़गिड़ाहट की मूरत बन जाता है। इसलिए अपभ्रंश और हिंदी के ज़ियादातर शुअरा के यहाँ ग़म की अक्कासी अलग हुई है और नशात की अलग। इसलिए बारहमासों में हिज्र-ओ-हुज़्न की ही कैफ़ियत मिलती है और छै रुतों के तहत वस्ल के इंबिसात[3] का ही ज़िक्र होता है। कालिदास ने भी ऐसा ही किया है। उन्होंने बसंत के रूप में शकुंतला का पैकर तराशा है, शरद रुत से पार्वती का सिंगार किया है और यक्ष के हिज्र की आग को भी बरखा रुत की रंगीन फुवारों से ठंडा किया है। लेकिन उनका हर किरदार इस नशात-आफ़िरीनी[4] की सज़ा भी भोगता है। वह ऐसे हालात पैदा कर देते हैं कि हर एक को तप और रियाज़त[5] की भट्टी में तपना पड़ता है, ग़म-ए-हिज्र का बोझ उठाना पड़ता है। इसी अग्निकुंड से गुज़रने के बाद उनके किरदार में तवाज़ुन पैदा होता है और वो एक बामक़्सद ज़िंदगी के शुऊर से रूशनास होते हैं। मलिक मुहम्मद जायसी ने भी पद्मावती की नशात-आमेज़ ज़िंदगी को ग़मआलूद बनाकर इश्क़ को ज़िंदगी की एक राह-ए-अमल बना दिया है। यह बात संस्कृत के सभी शाइर मानते हैं कि इश्क़ वस्ल में बुलंदी और बालीदगी हासिल नहीं करता, वह हिज्र में ही तपकर ज़िंदगी को अमर बनाता है। इसलिए उन्होंने पूर्व (10) राग की आग में भी मोहब्बत को तपाया है और वस्ल के बाद की जुदाई की तड़प की अक्कासी की है। संजोग (वस्ल) और वियोग (हिज्र) दोनों शृंगार का ही रूप हैं, एक ही सिक्के के दो रुख़ हैं, ज़िंदगी के सर्द-ओ-गर्म पहलू हैं।

फ़िराक़ साहिब के बहुत से शेरी नज़रियात को समझने के लिए उर्दू और संस्कृत कल्चर की परवर्दा दूसरी हिंदुस्तानी ज़बानों में वस्ल-ओ-हिज्र के तसव्वुर की वज़ाहत ज़रूरी है। आला उर्दू शाइरी को वस्ल इश्क़िया कल्चर की देन है। यहाँ यह एक तमन्ना है, सिर्फ़ एक तड़प है। उसकी तक्मील फ़ना है जिसमें हुब्ब-ओ-महब्ब-ओ-महबूब[6] का वुजूद ख़त्म हो जाता है। इसलिए यह एक ग़ैर-वुजूदी सआदत है। ऐसे वस्ल की ख़ाहिश ही ज़िंदगी है। इस तरह यह इश्क़ हिज्र-ए-महज़ है। आशिक़ हिजाब-ए-हुस्न के पर्दे हटाने की कोशिश में सरगर्म होता है। और अपनी नाकामियों का रोना रोता है। इसी नाला-ओ-फ़र्याद को हिज्र कहा जाता है। इसमें कैफ़ियत-ए-नशात का मुमकिन ही नहीं है क्यूँकि फ़ना के बाद ही इसे बक़ा-ए-दाइमी[7] हासिल होती है और इस बुलंदी पर पहुँचकर इसकी ज़बान गुंग[8] हो जाती है। ग़म-ओ-नशात वुजूद के करिश्मे हैं। फ़ना की मंज़िल में कैफ़ियात ख़ुद-ब-ख़ुद ख़त्म हो जाती हैं। फ़िराक़ ने भी इस इरादी मौत की अक्कासी की है—

1. वासना, 2. शरीर की गति और स्थिरता के चित्र, 3. मिलन का हर्ष, 4. हर्षोल्लास, 5. साधना, 6. प्रेम, प्रेमी और प्रेमिका अर्थात् जीव व ब्रह्म, 7. शाश्वत जीवन, 8. गूँगी

मौत इक गीत रात गाती थी
ज़िंदगी झूम-झूम जाती थी
ज़िंदगी को वफ़ा की राहों में
मौत ख़ुद रोशनी दिखाती थी

संस्कृत रिवायत में वस्ल एक तमन्ना नहीं एक ठोस हक़ीक़त है। अवतार का नज़रिया उसके लिए असास मुहैय्या करता है। उसमें हुस्न-ओ-इश्क़ का तसव्वुर ही मुख़्तलिफ़ है। अगर यह कहा जाए तो बेजा होगा कि संस्कृत और उससे मुतअस्सिर तमाम हिंदुस्तानी ज़बानों में हुस्न-ओ-इश्क़ का(11) मुतरादिफ़[1] मौजूद ही नहीं है। हिंदी के सूफ़ी शुअरा[2] और कबीरदास या उनके क़बील[3] के दूसरे संतों ने प्रेम को इश्क़ का हमपियाला ज़रूर गर्दाना है और इसी रिआयत से वह प्रेममार्गी कहलाते हैं। उन्होंने ख़ुद को इश्क़पंथी कहा है। लेकिन उनके दर्मियान भी हुस्न के नज़रिए के सिलसिले में आकाश-पाताल का फ़र्क़ है। सूफ़ी शुअरा के यहाँ हुस्न समावी है और निसाई पैकर में मुजस्सम है। कबीरदास ने हिंदुस्तानी रिवायत को अपनाया है। समावी हुस्न 'पीउ' है। मर्दाना क़ालिब इख़्तियार किए हुए है और रूह का तमामतर किरदार-ओ-गुफ़्तार औरत का है। फ़ारसी रिवायत में मर्द आशिक़ है और औरत माशूक़ जबकि संस्कृत परंपरा में मर्द माशूक़ है और औरत आशिक़।

फ़िराक़ के यहाँ वस्ल तमन्ना ही है। इसी का करिश्मा है कि उनके कान बजते हैं, वह माशूक़ की आहट ही आहट सुनते हैं, वस्ल की लज़्ज़त वह समाई[4] तख़य्युल के ज़रिए हासिल करते हैं। एक बेआवाज़ की आवाज़ में उन्हें हुस्न की अदाएँ और जल्वा-सामानियाँ "सुनाई' पड़ती हैं जिसकी ताबीर उन्होंने संगीत की इस्तिलाहों में तरह-तरह से करने की कोशिश की है। उनके नज़दीक़ तरन्नुम-रेज़ी में ही हुस्न का पूरा वुजूद है। काइनात के अँगड़ाइयाँ लेते हुए संगीत में उन्हें हुस्न की सरगोशियों की लज़्ज़त हासिल होती है और हुस्न-ए-इंसानी की आहट और झनझनाहट उन्हें संगीत की सरसराहट में सुनाई देने लगती है—

रगों में गर्दिश-ए-ख़ूँ है कि लय है नग़मे की
वो ज़ेर-ओ-बम का है आलम कि जिस्म गाता है।

जमाल है कि मुजस्सम ख़िंची हुई इक अलाप
निशान-ए-नग़मा है एक-एक ख़त्त-ए-जिस्म-ए-निगार

कुछ सुख़न-फ़हमों ने इस शेर में लज़्ज़त और हवस-परस्ती[5] का एहसास किया है। लेकिन हमारे ख़याल से इसमें इसी रिवायती तमन्ना-ए-वस्ल का एक नया रंग

---

1. पर्याय, 2. शाइर का बहुवचन, 3. संप्रदाय, 4. वायवीय, अलौकिक, 5. कामुकता

झलक रहा है। मज्मूई तौर पर फ़िराक़ की शाइरी में वस्ल सिर्फ़ तमन्ना है, दिल की एक ललक है। लेकिन उन्होंने कहीं वस्ल को अर्ज़ी और हक़ीक़ी शक्ल में भी बयान करने की कोशिश की है। यहाँ वह यक़ीनन हवस-परस्त नज़र आते हैं और हुजला-ए-उरूसी[1] के कारोबार को इस बुलंदी पर नहीं पहुँचा पाए जहाँ कालिदास, जायसी और सूरदास ने तन-मन के संगम की अमृतधारा बहा दी है। फ़िराक़ की शाइरी में इस तरह के बयान इने-गिने हैं और महज़ आवुर्द[2] हैं। सबूत के तौर पर चंद मिसालें पेश हैं—

खिंचता है अबस बग़ल में बाहों को तोले
खो जाने का है वक़्त तकल्लुफ़ न रहे
हंगाम-ए-विसाल, कर सँभलने की न फ़िक्र
सौ-सौ हाथों से मैं संभाले हूँ तुझे
पहलू में लहक के भींच लेती है वो जब
क्या जाने कहाँ बहा ले जाती है

पहलू की वो कहकशाँ नितंबों का उभार
हर अज़्व की नर्म लौ में मद्धम झंकार
हंगाम-ए-विसाल पेंग लेता हुआ जिस्म
साँसों की शमीम और चेहरा गुलनार

ये रसमसाते बदन का उठान और ये उभार
फ़ज़ा के आइने में जैसे लहलहाए बहार (रुबाई नंबर 83)
वो झिलमिलाते सितारे तिरे पसीने के
जबीन-ए-शाम-ए-जवानी थी जगमगाई हुई
वो ख़ाबगाह में शोलों की करवटें दम-ए-सुब्ह
वो भैरवी तिरी बेदारियों की गाई हुई

औरत और मर्द के फ़ित्री इख़्तिलात[3] और हंगाम-ए-विसाल[4] को फ़िराक़ ने अपना मौज़ू-ए-सुख़न ज़रूर बनाया है लेकिन इस मैदान में वह सूरदास और नंददास जैसे भगतों को भी नहीं छू सके। वाल्मीकि, कालिदास, जायसी और मंझन जैसे संस्कृत और हिंदी के शुअरा की तो ये अश्आर परछाईं भी नहीं हैं। उनकी हीरोइनें दूसरे शास्त्रों के साथ-साथ कामशास्त्र की तर्बियत-याफ़्ता होती थीं। कलिका पुराण के मुताबिक़ कलाएँ ख़ुद संध्या और ब्रह्म के इख़्तिलात से जन्मी हैं। कामकला

1. दुल्हन की डोली या छपरकट, 2. अपवादस्वरूप आए हुए, 3. एक-दूसरे में मिलना, 4. मिलन के क्षण

भी चौंसठ कलाओं में से एक है और इसमें महारत के बग़ैर औरत की शख़्सियत मुकम्मल नहीं समझी जाती थी। हो सकता है कि यह सिर्फ़ अदबी रिवायत रही हो जिसकी पासदारी हिंदी के शुअरा ने भी की हो, क्यूँकि उनके अह्द में मुआशरे में जिंसियात का तज़्किरा मम्नूअ[1] था और हमारा मुआशरा अभी तक आम तौर से इसी ढर्रे पर चल रहा है। इन शुअरा के यहाँ ऐसे मौज़ूआत का बयान तर्जुबा और शख़्सी न होकर इल्मी और कस्बी है। फ़िराक़ के यहाँ भी ये अश्आर सुख़न बराए सुख़न हैं।

उस्लूब अहमद अंसारी ने फ़िराक़ की शाइरी के ज़िक्र में इस नौअ के अश्आर के हवाले से लिखा है कि "यही तस्वीरें तनासुब-ए-बातिनी की तब्दीली के साथ हमें उनकी ग़ज़लों में भी नज़र आती हैं। फ़िराक़ बुनियादी तौर पर इश्क़ की जिस्मानियत और हुस्न की नफ़्सियात[2] के शाइर हैं और मेरा यह ख़याल है कि उनके यहाँ यह अछूता रंग हिंदी और संस्कृत अदब के मुतालए से आया है।" यहाँ संस्कृत और हिंदी अदब के बराह-ए-रास्त मुतालए[3] की बात बहस-तलब है। इसका तज्ज़िया[4] हम आगे के सफ़्हात में करेंगे। यहाँ सिर्फ़ इश्क़ की जिस्मानियत और हुस्न की नफ़्सियात पर ग़ौर मक़सूद है। अपने एक शेर में इश्क़ को सिकंदर-ए-आज़म और अकबर-ए-आज़म के क़बीले का बताया है—

नग़्में में आ गया इश्क-ए-आज़म
टूट पड़े दुनिया के कमीने

लेकिन फ़िराक़ आशिक़-ओ-माशूक़ की वहदत के भी क़ाइल हैं और उन दोनों का ख़मीर ईसार-ओ-इख़्लास है—

वहदत-ए-आशिक़-ओ-माशूक़ की तस्वीर हूँ मैं
नल का ईसार तो इख़्लास-ए-दमन मुझको दिया

फ़िराक़ की शाइरी में ईसार[5] और इख़्लास[6] का नाम इश्क़ है, वह महज़ एक जज़्बा है, उसका कोई जिस्म नहीं है, उसमें हरकत ज़रूर है। लेकिन फ़िराक़ का हुस्न चलता-फ़िरता तो है मगर बिल्कुल मैकेनिकी अंदाज़ में। वह क़ुव्वत-ए-अमल से आरी है। उनकी अर्ज़ी औरत भी तख़य्युल की तराशीदा है। इसलिए उसकी नफ़्सियात की अक्कासी का सवाल ही नहीं पैदा होता। औरत की नफ़्सियात पर संस्कृत और हिंदी में काफ़ी ज़ख़ीरा है। यह नायिका-भेद कहा जाता है। इसके तहत 366 नायिकाओं की गिनती की गई है। उम्र के लिहाज़ से उनकी नफ़्सियात इस अदब में बयान हुई है। दोशीज़ाओं और ब्याहतों की नफ़्सियात का उनमें ज़िक्र है। शौहर के तअल्लुक़ से उनका तज्ज़िया किया गया है और अभिसारिकाओं(12) के अमल और रद्द-ए-अमल की अक्कासी उनमें मिलती है। अव्वलन् इस ज़ख़ीरे तक

1. निषिद्ध, 2. सौंदर्य का मनोविज्ञान, 3. अध्ययन, 4. विश्लेषण, 5. त्याग, 6. खुलूस

फ़िराक़ की रसाई नहीं हुई और दूसरे यह कि इसके लिए औरत के नाज़-ओ-अंदाज़ और अश्वागरी[1] का ज़िक्र ज़रूरी था। फ़िराक़ ने मुआमलाबंदी[2] की शाइरी के दौर में आँख खोली थी और लखनऊ की शाइरी से वह बराबर एहतराज़[3] करते रहे हैं इसलिए वह किसी ज़िंदा औरत के नफ़्सियात को पेश नहीं कर पाए। उनकी औरत सिर्फ़ श्रृंगार की पुतली बनकर हमारे सामने आई है। फ़िराक़ की शाइरी में औरत की नफ़्सियात तो नहीं मिलती लेकिन जिंसी तर्जुबात के तअल्लुक़ से उसके जिस्म में रूनुमा होने वाली ज़ाहिरी और बातिनी तब्दीली का अक्स ज़रूर दिखाई पड़ता है। उन्होंने अपने एक शेर में प्रौढ़ा नायिका की तस्वीर उभारी है—

शर्म-ओ-हया कम होते-होते हुस्न पे वो जोबन आया
जैसे घटा के छटते-छटते चाँदनी रात निखर आए

बचपन के बीतने और जवानी के आग़ाज़ को हिंदी शुअरा ने वयस्क-संधि(14) कहा है। विद्यापति वग़ैरह ने औरत की उम्र के इस दौर को बहुत से रंगों में पेश किया है। फ़िराक़ ने भी उम्र की इन हदों को अपनी एक रुबाई में मिलाया है—

सोते जादू जगाने वाले दिन हैं
उम्रों की हदें मिलाने वाले दिन हैं
कन्या अब कामिनी(15) है होने वाली
आँखों को नैन बनाने वाले दिन हैं

मुग्धा नायिकाओं की तस्वीर भी हमें उनकी रुबाई में दिखाई पड़ती है। यह वह औरत है जो पूरी तरह जवान है, जिसकी ख़ाहिशात-ए-नफ़्सानी[4] जागी हुई हैं लेकिन जिसे वस्ल की लज़्ज़त हासिल नहीं हुई। इस रस भरे कुँवारेपन की ऊषा आरती उतारती है—

पुरवाई जिस घड़ी हो सनकी-सनकी
ज़ंजीर-ए-सहर जबकि हो छनकी-छनकी
ऐसे में आरती उतारे ऊषा
रस में डूबे हुए कुँवारेपन की

यह फ़ित्री ख़ाहिश की तस्कीन भी चाहती है लेकिन हिरनी की तरह डरी-डरी है और मानूस[5] भी है—

ये राज़-ओ-नियाज़ और ये समय ख़ल्वत का
ये आँख में आँख डाल देना तेरा
हिरनी है डरी-डरी सी और कुछ मानूस
ये नर्म झिझक सिपुर्दगी की ये अदा

---

1. नाज़ दिखाना, 2. वह शाइरी जिसमें प्रेमी-प्रेमिका की परस्पर शिकायतों का वर्णन हो, 3. परहेज करना, 4. कामेच्छाएँ, 5. मुग्ध

वस्ल की लज़्ज़त से आश्ना होकर औरत में एक तमकिनत[1] आती है, उसके रूप और जज़्बात में ज़बर्दस्त तब्दीली आती है, उसमें एक ख़ुद-एतमादी पैदा होती है। फिर भी वह बेतकल्लुफ़ नहीं होती और ख़ुद पर हिजाब का पर्दा डाले रहती है। वस्ल का नया-नया तजुर्बा हासिल करने वाली औरत का फ़िराक़ ने मुरक़्क़ा पेश किया है—

आ जाता है गात में सलोनापन
चंचलपन, बालपन, अनीलापन और
कटते ही सुहागरात देखें जो उसे
बढ़ जाता है रूप का कुँवारापन और

इन रुबाइयों की सिर्फ़ एक सत्ह की तरफ़ हमने इशारा किया है जबकि फ़िराक़ की अक्सर रुबाइयों में कई-कई सत्हें हैं। उन सबकी निशानदेही इस मज़्मून में मुमकिन नहीं है।

औरत का रूप

फ़िराक़ की शाइरी का अस्ल रस हुस्न की जगमगाहट में है। जैसे-जैसे औरत का रूप प्रकट होता है? उसका भरम खुलता जाता है। वह उसे देवी बनाने के दावेदार हैं लेकिन यह औरत ख़ाकी नज़र आती है। इसकी वजह यह है कि फ़िराक़ ने हिंदू औरत का एक मफ़रूज़ा[2] पहले तैयार किया है और फिर उसे शेरी क़ालिब[3] में ढालने की कोशिश की है। इस सिलसिले में उनका नज़रिया है—"हिंदू कल्चर ने औरत की देवियत और निसाइयत[4] के नुक़ूश को उभारने के लिए जिन त्योहारों, रोज़ाना ज़िंदगी के जिन लतीफ़ मश्ग़लों को औरत के लिए पैदा किया, ब-हैसियत-ए-माँ, बहन, बेटी और बहू के जिन रुसूम और जिन जज़्बात से मुतअल्लिक़-ओ-मुज़य्यन कर दिया है, जिनसे औरत के तसव्वुर-ओ-तस्वीर के गिर्द क़ौस-ए-क़ुज़ह[5] के सात रंगों की फुवारें इंतिहाई नर्मी से एक ख़ामोश तरन्नुम के साथ पड़ती हुई दिखाई और सुनाई देती हैं।"(16) हिंदू कल्चर की औरत की देवियत का ज़िक्र हम बाद में करेंगे। लेकिन यहाँ हम उस औरत की ज़िंदगी के लतीफ़ मश्ग़लों का तज्ज़िया करना चाहते हैं। राधा को छोड़कर संस्कृत और हिंदी की तमाम हीरोइनें शहज़ादियाँ हैं, महलों की परवर्दा हैं। वो काम और शृंगार के इलावा किसी दूसरे रिश्ते में बँधी नज़र नहीं आतीं। उनकी ज़िंदगी का मर्कज़ उनका शौहर या उनका प्रेमी है। वह दिन भर सोलह-सिंगार(17) करती हैं और शाम तक किसी की बाँहों में समा जाने के लिए ख़ुद को तैयार करती हैं। इसलिए उस अदब में सास, ननद, माँ, बहन और बेटी का

1. आभा, 2. काल्पनिक चित्र, 3. कविता के रूप में, 4. स्त्रीत्व, 5. इंद्रधनुष

रूप अव्वलन् तो मिलता ही नहीं है और अगर शाज़ो-ओ-नादिर[1] मिल जाए तो वह बहुत सत्ही है। इस तरफ़ शुअरा ने तवज्जोह ही नहीं की। तुलसीदास समाजी ज़िंदगी पर काफ़ी ज़ोर देते हैं। लेकिन हद यह है कि उनकी सीता भी तमाम रिश्ते-नातों को अहम नहीं समझतीं और उनका भी सारा इंसानी तअल्लुक़ महज़ शौहर से है। रामायण में सीता ने राम से कहा है—

मातु पिता भगनी प्रिय भाई
प्रिय परिवारु सुह्रद समुदाई

[अम्मा, बाप, बहन, प्यारे भाई अज़ीज़, ख़ानदान, कुनबा-ओ-क़बीला।]

जहँ लगिनाथ नेह अरु नाते
पिय बिनु तियहि तरिहुँ ते ताते

[ऐ स्वामी जितने भी तअल्लुक़ और रिश्ते हैं वह सब शौहर के बग़ैर औरत के लिए आफ़ताब की हरारत से भी ज़ियादा झुलसाने वाले हैं।]

तन धन धामु धरति पर राजू
पति बिहीन सबु सोग समाजू

[तन, धन, दौलत, घर, दर, ज़मीन, शह्र और राज : शौहर से छूटी औरत के लिए यह सब ग़म-ओ-अलम के सामान हैं।]

राधा और गोपियाँ तो पति और पोतों के वुजूद को भूलकर कृष्ण की बाँसुरी की धुन पर रास रचाती हैं। पार्वती शिव के इश्क़ में ऐसी दीवानी होती हैं कि बाप को ठुकराकर और शाहाना ऐश-ओ-आराम को तजकर उन्हें पाने के लिए तप करने लगती हैं। उनके रोज़मर्रा के लतीफ़ मशाग़िल[2] का ज़िक्र इसलिए ज़रूरी था क्यूँकि ये सब देवियाँ हैं, शकुंतला, दमयंती और इंदुमती का भी रिश्ता फूल, पौधों और जानवरों से तो है लेकिन इंसानी तअल्लुक़ात वहाँ नापैद हैं। ये सारी ख़वातीन घर-गृहस्ती से, ख़ाने-पकाने से, सास-ससुर और बड़े-बूढ़ों के दबाव से आज़ाद हैं। काम के इलावा उनके यहाँ दूसरा मक़्सद-ए-हयात है ही नहीं। गाथा सप्तसती[(18)] ज़रूर एक मुख़्तलिफ़ क़िस्म की नज़्म है। इसमें महलों और शह्रों की जगह गाँव की फ़ज़ा उभारी गई है और घरेलू ज़िंदगी के, एक आम और नॉर्मल ज़िंदगी के मुरक़्क़े ख़ींचे गए हैं। लेकिन शायद फ़िराक़ साहिब ने सातवाहन या हल का नहीं सुना था, क्यूँकि उसका ज़िक्र उन्होंने अपनी नस्री तहरीरों में कहीं नहीं किया है।

---

1. दुर्लभ रूप से, 2. दैनिक व्यस्तताएँ

इसकी वजह ग़ालिबन यह थी कि घर की लक्ष्मी के इन लतीफ़ मशाग़िल को ज़ियादा शोहरत हासिल नहीं हुई। घरेलू औरत की शख़्सियत इस पहलू की तरफ़ तवज्जोह के बग़ैर उसकी तस्वीर मुकम्मल नहीं होती लेकिन इसका एहसास उर्दू शाइरी में न होने के बराबर है।

अब आइए देखें कि फ़िराक़ की घरेलू औरत के मशाग़िल क्या हैं? उन्होंने अपनी नज़्म "जुगनू" में माँ के जज़्बात और उसकी ममता की दिलकश अक्कासी की है। यह माँ बहुत मानूस है और हमें अपनी माँओं की याद दिलाती है। रूप की रुबाइयों के बरअक्स उसका हयूला[1] ज़ियादा हक़ीक़ी, हमा-जिहत[2] और भरपूर है। रूप में यह तस्वीर जिन ज़ावियों[3] के साथ उभरी है, आइए उन पर एक नज़र डालते चलें—

नहला के छलके-छलके निर्मल जल से
उलझे हुए गेसुओं में कंघी करके
किस प्यार से देखता है बच्चा मुँह को
जब घुटनों में ले के है पिन्हाती कपड़े

वह दीवाली की शाम को लिपे-पुते घर में बच्चे के घरौंदे में दिए जलाती है।(19) रहमत का फ़रिश्ता बनकर बच्चे को सज़ा देती है—

रहमत का फ़रिश्ता बनके देती है सज़ा
माँ ही को पुकारे और माँ ही मारे

यह माँ बच्चे को लोरी देती है और बच्चे को हिंडोले में झुलाती है—

किस प्यार से दे रही है मीठी लोरी
हिलती है सुडौल बाँह गोरी-गोरी
माथे पे सुहाग, आँखों में रस, हाथों में
बच्चे के हिंडोले की चमकती डोरी

ज़िद करते हुए बच्चों को आईने में चाँद दिखाती है(20) तेवरी चढ़ाकर ख़फ़ा होती है, मुँह फेर लेती है और कहती है कि जा तुझसे नहीं बोलेंगे।(21) वात्सल्य(22) अस्ल में शृंगार का ही जुज़ है लेकिन बाद में उसे एक अलग रस का दर्जा मिल गया। उसके तहत माँ की ममता और बच्चे की मासूम हरकतों को बयान किया जाता है। सूरदास ने कृष्णजी के बचपने की बेमिसाल तस्वीरकशी की है। नाबीना शाइर ने जो तस्वीर बनाई है वैसी तो आँखों वाले तमाम कोशिशों के बावजूद पेश नहीं कर सके। सूरदास के यहाँ बच्चे की अहमियत है और माँ ज़िम्नी[4] है। फ़िराक़

---

1. रूपाकार, 2. अनेकायामी, 3. कोणों, 4. आनुषंगिक

साहिब की इन रुबाइयों में बच्चे की हैसियत ज़िम्नी है और अस्ल अहमियत माँ की है, ममता की मतानत से वह सरशार है और तक्मील-ए-फ़ित्रत के सबब वह हैजान से आज़ाद, सकून से भरपूर है क्यूँकि वह माँ है। माँ और बच्चे क़ी यह वो तस्वीरें हैं जो संस्कृत और हिंदी अदब में नहीं मिलतीं। ये यक़ीनन फ़िराक़ की अपनी हैं। ग़ालिबन इसकी वजह से यह बच्चा रघुपति सहाय ताहयात[1] फ़िराक़ का बाप बना रहा। उनके आदात-ओ-अतवार में यह बच्चा उम्र के हर दौर में ग़ालिब नज़र आता है। इसलिए इस बच्चे ने माँ को जी-जान से याद किया है, अपनी माँ को जगमाता बनाने में कामयाब हुआ है। जुगनू की माँ सिर्फ़ ममता की मूरत है। फ़िराक़ की रुबाइयों की माँ अपने पहले बच्चे की माँ है। वह मोदभरी,(23) माँगभरी और गोदभरी है, वह ब्याहता है पर उसका रूप कुँवारा है—

है ब्याहता पर रूप अभी कुँवारा है
माँ है पर अदा जो भी है दोशीज़ा है
वह मोदभरी, माँगभरी, गोदभरी
कन्या है, सुहागन है, जगत-माता है (24)

इन तमाम रुबाइयात में बहन की सिर्फ़ एक ही तस्वीर मिलती है, सावन में वह भाई के हाथों में राखी बाँधती है।(25) इन धागों में बहन अपनी तमाम नेक ख़ाहिशात और अपने तमाम एतिमाद को पिरोती है। भाई से हिफ़ाज़त, दिलजोई और आसरे के अह्दो-ओ-पैमान[2] का नाम रक्षाबंधन है। लेकिन फ़िराक़ साहिब की नज़र इन जज़्बात की तरफ़ नहीं गई है, इसलिए बहन की यह तस्वीर बेजान है या अधूरी।

फ़िराक़ ने बेटी के ब्याह और रुख़्सती पर दो रुबाइयाँ लिखी हैं। यह ब्याह(26) किसी की भी बेटी का हो सकता है। इसमें अपनाइयत का शाइबा भी नहीं है। हिंदुस्तानी मुआशरे[3] में बेटी की रुख़्सती एक दिलगुदाज़ मंज़र है। शकुंतला की रुख़्सती के बयान में कालिदास ने फूल, पौधों को रुलाया है, हिरन घास खाना भूल गए हैं। ख़ुद शकुंतला आश्रम के हर ज़र्रे से लिपट-लिपटकर आँसू बहाती है। कण्व ऋषि हर बेटी के बाप की तरह शकुंतला को भी आशीर्वाद और उपदेश देते हैं। पद्मावती की रुख़्सती का बयान जायसी ने इस क़दर पुर-सोज़ किया है कि ख़ाना-ए-शादी ख़ाना-ए-मातम महसूस होने लगता है लेकिन इस सिलसिले में फ़िराक़ बहुत ही सख़्त-दिल वाक़े हुए हैं। उन्होंने बेटी की आँखों में आँसू देखे हैं लेकिन उनकी आँखें नहीं डबडबाईं। बाबुल ने भी उनका दिल नहीं पिघलाया, वह सिर्फ़ एक रस्म की अक्कासी करके बेटी को बिल्कुल भूल गए हैं—

---

1. आजीवन, 2. प्रतिज्ञा, संकल्प, 3. समाज

आँखों में सरश्क जगमगाता मुखड़ा
वो जश्न-ए-रुख़्सती सुहाना तड़का
झुरमुट में सहेलियों के उठते हैं क़दम
वो घर की औरतों का बाबुल गाना

रूप की रुबाइयों में ज़ियादातर दोशीज़ा[1] के हुस्न की ही अक्कासी की गई है लेकिन उसका तमामतर तअस्सुर मावराइयत[2] से लबरेज़ है, वह किसी तबक़े और किसी समाज से मुतअल्लिक़ नज़र नहीं आती। इसकी वजह यही है कि वह एक तख़य्युली पैकर है। उसके रूप के ख़द-ओ-ख़ाल ख़ूब-ख़ूब उभारे गए हैं। वह हक़ीक़ी और अर्ज़ी[1] है लेकिन हक़ीक़त-ओ-मजाज़ की वहदत के बयान में हिंदी के मसनवी-निगार शुअरा ने भी इसी लब-ओ-लहजे का सहारा लिया है और ऐसी ही अर्ज़ी तस्वीरें हुस्न-ओ-अज़ली की उभारी हैं। लेकिन कभी-कभी फ़िराक़ गोरखपुर के गाँव में पहुँच गए हैं और अल्हड़ कुँवारियों के नक़्श उनके ज़हन में उभरने लगे हैं। वो खेतों के बीच छलाँग लगाती हैं और चैत की चाँदनी में ईख के खेत में कूदती हैं ताकि ईख की पेड़ी उनकी छलाँगों के बराबर परवान चढ़े :

ये ईख के खेतों की चमकी सत्हें
मासूम कुँवारियों की दिलकश दौड़ें
ख़ेतों के बीच में लगाती हैं छलाँग
ईख उतनी उगेगी जितना ऊँचा कूदें

गाँव की ये गोरियाँ पनघट पर गागर भी छलकाती हैं और पानी के कलश के भार से दबी मतानत-भरी चाल से चलती गाँव की पगडंडियों को रश्क-ए-जन्नत बनाती घरों को वापस आती हैं---

पनघट पर गगरिया छलकने का ये रंग
पानी हिचकोले ले के भरता है तरंग
काँधों पे, सरों पे, दोनों हाथों में कलस
मद अँखड़ियों में सीनों में भरपूर उमंग

उनका रूप वरुण देवता के औसान ख़ता कर देता है, रति के ग़ुरूर-ए-हुस्न को चकनाचूर कर देता है। उनके जोबन के सामने धूप फीकी पड़ जाती है।(27) "इस रूप से दुनिया की खेती हरी है।"(28) धूप और खेती से गाँव की फ़ज़ा का रंग इन रुबाइयों में भरा गया है।

घर की रानी अपने रोज़मर्रा के मामूलात को भी दिलकश और पुर-सुकून बनाती हमें फ़िराक़ की रुबाइयों में नज़र आती है। वह हम्माम में नहाती है और सर से पाँव

1. नवयौवना, 2. पारलौकिकता, 3. लौकिक

तक उसके जिस्म में एक हल्की सी थरथरी पैदा होती है।[29] वह बालों में शैंपू नहीं करती, उन्हें अरगजे [30] से महकाती है, नहाकर सतरंगी धनुष जैसी बाँहों से वह अपनी गीली साड़ी अलगनी पर फैलाती है।[31] फ़िराक़ की यह सुहागन आँगन में लगे तुलसी के पेड़ पर सुबह के वक़्त पानी चढ़ाती है और यह सुहागन पूरब की तरफ़ मुँह करके खड़ी होती है और सूरज को प्रणाम करती है।[32] जाड़े की सुहानी धूप में भीगे गेसू सुखाने के लिए बैठी है और ज़ानुओं[1] पर रामायण ख़ुली रखी है।[33] घर की यह लक्ष्मी सुबह ही सुबह चबूतरे पर हल्का-हल्का छिड़काव करके घर के मंगल (बहबूद) के लिए चौक[34] पूरती है। फ़िराक़ साहिब के लिए यह नज़ारा दीदनी है। नक़्श-ओ-निगार बनाती उँगलियाँ फ़िराक़ को सह्र-ज़दा[2] कर देती हैं और वह उसकी चुटकियों की हर जुंबिश पर निसार हो जाते हैं।[35] यह औरत सिर्फ़ गाय पालती ही नहीं है बल्कि वह उसकी देख-रेख भी करती है। हौदी पर खड़ी होकर उसे चारा भी खिलाती है और उसकी गर्दन भी थपथपाती है।[36] गाय को सानी-भूसा खिलाकर वह सुबह ही सुबह दूध दूहती है [37] इस काम से फ़ारिग़ होकर वह दही मथती है और ताज़ा-ताज़ा मक्खन निकालती है। मुखड़े पर मेहनत की सुर्ख़ी और मथनी चलाने में बाँहों की लचक[38] पर फ़िराक़ साहिब फ़िदा हैं। अब वह चूल्हे में आग जलाती है जिससे उसका चेहरा तमतमा उठता है वह खाना तैयार करती है।[39] फिर थाल सजाकर जीवनसाथी के आगे लाकर रख देती है। इस वक़्त उसकी चाल फ़िराक़ को ख़ैर-ओ-बरकत के धन लुटाती हुई नज़र आती है [40] उसका यह करोबार उसी दौर की तर्ज़-ए-रिहाइश[3] का ख़ाका पेश करता है जिसमें नाश्ता नहीं किया जाता था और दस बजे सुबह तक चौके में बैठकर भरपेट खाना खाया जाता था। पतिव्रता शौहर के साथ खाना नहीं खाती थी बल्कि थाल में जूठे लुक़्मे को तबर्रुक के तौर पर अपना हक़ समझती थी। वह फुल्कों पर हाथ साफ़ करते हुए कलाई की लचक नहीं दिखाती थी बल्कि गर्म-गर्म फुल्के शौहर की थाली में डालती जाती थी। फिराक़ ने या तो अपनी बहक की वजह से उसे साथ भोजन कराया है और या फिर उसे क़द्रे मॉडर्न बनाने की कोशिश की है। घर की यह रानी कुछ दिलचस्पियाँ भी रखती है। वह हिरन का बच्चा पालती है जो उसके पहलू में प्यार से गर्दन डाले बैठा होता है। [42] जब वह सोती है तो उसके तलवों से आहू आँखें मलता है। [43] वह कबूतरों से भी अपना दिल बहलाती है। उड़ते कबूतर पर फड़फड़ाते हुए उतरते हैं और उसके काँधों, सीने व सर पर बैठ जाते हैं। [44] बीमार शौहर की तीमारदारी भी वह तन-मन से करती है :

प्रेमी को बुख़ार, उठ नहीं सकती है पलक
बैठी है सिरहाने माँद मुखड़े की दमक
जलती हुई पेशानी पर रख देती है हाथ
पड़ जाती है बीमार के दिल में ठंडक

1. घुटनों, 2. जादू के प्रभाव में, 3. रहन-सहन की शैली

उसका सारा सिंगार अपने पिया के लिए है। उसकी ग़ैर-मौजूदगी में उसका मुँह धुवाँ-धुवाँ रहता है, बाल बिखरे होते हैं, निगाहों में हरास[1] होता है। (45) लेकिन कागा के बोलते ही उसे पिया के आने की उम्मीद बँधती है, रस की बूँद टपकने लगती है और सजने-बनने की ख़्वाहिश जाग उठती है। (46) घर की लक्ष्मी के ये मामूलात[2] यहीं ख़त्म नहीं हो जाते, वह रात गए दबे पाँव ख़िराज-ए-ज़ौजियत[3] अदा करने के लिए हाज़िर-ए-ख़िदमत होती है। हो सकता है कि घर-गृहस्थी के तमाम काम निपटाकर वह यह आख़िरी फ़र्ज़ पूरा करने आती है या मुत्तहिदा ख़ानदान[4] के दबाव के तहत वह ऐसा करने पर मजबूर है। इन रुबाइयों में इस बात की गूँज साफ़ सुनाई पड़ती है कि उसे ख़ल्वत-ए-ख़ाना[5] मुयस्सर नहीं है और वह कहीं से उठकर शौहर के पास आती है। रात गए जब गहरा सकूत होता है, ताक़ों पर जलते दिए नींद में डूबने लगते हैं, ठंडी हवाएँ पलकें झपकाने लगती हैं (47) उस वक़्त वह शौहर के पास आती है :

आना तिरा इक नर्म अचानकपन से

जब प्रेम की घाटियों में साग़र उछलते हैं, रात की वादियों में तारे छटकते हैं, तब वह फ़िज़ा को नहलाती हुई आती है।(48) फ़िराक़ उसकी आमद की तमन्ना भी ऐसे ही वक़्त करते हैं—

जब रात हो जगमगाती चादर ओढ़े
जब चाँद की आँख रो भी ग़फ़लत टपके
जब साज़-ए-सुकूत रात हो ऐसे में
तेरे गाते क़दमों की गुनगुनाहट आए

अपना यह फ़र्ज़ पूरा करके वह मुँह अँधेरे ही शौहर से अलग हो जाती है। तारे जब छुपने लगते हैं। सहर की आहट कुछ-कुछ सुनाई पड़ने लगती है तो वह बिस्तर से उठ जाती है (50) :

बिस्तर से तिरा वो मुँह अँधेरे उठना

यह जान-ए-बहार आधी रात को आती है और तारों की सरकती छाँव में शौहर से जुदा हो जाती है। यही इस ख़ातून-ए-ख़ाना की रोज़मर्रा की ज़िंदगी है :

बालों में ख़ुनुक सियाह रातें ढलती
गालों में शफ़क़ की ओट शम्एँ जलती
तारों की सरकती छाँव में बिस्तर से
इक जान-ए-बहार उठती है आँखें मलती

---

1. उदासी, 2. काम-काज, 3. दाम्पत्य धर्म, 4. संयुक्त परिवार, 5. घर का एकांत

फ़िराक़ की रुबाइयों की यह औरत फ़र्ज़ ही फ़र्ज़ है। उसका हक़ कुछ भी नहीं है। वह न कुछ माँगती है और न किसी बात पर चिनचिनाती है। वह रूप ही रूप है। उसके पास अपने जज़्बात कुछ भी नहीं हैं। फ़िराक़ ने उसका मज्मूई ख़ाका[1] मुनासिब तौर पर पेश किया है जिसकी वजह से हक़ीक़त का रंग बहुत नुमायाँ है :

यकसर वो तबस्सुम है तमाम आँसू है
हमा शबनम-ओ-गुल, तमाम रंग-ओ-बू है

आँखों में सरश्क और होंटों पे हँसी (51)

रुके-रुके से कुछ आँसू रुकी-रुकी सी हँसी (52)

रुबाइयात में एक क़दीम रिवायत-परस्त औरत का तसव्वुर है। वह बीसवीं सदी के निस्फ़-ए-अव्वल[2] में इलाहाबाद युनिवर्सिटी की फ़िज़ा में साँस लेने वाली औरत हरगिज़ नहीं है। लेकिन शायद औरत की नई उभरती हुई शख़्सियत ने फ़िराक़ को ललकारा है या फिर तरक़्क़ीपसंद रुज्हानात का असर है कि वह उसे भरोसा-भरी रफ़ाक़त देने पर मजबूर हो गए हैं :

कहती हैं यही तेरी निगाहें ऐ दोस्त
निकली नई ज़िंदगी की राहें ऐ दोस्त
क्यूँ हुस्न-ओ-मोहब्बत से न ऊँचे उठके
दोनों इक-दूसरे को चाहें ऐ दोस्त
तू हाथ को जब हाथों में ले लेती है
दुख, दर्द ज़माने के मिटा देती है
संसार के तपते हुए वीराने में
सुख, शांति की गोया तू हरी खेती है

हाथ में हाथ लेने की यही आवाज़ मजरूह के इस शेर में भी गूँजती मिलती है :

मुझे सह्ल हो गईं मंज़िलें वो हवा के रुख़ भी बदल गए
तिरा हाथ, हाथ में आ गया तो चराग़ राह में जल गए

देवियत

फ़िराक़ साहिब ने ताहिर-उल-क़ल्ब माद्दा-परस्ती पर काफ़ी इज़हार-ए-ख़याल किया है और उनकी नज़र में "हिंदुस्तानी कल्चर ने इस कुफ़्र और माद्दा-परस्ती

1. सम्पूर्ण चित्रण, 2. पूर्वार्द्ध

को इतना कोमल, इतना नर्म और मासूम बना दिया है।" उनके इस नज़रिए का तजज़िया[1] करने के लिए एक अलग मिक़ाला[2] दरकार है, यहाँ सिर्फ़ एक सरसरी जाइज़ा ही मुमकिन है। हिंदुस्तान में छै मुस्तनद फ़ल्सफ़े हैं और उनमें बेशतर माद्दे को कसीफ़[3] और उससे आज़ादी हासिल करने को ही नजात समझते हैं। वेदांत तो सिरे से उनके वुजूद से ही मुन्किर है। उसके लिए ब्रह्म ही सत्य (हक़ीक़त) है और जगत (माद्दा) महज़ वह्म है। हिंदू मज़हब और फ़िक्र पर इसका बहुत गहरा असर है। इसलिए यह कहना सही नहीं है कि हिंदुस्तानी कल्चर ने कुफ़्र-ओ-माद्दा-परस्ती को कोमल और मासूम बनाया है। सांख्य फ़ल्सफ़ा ज़रूर माद्दे का वुजूद तस्लीम करता है। उसके मुताबिक़ रूह-ए-कुल पुरुष है और माद्दा नारी है। पुरुष तमाम सिफ़ात का मख़्ज़न है और तमामतर मर्ज़ी का मालिक होते हुए भी तख़्लीक़-ए-काइनात में मुलव्वस नहीं होता। तख़्लीक़ माद्दे यानी नारी की ज़िम्मेदारी है। वह पुरुष को रिझाती है, उसके चारों तरफ़ नाचती है और उनके इख़्तिलात से काइनात की तख़्लीक़ होती है और नारी यानी माद्दे के तीन सिफ़ात से मिलकर काइनात में तब्दीलियाँ होती रहती हैं। यही नारी माया के नाम से मशीयत-ए-एज़्दी[4] भी है। इस निज़ाम-ए-फ़िक्र के तहत जब-जब पुरुष का अवतार राम और कृष्ण के रूप में होता है तब-तब प्रकृति (माद्दे) के अवतार की शक्ल में सीता और राधा भी जनम लेती हैं। शैव फ़ल्सफ़े में पार्वती-शिव (ज़ात-ए-मुतलक़) की मशीयत हैं और जुमला तख़्लीक़ उन्हीं का ज़ुहूर है। कश्मीरी शैव-मतधारियों का यह नज़रिया सूफ़िया के हक़ीक़त-उल-मुहम्मदिया के ख़याल से काफ़ी मुमासलत[5] रखता है। दोनों के यहाँ इसकी शक्ल नूर की है। वहदत-उल-वुजूद की तरह इस फ़ल्सफ़े में भी लतीफ़[6] कसीफ़[7] की तरफ़ नुज़ूल[8] करता है और क़ुदरत रखता है कि कसाफ़त को छोड़कर दोबारा लतीफ़ बन जाए। कुछ सूफ़ियों के यहाँ लताइफ़-ए-सित्ता[9] से उरूज करते हुए यह मंज़िल दोबारा हासिल हुई और शैव-दर्शन में यह रास्ता छै कँवलों से गुज़रकर ऊपर पहुँचा है। सूफ़ी के यहाँ भी माद्दे और रूह का फ़र्क कसाफ़त[10] और लताफ़त[11] का है और कश्मीरी शैव मत इसी नज़रिए का क़ाइल है। इस तरह हिंदू फ़ल्सफ़े में सांख्य दर्शन ही हमें माद्दे को देवी-रूप देने का हामिल नज़र आता है। इसी सूरत में सिर्फ़ एक निज़ाम-ए-फ़िक्र के ज़ेर-ए-असर तमामतर हिंदुस्तानी कल्चर को कुफ़्र-ओ-माद्दा-परस्ती का परस्तार कहना हरगिज़ मुनासिब नहीं है।

सांख्य फ़ल्सफ़े में तख़्लीक़ प्रकृति यानी औरत करती है जबकि दूसरे हिंदू नज़रियात में क़ादिर-ए-मुतलक़ ब्रह्म ने इस काम पर तीन देवताओं की काउंसिल बना दी है जो त्रिमूर्ति कहलाते हैं। ब्रह्म दुनिया बनाते हैं, विष्णु उसे पालते-पोसते हैं

---

1. विश्लेषण, 2. निबंध, 3. अपवित्र, 4. ईश्वर की इच्छा, 5. सादृश्य, 6. ललित, 7. भदेस, वितृष्णामूलक, 8. उतरना 9. सूफ़ी दर्शन का पारिभाषिक शब्द, सात सुंदर सोपान, 10. भदेस, असुंदर, 11. लालित्य, सुंदरता

और महेश उसे तहस-नहस करते हैं। यह क़ुदरत उनकी अपनी नहीं है बल्कि उन्हें वदीअत[1] की गई है। इसलिए उसके तहत भी औरत को देवियत हासिल नहीं हुई। बारहवीं और तेरहवीं सदी में भगती का रस सारे हिंदुस्तान पर बरसने लगा। उसके आचार्यों ने शंकराचार्य की वहदानियत (अद्वैत) को अपना निशाना बनाया और माद्दे और रूह की सन्वियत[2] को तस्लीम किया। साथ ही साथ उन्होंने दोनों को वहदत के रिश्ते में पिरोने की कोशिश भी की। इसलिए उन्होंने सांख्य फ़ल्सफ़े का सहारा लिया। इसी तहरीक की बदौलत माद्दे को ब-सूरत-ए-नारी देवियत हासिल हुई। सूफ़ी हिंदी मस्नवी-निगारों की हीरोइनें मिरगावती, पद्मावती, मधुमालती, चित्रावली हक़ीक़त-उल-मुहम्मदिया की मज़हर हैं। वह नूर से माद्दे की तहों में लिपटी हुई नारी बनी हैं। भगतों ने नारी रूप में माद्दे को लतीफ़तर बनाते हुए देवी बना दिया। कृष्ण-भगती के कुछ सिलसिलों में तो राधा-कृष्ण से अलग वुजूद रखती हैं। सूफ़ी नज़रिए और भगती में यही बुनियादी फ़र्क़ है। सूफ़ी के यहाँ लताफ़त कसाफ़त की तरफ़ नुज़ूल करती है और भगती में कसाफ़त लताफ़त की तरफ़ उरूज करती है।

फ़िराक़ ताहिर-उल-क़ुलूब[3] माद्दा-परस्ती[4] का ज़िक्र करते हैं लेकिन उसके लिए कोई नज़रियाती असास पेश नहीं करते। उन्होंने औरत के माद्दी वुजूद में हक़ीक़त को देखा है। उससे मजाज़ के पर्दे हटाकर हक़ीक़त को झाँकने का ही सबूत मिलता है। इक़बाल ने तमन्ना की : 'कभी ऐ हक़ीक़त-ए-मुंतज़र नज़र आ लिबास-ए-मजाज़ में' फ़िराक़ ने यह तमन्ना पूरी कर डाली लेकिन फिर भी यह राज़ अफ़्शाँ[5] नहीं होता कि उन्होंने ऐसा भगती के ज़ेर-ए-असर किया है या सूफ़ी नज़रियात के तहत उन्हें इसका भेद मिला है।

मेराज है आब-ओ-गिल की रूह-ए-हस्सास (54)

फ़िराक़ की बहारों की बहार बज़्म-ए-फ़ित्रत को ज़िंदगी देती है :

जंजीर-ए-हयात-ए-बह्-ओ-बर हिलती है।
उपवन, बन में कली-कली खिलती है।
बज़्म-ए-फ़ित्रत को ऐ बहारों की बहार
तेरे हाथों से ज़िंदगी मिलती है

मुंदरजा-ए-ज़ैल रुबाई में यक़ीनन सांख्य फ़ल्सफ़े की प्रकृति की क़ुव्वत-ए-तख़्लीक़ को औरत की सूरत में फ़िराक़ ने देखा है। वह जान-ए-ममात और हयातों की हयात है—

बन-बन के मिटे हैं और मिट-मिट के बने
जीने-मरने के गुर सभी ने सीखे

---

1. अमानत, 2. अद्वैत, 3. पवित्र हृदय, 4. भौतिकता में विश्वास रखना, 5. प्रकट

तू जान-ए-ममात तू हयातों की हयात
शाइस्ता-ए-मर्ग-ओ-जीस्त इंसाँ को करे

कबीर के लिए कभी यही घट (जिस्म) चाँद और सूरज का मस्कन है। इसी में नूर का अनहद (सौत-ए-सरमदी) का बाजा बजता रहता है। करोड़ों सूरजों के राग से यह रूप रचा हुआ है और इसी बीन पर हक़ीक़त की अनोखी धुन बजती रहती है।(55)

रूमी के यहाँ हिम्मत-ए-मर्दाना (इश्क़) की कमंद यज़्दाँ[1] शिकार है।(56) इक़बाल की हिम्मत भी यज़्दाँ की शिकारी है। (57) लेकिन फ़िराक़ के मजाज़ी हुस्न के सीने में पिघलते हुए आफ़्ताब बंद हैं और उसकी ज़ुल्फ़ें दाम-ए-यज़्दाँ-शिकार हैं। (58)

पिघले हुए आफ़्ताब सीने में हैं बंद
दाम-ए-यज़्दाँ-शिकार ज़ुल्फ़ों की कमंद

दाम-ए-यज़्दाँ-शिकार ज़ुल्फ़-ए-पेचाँ (59)

यज़्दाँ को शिकार करने का ख़याल मुमकिन है फ़िराक़ ने रूमी और इक़बाल से लिया हो लेकिन उन्होंने जिस तरह उसका इस्तिमाल किया है उससे सांख्य फ़ल्सफ़े की इसी नारी (माद्दे) का पैकर उभरता है जो पुरुष (रूह-ए-कुल) को रिझाती है और तख़्लीक़ करती है। यह सूफ़ी के हुस्न-ए-अज़ली की ज़ुल्फ़-ए-पेचाँ नहीं है जिसके नबातात,[2] जमादात[3] और हैवानात सभी शिकार हैं। 'परछाइयाँ' नज़्म में इस माद्दी हुस्न के आँखों के इशारे से रब्बानीयत भी झपक जाती है और उसमें राधा और कृष्ण के तवस्सुत[4] से सांख्य फ़ल्सफ़े के नारी-पुरुष के तलाज़िमे[5] की वाज़ह अक्कासी हुई है :

ये कैफ़-ओ-रंग नज़ारा ये बिजलियों की लपक
कि जैसे कृष्ण से राधा की आँख इशारा करे
वो शोख़ इशारे के रब्बानियत भी जाए झपक (परछाइयाँ)

फ़िराक़ कृष्ण (पुरुष) के घुंघरुओं की झंकार अपने ख़ून में सुनते हैं और राधा (नारी, प्रकृति, गेती) का दामाँ अपने हाथों से पकड़ते हैं। ग़ज़ल के इस शेर में सांख्य नज़रिया-ए-काइनात काफ़ी वाज़ह तौर पर बयान किया गया है। इन्हीं दोनों अनासिर के मेल का नाम इंसान है :

है कृष्ण के घुँघरू की झंकार तिरे ख़ूँ में
गेती की है राधा का हाथों में तिरे दामाँ

---

1. अग्निपूजकों के अनुसार नेकी का खुदा, 2. वनस्पति, 3. जड़ वस्तुएँ, 4. माध्यम, 5. रूपक

माद्दे की उलूहियत[1] का नग़्मा सुनाते-सुनाते हमा-ऊस्त के गीत भी फ़िराक़ सुनाने लगते हैं। कृष्ण की बाँसुरी की धुन में वही हुस्न-ए-अज़ली[2] उन्हें कारफ़र्मा नज़र आने लगता है :

जिस बाँसुरी की लय पर मधुबन को भी वज्द आया
था उसके भी पर्दे में हाँ तू ही तो नग़्मा-ख़्वाँ

यह हुस्न यकता है। इसका न कोई सानी है और न कोई मिसाल। यह किसी ख़्वाब की ताबीर है और यज़्दाँ का ख़याल है जिसने सूरत पकड़ ली है :

सानी नहीं तिरा न कोई तेरी मिसाल
किस ख़्वाब की ताबीर है ये शान-ए-जमाल
सीने में यक्सूई के पलते-पलते
जैसे सूरत पकड़ ले यज़्दाँ का ख़याल

इन अश्आर और इस रुबाई में हुस्न की वह फ़ज़्ा गमकती है और वह नज़रिया कारफ़र्मा दिखाई पड़ता है जो सूफ़ियाना निज़ाम-ए-फिक्र[3] की देन है। फ़िराक़ ने अपनी एक ग़ज़ल में मकाँ को हुस्न का आँचल और ज़माँ को इश्क़ का एक पल बताया है। हिंदी के सूफ़ी शुअरा का भी यही ख़याल है :

यह मिह्र-ओ-मह-ओ-अंजुम हैं नक्श-ए-क़दम किसके
लहराती हुई बिजली किस शोख़ का आँचल है

फ़िराक़ के लिए दुनिया-ए-मोहब्बत एक जानी हुई दुनिया (माद्दी) और एक आलम-ए-हैरत का मिल जाना है।

इक जानी हुई दुनिया, इक आलम-ए-हैरत है
इन दोनों का मिल जाना दुनिया-ए-महब्बत है

हुस्न के पैकर

रूप में शामिल अपने कलाम को फ़िराक़ ने "शृंगार-रस की रुबाइयाँ" कहा है। रस अस्ल में दाख़िली जज़्बात की मुख़्तलिफ़ कैफ़ियात के अमल-दर-अमल के ज़रिए जज़्बे की वह वहदत है जो फ़नकार और क़ारी दोनों को विज्दान की एक ऐसी हालत तक पहुँचाता है, जहाँ दाख़िली-ओ-ख़ारिजी, अपने और पराए की तमीज़ मिट जाती है। मौज़ूअ-ओ-हैअत और तर्ज़-ए-इज़्हार का बखेड़ा ख़त्म हो जाता है। बाक़ी रह जाता है सिर्फ़ लतीफ़ जज़्बा जो हैजान[4] को सकून बख़्शता है और

1. भौतिक पदार्थ का ऐश्वर्य, 2. आदिम सौंदर्य, 3. चिंतन व्यवस्था, 4. शोर, अशांति

रूहानी इंबिसात की जन्नत में हमें पहुँचा देता है। माद्दियत उसकी शुरुआत है और रूहानियत उसकी मंज़िल। इस तरह कसीफ़[1] से लतीफ़ बनने का एक मुतवातिर अमल है। ज्ञानी को जहाँ ज्ञान पहुँचाता है, भगत को जहाँ भगती ले जाती है, शेर-ओ-अदब की भी वही मंज़िल है। इस तरह ये रुबाइयाँ शृंगार-रस की मुहर्रिक ज़रूर हैं लेकिन बजा-ए-ख़ुद[2] शृंगार-रस की तर्जुमान नहीं कही जा सकतीं, क्यूँकि इनमें जज़्बात के अमल और रद्द-ए-अमल का खेल नज़र नहीं आता। आसक्ति (लगाव) की तीन बुनियादें हैं—रूप (हुस्न-ए-सूरत), शील (हुस्न-ए-सीरत), शूर (फ़लाह-ओ-बहबूद की क़ुव्वत)–सूफ़ी शुअरा ने रूप के बयान के ज़रिए लगाव पैदा कराया है, सूरदास ने भी इसी का सहारा लिया है। तुलसीदास ने हुस्न-ए-सीरत और भलाई करने की क़ुव्वत पर ज़ोर दिया है। रूप की रुबाइयाँ दरअस्ल उसी ज़ुमरे[3] में आती हैं जिसमें *मदन-शतक, राजपंच-अहियाई* (अब्दुर्रहमान), *तिलक-शतक, अलका-शतक* (सय्यद मुबारक अली), *अंग-दर्पण* (गुलाम नबी रसलीन), *शृंगार-शतक*(60) (अब्दुर्रहीम ख़ानेख़ाना) जैसी तख़्लीक़ात शुमार होती हैं। रूप की रुबाइयों में फ़िराक़ नैरंग-ए-हुस्न को ज़-फ़र्क़-ता-ब-क़दम भी देखते हैं। नैरंग-ए-हुस्न देख अज़-पा-ता-फ़र्क़(61) और 'ये रूप सर से क़दम तक हसीन जैसे गुनाह"(62) भी है। पा-ता-फ़र्क़ और सर से क़दम या सर-ता-ब-क़दम सिर्फ़ लफ़्ज़ी तरकीबें ही नहीं है, उनसे सरापा बयान करने की दो मुख़्तलिफ़ रिवायतों की निशानदेही होती है। संस्कृत में नख-शिख यानी नाख़ुन से सर तक औरत के आज़ा का हुस्न बयान करने का चलन रहा है जबकि फ़ारसी रिवायत सर से नीचे चलते हुए पैर तक जाने की रिवायत है। लेकिन हिंदी सूफ़ी शुअरा ने फ़ारसी रिवायत की ही पासदारी की है और कालिदास ने भी *कुमारसंभव* में पार्वती के सर पर गिरी बूँद के सहारे ऊपर से नीचे तक उनके आज़ा की अक्कासी की है। फ़िराक़ साहिब के बारे में यह कहना मुश्किल है कि उन्होंने किस रिवायत को अपनाया है क्यूँकि इन रुबाइयों में सरापा तो है लेकिन उसकी तर्तीब नहीं है।

मलिक मुहम्मद जायसी ने एक-एक बंद में नादिर तश्बीहों[4] के ज़रिए पद्मावती के अलग-अलग आज़ा के मुरक़्क़े[5] उभारे हैं, ज़ियादातर सरापा-निगारों[6] ने यही राह अपनाई है। लेकिन पद्मावत के ख़ालिक़[7] ने दूसरा तरीक़ा भी अपनाया है जिसमें उन्होंने एक ही बंद में जिस्म के कई-कई हिस्सों के ख़ाके उभारने की कोशिश की है। यही कोशिश फ़िराक़ की रुबाइयों में भी मिलती है। एक-एक रुबाई में कई-कई आज़ा का हुस्न उभरकर हमारे सामने आता है। कुतबन, जायसी और मंझन ने हुस्न-ए-आरिज़ी को समावी[8] बनाने के लिए ज़मीन-ओ-आसमान के क़ुलाबे मिलाए हैं। लेकिन उन्होंने न तो फ़ारसी तल्मीहात[9] का सहारा लिया है और न ही फ़ारसी

1. मलिन, 2. स्वयं में, 3. श्रेणी 4. दुर्लभ उपमाएँ, 5. चित्र, बिंब, 6. शिख-नख-वर्णन करनेवाले, 7. रचनाकार, 8. अलौकिक आकाशीय, 9. मिथक

मुहावरों में बात की है। यह ज़रूर है कि उन्होंने तर्जुमों के ज़रिए फ़ारसियत का रंग अपने कलाम में भरा है। इन शुअरा ने हिंदू पुराणों, रामायण और महाभारत और यहाँ के आसमान-ओ-ज़मीन से तश्बीहात के वो ख़ज़ाने जमा किए हैं जो उनसे पहले हिंदी शाइरी में नज़र नहीं आते, न जाने कितनी हिंदू तल्मीहात को उन्होंने मानी-ओ-मतालिब से रूशनास कराया है। यहाँ के पाताल में भी वो घुसे हैं और यहाँ की फ़ज़ा की भी उन्होंने ख़ूब-ख़ूब सैर की। लेकिन मज्मूई तौर पर उन लोगों ने आसमानी फ़ज़ा, चाँद, तारों, आफ़्ताब-ओ-शफ़क़ से ही अपनी ही हीरोइनों के हसीन पैकर तराशे हैं।

फ़िराक़ साहिब भी हुस्न के ऐसे पैकर उभारने के ख़ाहिशमंद हैं जिसमें यहाँ की फ़ज़ा की ठंडक और गर्मी हो, हिंदुस्तान की मिट्टी की ख़ुश्बू हो, यहाँ की हवाओं की लचक हो, जो यहाँ के आकाश, सूरज, चाँद और सितारों का आईना बने और उनको आईना दिखाए जिसमें वह मख़्सूस एहसास-ए-हयात-ओ-काइनात हो जो कि ऋग्वेद से लेकर तुलसीदास और सूरदास और मीराबाई के कलाम में नज़र आता है, जो इस ज़माने में भी टैगोर के नग़्मों की पंखड़ियों की आबयारी और शादाबी का बाइस है। (62) लेकिन अपने इस नज़रिए को वह बहुत कामयाब नहीं बना सके क्यूँकि वेदों, पुरानों, रामायन और संस्कृत और अपभ्रंश के अदब पर उन्हें उबूर हासिल नहीं था। जबकि हिंदी के मुसलमान शुअरा के रग-ओ-पै में हिंदुस्तानियत की रूह रवाँ-दवाँ थी। यही वजह है कि फ़िराक़ साहिब कुछ तल्मीहात और कुछ संस्कृत अल्फ़ाज़ का इस्तिमाल तो कर लेते हैं लेकिन न उनमें दौर-ए-हाज़िर की मानवीयत भर पाते हैं और न ही उनके इस्तिमाल में कोई नुदरत पैदा कर पाते हैं। कैकई के फ़ित्ने, सीता के बिरह, सीता की रसोई, सीता के जयमाल, राधा की निगाह, बाँसुरी की टेर, नल-दमन के ईसार, गोपियों की पीड़ा, राधा की होली, शिव के विषपान को अपनी तश्बीहात के लिए चुनते ज़रूर हैं लेकिन इन तलाज़िमों का अपने मौज़ूअ से कोई फ़ित्री रिश्ता क़ाइम नहीं कर पाते। अगर वह इसमें कामयाब हो जाते तो यक़ीनन बहुत बड़ा कारनामा होता।

हिंदी के सूफ़ी शुअरा अगर माद्दी हुस्न को हुस्न-ए-अज़ली का रूप देने में मगन थे तो फ़िराक़ हुस्न-ए-ख़ाकी को आफ़ाक़ी और काइनाती बनाने में मस्त हैं। इसके लिए उन्होंने कृष्ण की बाँसुरी से लेकर लह्न-ए-दाउदी[1] तक, हिमालय से लेकर कोह-ए-क़ाफ़[2] तक "सूरज और चाँद की शुआओं से लेकर नूर-ए-ऐमन और शोला-ए-तूर[3] तक सबसे फ़ाइदा उठाया है। यूनानी तहज़ीब से ज़ुहरा[4] को लाकर संगम में ग़ोते खिलाकर उभारा है तो उतारिद को हिंदुस्तानी औरत के रूप में उड़ने को तैयार बताया है। नाफ़ में अगर उन्हें हौज़-ए-कौसर का लुत्फ़ मिला है

---

1. एक पैग़ंबर जिनका स्वर बहुत मधुर था, 2. निहायत दुर्गम सुनसान पहाड़ जो पश्चिमेशिया में स्थित है, 3. वह पहाड़ जहाँ हज़रत मूसा ने ख़ुदा का जलवा देखा था, 4. वीनस

तो उसके सारे बदन में उन्हें गंगा की पाकीज़गी के दर्शन हुए हैं। सीता और मरयम की पाकीज़गी से उन्होंने इसे मुतबर्रक बनाया है। यक़ीनन उनकी रुबाइयों में एक आफ़ाक़ी कल्चर की पासदारी है लेकिन साथ ही साथ उसे नया और वसीअतर बनाने का फ़ुक़दान खलता है और ऐसा महसूस होता है जैसे नई बोतल में पुरानी शराब भर दी गई हो। उर्दू में ज़रूर इसे एक नई आवाज़, एक नई लय कहा गया है लेकिन हिंदुस्तानी अदब में इसका कोई ख़ास मक़ाम नहीं हो सकता।

हुस्न के पैकर उभारने में इज़्हार के जिन पैरायों का इस्तिमाल किया गया है उन पर सरसरी नज़र डालने से एक तारीख़ी तद्रीज[1] ज़रूर नज़र आती है। वाल्मीकि और कालिदास उस अह्द के हैं जब हर तरफ़ बन फैले हुए थे। उन्होंने बन की ख़ूबसूरती चुराकर औरत को हसीन बनाया है। कालिदास के यहाँ चाल बल खाती, बहती नदी है, उसकी लहरें कटीली भँवें हैं, ज़ुल्फ़ की लहरें जमना में उठती तरंगें हैं। बाल मोरों के पंख और गर्दन मोर हैं, आवाज़ कोयल है, कमर शेर है, सीना कुहसार[2] की बर्फ़ से ढँकी चोटियाँ है, रफ़्तार हंस और हाथी की है तो बाल लटके हुए नाग हैं, तालाबों में खिले कँवल आँख, मुँह हैं तो लताएँ पूरा जिस्म हैं, जिस्म की नाज़ुकी बाद-ए-सबा के झोंके हैं। बन में हर तरफ़ फूल खिले हैं इसलिए वह बसंत ही बसंत है। हँसी कुंद और चमेली के बिखरे फूल हैं। पार्वती जब स्नान करके आती हैं तो कालिदास को महसूस होता है जैसे बरसात के बाद धरती पर काँस[(65)] के फूल खिल आए हों। उसमें उनके सफ़ेद रंग और सुडौल क़द दोनों को एक साथ बयान किया गया है। ग़रज़ कि यह औरत का जिस्म नहीं बल्कि भरा-पूरा बन है। इसमें नदियाँ, पहाड़, लताएँ, चरिंद, परिंद, बादल, रंग बदलता आसमान सब एक साथ मौजूद हैं। फ़िराक़ की रुबाइयों में फूल-बन, संदल-बन, कजली-बन का तसव्वुर तो मौजूद है लेकिन उनके तलाज़िमे नापैद हैं। उनका अह्द बन से दूर हो चुका था इसलिए उसके हुस्न को सिर्फ़ तसव्वुर की निगाहों से देखा जा सकता था।

इसके बाद औरत के आज़ा को बाग़ात की ख़ूबसूरती से सजाया गया, जिस्म के हिस्सों को फूलों और फलों से तश्बीह दी गई। ख़ुसरो ने इसे लाला-ओ-सोसन-ओ-सेब-ए-नार से आरास्ता किया।

चूँ बाग़-ए-शगुफ़्ता ब-फ़स्ल-ए-बहार
पुर-अज़ लाला-ओ-सोसन-ओ-सेब-ओ-नार

जायसी की पद्मावत में नागमती और पद्मावती ने बाग़ीचे के फलों और फूलों के बहाने अपने-अपने आज़ा की ख़ुबू-ख़ूब तारीफ़ की है और एक-दूसरे पर ख़ूब तानों की बौछार की है। लोकगीतों में भी गेंदे के फूल, नारंगी और गुड़हल वग़ैरह का ज़िक्र इसी तरफ़ इशारा करता है। हिंदी के ज़ियादातर शुअरा ने हुस्न को बाग़ भी

1. ऐतिहासिक क्रम, 2. पर्वतमाला

बताया है लेकिन बाग़ के तलाज़िमों की तरफ़ उनका ध्यान नहीं गया। "तेरी काया में गुलजार" (गुलज़ार) कहकर कबीर ने हुस्न का मुरक़्क़ा पेश किया है। फ़िराक़ के यहाँ भी गुलिस्तान है, ग़ुंचे हैं, चटकती कलियाँ हैं, महकती हवाएँ हैं लेकिन फल-फूल से आज़ा को तश्बीह नहीं दी गई। यह बाग़ है तो सिर्फ़ आमों का :

रस और सुगंध से जवानी बोझल
इक बाग़ है बौर आए हुए आमों का (66)

फ़िराक़ के यहाँ लबों से गुलिस्ताँ झड़ता है, जोबन रश्क-ए-चमन है और सौ गुलशनों का रंग फटा पड़ता है :

ख़ामोश लबों से गुलिस्ताँ झड़ता है
दीदा है कि सौ मैकदों से लड़ता है
ऐ रश्क-ए-चमन लहलहे जोबन पे तिरे
सौ गुलशनों का रंग फटा पड़ता है

सीने में लहक रहा है फूला गुलज़ार
बल खाए बदन में लहलहाती है बहार
मधुमास में जैसे जाग उठता है चमन
जिस तरह फटा पड़े फबकता हुआ बन

गुलज़ार-ए-शफ़क़ से नर्म कोंपल फूटे

एक वह अह्द[1] भी आया जब ज़र्द जौहर की चमक ने इंसान की आँखों को चुँधिया दिया और औरत का हर अज़्व उन्हीं की चमक-दमक से शोभा पाने लगा। जिस्म सोना हो गया और सीने सोने के कलश, जाम ज़र और कनक कचूरा (67) बन गए, दाँत हीरे हो गए, मुँह से फूल बरसने के बजाए मोती झड़ने लगे गोया औरत मादनियात की कान[2] बना दी गई। अदम में हुस्न की तस्वीरकशी में इन अशिया[3] और उनके सिफ़ात[4] का काफ़ी से जियादा इस्तिमाल मिलता है। फ़िराक़ साहिब ने इनकी तरफ़ बहुत ही कम तवज्जुह की है। उन्होंने पूरे जिस्म को बल खाती कनक-छड़ी ज़रूर कहा है :

बल खाती कनक-छड़ी है रस की पुतली (68)
ख़ुश्बू तन-ए-नाज़नीं की सोने में सुगंद

1. युग, 2. मूल्यवान वस्तुओं की खान, 3. चीज़ें, 4. गुण

जब किसी तहज़ीब की क़ुव्वत-ए-नमू[1] ख़त्म हो जाती है तो वह नज़ाकत और नफ़ासत की जगह रग, पुट्ठों का शैदा ज़ियादा हो जाती है। यह उसकी बुज़दिली की निशानी है या बहादुरी की, यह कहना मेरे लिए मुश्किल है लेकिन इससे उसकी ख़ुद-एतमादी ज़रूर ज़ाहिर होती है। ऐसी सूरत में औरत के जिस्म को भी अस्लहा-ख़ाना बनाया जाता है और उसकी नफ़ासत से दूर भागकर उसे मैदान-ए-जंग तसव्वुर किया जाता है। सोलहवीं सदी के हिंदी सूफ़ी शुअरा के यहाँ अस्लहों और मैदान-ए-कारज़ार से औरत के आज़ा[2] को तश्बीहात[3] की कमी नहीं है। एक नई ब्याहता ने पद्मावत में अपने एक-एक अंग को अस्लहों की रिआयत से उजागर किया है और शौहर को श्रृंगार-युद्ध (जंग-ए-वस्ल) की दावत दी है। जायसी ने तो तोप के तलाज़िमे के सहारे भी औरत के हुस्न की अक्कासी की है। फ़िराक़ ने उर्दू शाइरी के जिस माहौल में आँख़ ख़ोली वह तो पूरे तौर पर कमानों, तीरों, भालों, कटारों से भरी हुई थी और आशिक़ का नक़्शा क़स्साब की दुकान पर लटके खाल ख़िंचे बकरे का सा था। इससे फ़िराक़ को जितनी नफ़रत होती कम थी। लेकिन फिर भी इस रंग के कुछ नक़्श फ़िराक़ की रुबाइयों में मिलते हैं ताहम अस्लहे-ख़ाने की तरफ़ उनका रुख़ नहीं है :

ये निगाहों की खनक, तेग़-ए-अदा की झंकार
हुस्न सर-ता-ब-क़दम बोलता रन क्या कहना

ख़ंजर की रवानियाँ कटीली आँखें (69)

क्यूँ तू कभी मरहम है कभी ख़ंजर है (70)

मासूम जबीं और भँवों के ख़ंजर (71)

शराब और मैख़ाने, साग़र-ओ-मीना के तलाज़िमों से भरी उर्दू शाइरी फ़िराक़ को वर्से में मिली थी और वह ख़ुद भी बलानोश थे। लेकिन हैरत है कि उनकी रुबाइयात में शराब के साग़र बहुत कम छलकते हैं। ज़ियादातर उन्होंने फित्रत की मस्ती के साग़र छलकाए हैं और कभी-कभी ख़ुमार-आलूद आँखों की निशानदेही इसके ज़रिए से की है :

छलकाती हैं प्रेम की गुलाबी आँखें
सद-मैकदा-दर-बग़ल शराबी आँखें
हर शाम चराग़-ए-शबनमिस्तान-ए-जमाल
हर सुब्ह चमन-चमन गुलाबी आँखें

---

1. विकास की दक्षता, 2. अंगों, 3. उपमाएँ

छलका-छलका शबाब बदमस्त-ओ-ख़राब
मद पीके सियाह लंबी पलकें भारी

रूप की रुबाइयों में मीना-ए-जमाल(72) छलकता है, जोबन(73) मद (शराब) में डूबता है। बादा(74) से जवानी चूर है, मैकदा(75) से दीदा लड़ता है, मैकदा(76) छलकाता हुआ दिन डूब जाता है, ज़ुल्फ़ों(77) में मैकदे की रातें ढलकती हैं, आवाज़-ए-पा(78) के साग़र छलकते हैं, साग़र(79) सब छलकता हुआ जाम हो जाता है, गर्दन-ओ-सीना(80) वज्द में आया हुआ मैकदा है, उस हसीन की ज़ुल्फ़ों के मैख़ाने की रात ढलती है और आँखों से शराब छलकती है :

ज़ुल्फ़ों में ढल रही है मैख़ाने की रात
आँखों से छलक-छलक सी जाती है शराब (81)

फ़िराक़ ने बयानिया रुबाइयाँ भी लिखी हैं और रम्ज़िया[1] भी। बयानिया रुबाइयों में वह ख़ालिस सरापा की तस्वीर पेश कर पाए हैं। उनमें तश्बीहात मुन्फ़रिद और यकतही[2] हैं। वो सब मानूस-सी लगती हैं क्यूँकि सरापा-निगारी की रिवायत में इन सबका इस्तिमाल मिलता है। लेकिन कहीं-कहीं उनके तनासुब-ए-बातिनी[3] और मनाज़िर-ए-फ़ित्रत[4] के क़ुदरती रिश्तों में रद्द-ओ-बदल करके फ़िराक़ ने नुदरत[5] भी पैदा की है। इन रुबाइयात की अस्ल दिलकशी और मक़्बूलियत का राज़ उस रम्ज़ियत[6] में मुज़्मर[7] है जिसे अपने तसव्वुर-ए-काइनात[8] के ज़रिए फ़िराक़ ने पैदा किया है। उनकी इस रम्ज़ियत में कबीरदास के पदों की फ़ज़ा महकती है। कबीर के लिए सारे मर्द-ओ-औरत उसी का रूप(82) हैं। फ़िराक़ के लिए इश्क़ ज़िंदगी की पहचान है, आदमी-आदमी की पहचान है और कबीरदास भी "अनचिन्हार" (अंजान) की चिन्हारी (पहचान) को इश्क़ कहते हैं। फ़िराक़ का "लामहदूद नशात" का तसव्वुर कबीर के महासुख की कल्पना जैसा ही है। दोनों के अल्फ़ाज़ एक मानवीयत[9] की तरफ़ इशारा ही नहीं करते बल्कि एक-दूसरे का तर्जुमा मालूम होते हैं। महासुख प्रेम की हद है। यह वह संसार है जहाँ नूर ही नूर है, संगीत ही संगीत है, यहाँ बहार ही बहार है, यहाँ सदा बाँसुरी बजती रहती है, यहाँ हर तरफ़ महक ही महक है, करोड़ों सूरज राग के रूप में हैं, हक़ीक़त की बीन से धुन बजती है। प्रेमनगर के ऊपर हक़ीक़त की दुनिया आबाद है :

मुरली बजत अखंड सदा से, तहाँ प्रेम झंकारा है
प्रेम हद तजी जब भाई, सतलोक की हदपन आई
उठत सुगंध महाअधिकाई, जाको वार न पारा है
कोटि भान राग को रूपा, बैन सतधुन बजे अनूपा

1. सांकेतिक, 2. अद्वितीय, 3. अंतर्द्वंद्व, 4. प्राकृतिक दृश्यावली, 5. नवीनता, 6. सांकेतिकता, 7. समाहित, 8. सृष्टि की अवधारणा, 9. अर्थवत्ता

कबीरदास का यह संसार "बेगमपुरा" (बे-ग़म शहर) है। इसे ध्यान की आँखों से देखा जा सकता है, यह बग़ैर आँखों के ही दिखाई पड़ता है। यहाँ सफ़ेद फूल जैसे राग फूलता है और अनहद बाजा (सौत-ए-सरमदी) की झंकार सुनाई पड़ती है। यहाँ चाँद, सूरज, तारे हर वक़्त आरती उतारते हैं। ओम ने सबकी तख़्लीक़ की है जो ख़ुद राग की तरह है :

ओंकार से कोई सिरजे, राग-सरूपी अंग

कबीरदास के महासुख में मौसीक़ी[1] ही मौसीक़ी है और इसी आवाज़ से तख़्लीक़-ए-काइनात हुई है। कबीरदास के "सबद" का मुतरादिफ़[2] फ़िराक़ के यहाँ संगीत है। जान-ए-बहार पर नज़र पड़ते ही वह संगीत की सरहदों को प्रेम की आख़िरी मंज़िल, महासुख के आलम को छू लेते हैं। यहीं से तो तख़्लीक़ का तिलिस्म पर्दा-ब-पर्दा खुलना शुरू होता है। इस तरह फ़िराक़ शुहूद[3] से ग़ैब[4] के राज़दाँ बन जाते हैं :

हर जल्वे से इक दर्स-ए-नमू लेता हूँ
छलके हुए सद-जाम-ओ-सबू लेता हूँ
ऐ जान-ए-बहार तुझपे पड़ती है जब आँख
संगीत की सरहदों को छू लेता हूँ

कबीर के महासुख में राग के सफ़ेद फूल खिलते हैं :

सेत-सरूप राग जहाँ फूले साईं करत बहारा हो

फ़िराक़ की आँखें कहानी सुनाती हैं :

संगीत की सरहदों पे खिलने वाले
फूलों की कहानियाँ रसीली आँखें

कबीर की इस दुनिया में ख़ारिजी और दाख़िली वुजूद एक होकर आसमान की वुसअत हासिल कर लेते हैं और धर (धड़ वाले यानी मौजूद) और अधड़ (बेधड़ यानी वुजूद) का फ़र्क मिट जाता है :

बाहरा भीतरा एक अकासवत
धर या मैं अधर भरपूर लागी

यह इत्तिहाद[5] फूल में महक, संदल में ठंडक, चराग़ में रोशनी जैसा है। फ़िराक़ का वुजूद और मौजूद एक-दूसरे से जुदा नहीं हैं। दोनों का यह मैल रगों

---

1. संगीत, 2. पर्याय, 3. सूफ़ी मत के अनुसार वह अवस्था जब हर शै में ख़ुदा नज़र आए, 4. परोक्ष, 5. एकता

में ख़ून-ए-सालिह और ज़िंदगी में मर्कज़-ए-रग-ए-जाँ[1] की तरह है फिर कभी यक्सानियत[2] में कुछ कमी रह जाने का अंदेशा है। इसलिए फ़िराक़ कह उठते हैं कि "कुछ इससे ज़ियादा क़ुर्ब ए जान-ए-जहाँ"—

जिस तरह रगों में ख़ून-ए-सालिह हो रवाँ
जिस तरह हयात का है मर्कज़ रग-ए-जाँ
जिस तरह जुदा नहीं वुजूद-ओ-मौजूद
कुछ इससे ज़ियादा क़ुर्ब ऐ जान-ए-जहाँ

"जान-ए-जहाँ" से माशूक़ का एहसास हो सकता है और कहा जा सकता है कि यह रुबाई "ता कस न गोयद बाद-अज़ीं मन दीगरम तू दीगरी"[3] की रिवायत का ही नया रूप है। लेकिन इसके फ़ौरन बाद की रुबाई में "जान-ए-जहाँ" को ग़ैब-ओ-शुहूद की आँखमिचौली, जल्वा और पर्दे का तिलिस्म बताकर फ़िराक़ यक़ीनन कबीर के महासुखनगर में ही दाख़िल हो जाते हैं :

खुलता ही नहीं हुस्न है पिन्हाँ कि अयाँ
देखे तुझे कैसे कोई ऐ जान-ए-जहाँ
बँध जाता है इक जल्वा-ओ-पर्दे का तिलिस्म
ये ग़ैबो-शुहूद! आँखमिचौली, का समाँ

फ़िराक़ की रुबाइयाँ नूर-ओ-नग़्मा और रंग से मुज़य्यन[4] हैं। "आके रागिनी खड़ी होती है।"(83) शब-ए-माह में नूर की उँगलियों से देवी सितार बजाती है।(84) फ़िराक़ की इस दुनिया में हर गाम पे संगीत सुनाई पड़ता है, सरस्वती सितार(85) बजाती है। कबीर की दुनिया में भी करोड़ों सरस्वती राग गाती हैं :

कोई सरस्वती जहाँ धिरे राग

प्रेम-राग, प्रेम-बिहाग, प्रेम-सुहाग और प्रेम-गगन जैसी कबीर की इस्तिलाही लुग़ात फ़िराक़ की रुबाइयों में भी इस्तिमाल हुई हैं। इस मक़ाले में पूरा तज्ज़िया करना नामुमकिन है लेकिन अगर फ़िराक़ के कलाम को कबीरियात की रोशनी में जाँचा और परखा जाए तो यक़ीनन नताइज बहुत दिलचस्प होंगे। फ़िराक़ कबीरदास के मद्दाह थे। उन्होंने अपने कई मज़ामीन में कबीर के पदों का इक़्तिबास[5] पेश किया है। काशी में मरने के बाद जन्नत हासिल करने के बजाए कबीर ने मगहर में मरना पसंद किया और उनकी समाधि भी वहीं है। यह जगह बस्ती और गोरखपुर के दर्मियान है। इसलिए भी फ़िराक़ अक्सर फ़ख़्रिया उनका ज़िक्र करते हैं। टैगोर ने

---

1. प्राणों की शिरा का केंद्र, 2. एकरूपता, 3. मैं और तू दीगर नहीं हैं, 4. सुशोभित, 5. शब्द-बंध, अंश

ख़ंदापेशानी से कबीर के सामने जबीन-ए-नियाज़ झुकाई है।[1] उन्होंने अपनी शाइरी पर कबीर के असरात को तस्लीम किया है और उसी के बाद कबीरदास अदब की दुनिया में पहचाने गए हैं। फ़िराक़ टैगोर की अज़्मत को तस्लीम करते हैं और उन पर भी उन्होंने कई मज़ामीन क़लमबंद किए हैं। इसलिए यह क़रीन-ए-क़ियास है कि फ़िराक़ ने गहराई से कबीरदास के असरात क़ुबूल किए हों।

फ़िराक़ ने आतिश-ए-इश्क़ से परहेज़ किया है लेकिन हुस्न को तमामतर आतिशीं बना दिया है और इसे साज़-ओ-शबनम के छींटों से ठंडा भी करते हैं। अपनी एक मुसलसल ग़ज़ल में उसकी भरपूर अक्कासी की है :

बोलता है जिस्म किसी का
छिड़ा हुआ है प्रेम-बिहाग
वो आकाश की देवी उतरी
चंद्र-किरन पे गाती राग
तान-तान पर पौ फटती है
लौ देता है प्रेम का राग
अँगड़ाई लेती है जवानी
या है छलकती-पिघलती आग
आते ही जल उठे चराग़
रूप है तेरा दीपक-राग
हुस्न-ए-शबनमी पैराहन में
जैसे दबी-दबी सी आग

हुस्न के शोला-ओ-शबनम की यही तस्वीर हमें उनकी नज़्म 'परछाइयाँ' में भी नज़र आती है :

जमाल सर से क़दम तक तमाम शोला है
सकून-ओ-जुंबिश-ओ-रम तक तमाम शोला है
मगर वो शोला कि आँखों में डाल दे ठंडक

रुबाइयों में भी इस हुस्न के सीने में पिघला आफ़्ताब बंद है, उसके रुख़ पर मिह्-ए-सय्याल की ज़ौ(86) है, उसकी चाल में बिजली की रौ है,(87) उसमें क़ौस के झिलमिलाते शरारे हैं, (88) ख़ून-ओ-अंजुम,(89) की मौज उसमें नज़र आती है, उसका पैकर चराग़-ए-तह-ए-आब(90) है। होंट लौ से दहकते हैं,(91) रूप में बिजली लहराती है,(92) बदन का रंग ऐसा है जैसे सियाह शफ़क़ में कौंदा लपके,(93) उसके शर्माने से बिजली गुल(94) हो जाती है। नाक दीपक की लौ(95) है, कमर रक़्स-ए-शोला

1. टैगोर ने हर्ष और श्रद्धा से कबीर के सामने सिर झुकाया

है।(96) नूर के इस रूप को चाँद, तारों और सूरज से भी उन्होंने मुनव्वर किया है। उनके यहाँ, दमक, लहक, लहरा, डलक, चुमकार, खटक, छूट जैसे अल्फ़ाज़ बार-बार इस्तिमाल हुए हैं। उन्हीं की मौजूदगी की बदौलत डॉक्टर तारकनाथ बाली ने फ़ैसला सुना दिया है : "रूप की रुबाइयाँ पढ़ते हुए बार-बार रीतिकाल के दोहों और कवित्त वग़ैरह की याद आती है...रूप की रुबाइयों में जो जज़्बाती बहाव है वह उर्दू का मिज़ाज है जो रीतिकाल की हिंदी शाइरी से मिलता-जुलता है...दरअस्ल रूप पर रीतिकाल का असर सिर्फ़ ज़बान और तलाज़िमों[1] की हद तक दिखाई देता है।" लेकिन यह राय सही नहीं है। फ़िराक़ ने इन अल्फ़ाज़ का इस्तिमाल हुस्न को ज़ौ-फ़िशाँ[2] बनाने के लिए किया है, यह हुस्न-ए-ज़ाती की सिफ़त के तौर पर आए हैं जबकि रीतिकाल के हिंदी शुअरा ने मल्बूसात[3] की तड़क-भड़क और ज़ेवरात की आराइश से हुस्न में चमक-दमक पैदा की है।

राग और नग़्मे का इर्तिआश[4] तो हमें क़द-ओ-क़ामत में, चाल में, चश्म-ओ-अब्रू की जुंबिश में, बदन के उतार-चढ़ाव में सुनाई पड़ता है। साथ ही साथ पैकर-ए-नाज़नीन हाफ़िज़ की ग़ज़ल में ढल जाता है। लेकिन राग बिहाग, राग आसावरी, दीपक, भैरवी के इलावा दूसरे रागों का नाम फ़िराक़ ने नहीं गिनाया है। रीतिकाल के देव ने मेघ राग और गौरी राग से मदद ली है, देव की संगीत-सभा में कोयल अलापती है, मोर नाचता है, पपीहा ताल देता है। फ़िराक़ की रुबाइयों में सारी काइनात राग का रूप है। उसमें नग़्मे का वही मक़ाम है जो कबीरदास के महासुख में है।

नूर-ओ-नग़्मे के इलावा फ़िराक़ की रुबाइयों में रंग की पिचकारी भी छूटती है। क़ौस-ए-क़ुज़ह या धनुष से ज़ियादातर फ़िराक़ ने जिस्म के ख़म की अक्कासी की है, कहकशाँ[5] का इस्तिमाल भी ख़मों को उजागर करने के लिए किया गया है। लेकिन उनके ज़रिए अपनी रुबाइयों में उन्होंने रंगों की आमेज़िश भी की है। मज्मूई तौर पर सुर्ख़, गुलाबी, साँवले और सफेद रंग ही उन्होंने अपनी तस्वीरों में भरे हैं। शफ़क़ और उषा की गुलाबी उन्होंने काफ़ी बिख़ेरी है और इसके लिए मैकदे से भी मदद ली है। कंचनजंघा पर तुलू-ए-आफ़्ताब[6] से उन्होंने सुनहरे बदन की अक्कासी की है :

अपनी तस्वीरों में फ़िराक़ ने आग और सुहाग से भी सुर्ख़ी भरी है :

रग-रग में जवानी की सुलगती हुई आग
रतनार आँखों का रसमसाता हुआ फाग
हर ख़त्त-ए-बदन की जगमगाती हुई लौ
वो रूपमती पाँव से सर तक है सुहाग

गंगा का पानी सफ़ेद और जमना का नीलगूँ है, लक्ष्मण गोरे और राम साँवले थे। उनके मेल से भी काले और सफेद रंगों को फ़िराक़ ने एक साथ उभारा है :

---

1. बिंब-प्रतीकों, 2. आभामय, 3. वस्त्राभूषण, 4. कंपन, चंचलता, 5. व्योम गंगा, 6. सूर्योदय

लटके-लटके काले गेसू गोरे-गोरे लंबे बाज़ू
मिलके रवाँ हैं गंग-ओ-जमन, साथ ख़िरामाँ राम-ओ-लखन

पैकर-ए-सीमीं[1] और ज़ुल्फ़-ए-शबगूँ को भी गंगा, जमना के रंगों से उन्होंने ज़ीनत दी है :

ज़ुल्फ़-ए-शबगूँ की चमक, पैकर-ए-सीमीं की दमक
दीपमाला है सर-ए-गंग-ओ-जमन क्या कहना

जमना और राम के साँवलेपन से एक और तस्वीर बनाई है :

ये हल्के सलोने-साँवलेपन का समाँ
जमना-जल में और आसमाँ में कहाँ
सीता पे स्वयंबर में पड़ा राम का अक्स
या चाँद से मुखड़े पे है ज़ुल्फ़ों का धुआँ

शाम, धुआँ, मुँह-अँधेरे के तलाज़िमात से फ़िराक़ ने साँवला रंग तैयार किया है और सफ़ेद कँवल, कामिनी, सहर, तड़का, पौ फटने का समाँ के ज़रिए तस्वीरों में सफ़ेद रंग भरा है।

फ़ित्रत के मनाज़िर से फ़िराक़ ने सिर्फ़ हुस्न की ही आराइश नहीं की। फ़ितरत ने भी इस हुस्न से अपनी ज़ेबाइश की है। हिंदी सूफ़ी शुअरा ने इसे हुस्न-ए-अज़ली[2] का पारस रूप कहा है। फ़ितरत इसी के आज़ा के लम्स से अपना हुस्न हासिल करती है। जायसी के एलबम में हुस्न की ऐसी तस्वीरें भरी पड़ी हैं। फ़िराक़ के यहाँ भी ऐसे मुरक़्क़ों[3] की कमी नहीं है: शाम का धुँधलका उसकी ज़ुल्फ़ों का धुवाँ है और उड़ती हुई बगुलों की क़तार उसके क़ामत[4] की कमान है।[98]

हिंदी अदब से ख़ोशा-चीनी

फ़िराक़ साहिब को ख़ोशा-चीन[5] कहना उनके साथ ज़ियादती है लेकिन वह उर्दू शाइरी की देवी को हर तरह से ज़ेवर से सजाना चाहते थे और अपनी शाइरी में नुदरत पैदा करने की वह हर मुम्किन कोशिश करते थे। इसके लिए उन्होंने अंग्रेज़ी और हिंदी अदब से इस्तिफ़ादा[6] किया है। इज़्हार की सत्ह पर यह बहुत अयाँ है। जिन लोगों को उन्हें क़रीब से देखने का मौक़ा मिला है वो अच्छी तरह जानते हैं कि कोई ख़ूबसूरत तर्ज़-ए-इज़्हार किसी अंग्रेजी के शाइर के यहाँ उन्हें मिल गया है तो उसे वह महीनों अपने मिलने वालों के सामने दुहराते रहते थे और उस वक़्त

1. चाँदी की देह, 2. आदिम सौंनदर्य, 3. चित्रों, 4. क़द, डील-डौल, 5. दूसरों की रचनाओं का अनुकरण करनेवाला, 6. लाभ उठाना

तक बेचैन रहते थे जब तक उसे उर्दू के क़ालिब में नहीं ढालते थे। यह ज़बान के तख़्लीक़ी इस्तिमाल की अनथक कोशिश है, उसे मालामाल करने का अमल है। तर्ज़-ए-इज़्हार की सत्ह पर उन्होंने हिंदी अदब से भी फ़ाइदा उठाया है। रुबाइयात की तश्बीहात बहुत कुछ जायसी से मुस्तआर[1] हैं। तुलसी और सूरदास के कुछ मिस्रों की उन्होंने ख़ुद निशानदेही कर दी है। लेकिन सबसे ज़ियादा इस मैदान में वह जायसी से ही मुतआसिर नज़र आते हैं। उसके तज्ज़िए के लिए भी एक अलग मक़ाला दरकार है। हम यहाँ चंद मिसालों पर ही इक्तिफ़ा[2] करेंगे। तुलसीदास की यह चौपाई फ़िराक़ को पसंद आ गई है :

जहँ बिलोग मृग-सावक नयनी
जिन तहँ बरस कमल सित श्रेनी

[हिरन के बच्चे जैसी आँखों वाली सीता ने जब एकटक राम को देखा तो महसूस होता था कि वहाँ सफ़ेद कमलों की बारिश हो गई हो।]

मृग-शावक (हिरन के बच्चे) की आँखों का ज़िक्र रुबाइयों में अक्सर-ओ-बेशतर आया है। मृग-छौने (हिरन के बच्चे) की आँखें रीतिकाल के शुअरा[3] को भी बहुत अच्छी लगती हैं। आँखों से सफ़ेद कमल की यह बारिश फ़िराक़ को इतनी पसंद आई कि उन्होंने इसे बार-बार अपने अश्आर में बाँधा है :

उजले फूल बरसा जाती है इन मासूम आँखों की किरन (99)

सफ़ेद फूल ज़मीं पर बरस पड़ें जैसे
फ़ज़ा में कैफ़-ए-सह्र है जिधर को देखते हैं

झलकती है तिरी आँख सर-ए-ख़ल्वत-ए-नाज़
या कामनी के फूल बरस जाते हैं

तुलसी का एक मिस्रा है :

निकसे जनु बिमल बिधु जलद पटल बिलगाई

[बादल की तहों को हटाकर जैसे दरख़्शाँ चाँद निकले।]

फ़िराक़ ने इसका इस्तिमाल अपनी एक रुबाई में यह किया है—बादल की तहों से माह-ए-कामिल निकला(100)

तुलसी की सीता की मुस्कुराहट ख़ूबसूरती को भी ख़ूबसूरत बना देती है और लगता है कि रूप के घर में चराग़ जल रहा हो :

---

1. उधार लेना, 2. संतोष, 3. कवियों, शाइर का बहुवचन

सुंदरता कहुँ सुंदर करई
छबि गिरहिं दीप सखा जनु बरई

फ़िराक़ के यहाँ यह ख़याल जूँ का तूँ मौजूद है :

यूँ फूट रही है मुस्कुराहट की किरन
मंदिर में चराग़ झिलमिलाए जैसे(101)

सूरदास का यह पद भी फ़िराक़ को मुतअस्सिर कर गया था। इसे अपने नोट में उन्होंने ख़ुद ही तस्लीम किया है :

पिया बिन नागिन कारी रात

[पिया के बग़ैर काली रात नागिन जैसी है।]

कभुनक जामिनि ऊती जुन्हिया डस उल्टे हुए जात

[यह कभी काली रात है और कभी चाँदनी खिल जाती है, ऐसा लगता है जैसे नागिन डसकर उलट गई हो।]

सूरदास ने इस पद में रात के अँधेरे पक्ष और उजाले पक्ष दोनों की एक साथ अक्कासी की है और नागिन से डसकर उलट जाने के सहारे दोनों को ही तकलीफ़देह बताया है। पिया से बिछड़ी इस गोपी को काली रात भी सताती है और उसकी चाँदनी भी। फ़िराक़ ने भी इस ख़याल को बाँधने की कोशिश की है लेकिन पूरे ख़याल का इज़्हार नहीं कर पाए :

ये चाँदनी रात ये बिरह की पीड़ा
जिस तरह उलट गई हो नागिन डसके(102)

फ़िराक़ ने पैकर-ए-नाज़नीन को खनकती चंग[1](103) कहा है। चंग की शक्ल बत से मुशाबिह है और इसी शक्ल के बर्तन में शराब भी रखी जाती थी। सादी का एक शेर है :

रवाँ ख़म्र चंग-ए-फ़ुतादा निगूँ
तु गुफ़्ती शुदस्त अज़ बत-ए-कुश्ता-ख़ूँ

[चंग सरनिगूँ है और सुर्ख़ शराब बह रही है, और तू कहता है कि यह बत-ए-कुश्ता[2] का ख़ून है।]

मलिक मुहम्मद जायसी की हीरोइन समुंदर में डूब जाती है और वह बेहोशी के

1. एक वाद्य यंत्र, 2. शिकार की हुई मुर्ग़ाबी

आलम में रेत पर बेसुध पड़ी है। इस नज़ारे की अक्कासी जायसी ने सादी के इसी शेर के सहारे की है :

बन सर रक्त सुराही ढारी
जन्हूँ बकत सर काटि पियारी

[जैसे ख़ून से भरी सुराही को ढक्कन खोलकर किसी ने लुढ़का दिया हो, या जैसे बुत का सिर काटकर किसी ने फेंक दिया हो।]

इसमें पानी में भीगे सफ़ेद जिस्म से उबलती हुई सुर्ख़ी को समुंदर की सफ़ेद रेत पर फैलते हुए दिखाया है। ग़ालिबन फ़िराक़ की "खनकती चंग" भी सादी के यहाँ से आई है।

हम पहले ही कह चुके हैं कि मुतज़क्करा-ए-बाला[1] मिसालें सिर्फ़ इस तरफ़ इशारे हैं। लेकिन अगर फ़िराक़ की तश्बीहों का इस रोशनी में मुकम्मल जाइज़ा लिया जाए तो बहुत ही दिलचस्प मक़ाला लिखा जा सकता है और उस तहज़ीबी वर्से की निशानदेही हो सकती है जिस की थरथराहट महसूस करने के लिए वह हिंदी अदब की तरफ़ राजे हुए थे। लेकिन यह कहना हम ज़रूरी समझते हैं कि बावजूद फ़िराक़ साहिब के दावों के उनकी तख़्लीक़ में संस्कृत अदब के असरात नज़र नहीं आते। जो असरात संस्कृत कल्चर के कहे जा सकते हैं वो हिंदी शेरी अदब के ज़रिए ही। उन तक पहुँचने में और उन्हें फ़िराक़ तक मुंतक़िल[2] करने में कबीर और जायसी का ज़ियादा हाथ है।

पुराणों की तल्मीहात[3]

रीति, कामदेव, फूलों के तीर, सीता की पाकीज़गी, राधा, कृष्ण की बंसी, राम बनबास, कैकेई के फ़ित्ने, शिव की जटा से गंगा का उतरना, अमृत और शिव का ज़ह्र पीना के तलाज़िमों से रूप की रुबाइयों को फ़िराक़ ने रंगीन बनाया है। माशूक़ की छलावा चाल में उन्हें अर्जुन के तीर की जस्त नज़र आई है। लेकिन तमाम तल्मीहात को ठीक पुराणों जैसी सूरत में उन्होंने इस्तिमाल नहीं किया। रूप को उन्होंने गोकुल नगरी की रासलीला क़रार दिया है। लेकिन इससे हुस्न के ख़द-ओ-ख़ाल बिल्कुल नहीं उभर पाए :

राधा की झपक कृष्ण की बरज़ोरी है
गोकुल नगरी की रासलीला है ये (104)

फ़िराक़ साहिब का एक शेर है :

---

1. उपर्युक्त, 2. स्थानांतरित, 3. पौराणिक मिथक

कर्मयोग की महाशक्ति को हमने अपने साथ लिया है
इस जीवन के शेषनाग को इन हाथों ने नाथ लिया है

शेषनाग जीवनदाता है। उसमें ज़ह्र उगलने वाला कालिया नाग है जिसे नाथ कर कृष्ण ने ब्रज वालों को नजात दिलाई थी। फ़िराक़ किसी तरंग में कालिया नाग के बजाए शेषनाग को नाथ बैठे हैं।

नग़मे और अदब की देवी सरस्वती के सितार की गत को फ़िराक़ ने सजल बदन बनाकर पेश किया है :

सजल बदन की बयाँ किस तरह हो कैफ़ियत
सरस्वती के बजाते हुए सितार की गत

सिर्फ़ देवी कहकर भी कई जगह फ़िराक़ ने सरस्वती की बजाई गत को याद किया है। सरस्वती सितार नहीं लिए फिरतीं, वह तो वीणावादिनी हैं।

अर्जुन अपनी तीरंदाज़ी के लिए मशहूर हैं लेकिन भीष्म पितामह नावक-अंदाज़[1] बिल्कुल नहीं हैं। मरते वक़्त ज़रूर उनकी ख़ाहिश के मुताबिक़ अर्जुन ने तीरों से एक मचान बनाया था जिस पर लेटे-लेटे उन्होंने कलजुग की कथा सुनाई थी। फ़िराक़ साहिब ने अर्जुन के साथ-साथ उनके पैकान[2] की भी तारीफ़ कर डाली है :

दुनिया में हुए ऐ दिल कितने ही महाभारत
अर्जुन की कमाँ था तू, तू भीष्म का था पैकाँ

पुरानों के मुताबिक़ चाँद के रथ में सात हिरन ज़रूर जुते हैं लेकिन वह एक ऐश-परस्त देवता है, देवी हरगिज़ नहीं। फ़िराक़ ने उसकी जिंस तब्दील कर दी है :

वो रूप नगर का बन है रमना तेरा
चरते हैं जहाँ चाँद की देवी के हिरन (105)

फ़िराक़ ने हिंदू तल्मीहात ज़ियादातर कृष्णगाथा से ली हैं और कभी-कभी राम व सीता की तरफ़ भी तवज्जोह की है लेकिन लक्ष्मी और पार्वती में उन्हें कोई दिलकशी नज़र नहीं आई। ऊपर गिनाई गई लग़्ज़िशों की वजह यही है कि फ़िराक़ ने हिंदू असातीरी अदब[3] का गहरा मुतालआ नहीं किया था और ये तल्मीहात उन तक या तो हिंदू घराने में पैदा होने की वजह से ज़बानी पहुँची थीं या उन्होंने उन्हें शेरी अदब से अपनाया था। हिंदू तल्मीहात के साथ कबीर और जायसी ने भी इसी तरह की आज़ादी रवा रखी है।

---

1. धनुर्धर, 2. भाले या बर्छी की अनी, 3. हिंदू मिथक साहित्य

हम यहाँ एक बार फिर यह वाजह कर देना ज़रूरी समझते हैं कि फ़िराक़ ने दूसरों से इस्तिफ़ादा ज़रूर किया है लेकिन उसका तख़्लीक़ी इस्तिमाल करके बहुत ख़ूबसूरत मुरक़्क़े पेश किए हैं और कहीं-कहीं पुरानी तश्बीहात में नई रूह फूँक दी है और उन्हें हसीनतर बना दिया है इसलिए उनका यह कारनामा कोई कम अहम नहीं है।

फ़िराक़ साहिब के इस ख़याल से इन्कार की कोई गुँजाइश नहीं है कि "इश्क़ और इश्क़िया शाइरी दोनों समाज और समाजी कल्चर या समाजी मेयारों और रिवायतों की पैदावार हैं।" जिस कल्चर को हम क़ुबूल कर लेते हैं, उस कल्चर की आँखों, हाथों, कानों और नाक से यह सब करते हैं। हर कल्चर एहसास-ए-काइनात के लिए "ख़ुफ़िया हवास व ख़ुफ़िया ज़बान" पैदा कर लेता है। फ़िराक़ साहिब जदीद ज़हन के शाइर समझे जाते हैं लेकिन रूप की रुबाइयों में उनका "ख़ुफ़िया हवास व ख़ुफ़िया ज़बान" उसी अह्द-ए-वुस्ता के कल्चर की है जिसमें काबे का नूर और बुतख़ाने की ज्योति एक-दूसरे में ख़ल्तमल्त[1] हो गई थीं जिसे हम गंगा-जमनी तहज़ीब भी कहते हैं। ख़यालात और जज़्बात की यह यकजह्ती जिस अह्द (मुल्क के बँटवारे से कुछ क़ब्ल) में नेस्त-ओ-नाबूद हो चुकी थी। फ़िराक़ ने अपनी रुबाइयात से उसकी आब्यारी की। बावजूद इसके कि फ़िराक़ की नज़र इन रुबाइयों में पीछे की तरफ़ है लेकिन हालात-ओ-ज़माना के तहत यह उनका तरक़्क़ीपसन्द क़दम था और क़ौमी था और क़ौमी यकजह्ती में तसल्सुल पैदा करने की ज़बर्दस्त कोशिश थी। इन रुबाइयों के हुस्न-ओ-क़ब्ह[2] पर राएज़नी की जा सकती है, लेकिन उनकी सिहतमंद तहज़ीबी बाज़याफ़्त[3] से इन्कार नामुमकिन है।

सन्दर्भ

(1) *न पूछ है मिरी मजबूरियों में क्या कस-बल*
मशीयतों की कलाई मरोड़ सकता हूँ (फ़िराक़)

(2) हिंदी के सूफ़ी शुअरा ने इसी हुस्न को पारस रूप कहा है क्यूँकि इसी के लम्स से काइनात की हर शै ने मनचाहा हुस्न हासिल किया है।

(3) पड़ती है तिरे चेहरे पे ये नर्म सी छूट
या वक़्त के रख़्नों से अबद झाँकता है।

(4) सूरा-ए-अह्ज़ाब, आयत-72

(5) मुहम्मद चंगी अनंग की सुनी महि गगन डराई
धंसी बरही ओधंसी हिया जहि सब आग समाई

(6) गिरी समुदर, ससी, मेघ, रवि सहि नसकहिं जो आग

---

1. गड्डमड्ड, 2. गुण-दोष, 3. सांस्कृतिक पुनर्यात्रा

मुहम्मद सती सराहिए, जरे जो इस पी लाग

(7) *थी यूँ तो शाम-ए-हिज्र महर पिछली रात को*
वो दर्द उठा फ़िराक़ कि मैं मुस्कुरा दिया

(8) *पिछले पहर शब-ए-फ़िराक़ कौन ये मुझसे कह गया*
तेरा जवाब फिर कहाँ तू जो ये दर्द सह गया

(9) *समा सका न कहीं जब नशात-ए-लामहदूद*
तो इसको हुस्न ने दो मुट्ठियों में बंद किया

(10) वस्ल से क़ब्ल हिज्र की कैफ़ियत

(11) भगती किसी भी इंसानी जज़्बे के तहत वुजूद-ए-मुतलक़ से भरपूर और ग़ैर-मुतज़ल्ज़ल तअल्लुक़-ए-ख़ातिर पैदा करना है। ऐसे तो इसमें दुश्मनी के जज़्बे के लिए भी गुंजाइश है। लेकिन सोलहवीं सदी ईस्वी में वल्लभाचार्य और उनके बाद के मुफ़क्किरीन ने औरत-ओ-मर्द के बाहमी रवाबित को ही भगती के लिए सबसे ज़ियादा सराहा है और उसे आदर्श कहा है। ग़ालिबन यह सूफ़ियों का असर है। क़ाबिल-ए-ग़ौर बात यह है कि उन लोगों ने अपने इस नज़रिए को प्रेमभगती नहीं कहा। उनकी इस्तिलाह में यह मधुरा-भगती है, सुधा-भगती है, रागानुराग-भगती है। भगती की शाइरी में प्रेम एक मामूली लफ़्ज़ है कोई इस्तिलाह नहीं।

(12) वो औरतें जो तै-शुदा मक़ाम और वक़्त पर अपने प्रेमी से मुलाक़ात करती थीं। साफ़ अल्फ़ाज़ में कहा जा सकता है कि वो औरतें जो शादी के बंधन के बाहर जिंसी तअल्लुक़ात क़ाइम करती थीं क्यूँकि वो बेसवाएँ नहीं थीं।

(13) वह औरत जो जिंसी तजुर्बात से दो-चार होकर बेतकल्लुफ़ हो चुकी हो।

(14) बचपन और जवानी के मेल का दौर।

(15) फ़िराक़ ने यहाँ कामिनी का इस्तिमाल जिंसी जज़्बात से मामूर के मानी में इस्तिमाल किया है और इसी बुनियाद पर आँख और नैन में फ़र्क़ किया है।

(16) फ़िराक़ की रुबाइयात का मज्मूआ 'रूप' के नाम से 1946 ई. में शाया हुआ है और यह इक़्तिबास 'उर्दू की इश्क़िया शाइरी' से लिया गया है जो 1945 ई. में लिखी गई थी।

(17) सोलह सिंगार में, दातून करने, नहाने से लेकर कपड़े पहनने, ज़ेवरात से सजने और बाल बनाने तक सारा अमल शामिल है।

(18) इसका मुसन्निफ़ हल है और कुछ जगह उसका नाम सातवाहन भी लिखा मिलता है।

(19) रूप : रुबाई नं. 267

(20) रूप : रुबाई नं. 270

(21) रूप : रुबाई नं. 271

(22) मेह मादर

(23) ख़ुशियों से सरशार। फ़िराक़ साहिब ने मोद लफ़्ज़ का तर्जुमा अपने नोट में प्रेम किया है जो मुनासिब नहीं है।

(24) फ़िराक़ साहिब ने 'इश्क़िया शाइरी' में इसकी तावील यह पेश की है कि विंध्याचल में एक देवी का दिन-भर में तीन तरह से सिंगार किया जाता है। सुबह को कुँवारी के

रूप में, दोपहर को जवान सुहागन और रात गए जगत-माता। यह तल्मीह रुबाई पर किसी तरह असर-अंदाज़ नहीं है।

(25) रूप : रुबाई नं. 272

(26) रूप : रुबाई नं. 274

(27) रूप : रुबाई नं. 173

(28) रूप : रुबाई नं. 169

(29) रूप : रुबाई नं. 298
फ़िराक़ साहिब को ख़याल नहीं रहा कि जिस क़िस्म की बीवी का वह तसव्वुर पेश कर रहे हैं वह हम्माम में नहीं नहाती थी।

(30) अरगजा : ज़ाफ़रान, संदल और काफ़ूर को मिलाकर बनाया जाता था। इन चीज़ों से बना इत्र भी अरगजा कहलाता था जो ज़र्दी-माइल होता था।

(31) रूप : रुबाई नं. 299

(32) रूप : रुबाई नं. 300, 254

(33) रूप : रुबाई नं. 301। मज़हबी हिंदू ख़वातीन ज़ानू पर रखकर रामायन नहीं पढ़तीं बल्कि रहल पर रखकर दो-ज़ानू बैठकर पाठ करती हैं।

(34) रूप : रुबाई नं. 286—घर के सामने आटे वग़ैरह से चौकोर नक़्श-ओ-निगार बनाना। कहीं इसे अल्पना कहते हैं और कुछ जगहों पर इसे रंगोली कहा जाता है। ख़ैर-ओ-बरकत के लिए यह ज़रूरी समझा जाता है।

(35) रूप : रुबाई नं. 287

(36) रूप : रुबाई नं. 293

(37) रूप : रुबाई नं. 294

(38) रूप : रुबाई नं. 295

(39) रूप : रुबाई नं. 288

(40) रूप : रुबाई नं. 289

(41) रूप : रुबाई नं. 290

(42) रूप : रुबाई नं. 296

(43) रूप : रुबाई नं. 297

(44) रूप : रुबाई नं. 307

(45) रूप : रुबाई नं. 310

(46) रूप : रुबाई नं. 291

(47) रूप : रुबाई नं. 153

(48) रूप : रुबाई नं. 154

(49) फ़िराक़ ने रुबाई नं. 144, 184, 159, 163, 164, 167, 168, 169 में इसी तमन्ना को दुहराया है।

(50) रूप : रुबाई नं. 324

(51) रूप : रुबाई नं. 324

(52) रूप : रुबाई नं. 241

(53) इश्क़िया शाइरी : फ़िराक़

(54) रूप : रुबाई नं. 349

(55) यही घटचंदा, यह घटसौर, ये घट गाजे अनहद नूर, कोटभान राग को रूपा, बैनसत धुन बजे अनूपा - कबीरदास

(56) *ब-जेर-ए-कुंगरा-ए-किब्रियाश मर्दानंद*
फ़रिश्ता सैद-ओ-पयंबर शिकार-ओ-यज़्दाँगीर

(57) *दर दश्त-ए-जुनून-ए-मन, जिब्रील ज़बूँ सैदे*
यज़्दाँ ब-कमंद-आवर, ऐ हिम्मत-ए-मर्दाना

(58) रूप : रुबाई नं. 63

(59) रूप : रुबाई नं. 100

(60) शतक : किसी एक मज़्मून पर सौ दोहों, पदों, बंदों या श्लोकों की नज़्म—भर्तृहरि के श्रृंगार-शतक, वैराग-शतक के इलावा अमरू-शतक संस्कृत की मशहूर तख़्लीक़ात हैं।

(61) रूप : रुबाई नं. 78

(62) रूप : परछाइयाँ

(63) रूप : रुबाई नं. 6

(64) रूप : दीबाचा सफ़्हा 9-10

(65) कहीं-कहीं इसे बगई बनकस या सरपत भी कहते हैं। यह बरसात के बाद फूलता है। इसमें एक लंबा डंठल होता है जिसमें छोटी-छोटी शाख़ें होती हैं जो छोटे-छोटे से सफ़ेद फूलों से भरी होती हैं।

(66) रूप : रुबाई नं. 233

(67) सोने का कटोरा

(68) रूप : रुबाई नं. 63, कालिदास ने पुष्प-अष्टिका (फूलों की छड़ी) कहा था और अट्ठारहवीं सदी के शाइर आलम ने लिखा: कंक-छरी सी कामिनी काहे को कटि छीन (इस कंक छड़ी जैसी कामिनी की कमर इस क़दर पतली क्यूँ है)। जायसी ने भी पद्मावती के जिस्म को सुगंध-भरा सोना कहा है। फ़िराक़ ने पूरे जिस्म के बजाए तीर-ए-निगाह को फूलों की छड़ी कहा है। तसव्वुर किया है—"है तीर निगाह का कि फूलों की छड़ी"

(69) रूप : रुबाई नं. 111

(70) रूप : रुबाई नं. 211

(71) रूप : रुबाई नं. 302

(72) रूप : रुबाई नं. 234

(73) रूप : रुबाई नं. 205

(74) रूप : रुबाई नं. 192

(75) रूप : रुबाई नं. 328

(76) रूप : रुबाई नं. 204

(77) रूप : रुबाई नं. 325

(78) रूप : रुबाई नं. 155

(79) रूप : रुबाई नं. 162

(80) रूप : रुबाई नं. 182

(81) रूप : रुबाई नं. 237

(82) जीते औरत मर्द उपानी सब रूप तुम्हारा है—कबीर

(83) रूप : रुबाई नं. 23

(84) रूप : रुबाई नं. 8

(85) फ़िराक़ ने सरस्वती से सितार बजवाया है, फ़ुनून-ए-लतीफ़ा की देवी से राग अलाप कराया है- देवमाला के लिहाज़ से वह बीना बजाती हैं, सितार नहीं, वह गाती तो हरगिज़ नहीं हैं। इसे पुराणों से ना-वाक़िफ़ियत कहा जा सकता है। लेकिन सरस्वती को कबीर ने इसी अंदाज़ में पेश किया है।

(86) रूप : रुबाई नं. 55

(87) रूप : रुबाई नं. 55

(88) रूप : रुबाई नं. 18

(89) रूप : रुबाई नं. 15

(90) रूप : रुबाई नं. 15

(91) रूप : रुबाई नं. 20

(92) रूप : रुबाई नं. 22

(93) रूप : रुबाई नं. 72

(94) रूप : रुबाई नं. 70

(95) रूप : रुबाई नं. 55

(96) रूप : रुबाई नं. 124

(97) रूप : रुबाई नं. 45

(98) बगुले शाम के वक़्त कमान की शक्ल में उड़ते हुए दिखाई पड़ते हैं। गंगा उसका बदन है और जमुना बाल, हँसी की तान उसी की आवाज़ है (रुबाई नं. 136)

(99) रूप रुबाई नं. 117, देखें फ़िराक़ साहिब का तशरीही नोट।

(100) रूप रुबाई नं. 255

(101) रूप : रुबाई नं. 317

(102) रूप : रुबाई नं. 308 देखें फ़िराक़ का तशरीही नोट।

(103) रूप : रुबाई नं. 131, 229

(104) रूप : रुबाई नं. 282

(105) रूप : रुबाई नं. 243

टूटते-बिखरते ख़ाबों की दास्तान 'कछुआ और ख़रगोश'

'कछुआ और ख़रगोश' ज़ाकिर साहिब का आख़िरी अदबी शाहकार[1] है क्यूँकि यह उनके इंतिक़ाल के बाद 1960 ई. में पहली बार शाया हुआ है। लेकिन सितम-ज़रीफ़ी यह है कि उसे बच्चों के अदब में शुमार कर लिया गया है और नेशनल बुक ट्रस्ट ने इसी गुमान के तहत बच्चों की किताब की शक्ल में उसे छापा है। सवाल यह उठता है कि क्या यह बच्चों की कहानी है? सरसरी तौर पर वर्क़-गर्दानी करने से यह बात वाज़ह हो जाती है कि यह इस क़दर पेचीदा है और उसके ताने-बाने इतने उलझे हुए हैं कि बच्चों के फ़ह्म की रसाई इसके मौज़ूअ-ओ-मवाद तक हो ही नहीं सकती। किरदारों ने अपने-अपने इल्म के सिलसिले में गौहर-अफ़्शानी करते हुए जिन ग़ैर-मानूस अल्फ़ाज़ और गुंजलक उस्लूब[2] का सहारा लिया है, वह बच्चों के मेयार से कहीं जियादा बुलंद है। इस कहानी में जियादातर अंग्रेज़ी इल्मी इस्तिलाहात अरबी-ज़दा उर्दू-नुमा ज़बान में तर्जुमा करके पेश की गई हैं। इसलिए शायद उनके मफ़्हूम[3] तक उन्हीं "उलमा" और "मुफ़क्किरीन"[4] का ज़हन-ए-रसा पहुँच सकता है जो आज़ादी के बाद उर्दू के लिबास में अंग्रेज़ी बोलने के आदी हो चुके थे।

अगर बच्चों की कहानी नहीं है तो फिर किस क़िस्म के क़ारी के लिए लिखी गई है? यह बच्चों(1) की कहानी ज़रूर है लेकिन ज़ाकिर साहिब ने इसे बड़ों(2) के लिए लिखा है। ज़ाकिर साहिब की नवासी नीलोफ़र ने बताया कि इस कहानी का नाम कुछ इस तरह था—कछुआ और ख़रगोश (बच्चों की कहानी, बड़ों के लिए) लेकिन यह शाया ज़ाकिर साहिब के इंतिक़ाल के बाद हुई। इसलिए किसी साहिब-ए-बसीरत ने "बच्चों की कहानी बड़ों के लिए" के ज़ैली उन्वान[5] को ग़ैरज़रूरी समझकर निकाल दिया। शायद इसकी वजह यह हुई कि ज़ाकिर साहिब को महज़ बच्चों का अदीब गर्दाना गया और अफ़सानवी अदब को उनकी देन पर पर्दा डाला गया। बाद में तहक़ीक़ करने पर पता चला कि प्रोफ़ेसर ज़िया-उल-हसन फ़ारूक़ी (मरहूम) ने इस कहानी का मुसव्वदा[6] मुलाहज़ा फ़रमाया था और उसकी एक टाइप-कॉपी भी उन्हें दस्तयाब हुई थी। इस पर ज़ाकिर साहिब ने ख़ुद अपने(3) क़लम से "बच्चों की

1. श्रेष्ठतम कृति, 2. क्लिष्ट शैली, 3. अर्थ, 4. चिंतक, 5. उपशीर्षक, 6. पांडुलिपि

कहानी बड़ों के लिए" तहरीर किया था। इसके इलावा ख़ुद कहानी में इसका सबूत मौजूद है कि इस की तख़्लीक़ बालिग़ और आक़िल बड़ों के लिए हुई है।

मौलाना ग़ुफ़रान की जो गुफ़्तगू डॉक्टर फ़िल्फ़ौर के घर पर हुई है उसे कहानी में इस तरह पेश किया गया है :

"मौलाना ने फ़रमाया : 'बहुत शुक्रिया, मगर मैंने अभी ग़ुस्ल भी नहीं किया है। 'डॉक्टर फिल्फ़ौर बोले, 'मौलाना यह ग़ुस्ल की आपने ख़ूब कही। क्या आप पर हर रोज़ ग़ुस्ल वाजिब हो जाता है। 'मौलाना की कतरी हुई मूँछों और दाढ़ी के बीच में मुस्कुराहट की एक बारीक-सी लकीर दिखाई दी। बोले डॉक्टर साहिब आदत सी हो गई है, वाजिब का मुआमला नहीं है।' "(4)

ग़ुस्ल वाजिब किस वजह से होता है और डॉक्टर फ़िल्फ़ौर का इशारा किस फ़ेल की तरफ है, इसकी तफ़्सील में जाना ग़ैरज़रूरी है। जनाब अब्दुल्ला वलीबख़्श क़ादरी ने इस इबारत को अपने एक मज़्मून में डॉक्टर साहिब के तंज़-ओ-मिज़ाह के नमूने के तौर पर पेश किया है। लेकिन इस क़िस्म का तंज़-ओ-मिज़ाह ज़ाकिर साहिब का मुहज़्ज़ब क़लम बच्चों की कहानी में तहरीर नहीं कर सकता था। बच्चों से क्या अपने ख़ुर्दों से भी वह इस तरह का मज़ाक़ रवा नहीं समझते थे। इस इबारत की मौजूदगी ही इस बात की दलील है कि कहानी बच्चों के बजाए बड़ों के लिए लिखी गई है।

इस कहानी के सिलसिले में एक दूसरा सवाल यह उठता है कि ज़ाकिर साहिब ने अपनी ज़िंदगी के सफ़र के किस दौर में इसे तख़्लीक़ किया था। ज़ाकिर साहिब यूँ ही बातों-बातों में बहुत सी इत्तिलाआत देते जाते हैं और ऐसा वह इस चाबुक-दस्ती से करते हैं कि कहानी के ताने-बाने में कोई झोल नहीं पड़ने पाता। इस कहानी का तमामतर मंज़रनामा जामिया मिल्लिया इस्लामिया और उसके गिर्द-ओ-नवाह[1] के इर्द-गिर्द घूमता है। इसी इदारे की तामीर और उरूज का सरसरी जाइज़ा लेते हुए ज़ाकिर साहिब लिखते हैं : "कोई बीस बरस से ऊपर इस मदरसे को वहाँ हो गए हैं। सब इसे जान-पहचान गए हैं।"(5) जामिया 1945 ई. में ओखला मुंतक़िल होनी शुरू हुई थी। इस लिहाज़ से यह कहानी उसके बीच एक साल के बाद ही लिखी जानी चाहिए। यानी ज़ाकिर साहिब ने उसे 1954-55 ई. में लिखा होगा। लेकिन जनाब अब्दुल्ला वलीबख़्श क़ादरी का मानना है कि जामिया तामीर 1939 ई. में पाया-ए-तक्मील[2] को पहुँची है और इसलिए अगर उसमें बीस साल की मुद्दत जोड़ दी जाए तो इस कहानी की तख़्लीक़ तक़रीबन 1960 ई. में होनी चाहिए लेकिन ज़ाकिर साहिब की नवासियों रेहाना और नीलोफ़र का कहना है कि इस कहानी की तख़्लीक़ ज़ाकिर साहिब बिहार के राजभवन में कर रहे थे और अक्सर टुकड़े उन लोगों को खाने की मेज पर बैठकर सुनाया करते थे। ज़ाकिर साहिब 1957 ई. में बिहार के

1. आस-पड़ोस, 2. पूर्णता

गर्वनर मुक़र्रर हुए थे। इस तरह यह कहानी 1957 ई. के बाद ही लिखी गई होगी। एक अंदरूनी शहादत से भी यह बात साबित होती है। दिल्ली में साहित्य अकादमी(6) क़ाइम होने का ज़िक्र कहानी में मौजूद है और यह अकादमी 1957 ई. में वुजूद में आई थी। इसके आग़ाज़ का तो पता चलता है लेकिन यह कब अंजाम को पहुँची उसके मुतअल्लिक़ कुछ यक़ीनी तौर पर नहीं कहा जा सकता। इसमें ऐसे बहुत से हादिसात और वाक़िआत की तरफ़ इशारा मौजूद है जो छटी दहाई में रूनुमा हुए हैं हालाँकि उनके लिए मवाद पहले से फ़राहम हो रहा था। इस कहानी के ख़ालिक़ ने 3 मई 1962 ई. को नाइब सद्र-ए-जम्हूरिया-ए-हिंद[1] का उहदा सँभाला था। यह दौर सिर्फ़ सियासी ही नहीं बल्कि ज़हनी ख़ल्फ़शार का ज़माना था। इसी ख़ल्फ़शार और आज़ादी के बाद की चपक़लिश की अक्कासी इस कहानी में नुमायाँ तौर पर हुई है। ऐसा लगता है कि ज़ाकिर साहिब अपने नाइब सद्राती दौर में भी इस कहानी में इज़ाफ़ा करते रहे हैं। या इसकी नोक-ए-पलक दुरुस्त करते रहे हैं। हालाँकि वह इस दौर में बेहद मसरूफ़ भी हो गए हैं और राज्यसभा की सदारत उनके लिए इंतिहाई सब्र-आज़मा काम है। मुमकिन है नए-नए ज़हनी रवय्यों को इसमें शामिल करने के लिए उन्होंने इसका मसव्वदा नए सिरे से बार-बार तैयार किया हो।

इस बात पर भी हैरत होती है कि ज़ाकिर साहिब ने अपना यह शाहकार शाया क्यूँ नहीं कराया? क्या इसकी वजह यह हो सकती है कि वह जो कुछ कहना चाहते थे उसकी तस्वीर अभी नामुकम्मल थी? या यह महज़ उनकी ज़ात का इज़्हार और उनके अह्द के कर्ब की दास्तान है जिसे वह अपने बाद आने वाली नस्लों के ग़ौर-ओ-फ़िक्र के लिए बतौर वर्से के छोड़ जाना चाहते थे क्यूँकि यह उनकी ज़िंदगी के अलमिए के साथ-साथ मुल्क की गुमरही और ज़वाल-पज़ीरी[2] की दास्तान है। इसके मंज़र-ए-आम पर आते ही न जाने कितनी बहसें और न जाने कितने झगड़े ख़ड़े हो जाते। लेकिन ज़ाकिर साहिब को क्या मालूम था कि जिस नस्ल को वह यह दस्तावेज़ सिपुर्द करके जा रहे हैं वह उसे महज़ बच्चों की कहानी तसव्वुर करके अलमारी की ज़ीनत बना देगी।

यह कहानी कछुआ और ख़रगोश की पुश्तैनी चश्मक के महवर पर घूमती है लेकिन इसका आग़ाज़ उस वक़्त से होता है जब जामिया की तालीमी बस्ती ओख़ला गाँव के पास बस रही थी और कुछ सरफिरे सहरा आबाद करने और बंजर पहाड़ों में तालीमी चमनबंदी करने में मजनूनाना अंदाज़ में लगे हुए थे। ज़ाकिर साहिब अपनी कहानियों में मक़ामी रंग भरने में बड़ी महारत रखते हैं और उसकी वजह से कहानी की आफ़ाक़ियत[3] को क़तअन् मजरूह होने नहीं देते। यही वजह है कि इस कहानी के किरदार जाने-पहचाने से लगते हैं। ज़ाकिर साहिब ने जामिया के एक उस्ताद का हुल्या बयान किया है :

---

1. भारत गणराज्य के उपराष्ट्रपति, 2. अवनति, 3. वैश्विकता, विस्तार

एक उस्ताद उनके साथ थे जिन पर दीवानगी और सर-मस्ती का रंग दूसरे साथियों से कुछ चोखा ही था। ये ऐनक लगाए कंधे पर अपना लंबा-सा रूमाल लटकाए, खद्दर की सद्री पहने, जिधर निकल जाते उन की मुस्कुराहट देखकर फूल, पत्ते, जानवर, आदमी सभी खिल जाते। अल्लाह को प्यारे हो गए। ऐसा लगता है कि "मजनूँ जो मर गया है तो जंगल उदास है।" यह मजनूँ मरहूम शफीक़-तुर्-रहमान क़िदवाई के इलावा कोई और नहीं है जिनका इंतिक़ाल 1953 ई. में हुआ था। मौलाना ग़ुफ़रान का हुल्या भी जामिया के लिए जाने-पहचाने उस्ताद-ए-इस्लामियात ख़ाजा अब्दुल हई जैसा है। जो पुरानी जामिया से वाक़िफ़ है वो मंज़ूर के नाम से ग़ैर-मुतआरिफ़ नहीं रह सकता। प्रोफ़ेसर कचाक़, डॉक्टर फ़िल्फ़ौर और अल्-फ़ैलसूफ़ अल्-हिंदी बहुत से जानी-पहचानी शख़्सियतों का मुरक्कब हैं जो जामिया से लेकर अलीगढ़ और पूरे मुल्क में फैली हुई हैं। अफ़साना-निगार ज़ाकिर साहिब ने हस्ब-ए-ज़रूरत काम लेकर कहानी के बुनियादी ढाँचे को हक़ीक़त का जामा पहनाया है। हक़ीक़त और तख़य्युल की आमेज़िश के मुतअल्लिक़ ख़ुद मुसन्निफ़ ने डॉक्टर फिल्फ़ौर से तब्सरा कराया है : "ख़ारिजी हक़ीक़त तरह-तरह के अदीब या शाइर के शऊर में दाख़िल होती है। वहाँ वह तख़य्युल के सहारे एक नई हक़ीक़त की तामीर करता है। इस इमारत में न जाने कौन-कौन सी ख़ारिजी हक़ीक़त यकजा हो जाती है और एक अछूती-निराली हक़ीक़त वुजूद में आती है। यह ख़ारिजी हक़ीक़तों को जोड़ता है। किसी से ज़ियादा लेता है, किसी से कम और उनकी आमेज़िश से एक मुरक्कब बनाता है, इसकी इमारत में कहीं की ईंट होती है, कहीं का रोड़ा, कहीं से बहुत, कहीं से थोड़ा। इस नई हक़ीक़त को वह अपनी क़ुव्वत-ए-इज़्हार को काम में लाकर लफ़्ज़ों का लिबास पहनाता है।"(7)

इस कहानी के सारे किरदार अपने तख़्लीक़कार के हाथ की कठपुतली हैं। वह जो काम उनसे लेना चाहता है वो अंजाम देते हैं और वह जो उनके मुँह से कहलाना चाहता है वो कहते हैं। अस्ल में यह कुछ रूज्हानात की नुमाइंदगी करते हैं। इसलिए ये इकहरे हैं। कहानी को तहदार बनाने में ये रोल ज़रूर अदा करते हैं लेकिन ख़ुद तहदार नहीं हैं। इसलिए किरदार-निगारी[1] के नुक़्ता-ए-नज़र से उनमें कोई ख़ूबी या नुदरत नहीं है।

पंडित जी या पंडित कछुराम या कछुवा ही इस अफ़्साने का बुनियादी किरदार है। ये हालात के तक़ाज़े के साथ अपने नाम का चोला बदलता रहता है। उससे हमारी पहली मुलाक़ात लिसानी[2] टकराव को दूर करने वाले एक पैग़ंबर की हैसियत से होती है। मौलाना ग़ुफरान कछुए की ज़बान समझने से क़ासिर हैं। वह "प्रश्न" का मतलब नहीं जानते "प्रतीक्षा" को "परीक्षा" से ख़ल्त-मल्त कर डालते हैं और मार्ग को मर्ग समझ बैठते हैं। कुछ देर तक दोनों "अथवा-अथवा" से काम चलाते हैं

1. चरित्र-चित्रण, 2. भाषायी

और आख़िर में एक दूसरे के नफ़्स-ए-मतलब से वाक़िफ़ हो जाते हैं। और मौलाना लुग़त[1] के ज़रिए कछुए की ज़बान समझने के अपने इसरार को तर्क[2] कर देते हैं।(8)

जिस दौर में यह कहानी लिखी जा रही है वह लिसानी असबियत[3] का दौर है। उर्दू-हिंदी की मुनाफ़रत[4] तो थी ही लेकिन अब अंग्रेज़ी हटाव तहरीक चल रही थी और साथ में इलाक़ाई ज़बानों ने हिंदी के ख़िलाफ़ जंग-ओ-जदल तेज़ कर दी थी। लिसानी सूबों की माँग मनवाने के लिए ख़ुद-सोज़ी और मरन-बरत का दौर-दौरा था। ज़ाकिर साहिब ज़बानों के टकराव के बजाए उनके मेल के क़ाइल हैं। उनके लिए ज़बान जज़्बात और ख़यालात को समझने और समझाने का ज़रिया है लेकिन आज़ाद हिंदुस्तान में ज़बान मुनाफ़रत फैलाने और शीराज़ा बिख़रने का वसीला बन गई है। लेकिन ज़ाकिर साहिब लाचार हैं, वह महज़ ख़ामोश तमाशाई हैं। गवर्नर हैं इसलिए इस मौज़ूअ पर ज़बान भी नहीं खोल सकते। उहदे के शिकंजे में वह जकड़ दिए गए हैं, इसलिए सिर्फ़ तड़प सकते हैं। उनकी यह तड़प इस कहानी की हर सतर से झाँकती है। हिंदी और उर्दू के मेल से यह कहानी लिखी गई है। ज़ाकिर साहिब ने हिंदी के अल्फ़ाज़ को जिस महारत से इस्तिमाल किया है और जिस ख़ूबी से उन्हें उर्दू अल्फ़ाज़ से जोड़ा है वह ख़ुद अपने में मसहूर-कुन[5] बात है। इसके ज़रिए उन्होंने हिंदुस्तानी ज़बान के एक नए उस्लूब की दाग़बेल डाली है और जब भी यह उस्लूब हमारे मुल्क में रिवाज पाएगा और आसार बता रहे हैं कि वह वक़्त बहुत दूर नहीं है तो उसकी शुरुआत का सहरा यक़ीनन डॉक्टर ज़ाकिर हुसैन के सर होगा। अपनी दूसरी तहरीरों में भी ज़ाकिर साहिब यह उस्लूब आज़मा चुके हैं जिस पर उर्दू वालों ने तान-ओ-तंज़ का निशाना भी बनाया है लेकिन वह पीछे हटने के बजाए आगे बढ़े हैं और अपनी इस आख़िरी अदबी काविश में उन्होंने अपने इसी उस्लूब को निखारा है भी है और पाएदार भी बनाया है।

लिसानी इत्तिहाद के अलम-बरदार और तमाम ज़बानों की तरक़्क़ी के ख़ाहाँ डॉक्टर ज़ाकिर हुसैन लिसानी बिखराव देख रहे हैं। वह तो सिर्फ़ घुटन महसूस कर सकते हैं और कुछ कह नहीं सकते। इसलिए देश वालों को अपना पैग़ाम देने के लिए उन्होंने अपनी इस कहानी को इज़्हार का ज़रिया बनाया है। मुल्ला ग़ुफ़रान ने कछुए से कहा कि "मगर फिर कुल लुग़त या आपका शब्दकुश (कोश) लाऊँगा तो आपसे बाते होंगी।" लेकिन कछुआ इस बात से मुत्तफ़िक़ नहीं है। उसका कहना है कि "नहीं-नहीं ऐसी भी क्या बात है। देखिए थोड़े समय में हमने एक-दूसरे के कितने शब्द जान लिए। बात चलेगी तो मैं आपका मतलब समझ लूँगा। मेरे शब्दों का अर्थ आप समझ लेंगे।" ज़ाकिर साहिब का पैग़ाम यही है कि बात चलनी चाहिए, अल्फ़ाज़ के मानी मतालिब ख़ुद-ब-ख़ुद ज़ाहिर होने लगेंगे। इंतिज़ार और इंतिजार

1. शब्दकोश, 2. छोड़ देना, 3. भाषायी संघर्ष, उथल-पुथल, 4. द्वेष, घृणा, 5. जादू करनेवाली

के ठीक होने या न होने पर बहस क्यूँ। ज़ाकिर साहिब के लफ़्ज़ों में "जो समझ में आ जाए वही ठीक है।"(9)

ज़ाकिर साहिब ने 14 अगस्त 1935 ई. को काशी विद्यापीठ के तालिब-ए-इल्मों को ख़िताब करते हुए कहा था : "हमारे तालीमयाफ़्ता लोग जम्हूरियत के लिबरल फ़ल्सफ़े को पढ़-पढ़कर और हरक्युलिस, प्रमीथियस और रॉबिंसन के नामों और कामों और अफ़्सानों से मुतअस्सिर होकर अकेले आदमी को समाजी ज़िंदगी की अस्लीयत-ओ-हक़ीक़त और समाज को इन अकेलों का बस ढेर या अंबोह मानने लगे हैं।"(10) उनके ख़याल में फ़र्द, अकेला आदमी ही ज़हनी ज़िंदगी का सरचश्मा है। वही सोचता है, वही समझता है, वही सब ज़हनी चीज़ें पैदा करता है, ख़यालात और ज़हन के लिहाज़ से वह अपनी दुनिया आप है।

समाज को अकेलों का ढेर समझने वाले अंग्रेज़ी तालीम-याफ़्ता तबक़े के हाथों में आज़ादी के बाद हुक्मरानी की बागडोर आई, भले ही गाँधी जी ने आज़ादी, दिलवाई हो और तहरीक-ए-आज़ादी की रहनुमाई की हो। इस नए हुक्मराँ तबक़े में अक्सर वह लोग थे जो ज़ाकिर साहिब के बक़ौल "अंग्रेज़ी पढ़-लिख लेने या कोई हुनर सीख लेने का नाम तालीम जानते हैं और ख़याल करते हैं कि हर शख़्स अपनी-अपनी ज़रूरत और हैसियत के मुताबिक़ जो और जितना लिखना और पढ़ना चाहता है, लिख-पढ़ और सीख लेता है।"(11)

प्रेमचंद के अल्फ़ाज़ में कहें तो जॉर्ज के बदले गोबिंद ने हुक्मरानी शुरू कर दी थी। इसलिए कोई तब्दीली नहीं हुई थी। सिर्फ़ यहाँ-वहाँ हस्ब-ए-ज़रूरत और बतौर-ए-मजबूरी पैवंदकारी की जा रही थी। वही सियासी ढाँचा अपना लिया गया था जिसे महात्मा गाँधी ने "शैतानी" कहा था और मइशत की इसी तर्ज़ का बोलबाला था जिसे गाँधीयाई माहिर-ए-इक़्तिसादियात[1] डॉक्टर कुमारप्पा ने "बंदरबाँट मइशत" कहकर तज्ज़िया किया था। नई क़ौमी तालीम के नज़रिए की ज़रूरत नहीं थी क्यूँकि सिक्का-बंद सरकारी स्कूल, कॉलेज और यूनिवर्सिटियाँ एक बने-बनाए ढर्रे पर पहले से ही काम कर रही थीं। उन्हें सिर्फ़ माली वसाइल फ़राहम करने की ज़रूरत थी और ढाँचे को पाएदार बनाने के लिए थोड़ी बहुत रद्द-ओ-बदल करने पर इक्तिफ़ा किया गया था। लेकिन डॉक्टर ज़ाकिर हुसैन तालीम को समाज में तब्दीली लाने का ज़रिया बनाने का ख़ाब देख रहे थे, वह इस जुमूद[2] को तोड़ने का वसीला बनाने की तमन्ना रखते थे जिस तालीमी निज़ाम को अब मुल्क सीने से लगाए तरक़्क़ी की राह पर गामज़न हो रहा था। वह साम्राजी इस्तिहसाल[3] को पाएदार बनाने और उसके लिए ज़हनी और रूहानी असास फ़राहम करने के लिए तैयार हुआ था। इस बबूल से सेब हासिल नहीं हो सकता। यह ज़ियादा से ज़ियादा नए हुक्मराँ तबक़े की हुक्मरानी के इस्तिहकाम[4] की बुनियाद मुहैय्या कर सकता

1. गांधीवादी अर्थशास्त्री, 2. गत्यवरोध, 3. शोषण, 4. स्थापना

था। लेकिन डॉक्टर ज़ाकिर हुसैन उसके बरअक्स "चलते-फिरते कुतुब-ख़ाने"[1] पैदा करने की जगह "तंदरुस्त सच्चे आदमी" पैदा करने के लिए क़ौमी तालीम का एक निज़ाम पैदा करने की कोशिश में 1920 ई. से लगे हुए थे।

इस बात की वज़ाहत[2] करते हुए कि अगर हमारा तालीमी निज़ाम हमारे हाथ में हो तो हम क्या करेंगे, ज़ाकिर साहिब ने सवालिया अंदाज़ में अपना क़ौमी तालीम का ख़ाका काशी विद्यापीठ के तलबा से ख़िताब करते हुए पेश किया था :

"क्या इस वक़्त (आज़ादी के बाद) भी मदरसे और क़ौम की ज़िंदगी में उतना ही कम तअल्लुक़ होगा जैसा कि इस वक़्त है या बचपन ही से ऐसे मौक़े भी मिला करेंगे जिनसे हर हिंदुस्तानी के दिल में यह बात बैठ जाए कि क़ौम की सेवा करके ही वह अपनी तरक़्क़ी की राह निकाल सकता है? क्या इस वक़्त भी हमारे मदरसे ख़ुदग़रज़ी और शख़्सी मुक़ाबले ही के अमली सबक़ दिया करेंगे और दूसरों की ख़िदमत और मदद के मौक़े उनमें नापैद होंगे? क्या इस वक़्त भी मदरसों को बस इससे सरोकार होगा कि इल्म सिखा दिया लेकिन इल्म के बरतने और सीरत पर असरअंदाज़ होने का कोई सामान न होगा? क्या इस वक़्त भी हमारा निसाब[3] ऐसा ही चूँ-चूँ का मुरब्बा होगा जैसा कि अब है? क्या इस वक़्त भी हर चीज़ को मज़्मून बनाकर और निसाब में शामिल करके बच्चे के लिए मुसीबत और उसकी तालीम के लिए बे-असरी का सामान किया जाएगा?"(12)

क़ौमी तालीम का यही अलमिया *कछुआ और ख़रगोश* का मौज़ूअ है। सिक्काबंद तालीम के ही प्रोफ़ेसर कचाक़, डॉक्टर फ़िल्फ़ौर और अल-फ़ैलसूफ़ अल-हिंदी नुमाइदे हैं। ये सब चलते-फिरते कुतुब-ख़ाने हैं। इल्म के बरतने और सीरत पर असरअंदाज़ होने से बे-बहरा हैं। इनका इल्म होंठों तक महदूद है। यह न उनके ख़ून में सरायत कर सका है और न इनकी रूह में उतर सका है। कसीर मुतालए से इनका हाफ़िज़ा कमज़ोर हो गया है इसलिए ये नोटों के ज़रिए इल्मी इश्तिहार छपवाते रहते हैं। लेकिन कछुआ इस कहानी का अहम किरदार ही नहीं बल्कि उसका अस्ली हीरो है। उसके ख़ोल में ज़िंदगी के न जाने कितने मुरक़्क़े पोशीदा हैं। मौलाना ग़ुफ़रान ने "नेकदिल भोला-सा बूढ़ा" कहकर डॉक्टर फ़िल्फ़ौर से उसका तआरुफ़ कराया है।(13) लेकिन यह अस्सी-पचासी साल का बूढ़ा नहीं, यह तो चार एक सौ साल का पुराना ख़ुर्रांट है। मुसन्निफ़ ने इसे "सई-ए-पैहम"[4] और "बेदारी" की अलामत के तौर पर पेश किया है। लेकिन अस्ल में यह हज़ारों बरस से चली आ रही हिंदुस्तानी तहज़ीब का तसल्सुल है। यह तारीख़ के उतार-चढ़ाव झेलता हुआ, बर्री आँधियों से टकराता हुआ और बहरी थपेड़ों का मुँह मोड़ता हुआ उस हाल तक पहुँचा है जिसके नक़्श ज़ाकिर साहिब ने अपनी कहानी में उभारे हैं। ज़ाकिर साहिब ने महज़ कछुए से मुतअल्लिक़ अपनी बेइंतिहा

1. पुस्तकालय, 2. स्पष्ट करना, 3. पाठ्यक्रम, 4. सतत प्रयास

मालूमात से कहानी को बोझल बनाने के लिए डॉक्टर फिल्फ़ौर की ज़बान से उसकी आलमी अहमियत को उजागर नहीं किया। "कछुआ अमरीका और एशिया के बहुत से बाशिंदों के नज़दीक ज़ी-हयात हस्ती[1] है।"(14) वह यूनान, मिस्र, रोम, हिंदुस्तान और चीन में मौजूद है क्यूँकि वह क़दीम तहज़ीबों का मुहाफ़िज़ है। इसीलिए हिंदुस्तान में उसे विष्णु के दूसरे अवतार का दर्जा हासिल है क्यूँकि विष्णु त्रिमूर्तियों में से एक हैं और ख़ालिक़-ए-काइनात[2] ने अपनी काइनात की हिफ़ाज़त और नश्व-ओ-नमा[3] उनके सिपुर्द की है। क़दीम-तरीन इंसान मंडारी कोल (आदिवासी) उसकी पूजा करते हैं "यजुर्वेद में उसे पानी का मालिक कहा गया है, अथर्ववेद में यह "काश्यप" के नाम से प्रजापति के पहलू-ब-पहलू दिखाई देता है या यह ख़ुद प्रजापति है जिसके लिए "स्वयंभू" की सिफ़त आई है यानी क़ाइम-ब-ख़ुद। सत्पथ ब्राह्मण में ज़िक्र है कि जब प्रजापति ने और चीज़ें बना लीं तो ख़ुद कछुए का रूप इख़्तियार कर लिया। यह बहुत रवादार है। प्रोफ़ेसर कचाक़ को प्रोफ़सर कश्यप कहकर मुख़ातिब करता है। और डॉक्टर फ़िल्फ़ौर को पंडित जी महोदय कहकर उनसे बात करता है। मौलाना ग़ुफरान इसे ध्यान-ज्ञान वाले मनुष दिखाई पड़ते हैं।(15) वह अपने मद्द-ए-मुक़ाबिल ख़रगोश को राजकुमार कहकर ही पुकारता है। वह काश्यप है यानी "कश्य" की औलाद। यह एक ऋषि भी हैं और इस लफ़्ज़ के मानी कहकशाँ का एक तारा भी है। यह कश्यप है क्यूँकि 'कश्य' की मुख़्तलिफ़ बीवियों से सरासर, इंसान, जानवर और तुयूर सभी जानदार वुजूद में आए हैं लेकिन साथ ही साथ यह एक पुराना आम हिंदुस्तानी भी है। यह पंडित है लेकिन ब्रह्मन नहीं है बल्कि मर्द-ए-हक़ है। उसका ख़मीर वही है जिससे मर्द-ए-मोमिन बनता है। यह सई-ए-पैहम है। बक़ौल ज़ाकिर साहिब के खटखट करते जाओ कुछ न कुछ हो ही जाएगा। यह दौड़ता तो नहीं है लेकिन आगे बढ़ता रहता है। इसी सब्र-आज़मा अमल और इस्तिक़लाल[4] की तल्क़ीन ज़ाकिर साहिब ने 1935 ई. में काशी विद्यापीठ के तालिब-इल्मों को की थी :

"मैं समझता हूँ कि हमें बिगाड़ना उतना नहीं है जितना बनाना है। हमारे देश को हमारी गर्दनों से उबलते ख़ून के धारे की ज़रूरत नहीं है, बल्कि हमारे माथे के पसीने का बारहमासी बहने वाला दरिया दरकार है। जरूरत है ख़ामोश और सच्चे काम की। हमारा मुस्तक़बिल किसान की टूटी झोंपड़ी, कारीगर की धुएँ से काली छत और देहाती मदरसे के फूस के छप्पर तले बन और बिगड़ सकता है। सियासी झगड़ों, कांफ्रेंसों और कांग्रेसों में कल और परसों के क़ज़ीयों का फ़ैसला हो सकता है लेकिन जिन जगहों का नाम मैंने लिया है उनमें सदियों तक के लिए हमारी क़िस्मत

---

1. दीर्घजीवी प्राणी, बड़ी ज़िंदगी वाला प्राणी 2. सृष्टि के रचयिता, 3. पालन-पोषण, 4. मानसिक स्थिरता, धैर्य

का फ़ैसला होगा और उन जगहों का काम सब्र चाहता है और इस्तिक़लाल। इसमें थकन भी ज़ियादा है और क़द्र भी कम होती है।"(16)

लेकिन आज़ादी के बाद सारा ज़ोर कांफ्रेंसों, सेमिनारों, कांग्रेसों और एयरकंडीशंड कमरों में होने वाली मुशावरत[1] पर था। यहाँ हमारी क़िस्मत का सदियों के लिए फ़ैसला कैसे हो सकता था जिसके ज़ाकिर साहिब आरज़ूमंद थे।

ज़ाकिर साहिब माज़ी को हाल से मिलाकर विज्दान[2] की आमेज़िश अक़्ल से करके दुनिया में हिंदुस्तानी समाज की अलाहदा और मख़्सूस हैसियत क़ाइम करने के लिए एक क़ौमी निज़ाम-ए-तालीम मुरत्तब करना चाहते हैं लेकिन रोशनख़्याल लोग अब इसे पसंद नहीं करते। वह मौजूदा ज़रूरतों को सामने रखकर अपनी नई नस्लों को सिखाना-पढ़ाना चाहते हैं। उनके लिए बस यही क़ौमी तालीम है और बाक़ी सब ढकोसले हैं। ऐसी बातें वह लोग भी करते हैं जो दिल से क़ौम की भलाई चाहते हैं और जिनके दिल में इस बात की लगन है कि उनकी क़ौम जल्द से जल्द तरक़्क़ी करे और जितनी जल्दी से आगे बढ़ सकती है, बढ़े। ख़ुद क़ौम की ख़ातिर वो क़ौमी तालीम के ज़ाकिर साहिब के नज़रिए को पसंद नहीं करते। ज़ाकिर साहिब के ख़याल में ये लोग "तालीम की माहियत से वाक़िफ़ नहीं हैं बस चंद बोल रट लेने या चंद बातें जान लेने को तालीम समझते हैं।"(17) लेकिन ज़ाकिर साहिब अपने कछुए से दस्तबरदार[3] नहीं हो सकते। उसी के लिए तो उन्होंने अपनी ज़िंदगी वक़्फ़ कर रखी है। वह हमारी रिवायतों का पासबान है और उन्हीं रिवायतों और अश्या-ए-तमद्दुन[4] के ज़रिए वह नई नस्ल को तालीमयाफ़्ता बनाना चाहते हैं। इसीलिए वह सद्र बनने के बाद सबके सामने ख़ुद को इन्हीं अक़्दार की ख़िदमत के लिए वक़्फ़ करते हुए एलान करते हैं : "यह उन क़दीम अवाम की नौख़ेज़ रियासत है जिन्होंने हज़ार-हा-साल के अर्से में और मुख़्तलिफ़ नस्ली अनासिर[5] के तआवुन[6] से अपने मख़्सूस अंदाज़ में ज़िंदा-ए-जावेद अक़्दार-ए-मुतअल्लिक़ा के हुसूल की कोशिश की है। मैं ख़ुद उन अक़्दार की ख़िदमत के लिए अपने को वक़्फ़ करता हूँ।"

कछुआ इन्हीं क़दीम अवाम का नुमाइंदा है और उसी की बहबूद का ज़रिया ज़ाकिर साहिब तालीमी निज़ाम को बनाना चाहते हैं। अफ़राद की सीरत-गरी और एक अख़्लाक़ी समाज की सूरत-गरी में वह हमआहंगी पैदा करने के लिए कोशाँ हैं। इसी जिद्द-ए-जहद का फल है जामिया मिल्लिया इसलिए उन्होंने जामिया की शुरुआत और फिर एक बड़े मदरसे के क़ियाम की एक सरसरी रिपोर्ट इस कहानी की तम्हीद[7] की शक्ल में लिखी है। बज़ाहिर यह तम्हीद ग़ैरज़रूरी मालूम होती है और अस्ल कहानी से ग़ैर-मुतअल्लिक़ सी है लेकिन बारीक-बीनी से तज्ज़िया करने पर वाज़ह हो जाता है कि इस तम्हीद के बग़ैर वह तनाज़िआ[8] और वह कश्मकश पैदा हो ही नहीं सकती थी, जो कहानी को आगे बढ़ाने में मुआविन है। यह ज़ाकिर

1. बातचीत, 2. प्रज्ञा, बोध, 3. अलग, 4. सांस्कृतिक वस्तुएँ, 5. तत्त्व, 6. सहयोग, 7. भूमिका, 8. विवाद

साहिब के तालीमी नज़रियों का निचोड़ है। इस तालीम का मक़सद आम आदमियों के मसाइल से दानिशवरी को जोड़ना है, उनसे अलग रहकर मुख़्तलिफ़ मज़ामीन के माहिरीन तैयार करना नहीं है। ज़ाकिर हुसैन के मदरसे के उस्तादों की दोस्ती अपने गिर्द-ओ-नवाह के हर ज़र्रे, हर पेड़-पौधे और हर चरिंद-परिंद से है। यही दोस्ती ज़ाकिर साहिब के नज़रिया-ए-तालीम की बुनियादी असास[1] है। ज़ाकिर साहिब ने जामिया के कारकुनों की फ़ाक़ामस्ती ओर सरमस्ती की भरपूर अक्कासी की है। वो सब अपनी ज़ात की तरक़्क़ी के लिए नहीं बल्कि अपने काम के मतवाले हैं। वह इर्द-गिर्द के गाँवों के किसानों को मदद पहुँचाते हैं, उन्हें इल्म से रूशनास कराते हैं और उनके मसाइल को हल करने में मदद देते हैं। इसीलिए सब उन्हें जान-पहचान गए हैं। आदमी पहचाने हों कि न पहचाने हों कि आदमी का कुछ ठीक नहीं है। पर जानवर, पेड़, जमना की मछलियाँ जिनमें से बाज़ उनके उस्तादों से बातें करने पुल के सतूनों पर देखी गई हैं,(18) दरिया के कछुए, पास के खेतों के तीतर, ख़रगोश, सब उन्हें जान गए हैं।"(19) ज़ाकिर साहिब ने इन्हीं दोस्तों का एक क़िस्सा कछुआ और ख़रगोश के उन्वान से सुनाया है।

ज़ाकिर साहिब के नज़रियात का नुमाइंदा किरदार मौलाना गुफ़रान हैं। वह इलाहियात के उस्ताद हैं लेकिन कछुवाराम से उन्हें ज़बानी नहीं दिली हमदर्दी है। वह उनके मस्अले का हल तलाश करने के लिए हर मुमकिन दरवाज़े पर दस्तक देते हैं लेकिन वह जिन लोगों के पास जाते हैं वो मुरव्वजा[2] तालीमी निज़ाम के परवर्दा ही नहीं उसके परस्तार[3] हैं। उनकी तरफ़ से अपनी मायूसी का इज़्हार करते हुए कछुवाराम कहते हैं, "एक सीधी-सी बात पूछते हैं और कोई पता नहीं देता, न जाने कैसी विद्या है इन विद्वानों की?"(20, 21) इन आलिमों की बातें कछुवाराम के पल्ले नहीं पड़ीं लेकिन मौलाना ग़ुफ़रान भी कुछ नहीं समझे। अगर वह समझ पाए तो सिर्फ़ इतना कि "ये बड़े-बड़े इल्म वाले ख़ुद बड़े मूरख होते हैं। हमारे यहाँ कहते हैं कि अल-इल्म-उल-हिजाब-उल-अकबर। इल्म अथवा विद्या बहुत बड़ा पर्दा है। आँखों पर पड़ जाता है, कानों पर पड़ जाता है, दिल पर पड़ जाता है, बस ज़बान चलती है।(22)

मौलाना ग़ुफ़रान मज़हबी हैं लेकिन सेक्युलर हैं, वह किसी तरह की तफ़रीक़ रवा नहीं रखते क्यूँकि ख़िदमत-ए-ख़ल्क़ में किसी भेदभाव की गुंजाइश नहीं है। ज़ाकिर साहिब ने अपनी इस कहानी में मज़हबी सेक्युलरिज़्म को माद्दी और लफ़्ज़ी सेक्युलरिज़्म पर तर्जीह दी है और ख़िदमत-ए-ख़ल्क़ को ऐन इबादत और रियाज़त का दर्जा दिया है।

तालीम के राइज़-उल-वक़्त[4] तर्ज़ की पैदावार आलिमों को बेचारे बूढ़े कछुवे से

---

1. आधार, 2. प्रचलित, 3. प्रशंसक, 4. समय विशेष में प्रचलित

कोई सरोकार नहीं है क्यूँकि इस तर्ज़-ए-तालीम के तहत तश्ख़ीस और तहक़ीक़ पर बहुत ज़ोर है। इसमें इल्म इंसान की ख़िदमत के लिए नहीं है बल्कि किसी मज़्मून की अहमियत उजागर करने के लिए है। ऐसा लगता है सिर्फ़ उनका मज़्मून ही लौह-ए-महफ़ूज़[1] पर कुंदा[2] है। ज़ाकिर साहिब ने इस रुज्हान की अक्कासी प्रोफ़ेसर क़चाक़ के ज़रिए की है। इनका मज़्मून तारीख़ है और ये हैदराबाद के रहने वाले हैं क्यूँकि हज़रत का तलफ़्फ़ुज़ "हज़्रत"(23) करते हैं। ख़यालात के लिहाज़ से बाएँ बाज़ू के दानिशवरों से तअल्लुक़ रखते हैं। इनके लिए तारीख़ का मतलब है "क़ुवा-ए-दौलत-आफ़रीं की मख़्सूस अश्काल के तफ़ह्हुस और हैअत-ए-इज्तामिआ-ए-इंसानिया पर उनके असरात की तौज़ीह, मुआशरे में तबक़ात-ए-मआशी के तसादुम के नागुज़ीर अवाक़िब-ओ-नताइज की तशरीह, मुहर्रिकात-ए-इंक़लाबी के ज़ुहूर-ओ-बुलूग़ के असरार-ओ-ग़वामिज़ इस्तेमार और इस्तिहसाल के दाख़िली तज़ादों की रोशन बसीरत और इन इफ़रीतों के मफ़्तूह-ओ-मादूम होने पर इंसानियत की हक़ीक़ी तारीख़ का एक मारूज़ी नक़्शा मुरत्तब करना।"[3](24) मामूलन् यह बूढ़ों से बहुत तंग और उनकी तरफ़ से ख़ासे बदगुमान रहते हैं।(25) लेकिन रात कोई रज्अत-पसंद[4] नौजवान उलझ गया था।"(26) इसलिए यह बूढ़े-खूसट कछुवाराम से मिलने को तैयार हो गए थे। इनका इल्म मार्क्सी इस्तिलाहात के शिकंजे में जकड़ा हुआ है जो तारीख़ की इनकी तौज़ीह और तशरीह से बख़ूबी अयाँ है, उन्हें अवाम की बहबूद का अलमबरदार होना चाहिए था लेकिन उनका उनसे कोई वास्ता नहीं है।

यह कहानी जिस दौर में लिखी जा रही है उसमें मुरव्वजा तर्ज़-ए-तालीम के भयानक नताइज सामने आने लगे। हिंदुस्तानी क़ौमियत के इस्तिहकाम के बजाए यह ज़ात-बिरादरी, ख़ुदग़रज़ाना माँगों, इलाक़ा-परस्ती, मफ़ाद-परस्ती और सबसे बढ़कर फ़िर्क़ा-परस्ती का दौर था। फ़र्द की आज़ादी के दिलदादा इसकी बुकटट आज़ादी का झंडा बुलंद कर रहे थे, बाएँ बाज़ू के लोग समाजी बहबूद के ख़ाहाँ ज़रूर थे लेकिन उनमें अब नज़रियाती इख़्तिलाफ़ात[5] बढ़ रहे थे और 1962 ई. के बाद बाएँ बाज़ू की तहरीक इन्हितात-पज़ीर है। आख़िर में कम्युनिस्ट पार्टी भी दो हिस्सों में बँट जाती है। इस तरह समाज को 'अकेलों का ढेर' समझने वालों का हर तरफ़ बोलबाला हो जाता है।

1960 ई. तक पहुँचते-पहुँचते तरक़्क़ी-पसंद शुअरा और अदीबों की साँस फूलने लगती है और वो जदीदीयत की यलग़ार का मुँहतोड़ जवाब देने से क़ासिर हैं। जदीदीयत समाज से बे-बहरा अपनी ज़ात के इज़्हार की अदबी तहरीक है और

---

1. वह तख़्ती जिस पर ख़ुदा ने सृष्टि के आरंभ से अब तक का सब हिसाब लिखा हुआ है, 2. खुदा हुआ, उत्कीर्ण, 3. प्रो. क़चाक़ वामपंथी विचारधारा के समर्थक हैं। इस पूरे उद्धरण में द्वंद्वात्मक भौतिकवाद के अनुसार व्याख्या की गई है। वर्ग-संघर्ष के आशय को समझाया गया है। 4. प्रतिक्रियावादी, 5. वैचारिक मतभेद

यह उस रुज्हान के सख़्त मुख़ालिफ़ हैं जिसने इनके फ़ल्सफ़े के मुताबिक़ फ़र्द को समाज की धुरमस के नीचे कुचल डाला था। इनके लिए फ़र्द अपने आप में एक दुनिया था और समाज से उसका कोई सरोकार नहीं था। लेकिन ज़ाकिर साहिब का अदबी नज़रिया इससे क़तअन् मुख़्तलिफ़ था जिसका इज़्हार इस कहानी में मौलाना ग़ुफ़रान की ज़बानी उन्होंने किया है। अदब क्या है, इसका जवाब ज़ाकिर साहिब यह कहकर देते हैं :

"अदब वह होता है जिसमें बड़े सुंदर शब्दों में आदमी के दिल की बातें कही जाती हैं। शब्दों में कभी ऐसी मिठास घोल देते हैं कि गुड़ से ज़ियादा मीठे लगते हैं। कभी वह रवानी दे देते हैं कि लगता है कि दरिया उमड़ आया है। वह ज़ोर भर देते हैं कि शब्द दिलों को हिला दें, पहाड़ों को चीर दें। उसमें कहानियाँ लिखते हैं जो पीढ़ियों तक याद रखें। उसमें शब्दों को ऐसे जोड़ते हैं कि वो सुनते ही जी में उतर जाएँ। लोग उन्हें गाते हैं, उसमें आदमी को अपना हाल दिखाई देता है जैसे आईने में कोई अपनी सूरत देखे। अदब हँसाता है, रुलाता है, जी को गर्माता है, हिम्मत दिलाता है, हौसला बढ़ाता है और हमारे हुनर-ओ-ऐब सब पर खोलता है।"(27)

लेकिन अब अदब में आदमी को अपना हाल नज़र नहीं आता बल्कि उसके अंदर फ्राइडियन तसव्वुर के मुताबिक़ जो ग़लाज़त भरी हुई है उसके मुरक़्क़े तहरीरों में बिखरे मिलते हैं। यह सब कुछ होना फित्री था क्यूँकि जो तर्ज़-ए-तालीम राइज था उसका मंतिक़ी[1] नतीजा यही था। अदबी तहक़ीक़ में अदब-पारे की अहमियत नापैद हो गई थी। अदीब की जगह उसके मुफ़स्सल[2] हालात-ए-ज़िंदगी का जानना उसके जमाअती माहौल पर भरपूर नज़र दरकार थी। ऐसे ही एक तहक़ीक़ी मक़ाले से क़ारी को ज़ाकिर साहिब ने रूशनास कराया है "यह 'हज़रत फ़क्फ़ूर' पर डॉक्टर फ़िल्फ़ौर ने शाया कराया है और जिस पर मज्मअ-ए-इल्मी का अव्वल इन्आम उन्हें मिला है। यह सात सौ सफ़्हात पर मुश्तमिल है जिसमें 300 सफ़्हों पर शाइर के हालात-ए-ज़िंदगी हैं और उनके हालात क्या उनके सब मआसरीन की मुख़्तसर मगर मुस्तनद सवानिह-उम्रियाँ[3] हैं और 35 सफ़्हों में जमाअती माहौल पर ऐसा तब्सरा है कि हिंदी और ईरानी तारीख़ पर ज़माना-ए-क़दीम से आज तक के हवादिस-ए-मुअस्सिरा[4] पर ताइराना नज़र पड़ जाती है। पाँच सौ सफ़्हे में ज़रूरी हवाले हैं। कलाम जिन बह्रों में है उन पर बहस है और कलाम के कोई 200 लफ़्ज़ों का फ़रहंग है और एक इशारिया है और हाँ भूल गया, इसी हिस्से में उर्दू में फ़ारसी लफ़्ज़ों के इमले से मुतअल्लिक़ एक मुख़्तसर मगर ख़ासी बसीरत-अफ़रोज़ बहस है।"(28) तहक़ीक़ का यही मेयार राइज-उल-वक़्त सिक्का है। हमारे एक दोस्त जुग़राफ़िया-दाँ थे और बड़े फ़ख़्र से कहा करते थे कि उनका तहक़ीक़ी मक़ाला साढ़े पाँच किलो वज़्नी

1. तार्किक, 2. विस्तृत, 3. प्रामाणिक जीवनियाँ, 4. प्रभावशाली घटनाएँ

है। इस ज़बूँ-हाली की भी ज़िम्मेदारी उस तर्ज़-ए-तालीम के सर है जो तश्ख़ीस[1] पर ज़ोर देती है और तहक़ीक़ी मक़ालों[2] को लियाक़त-ए-इल्मी का मेयार समझती है।

ज़ाकिर साहिब बहुत वलवले के साथ अलीगढ़ गए थे। बात यह नहीं थी कि वह वाइस चांसलरी के ख़ाहाँ थे। अगर उनकी यह ख़ाहिश होती तो न जाने कब की पूरी हो चुकी होती। उन्होंने जामिया की नर्सरी में कुछ तालीमी पौधे लगाए थे और चाहते थे कि उन पौधों को एक बड़े रक़्बे में लगाएँ और अपनी तजुर्बा-गाह[3] से निकलकर उन्हें वसीअ पैमाने पर फैलाएँ। उन्होंने अलीगढ़ की बड़ी ख़िदमत की, इस इदारे को डूबने से बचा लिया। वहाँ के लोगों की डूबती नब्ज़ों में तवानाई[4] के इंजेक्शन दिए। उन्हें पुर-एतमाद बनाया, यूनिवर्सिटी की माली हालत दुरुस्त कर दी लेकिन उनका खाब शर्मिंदा-ए-ताबीर[5] न हो सका, वह अपनी नर्सरी का कोई भी पौधा वहाँ की सरज़मीन में न लगा पाए। इसलिए मायूस होकर उन्होंने यूनिवर्सिटी ग्रांट कमीशन का चेयरमैन बनने की तमन्ना की। यह कोई बड़ा ओहदा नहीं था जिसकी आरज़ू डॉक्टर ज़ाकिर हुसैन करते। लेकिन यहाँ इस बात की गुंजाइश ज़रूर थी कि वह चेयरमैन की हैसियत से अगला तालीम के धारे को मुतअस्सिर कर सकें और उन्हें अपने ख़ाबों की कुछ ताबीर मिल सके। लेकिन उन्हें इसका मौक़ा ही नहीं दिया गया। सख़्त नाउम्मीदी के आलम में वह जामिया नगर में वाक़े अपने घर वापस आ गए। लेकिन यहाँ उनकी तजुर्बा-गाह के पौधे ख़र-पतवार से ढँके हुए थे क्यूँकि अब यह क़ौमी अहमियत का इदारा था, और वज़ारत-ए-तालीम के मदारी जिस तरह से उसे नचा रहे थे वैसा ही नाचने पर यह मजबूर था। इसी मायूसी की कैफ़ियत में उन्हें बिहार का गवर्नर बना दिया गया। उन्होंने इस सिलसिले में कुछ न कुछ किया भी लेकिन अब वह सिर्फ़ रहनुमाई कर सकते थे, मश्वरा दे सकते थे। ज़ाकिर साहिब के ओहदे बढ़ते गए लेकिन साथ ही साथ उनकी घुटन भी बढ़ती गई, मायूसी उन्हें घेरती रही और ओहदों की ज़िम्मेदारियाँ उनके होंटों पर ताला लगाती रहीं। ग़ौर से देखा जाए तो इसी मायूसी का इज़्हार इस कहानी में हुआ है। कहानी के आख़िर में ज़ाकिर साहिब कछुवे की ज़बानी अपने इस कर्ब[6] को बयान करते हैं और उनका लहजा मायूसी से भरा हुआ है और हालात से लड़ने के बजाए वह ख़ुदा की मर्ज़ी और क़िस्मत के लिखे पर ख़ुद को छोड़कर ख़ुद को तसल्ली देने की कोशिश करते हैं :

"सब अपना-अपना कर्तव्य पूरा करें तो इसमें ईश्वर की मर्ज़ी होगी। इस मर्ज़ी को जानना-पहचानना और उसके सामने गर्दन झुकाना ही जीवन का अंश है। यही धर्म है, यही सत्य है, यही आनंद है, यही मोक्ष है, यह जान-पहचान, यह गर्दन झुकाना हर एक का अपने-अपने रंग में होता है। अपनी पहचान को दूसरों की

---

1. निश्चयन, 2. शोध-आलेखों, 3. प्रयोगशाला, 4. स्फूर्ति, ऊर्जा, 5. साकार होना, 6. पीड़ा

पहचान से नापना, अपने गर्दन झुकाने के ढंग को दूसरे के झुकाव से टकराना, दूसरे के कर्तव्य को अपने कर्तव्य का तराज़ू बनाना, यह सब भूल है, बड़ी भूल है और हमसे यही भूल हुई।"(29)

इस तरह यह कहानी ज़ाकिर साहिब के तर्ज़-ए-फ़िक्र की शिकस्त और उनकी ज़िंदगी का अलमिया[1] है।

इस कहानी का एक अहम किरदार ख़रगोश है। उसे मुसन्निफ़ ने बर-ख़ुद ग़लत-ग़फ़्लत की अलामत[2] के तौर पर पेश किया है। वह चंचल, मुँहफट और बूढ़ों का मुँह चिढ़ाने वाला "रंगीला छैला" जवान था। "जवानी की तरंग में उतरता था।" अस्ल में ख़रगोश उसी तबक़े का नुमाइंदा है जो आज़ादी के बाद पैदा हुआ था। यह बद्तमीज़ था क्यूँकि यह अपने बड़ों के मुँह लगता रहता था और उन्हें बुढ़ऊ कहकर चिढ़ाता रहता था। मार्क्सी इस्तिलाह[3] में कहें तो यह नया बुर्ज़वाज़ी तबक़ा था। हुक्मरानों की पॉलिसी से पैदा होने वाला यह तबक़ा अब सियासत को अपनी मर्ज़ी से चलाना चाहता था लेकिन इजारादार बुर्ज़वाज़ी और जागीरदार इसे बर्दाश्त करने को तैयार नहीं थे। अंग्रेज़ी तालीमयाफ़्ता तबक़े ने इनके मुँह में लगाम लगा रखी थी लेकिन अब ये हुक्मराँ तबक़े के असरात से आज़ाद हो रहे थे। जिस दौर में यह कहानी लिखी गई है वह स्वतंत्र पार्टी के उरूज का ज़माना था। जागीरदार और क़ौमी सरमायादार मिलकर नेहरू और उनकी रिवायत को पामाल करने को उठ खड़े हुए हैं। अस्ल में यह ख़रगोश इन्हीं के हाथों तबाह हुआ है। इस कहानी में ख़रगोश को रामपुरी कुत्ता लपक लेता है और रशीदाबाद के चाक़ू से उसे ज़ब्ह कर दिया जाता है। ऐसे तो कोई भी कुत्ता और कोई भी चाक़ू इस काम के लिए काफ़ी था, लेकिन अफ़्साना-निगार ज़ाकिर साहिब किसी ख़ास नह्ज[4] की तरफ़ क़ारी की तवज्जुह मब्ज़ूल[5] कराना चाहते हैं। रामपुरी हाउंड नवाब रामपुर से मुतअल्लिक़ है क्यूँकि ताज़ी[6] और ग्रे-हाउंड के मेल से उन्होंने ही इसे पैदा किया है और रशीदाबाद ख़ुद ज़ाकिर साहब के वतन में है जहाँ नवाब रशीद ख़ाँ का मक़बरा नवाबी दौर की याद दिलाता है। उन्होंने ही क़ाइमगंज को बसाया था। चाक़ू हालाँकि क़रीब के एक गाँव औलियापुर में बनते हैं, लेकिन जाकिर साहिब को ख़रगोश की मौत को जागीरदार से जोड़ना था। इसलिए उन्होंने रशीदाबाद के चाक़ू से यह काम कराया है। इस उभरते तबक़े को स्वतंत्र पार्टी हड़प कर गई। सिर्फ़ सियासत ही बेलगाम नहीं हो गई बल्कि ज़िंदगी के दूसरे शुअबे भी इससे मुतअस्सिर हुए। अक़्लियत की जगह तो हमने ले ली, माक़ूलियत की जगह हठधर्मी बिराजमान हो गई। जागीरदारी के बत्न से जातिवाद, इलाक़ा-परस्ती और फ़िर्क़ा-परस्ती ही जनम ले सकते थे। हिंदुस्तानी क़ौमियत का जज़्बा घटने लगा और समाज में अफ़रा-तफ़री का माहौल पैदा हो

---

1. त्रासदी, 2. प्रतीक, 3. मार्क्सवादी शब्दावली, 4. विशेषता, 5. ध्यान आकर्षित करना, 6. शिकारी कुत्ता

गया जो आज तक चल रहा है। ज़ाकिर साहिब ने एक "अख़्लाक़ी रियासत" और "अख़्लाक़ी इंसान" का ख़ाब देखा था। उनका यह ख़ाब भी चकनाचूर हो रहा था और वह कुछ कर नहीं सकते थे, ख़ामोश तमाशाई थे, चाहे यह बात उन्हें कितनी भी नागवार क्यूँ न गुज़र रही हो। ऐसा लगता है कि ख़रगोश की मौत का उन्हें अफ़सोस है जिसका इज़्हार उन्होंने कछुवे के मुँह से कराया है—"थू है हमारे बुढ़ापे पर और हमारे शताब्दियों के अनुभव पर कि हम उसके चुभते-कँटीले शब्दों से बिखर गए और अपनी छाती में इतने क्रोध को जी भरकर पाला। अपनी आत्मा को गंदा किया और मूर्ख आदमियों से साँठ-गाँठ की। हम तो शताब्दियाँ बिता चुके, वह तो अभी कल का बच्चा था, वह जान से गया और हम जिए जाते हैं। इससे अच्छा था कि हमें भी कुछ हो गया होता और हम यह सोचने को न रहते।"(30) लेकिन यह अलमिया तो होना ही था, यह बिखराव तो आना ही था। सिर्फ़ महसूस करने और सोचने से कुछ नहीं हो सकता था। यह अलमिया ख़रगोश का है जो मारा गया या कछुवे का है जो सोचने के लिए ज़िंदा रहा?"

दरअस्ल यह कहानी बच्चों की है, बड़ों की है, बुज़ुर्गों की है, नौजवानों की है। यह ज़ाकिर साहिब की ज़िंदगी भर के तजुर्बों और उनकी ज़िंदगी के उतार-चढ़ाव की कहानी है। इसमें कोई फ़ालतू लफ़्ज़ नहीं है। क्यूँकि हर लफ़्ज़ और हर जुमला एक नए मानी से पर्दा हटाता है। यह हिंदुस्तान की बदक़िस्मती की दास्तान है। सवानिही[1] न होते हुए भी यह ख़ुद ज़ाकिर साहिब की अपनी कहानी है। यह उनके टूटते-बिखरते ख़ाबों की दस्तावेज़ है। फिर भी न तो यह आपबीती है और न जगबीती, यह तो दिलबीती है जिसे एक मँजा हुआ फ़नकार लफ़्ज़ों का जामा पहनाता गया है।

सन्दर्भ

(1) कछुवा और ख़रगोश की दौड़ की कहानी 'पंचतंत्र' से माख़ूज़ है। इसकी तख़्लीक़ राजकुमारों को दुनिया के नशेब-ओ-फ़राज़ से वाक़िफ़ कराने के लिए हुई थी।

(2) इस बात की इत्तिला मुझे ज़ाकिर साहिब की नवासी नीलोफ़र ने दी थी जिसके लिए मैं उनका मम्नून हूँ।

(3) शहीद-ए-जुस्तजू : प्रोफ़ेसर ज़िया-उल-हसन फ़ारूक़ी, सफ़्हा-478

(4) कछुवा और ख़रगोश: डॉक्टर ज़ाकिर हुसैन, नेशनल बुक ट्रस्ट, इंडिया, पहला एडिशन, 1970 ई. सफ़्हा-23

(5) ऐज़न[2], सफ़्हा-8

(6) ऐज़न, सफ़्हा-21

---

1. आत्मकथात्मक, 2. पूर्ववत्

(7) ऐज़न, सफ़्हा-23

(8) ऐज़न, सफ़्हा-11-12

(9) ऐज़न, सफ़्हा-13

(10) तालीमी ख़ुतबात, मक्तबा जामिया, नवाँ एडिशन, 1988, सफ़्हा-15

(11) ऐज़न, सफ़्हा-14

(12) ऐज़न, सफ़्हा-22-23

(13) कछुवा और ख़रगोश, सफ़्हा-36

(14) ऐज़न, सफ़्हा-36

(15) ऐज़न, सफ़्हा-36

(16) तालीमी ख़ुतबात, सफ़्हा-25

(17) ऐज़न, सफ़्हा-178

(18) ये घोड़ा-मछलियाँ है जो जमुना की नहर में कसरत से पाई जाती थीं और अपना ऊपरी आधा धड़ पानी के ऊपर निकालकर तैरती फिरती थीं।

(19) कछुवा और ख़रगोश, सफ़्हा-8

(20) ऐज़न, सफ़्हा-8

(21) वही,

(22) ऐज़न, सफ़्हा-42

(23) ऐज़न, सफ़्हा-15

(24) ऐज़न, सफ़्हा-15

(25) ऐज़न, सफ़्हा-17

(26) ऐज़न, सफ़्हा-16

(27) ऐज़न, सफ़्हा-21

(28) ऐज़न, सफ़्हा-24

(29) ऐज़न, सफ़्हा-71

(30) ऐज़न, सफ़्हा-70

एक मुअल्लिम की कहानी
कुछ मेरी कुछ उनकी ज़बानी

"हक़ीक़त का कोई इल्म नहीं है, हक़ीक़त के सिर्फ़ आलिम होते हैं।"(1)

लेकिन जो हक़ीक़त को जान लेता है वह गूँगा हो जाता है, जो राज़ पा लेता है वह ख़ामोश हो जाता है। हक़ीक़त के राज़दानों का यही मस्लक[1] रहा है जिसने राज़ को अयाँ किया वह रुस्वा समझा जाता था। अन-अल-हक़ कहता था तो सूली पर चढ़ जाता था, हल्के पेट का और कमज़र्फ़ कहलाता था। इसलिए हक़ीक़त के आलिम तो बहुत हुए लेकिन मुअल्लिम[2] बहुत कम हुए। कोरे आलिम "सपाट मैदानों के टीलों की तरह होते हैं जिन पर चढ़कर आदमी दूर तक देख सकता है। मगर जिनसे मौसम और फ़ज़ा पर कोई असर नहीं पड़ता।"(2) मुअल्लिम वह हिमालयाई चोटी होता है जिससे जमाअती धरती के मौसम तब्दील होते हैं, उनमें रंगीनी और मस्ती आती है। उनके असर से ऐसी तहज़ीबी फ़ज़ा पैदा होती है जो इंसान का हौसला और ज़िंदगी का सलीक़ा देती है, उसे हैवानियत से आदमियत की तरफ़ ले जाती है। मुअल्लिम राज़ पाकर ख़ामोश नहीं होता, वह अपने इल्म की मश्अल से अँधेरे में उजाला करता है। दुनिया का माज़ी, हाल, मुस्तक़बिल उसकी हथेली पर आमले की तरह होता है और मुअल्लिम उसकी खटास-मिठास का मज़ा सबको चखाता फिरता है। "हिंदुस्तानी फ़ल्सफ़े या चीनी अख़्लाक़ की तरह वह एक चट्टान नहीं है जिससे ज़माने की मौजें टकराकर पाश-पाश होती रहें, बल्कि ख़ुद एक समुंदर है जो मौजों और तूफ़ानों को अपनी गोद में पाता है।"(3) वह ख़ुद मुश्तइल[3] नहीं होता लेकिन दूसरों में इश्तिआल[4] पैदा करता है, जुमूद में हरकत का अलमबरदार बनता है, वह सुकून और सकते को अपने श्लोक और सवालों के पथराव से चकनाचूर करता है और ख़ुद योगी पुरुष(4) दुख-सुख में यक्साँ, पुरसुकून और साकित[5] रहता है।

हालात की सितम-ज़रीफ़ी ने प्रोफ़ेसर मुजीब के मिज़ाज में झल्लाहट नहीं पैदा की, इल्मियत के ख़ज़ाने ने उन्हें कभी बद-दिमाग़ नहीं बनाया। योगी-पुरुष का

1. मार्ग, 2. शिक्षक, 3. उत्तेजित, 4. उत्तेजना, 5. सुख-दुःख को समान भाव से लेना

दावेदार और हक़दार उनसे ज़ियादा कौन हो सकता है? अट्ठारह साल तक उनके घर में मौत टहलती रही। मलिक-उल-मौत[1] हर लम्हे उन्हें धमकाते रहे। बेटे की उम्र बढ़ती रही और ख़ुशी के बजाए दहशत से उनका दिल दहलता रहा। जिस दिन बेटा पैदा हुआ था उसी दिन से उन्हें पता था कि मौत का बाज़ किसी वक़्त भी झपट्टा मारकर उसे ले उड़ेगा और बाप के दिल को कचूके लगाने के लिए कुछ यादें रह जाएँगी। सितम बाला-ए-सितम यह था कि उस राज़ से सिर्फ़ वह वाक़िफ थे। इस राज़ में उनकी शरीक-ए-हयात भी शरीक नहीं थीं।[(5)] वह ख़ुद इस आग में जलते रहे लेकिन दूसरों की ख़ुशियों को पामाल नहीं होने दिया। आँखों के सामने नाचती, बेटे की मौत देखकर भी वह पुर-सुकून रहे। वह फ़ित्री तौर पर मुअल्लिम थे इसलिए इल्म के समुंदर में ग़ोते लगाते रहे, मौत की दहशत से चीख़े नहीं, सब्र से उसका इंतिज़ार करते रहे, मैं नहीं जानता कि सब्र का यह जौहर उन्हें क़ुरआन से मिला, या "तारीख़-ए-तमद्दुन-ए-हिंद" लिखते-लिखते यह मोती उन्हें हिंदुस्तानी फ़िक्र के ख़ज़ाने से दस्तयाब हुआ। गीता ने यक़ीनन यह सिफ़त और यह शान एक पंडित (आलिम), एक योगी, एक इंसान-ए-कामिल की बताई है।

प्रोफ़ेसर मुजीब इस हैजान[2] की कैफ़ियत में भी हक़ीक़त की जुस्तजू में लगे रहे। क़ौमों की तारीख़ से उन्हें मौत और ज़िंदगी का राज़ मिल गया : "इंसान को मौत नहीं मारती, बल्कि क़नाअत और हिम्मत की पस्ती मारती है। उसका क़ैदख़ाना वह तक़्दीर नहीं है जिसका अटल होना मशहूर है बल्कि वह नाकाम तदबीर है जिसे इंसान ख़ुदग़र्ज़ी या काहिली में तक़्दीर समझ बैठता है।"[(6)] उन्होंने नागुज़ीर हालात में भी हिम्मत की पस्ती और काहिली को अपने क़रीब फटकने नहीं दिया, अपनी तलाश की राह पर उन्हें रोड़े अटकाने नहीं दिया।

एक तरफ़ उनके अंदर ग़मों का सैलाब उमँड रहा था, दूसरी तरफ़ मुल्क-ओ-मिल्लत का माहौल भी पुर-सकून नहीं था। चारों तरफ़ ख़ानाजंगी[3] की फ़ज़ा छाई हुई थी, हिंदू-मुसलमानों की मुकम्मल फिर्क़ा-बंदी हो चुकी थी, मुस्लिम लीग और कांग्रेस की सफ़-आराई हो रही थी। मुजीब साहिब का हाथ तारीख़ की नब्ज़ पर था। वह जानते थे कि हर ख़ानाजंगी क़ौमों के ज़वाल का पेशख़ीमा[4] होती है। ख़ानाजंगी का फ़ैसला इधर या उधर हो जाता है, लेकिन बाद की फ़ज़ा बहुत दिनों तक मुकद्दर[5] रहती है, इंसान तवाज़ुन ख़ो बैठता है।

"उनके दिलों में आग ही जलती रहती है जिसके शोले उनकी आँख़ों से और उनकी ज़बान से निकलते हैं और इस आग को ईंधन चाहिए, नहीं तो आदमी ख़ुद उसमें जलने लगता है जैसे तेल न रहे तो बत्ती जल जाती है।"[(7)] मुजीब साहिब ने

---

1. मौत के फ़रिश्ते, 2. कोलाहल, अशांति, 3. गृहयुद्ध, 4. पूर्वाभास, 5. दूषित, मैली

पेशीन-गोई 1946 ई. में की थी और 1957 ई. और उसके बाद के वाक़िआत ने उनकी तारीख़ी बसीरत[1] की पूरी तरह तस्दीक़ कर दी।

ज़ाती और मिल्ली घुटन, जलन और इस बेचारगी ने किसी का भी तवाज़ुन बिगाड़ दिया होता। लेकिन उनकी फ़ित्रत मुआलिज[2] थी वह मरीज़ नहीं बन सकते थे। उनके सामने दो रास्ते थे। "शेर पढ़ो, शराब पियो, दीवाने बनो।"(8) दूसरा रास्ता था सवाल करो। तातारियों की ताराजी के बाद मुसलमान पहला रास्ता अपना चुके थे। तब उन्होंने 'सादी' की गुलिस्ताँ को ठुकराकर हाफ़िज़ के दीवान में सुकून ढूँढा था। ज़ुह्द[3] को उन्होंने मैकदे के मटके में डुबो दिया था। प्रोफ़ेसर मुजीब तारीख़ के नब्बाज़[4] थे और "शराब पियो, शेर पढ़ो और दीवाने बनो" के फ़ल्सफ़े के नताइज से वह वाक़िफ़ थे, वह इस रास्ते पर क्यूँ क़दम बढ़ाते। इसलिए उन्होंने सवाल किया। सुकरात ने जब देखा कि एथेंस के लोग अपने नाक़िस इल्म के घमंड में सरशार हैं तो ख़ुद वह जाहिल बन गया, उसने सवाल करना शुरू कर दिया। मुजीब साहिब ने अपनी इल्मियत का दावा किया और न अपनी कम-इल्मी का एतराफ़। उन्होंने सिर्फ़ सवाल करना शुरू कर दिया, दुखती रगों पर हाथ रखने का उन्होंने अमल इख़्तियार किया। "इल्म का पहला सबक़ शक है क्यूँकि जब तक शक न हो आदमी को हक़ीक़त मालूम करने की फ़िक्र नहीं होती।"(9) इसलिए यक़ीन वालों की दुनिया में उन्होंने गुमान का परचम लहराया।

प्रोफ़ेसर मुजीब वह आलिम नहीं हो सकते थे जो आफ़ियत के गोशे में बैठा बाद-अज़-मौत के मसाइल सुलझाता है, शतरंज के मुहरों की तरह जंगें जीतता और हारता है, गूँगे के गुड़ की तरह ख़ुद ही अपनी जानकारी का मज़ा लेने का अहल[5] होता है। उन्हें मालूम था कि मौजों को उभारने वाली ताक़त एक है, उनके तड़पने और उछलने की उमंग।"(10) समाज को ज़रूरत थी मौजों को उभारने की, उनमें तड़पने और उछलने की उमंग पैदा करने की, अपनी तक़रीरों, तहरीरों और दर्स-ओ-तदरीस[6] से मौजें उभारने के काम में वह लगे रहे।

तारीख़ के सागर की गहराई में ग़ोता लगाकर योरुपी तहज़ीब की उस आन को उन्होंने पा लिया जिसने "लोगों में दिल की बात मानने और ग़ैर का कहना न मानने की क़ुव्वत पैदा की।"(11) वह "इस्लाम में ज़मीर की आवाज़" का सवाल उठा बैठे। उन्होंने ग़ैरों का कहना न माना। मग़रिबी दुनिया मुहज़्ज़ब दुनिया थी। उसकी चमक-दमक से पुरानी तहज़ीबों के वारिसों की आँखें चकाचौंद थीं। हमारा तालीम-याफ़्ता तबक़ा इसी चश्मे से दुनिया को ही नहीं अपने-अपने दीन को भी देख रहा था। प्रोफ़ेसर मुजीब की दूरबीन आँखों ने इस रोशनी के पस-ए-पुश्त प्रचार के सहारे छुपाए गए अँधेरे को भी देख लिया। "मग़रिबी तहज़ीब ने जहाँ कहीं किसी तहज़ीब

1. इतिहास-दृष्टि, 2. उपचार करनेवाला, 3. धार्मिक निष्ठा, 4. नब्ज़ के ज्ञाता, 5. पात्र, 6. शिक्षण

का चराग़ जलते देखा उसे बुझा दिया, दुनिया के लिए अपनी रोशनी के सिवा अँधेरे से बचने का कोई और चारा न रखा। मग़रिबी तहज़ीब के बेरहम दिल ने दुश्मनों को अपना ग़ुलाम बनाकर छोड़ा है और शैदाइयों को अपनी अदाओं और हसीन सूरत से लुभाकर उनके घर तक बिकवा लिये हैं।"(12)

अह्ल-ए-मग़रिब[1] मशरिक़[2] के तनज़्ज़ुल[3] के मनघड़ंत क़िस्से दुनिया को सुना रहे थे। कुछ साफ़ दुश्मनी के पैराए[4] में उसकी तज़्लील[5] कर रहे थे, कुछ हमदर्दी दिखाकर उसके पिछड़ेपन को रूहानियत का आला मेयार क़रार दे रहे थे। प्रोफ़ेसर मुजीब ने उन्हें भी आईना दिखाया, उन्हें बताया कि उनके अक़्दार के पैमाने मुख़्तसर हैं और मशरिक़ की वुस्अत उसमें समा नहीं सकती। दोनों के दर्मियान माद्दीयत[6] और रूहानियत[7] का बुनियादी फ़र्क़ नहीं है, उनमें फ़र्क़ है वुस्अत और तंगी का। यहाँ तो ऐसा निज़ाम, ऐसे उसूल, ऐसे अक़ीदों[8] का सहारा चाहिए जिनमें मशरिक़ की सी बेपायाँ, बेकराँ ज़िंदगी पूरी-पूरी समा सके...मग़रिब में उसूल और अक़ीदे की कोई ख़ास क़द्र नहीं रही। छोटी-सी चीज़ को ज़रा-सा ठिकाना चाहिए और मग़रिब वालों का यह ठिकाना उनकी हिकमत-ए-अमली और मस्लहत थी।"(13)

क़ौमी रियासतों का दौर-दौरा था और क़ौमियत एक नया धर्म बन गई थी। उसकी तरफ़ उँगली उठाने वाला ज़माने के धारे से कटा हुआ समझा जाता था और उसका मुन्किर सियासी काफ़िर जाना जाता था। लेकिन प्रोफ़ेसर मुजीब की आलमी नज़र क़ौम और वतन को इंसानियत का बहुत ही छोटा पैमाना समझती रही। उन्होंने इंसानों के सियासी रिश्ते पर सवालिया निशान लगाया : "सियासी रिश्ता छोटी जमाअतों को मुत्तहिद रख सकता है। जब वह बढ़ जाएँ तो उनमें सिवा मज़हब और अख़्लाक़ के राब्त क़ाइम रखने की और कोई सूरत हो ही नहीं सकती।"(14) जमीअत को क़ाइम रखने के लिए मोहब्बत-ए-लिल्लाह से बेहतर कोई रिश्ता नहीं है।"(15)

अहल-ए-योरुप ख़ुद को आज़ादी का अलमबरदार बताते थे, उख़ूवत[9] और मुसावात[10] का दिलदादा साबित करते नहीं थकते थे, लेकिन मग़रिब ने जिस निज़ाम को जनम दिया उसमें इंसान अहद-ए-वुस्ता के ग़ुलामों से बदतर ग़ुलाम हो गया। उसके तहत कुछ को आक़ा बनने की आज़ादी ज़रूर मिल गई लेकिन बाक़ी को ग़ुलाम बनने की आज़ादी ही हाथ आई। प्रोफ़ेसर मुजीब ने चंद जुमलों में ही इस निज़ाम को उर्यां[11] कर दिया, उनके सुनहरे वादों को उन्होंने बातिल[12] साबित कर दिया। सरमायादारी का इतना मुख़्तसर, इतना जामे[13] तज्ज़िया शायद ही किसी ने किया हो। उन्होंने कहा : "दौलत ने दूसरों की मिहनत और ज़रूरियात से फ़ाइदा उठाने के लिए ऐसे ढंग निकाल लिये हैं जो ग़ुलामी के पुराने तरीक़े से बहुत ज़ियादा कार-आमद हैं। आजकल के ग़ुलाम अपने आक़ाओं के लिए ज़ियादा से ज़ियादा

1. पश्चिम वाले, 2. पूर्व, 3. पतन, 4. रूप, 5. अपमान, 6. भौतिकता, 7. अध्यात्म 8. आस्थाओं, 9. मेल-मिलाप, 10. समता, 11. नंगा, 12. झूठ, 13. समग्र

मेहनत करते हैं और बजाए इसके कि उनके खाने, कपड़े का ज़िम्मा आक़ाओं पर हो, वह अपने आक़ाओं की बनवाई हुई चीज़ें ख़रीदकर उनकी दौलत दिन दूनी रात चौगनी करते रहते हैं।"(16)

अहल-ए-यूरोप मुसलमानों के हर नेक अमल पर पर्दा डाल रहे थे और आलमी तहज़ीब को उनकी हर देन से इन्कार कर रहे थे। मुजीब साहिब ने उन्हें बताना ज़रूरी समझा कि उनकी नश्अत-ए-सानिया[1] मुसलमानों की देन है। साइंस में भी उनके अव्वलीन उस्ताद मुसलमान ही हैं। उनकी भरी बुनियादों पर ही मग़रिबी साइंस और इल्म की ख़ूबसूरत और पाइदार[2] इमारत खड़ी हुई है।

'ख़ाना-जंगी' के एक किरदार मुल्ला अबुल क़ासिम ने जमाअत में नई रूह फूँकने का रास्ता बताते हुए अपने शागिर्दों से कहा है : "एक ज़िंदगी हक़ और बातिल का मैदान है, दूसरी और उससे कहीं आला ज़िंदगी वह है जहाँ हक़ को हक़ की तलब होती है।"(17) प्रोफ़ेसर मुजीब ने अपनी तहरीरों को हक़-ओ-बातिल[3] का मैदान-ए-कारज़ार नहीं बनाया। कहीं भी मुनाज़राती[4] और पोस्टरी तहरीर का अंदाज़ा इख़्तियार नहीं किया। उन्होंने वह स्टाइल अपनाया जिसमें हक़ को हक़ की तलब होती है लेकिन "हक़ीक़त की एक तलब वह होती है जो सवाल बनकर निकलती है। एक तलब वह होती है है जो ख़ुद साइल को सवाल का जवाब बता देती है।"(18) मुजीब साहिब के हर जुमले से सवाल उभरते हैं लेकिन उनकी तलब वह है जो साइल[5] को ख़ुद सवाल का जवाब बता देती है। वह सवालों से नश्तर का काम नहीं लेते, किसी को अज़ियत नहीं देते, चुटकियाँ भरकर तकलीफ़ की लज़्ज़त नहीं लेते। वह सवाल करते हैं जुमूद में हरकत पैदा करने के लिए, सोए हुओं को जगाने के लिए, ज़हनों को झिंझोड़ने के लिए, दिलों में हौसला जगाने के लिए, तरक़्क़ी का रास्ता दिखाने के लिए उनकी यह स्टाइल मुअल्लिम की है, मुदर्रिस और मुबल्लिग़[6] की नहीं।

प्रोफ़ेसर मुजीब पेशे से मुदर्रिस रहे लेकिन ज़हन उन्होंने मुअल्लिम का पाया। मुदर्रिस छोटी-सी बात में अपनी ग़ैर-ज़रूरी मालूमात की हवा भरकर ग़ुब्बारा बना देता है। मुअल्लिम दरिया को कूज़े में भरता है। मुदर्रिस बाल की खाल निकालता है। किसी एक नुक्ते को ही सब कुछ समझ लेता है। मुअल्लिम अपने ज़हन-ए-रसा से हक़ीक़त को तलाश करता है और ख़यालात और हादिसात की कसरत में वहदत को रोशन करता है। मुदर्रिस मवाद[7] को फैलाता है, मुअल्लिम उसे सिकोड़ता है। इसीलिए मुदर्रिस की तहरीर और तक़रीर में ग़ैर-ज़रूरी अल्फ़ाज़ की भरमार होती है। मुअल्लिम के यहाँ इख़्तिसार और ईजाज़ होता है। मुदर्रिस यक़ीन ही यक़ीन होता है और मुअल्लिम गुमान से यक़ीन तक जाने वाली ख़ारदार पगडंडियों का राही

1. पुनर्जागरण, 2. टिकाऊ, 3. सत्य और मिथ्या, 4. प्रदर्शनधर्मी, विज्ञापनमूलक, 5. प्रश्नकर्ता, 6. धर्मोपदेशक, 7. सामग्री

होता है। हाशिए और हवालाजात के बग़ैर मुदर्रिस का काम ही नहीं चलता क्यूँकि वह तरह-तरह के ख़यालात को ज़हनों में ठूँसता है। वह ज़हन को आज़ाद करने के बजाए उसे मुक़य्यद करता है। मुअल्लिम कुछ ठूँसता नहीं है वह इशारों-इशारों में ज़हन को जगाता है, जुस्तजू की ख़ाहिश पैदा करता है, नए मैदान-ए-अमल और फ़िक्र की निशान-देही करता है। मुजीब साहिब मुअल्लिम हैं। इसलिए उनकी तहरीरें हवालाजात और हाशियों से पाक हैं। वह छोटे-छोटे जुमलों में हक़ीक़त के एक नए रूप से रूशनास कराते हैं। वह मुदर्रिस की तरह इस्तदिलाल और मंतिक़[1] से बात ज़हन-नशीं नहीं कराते। जुस्तजू[2] का सादिक जज़्बा और इल्म की सच्ची प्यास उनकी तहरीरों में वह सिह्र[3] पैदा करती है जो ज़हन-ए-सलीम को ऐसी दुनिया में पहुँचा देती है जो एक साथ तिलस्मी भी है और हक़ीक़ी भी। मुदर्रिस क़ुतुब मीनार की लंबाई ओर गोलाई नापने पर ही क़नाअत[4] करता है और मुअल्लिम मुजीब इस मीनारे में वह हुस्न दिखाने में कामयाब होते हैं जो किसी हसीन कलाई में चूड़ियों और कंगनों के पहनने से पैदा होता है। मुअल्लिम भी मुदर्रिस होता है लेकिन उस दर्जे पर वह तभी पहुँचता है जब वह तदरीस[5] को तख़्लीक़ बना देता है। इसमें कोई शक नहीं कि प्रोफ़ेसर मुजीब अपने हर काम और हर फ़िक्र में तख़्लीक़ी हैं।

मुदर्रिस अपने काम के नह्ज[6] के दबाव के तहत मुक़ल्लिद[7] होता है।(19) उसके यहाँ "दीन, अख़्लाक़ और हौसले का सरचश्मा नहीं रहता, दीनियात और क़ानून का दफ़्तरी बन जाता है। इल्म को तरक़्क़ी देने की कोशिश पर बुज़ुर्गों की तौहीन का शुब्हा किया जाता है...कमाल का तसव्वुर भुला दिया जाता है।"(20) मुअल्लिम ज़हनों के टकराव में यक़ीन रखता है उसके ठहराव में नहीं। इसलिए वह ज़हन को हर चट्टान से टकराता है चाहे वह बुज़ुर्गी का हिमालय पहाड़ ही क्यूँ न हो। वह चट्टानों को तोड़कर शाहराह बनाता है, उनके ज़ेर-ए-साया बैठने में अपने लिए आफ़ियत नहीं समझता।

मुअिल्लम को जब ख़ुश्क मुदर्रिसी करना पड़ जाती है तो उसका जहन ना-आसूदा होता है, उसे शौक़ की हमआहंगी और रफ़ाक़त[8] का मज़ा नहीं मिलता है। मुजीब साहिब ने अपनी इस ना-आसूदगी का एतराफ़ ख़ुद ही किया है : "मैंने जामिया में बरसों पढ़ाया है मगर कामयाबी का एहसास कभी नहीं हुआ। कभी इसकी शिकायत होती कि तालिब-ए-इल्म तवज्जोह नहीं करते, कभी इसकी कि उनकी मालूमात कम हैं या सलाहियत कम है। बहरहाल शौक़ की हमआहंगी और रफ़ाक़त का मज़ा मुझे बहुत कम मिला।"(21) शौक़ की हमआहंगी उन्होंने जामिया के बाहर तलाश की। वह तलबा को सिर्फ़ माली इम्दाद ही नहीं करते हैं बल्कि बा-सलाहियत मुहक़्क़िक़ों[9]

1. गूढ़ रहस्यों, 2. जिज्ञासा, 3. जादू, 4. आत्म-संतोष, 5. शिक्षण, 6. स्वभाव, 7. अनुकरणकर्ता, 8. आत्मीयता, 9. शोधकर्ताओं

को तहक़ीक़ का मवाद भी फ़राहम करते हैं। न जाने कितने तहक़ीक़ में लगे तलबा उनके मरहून-ए-मिन्नत हैं। तालिब-ए-इल्म माली और इल्मी मवाद लेने उनके पास आते नहीं दिखाई देते। वह ख़ुद इल्म की दौलत और नोटों का बंडल लेकर उनकी दर्सगाहों और उनके घरों तक पहुँच जाते हैं। इन ज़रख़ेज़ मैदानों में अपने इल्म की गंगा बहाकर, उसके पानी से सेराब होकर नए फूल और पौधे उगते देखकर मुअल्लिम मुजीब को रूहानी आसूदगी मिलती है।

प्रोफ़ेसर मुजीब का ख़ास मौज़ूअ तारीख़ है। फ़ितरत ने उन्हें जुस्सा[1] छोटा मगर ज़हन बहुत बड़ा दिया है, इसलिए किसी एक मज़्मून से वह बँधे नहीं रह सकते थे। उन्होंने तारीख़ें लिखीं लेकिन रूसी अदब पर भी क़लम चलाया, उन्होंने कहानियाँ भी लिखीं और ड्रामे भी। अब उनकी तबीअत नाविल-निगारी की तरफ़ माइल है। हमारी बदक़िस्मती यह है कि वह जितना हम तक पहुँचाना चाहते थे वह सब अब तक लिख नहीं पाए। उनकी तमाम ज़हनी काविशों का यहाँ इहाता[2] करना नामुमकिन है, इसलिए सिर्फ़ उनकी तारीख़ी बसीरत[3] और अदबी शुऊर[4] की तरफ़ इशारे पर इक्तिफ़ा करना पड़ेगा। उनके लिए "तारीख़ आदमी और आदमियत की कहानी है, रूहानियत का करिश्मा नहीं।" (22) लेकिन तारीख़ के सफ़्हात में यह देखकर उनकी रूह तिलमिला उठती है कि "हमारे पास हर चीज़ के लिए वक़्त मुक़र्रर है, नहीं है तो बस आदमी बनने के लिए।"(23) उन्होंने तारीख़ से दो ज़बर्दस्त ताक़तें दरयाफ़्त की हैं, एक तहज़ीब की और दूसरी पहिए की। 'दुनिया की कहानी' में उन्होंने उन रास्तों की तलाश की है जिनसे होकर इंसानी तहज़ीब हम तक पहुँची है। उनके नज़रिए के मुताबिक़ "तहज़ीब के मानी हैं धर्म-ईमान के साए में ज़िंदगी बसर करना, ज़रूरियात पूरी करने का इंतिज़ाम करना और फिर अपने ख़ास मज़ाक़ के मुताबिक़ ज़िंदगी सँवारना।(24) इस तहज़ीब के लिए ज़रूरियात पूरी करने का इंतिज़ाम भी ज़रूरी है। इसीलिए *वर्ल्ड हिस्ट्री : आवर हरिटेज* में प्रोफ़ेसर मुजीब उस पहले इंसान को जो खोलकर ख़िराज-ए-तहसीन पेश करते नज़र आते हैं जिसने पहिए की ईजाद की। तकनीकी तरक़्क़ी के बग़ैर हमारी आज की तहज़ीब भी कुछ नहीं है। मुजीब साहिब के तारीख़ी शुऊर में रूहानियत और माद्दीयत दोनों अनासिर[5] मिले हुए हैं। मुजीब साहिब को *तारीख़-ए-तमद्दुन-ए-हिंद* लिखते वक़्त पता चल चुका था कि "सहीह सिम्त का पता लगाने के लिए दूर की चीज़ों को, आसमान और उसके चाँद-तारों को भी देखने की ज़रूरत है।"(25) लेकिन ख़ाली उन पर टिकटिकी बाँधने से भी इंसानियत रास्ता गुम कर देती है। उन्हें इस बात का भी इल्म है कि "वह मुसाफ़िर भी जो अपनी नज़र सामने ही की ज़मीन पर जमाए रहे, रास्ता भूल सकता है।"(26) इसीलिए वह दोनों में तवाज़ुन[6] बरक़रार रखना चाहते हैं और तहज़ीब के रथ में ईमान, धर्म और पहिए दोनों को लगाना चाहते हैं।

---

1. शरीर, 2. विवरण देना, 3. इतिहास-बोध, 4. साहित्यिक विवेक, 5. तत्त्व, 6. सन्तुलन

तारीख़ आम तौर से क़ब्रिस्तानी शहादतों का पुलंदा होती है, लेकिन मुजीब साहिब का तारीख़ी शुऊर हमें मुस्तक़बिल का भी कुआँ झँकाता है। ग़ालिबन यह बसीरत उन्हें अदब से मिली है, तारीख़ से नहीं। उन्होंने 'दुनिया की कहानी' 1937 ई. में लिखी थी, तब पेशीन-गोई की थी कि "क़ौमियत और सन्अत ने ज़ोर बाँधा और...इंसान और तहज़ीब की बाढ़ मार दी।"(27) तब तक दो तहज़ीबों का और उनके टकराव का चर्चा नहीं हुआ था। माद्दियत और रूहानियत के ग़ैर-मुतवाज़िन होने की फ़िक्र दानिशवरों को लाहक़ नहीं हुई। सारी दुनिया ने अभी यह सोचा नहीं था कि इस वक़्त की नौआबादियाँ अगर आज़ाद हो गईं तो मग़रिबी तहज़ीब और सन्अत किन बुहरानों[1] से दो-चार होगी। रूसी ख़ारिजा पॉलिसी बनाने वालों के ज़हन में भी शायद उस वक़्त तक यह बात नहीं आई थी (यह बात ज़हन में आ भी नहीं सकती थी क्यूँकि अभी तक रूस की माद्दी तरक़्क़ी उस मेयार पर नहीं पहुँच पाई थी) कि नौ-आज़ाद मुल्कों की ख़ुद-कफ़ीली[2] सरमायादारी और मग़रिबी इजारादारी के ख़िलाफ़ एटम बम से भी कारगर हथियार है। प्रोफ़ेसर मुजीब ने उस वक़्त कहा था कि "वह मुल्क जो अब तिजारती मंडियाँ कहलाते हैं, कारख़ाने बन गए तो मग़रिबी सन्अत का ठाठ पड़ा रह जाएगा।"(28)

प्रोफ़ेसर मुजीब को हर तहज़ीबी और सियासी ज़वाल की तह में ख़ानाजंगी नज़र आई। इसीलिए उन्होंने इसे अपने एक ड्रामे का मौज़ूअ बनाया। इसका पसमंज़र मुग़ल तारीख़ है, औरंगज़ेब और दाराशिकोह की सियासी जंग है। लेकिन अस्ल में यह 1946 ई. के हिंदुस्तान में बरपा ख़ानाजंगी, नफ़रत और फ़साद पर एक बसीरत-आमोज़[3] तब्सरा है। इससे कई सौ साल क़ब्ल मुसलमानों के सामने यह मस्अला आया था कि "हाकिम की मुख़ालफ़त की जाए या जमाअत को ख़ानाजंगी की मुसीबतों से बचाया जाए।"(29) लेकिन उस वक़्त मस्अले का जो हल निकाला गया उसे मुजीब साहिब का ज़हन क़ुबूल करने को तैयार नहीं था। मुसलमान उस वक़्त "हज़रत इमाम हुसैन" की रोशन मिसाल के बजाए ईसाई रहबानियों (राबियो) के तरीक़े की तरफ़ माइल हो गए।"(30)

इमाम ग़ज़ाली ने इहया-उल-उलूम में फ़तवा सादिर कर दिया कि "ज़ालिम हाकिमों और आलिमों के साथ तीन हालतें हो सकती हैं, एक जो सबसे बुरी है यह है कि तुम उनके पास जाओ और दूसरी जो इससे कम है यह कि वो तुम्हारे पास आएँ और तीसरी यह है कि तुम उनसे अलग रहो, वो तुम को देखें, न तुम उनको देखो।"(31)

मेरे ख़याल में 'ख़ानाजंगी' का अस्ल मौज़ूअ इमाम हुसैन की रोशन मिसाल और इमाम ग़ज़ाली का सियासत से अलगाव का नज़रिया है। इस ड्रामे में इमाम हुसैन की राह पर शेख़ सरमद गामज़न हैं और इमाम ग़ज़ाली के पैरोकार मुल्ला

1. विभ्रमों, 2. आत्मनिर्भरता, 3. अन्तर्दृष्टिपूर्ण

अबुल क़ासिम हैं। 'ख़ानाजंगी' के ख़ालिक़ ने मुल्ला अबुल क़ासिम के मुँह से इन दोनों राहों की और हमअस्त्र दानिशवरों के रुज्हानात की साफ़-साफ़ निशानदेही की है : "इसका एक इलाज यह है कि ख़ुदा पर भरोसा करो और अपने काम में लगे रहो। दूसरा इलाज यह है कि शैख़ सरमद की तरह मुख़ालिफ़ों से टक्कर लो और दार पर चढ़ो।" (32)

'ख़ानाजंगी' को पढ़ने से कम से कम मुझे यह एहसास होता है कि मुल्ला अबुल क़ासिम का मदरसा ख़िलाफ़त तहरीक का तंदुरुस्त और तवाना[1] बच्चा जामिया मिल्लिया है और मुल्क में रूनुमा हालात के पेश-ए-नज़र जामई दानिशवरों के दर्मियान यह बहस छिड़ी हुई है कि शैख़ सरमद का रास्ता अपनाया जाए या खुट-खुट करते जाओ, कुछ न कुछ हो ही जाएगा। ऐसा लगता है कि प्रोफ़ेसर मुजीब फ़िर्क़ावारियत के इस अज़दहे से टक्कर लेना चाहते हैं, वह शैख़ सरमद के रास्ते के मुबल्लिग़ हैं और दूसरे लोग मुल्ला अबुल क़ासिम के मस्लक में शामिल हैं। लेकिन कोई फ़ैसला न हो सका। मुजीब साहिब ने उस वक़्त के दानिशवरों की कश्मकश और ढुलमुल-यक़ीनी की अक्कासी वाज़ह तौर पर औरंगज़ेब के ज़रिए कराई है। वह मुल्ला अबुल क़ासिम के सामने तलवार रख देता है और कहता है कि मुल्ला या मुझे क़त्ल कर दो या मेरा साथ दो। मुल्ला में न उसे क़त्ल करने की हिम्मत है और न उसका साथ देने का अक़ीदा। तभी औरंगज़ेब कहता है "मैं देखता हूँ कि अपने जैसे आलिमों की तरह तुम भी कोई फ़ैसला नहीं कर सकते और ज़िंदगी तुम्हारे फ़ैसलों का न पहले इंतिज़ार कर सकती थी न अब कर सकती है।"(33)

जामिया के लोग सचमुच 1946 ई. में जुबली(34) मनाते रहे और यह फ़ैसला न कर पाए कि सरमद की तरह मुस्लिम लीगी ज़हन से टकरा जाएँ या वह ख़ुद भी उसी में शामिल हो जाएँ। शायद तारीख़-दाँ[2] मुजीब उन्हें सरमद की राह पर चलने के लिए उकसाता रहा लेकिन तारीख़ की आवाज़ सलामत-रवी की तदबीर के बोझ के नीचे दब गई। मुल्क का बँटवारा हो गया। मिल्लत का शीराज़ा बिख़र गया, जमियत की आबरू हिंदुस्तान में कौड़ी के मोल हो गई, तअस्सुब और तंग-नज़री का बाज़ार गर्म हो गया, फ़िर्क़ापरस्ती का यह इफ़रीत[3] अगर कुछ ख़ामोश हुआ तो सिर्फ़ नीम-उर्यां (सरमद पूरी तरह उर्यां थे) गाँधी का ख़ून पीकर। जामिया ने उस वक़्त पनाह-गुज़ीनों की ख़िदमत की, नफ़रत को कम करने की कोशिश की, लेकिन जब वक़्त फ़ैसले का था तो कश्मकश में मुब्तला रही। तारीख़ बहुत बेबाक और मुँहफट होती है। ऐसा लगता है कि सईदुद्दीन के भेस में उनसे जामिया वालों से, मुल्ला अबुल क़ासिम से कहा है : "जब शाहजहानाबाद में फ़िर्क़ाबंदी शुरू हुई तो आप इंतिहाई हिम्मत और इस्तिक़लाल[4] के साथ फ़िर्क़ाबंदी की मुख़ालफ़त करते

1. हृष्टपुष्ट, बलवान, 2. इतिहासवेत्ता, 3. राक्षस, 4. धैर्य, मुस्तक़िल मिज़ाजी

रहे। लड़ाई ख़त्म हुई तो आप इस तअस्सुब और तंगदिली की ख़िदमत करते रहे जो ख़ानाजंगी ने पैदा की थी।"(35) लेकिन फ़ैसले की घड़ी जब आई तो इमाम हुसैन की रोशन मिसाल (ड्रामे में सरमद की राह) को क्यूँ भूल गए? तारीख़ के इस सवाल का वही जवाब जामिया वाले दे सकते हैं, जो मुल्ला अबुल क़ासिम ने सईदुद्दीन को दिया था : "हम चाहते हैं कि हमसे कोई ग़लती न हो, हमारी तदबीरें सलामत-रवी की पाबंद, हमारे दिल मस्लहतों में गिरफ़्तार।"(36)

तारीख़ी शुऊर और अदबी बसीरत से दूर तक मुस्तक़बिल में झाँकने वाले प्रोफ़ेसर मुजीब सिर्फ़ जामिया से यह सवाल नहीं कर रहे हैं, बल्कि हिंदुस्तान की तहरीक-ए-आज़ादी से वाबस्ता तमाम दानिशवरों से वह यह सवाल पूछ रहे हैं। वह यह सवाल महात्मा गाँधी और जवाहरलाल नेहरू से कर रहे हैं। जब टकराने का वक़्त था, क़ुर्बान होने का वक़्त था तो वह क्यूँ नहीं टकराए। मुअल्लिम मुजीब ने ज़हनों में उस वक़्त यह सवाल उभारा था। जवाब ढूँढ़ना हो तो अब सियासियात या तारीख़ का कोई मुदर्रिस ढूँढे। मुअल्लिम तो सिर्फ़ होने वाले हादिसात की आहट सुन चेतावनी दे सकता है। तारीख़ जब आगे क़दम बढ़ा दे तो मुजीब ऐसा मुअल्लिम 'दि इंडियन मुस्लिम्स' लिखकर इस ट्रैजडी के नक़्श-ए-पा की तलाश में मह्व हो जाता है।

प्रोफ़ेसर मुजीब सिर्फ़ बड़े मसाइल पर ही सवालिया निशान नहीं लगाते। वह अपनी रोज़मर्रा की बातों और अपने व्यवहार से भी ज़हनों की आलाइशों[1] को कुरेदते हैं। नाक़िस ख़यालों और नाक़िस रुज्हानात की पकड़ करते हैं। वह इस सिलसिले में किसी मौक़ा-महल की परवाह नहीं करते, किसी मुरव्वत के रवादार[2] नहीं होते। अलीगढ़ मुस्लिम यूनिवर्सिटी के एक जय्यिद[3] तारीख़-दाँ जामिया तशरीफ़ लाए। मुजीब साहिब से उन्होंने फ़रमाया कि जामिया में इस्लामी ज़हन की तश्कील[4] होनी चाहिए। मुजीब साहिब ने बग़ैर रू-रिआयत के जवाब दिया : "देखिए ज़हन तो ज़हन होता है, इस्लामी और ग़ैर-इस्लामी नहीं, ज़हन को उड़ान भरने दीजिए, उसे क़फ़स में बंद न कीजिए।" एक अमेरिकी सफ़ीर की अहलिया उनका पास आईं और कुछ कामों के लिए अमेरिकी माली इम्दाद देने की ख़ाहिश ज़ाहिर की। मुजीब साहिब ने बेझिझक कह दिया: "आप बे-ग़रज़ इम्दाद दे नहीं सकतीं और जामिया आजिज़ और ग़रज़मंद हो नहीं सकती।" तालीमी कमीशन जनाब डी.एस. कोठारी साहिब की सदारत में तालीमी निज़ाम तैयार करने के सिलसिले में प्रोफ़ेसर मुजीब से गुफ़्तगू करने आया। उनका जवाब था : "निज़ाम सब अच्छे होते है, बुरे होते हैं उनको चलाने वाले। अल्लाह मियाँ भी कोई निज़ाम बनाकर भेज दें तो हम बरतने वाले उसे नाक़िस[5] और नाकारा बना देंगे।"

1. ग़लाज़त, प्रदूषण, 2. निभाने वाले, 3. प्रकांड विद्वान, 4. निर्मित, 5. आधा-अधूरा

पार्लियामेंट में एक दफ़ा एक क़ाबिल मेंबर ने सवाल किया कि जामिया में हिंदू और मुसलमान तालिब-इल्मों का तनासुब[1] क्या है? मुजीब साहिब ने वज़ारत-ए-तालीम को मुख़्तसर जवाब लिख दिया। हम जामिया में हिंदू या मुसलमान भर्ती नहीं करते, हम दाख़िल करते हैं सिर्फ़ तालिब-ए-इल्म।

साबिक़ा जामिया कॉलेज के कैम्पस पर प्रोफ़ेसर मुजीब की काविशों से हज़रत ग़ालिब का एक मुजस्समा नस्ब किया गया। किसी को यह जमालियाती नुक़्ता-ए-नज़र से खटकता था और किसी को यह बद-हैअत और ग़ालिब का कार्टून नज़र आता था। सारे मोतरिज़ीन[2] को मुजीब साहिब का जवाब था : "न मैंने कोई मुजस्समा लगवाया है और न ही इसमें ग़ालिब की सीरत और सूरत का हुस्न ढलवाया है। मुसलमानों ने अपने ज़हन में जो बुतशिकनी का बुत बिठा लिया है, मैं तो सिर्फ़ उस बुत को तोड़ना चाहता हूँ।"

दूसरे पत्थरों के बुत तोड़ते रहे होंगे, मुअल्लिम मुजीब ज़हनों में नस्ब बुत तोड़ते हैं, नाक़िस ख़यालों के बुतों की सिर्फ़ नाक काटना नहीं चाहते, वह उस जगह को ही साफ़ कर देना चाहते हैं जहाँ ये बुत नस्ब हैं। उनके यहाँ बेहद लोच, रवादारी है क्यूँकि ऐसी ही ज़मीन में ख़यालात का पूरा पौधा नमू पाता है। लेकिन बे-समर[3] पेड़ को काटने में वह कभी नहीं हिचकिचाते। उनके लिए हर आदत बुरी है चाहे वह इबादत ही की आदत क्यूँ न हो। बुतपरस्ती की तरह अगर बुतशिकनी भी आदत बन जाए तो यह उन्हें बर्दाश्त नहीं। उनके बहुत से हमअस्र इक़बाल का बुत पूजते नज़र आते हैं, लेकिन उन्होंने उनके आलमी नज़रिए को कभी नहीं सराहा। वह मुसलमानों के बीच होते हैं तो उनकी कमज़ोरियों, उनके नाक़िस ख़यालात को बे-पर्दा करते हैं। लेकिन जब ग़ैरमुस्लिमों के दर्मियान होते हैं तो मुसलमानों के मुस्बत[4] पहलुओं का क़सीदा पढ़ते हैं। फ़िर्क़ावारियत के ज़ह्र से आलूदा हमारे मुल्क में समाज का ज़हनी तवाज़ुन बरक़रार रखने का मुअल्लिम मुजीब का यही तरीक़ा है।

हमारे इस मुअल्लिम की शख़्सियत बहुत ही तरहदार है। यह बड़ी तहदार है और मैं नहीं जानता कि उसकी कितनी तहें मेरी नज़रों से ओझल हैं। मुझे तो उनका एक जुमला ही उनकी शख़्सियत का जाम-ए-जमशेद मालूम होता है। प्रोफ़ेसर मुजीब ने बरसों पहले एक बयाज़[5] पर अंग्रेज़ी में यह जुमला लिखा था : "जब वाक़ई मैं मर गया तो मुझे एहसास हुआ कि मैं ज़िंदा हूँ।"(37) जी चाहे फ़ना[6] के बाद बक़ा[7] का तसव्वुर इसमें ढूँढ़ लीजिए। जी चाहे गौतम बुद्ध के निर्वाण का फ़ल्सफ़ा तलाश कर लीजिए। सुन सकें तो वहदत-उल-वुजूद की आहट उसमें सुन लीजिए। तौफ़ीक़ हो तो साइंस के एलान पर कान धरिए। कोई माद्दा मिटता नहीं, उसकी

1. अनुपात, 2. आपत्तिकर्ताओं, 3. फलहीन, 4. सकारात्मक, 5. किसी भी लेखक के लिखे हुए काग़ज़ों को बयाज़ कहते हैं, 6. मृत्यु, अंत, 7. शाश्वत जीवन

सिर्फ़ शक्ल बदल जाती है। एक शम्अ बुझते-बुझते दूसरी शम्अ रोशन कर जाती है। इस एक जुमले में मानवीयत की जो गहराई, गीराई और वुस्अत है उसका पैकर हैं मुअल्लिम मुजीब।

सन्दर्भ

(1) प्रोफ़ेसर मुहम्मद मुजीब, ख़ानाजंगी, 1976, सफ़्हा-32
(2) प्रोफ़ेसर भुहम्मद मुजीब, दुनिया की कहानी, सफ़्हा-82
(3) ऐज़न, सफ़्हा-212
(4) गीता
(5) मुजीब साहिब के बड़े साहिबज़ादे मुहम्मद मुईन का इंतिक़ाल तक़रीबन 20 साल की उम्र में हुआ, लेकिन पैदा होते ही डॉक्टर ने मुजीब साहिब को बता दिया था कि वह एक मुहलक[1] मरज़ लेकर पैदा हुए हैं और उनकी मौत किसी वक़्त भी अचानक हो सकती है। इस राज़ को उन्होंने अपने दिल में दफ़्न कर लिया, अपनी बीवी तक पर भी ज़ाहिर नहीं किया।
(6) प्रोफ़ेसर मुहम्मद मुजीब, दुनिया की कहानी, सफ़्हा-216
(7) मुजीब साहिब के ड्रामे, 'ख़ानाजंगी' में एक किरदार मौलाना अबुल क़ासिम के ज़रिए औरंगज़ेब और दाराशिकोह की ख़ानाजंगी के बाद के हालात का तज्ज़िया।
(8) 'ख़ानाजंगी' में शैख़ सरमद के मुँह से निकले हुए अल्फ़ाज़
(9) प्रोफ़ेसर मुहम्मद मुजीब : दुनिया की कहानी, सफ़्हा-182
(10) ऐज़न, सफ़्हा-48-49
(11) ऐज़न, सफ़्हा-213
(12) ऐज़न, सफ़्हा-213
(13) ऐज़न, सफ़्हा-48-49
(14) ऐज़न, सफ़्हा-48
(15) प्रोफ़ेसर मुहम्मद मुजीब, ख़ानाजंगी, सफ़्हा-84
(16) प्रोफ़ेसर मुहम्मद मुजीब, दुनिया की कहानी, सफ़्हा- 41
(17) प्रोफ़ेसर मुहम्मद मुजीब, ख़ानाजंगी, सफ़्हा-86
(18) प्रोफ़ेसर मुहम्मद मुजीब, शेख़ सरमद का मुकालमा
(19) आम ख़याल है कि तक़्लीद-परस्त[2] सिर्फ़ अरबी और दीनी मदरसों में ही होते हैं, मगर आजकल की यूनिवर्सिटी में भी ऐसे लोगों की कमी नहीं।
(20) प्रोफ़ेसर मुहम्मद मुजीब, दुनिया की कहानी, सफ़्हा-152
(21) प्रोफ़ेसर मुहम्मद मुजीब, पेशलफ़्ज़, जामिया की कहानी (मुअल्लफ़ा संपादन : अब्दुल ग़फ़्फ़ार मदहोली, सफ़्हा-14)
(22) प्रोफ़ेसर मुहम्मद मुजीब, दुनिया की कहानी, सफ़्हा-132

---

1. लाइलाज, अनुकरणकर्ता

(23) ऐज़न, सफ़्हा-91
(24) ऐज़न, सफ़्हा-88
(25) ऐज़न, सफ़्हा-48
(26) ऐज़न, सफ़्हा-84
(27) ऐज़न, सफ़्हा-218
(28) ऐज़न, सफ़्हा-221
(29) ऐज़न, सफ़्हा-142
(30) ऐज़न, सफ़्हा-142
(31) ऐज़न, सफ़्हा-142
(32) प्रोफ़ेसर मुहम्मद मुजीब, ख़ानाजंगी, सफ़्हा-38
(33) ऐज़न, सफ़्हा-75
(34) हैरत की बात यह है कि ड्रामा 'ख़ानाजंगी' जुबली के लिए लिखा गया और इसी मौक़े पर स्टेज हुआ।
(35) प्रोफ़ेसर मुहम्मद मुजीब, ख़ानाजंगी, सफ़्हा-79
(36) ऐज़न, सफ़्हा-80
(37) मुजीब साहिब ने यह जुमला आग़ा अशरफ़ अली (कश्मीर यूनिवर्सिटी) की उस बयाज़ में लिखा था, जिसमें मशाहीर[1] ने अपनी मौत के बाद के एहसासात दर्ज किए हैं।

1. विख्यात लोगों

हमारा तालीमी निज़ाम और इस्लाह की नाकाम कोशिश

निज़ाम-ए-तालीम किसी समाज के नज़रिया-ए-हयात की तैशुदा मंज़िल के हुसूल[1] का ज़रिया होता है और समाज को क़ुव्वत-ए-नमू बख़्शता है, उससे इर्तिक़ा-पज़ीर क़ुव्वत-ए-तख़्लीक़ी[2] भी हासिल करता है। इस तरह निज़ाम-ए-तालीम इस समाज की अख़्लाक़ी, रूहानी और माद्दी नश्व-ओ-नमा[3] का वसीला भी है और उसकी अक़्दार[4] का मुहाफ़िज़ भी। समाज के मुतवस्सित तबक़े[5] में निज़ाम-ए-तालीम ही 'अशराफ' का एक वसीअ हलक़ा पैदा करता है और उसमें कारकर्दगी की सलाहियत और क़ुव्वत-ए-अमल उजागर करके समाजी आदर्शों के ख़ुतूत का तअय्युन भी करता है और उसके हुसूल का ज़रिया भी बनता है। निज़ाम-ए-तालीम ही समाज के शुऊर और मैयार को बुलंद करता है और उसमें नई रूह फूँकता है। इस तरह तालीमी निज़ाम अपने समाजी निज़ाम की पासबानी[6] करता है इसलिए समाजी निज़ाम में तब्दीली लाने की जिम्मेदारी उस पर आइद करना अगर उम्मीद-ए-बेजा नहीं तो कार-ए-अबस[7] ज़रूर है। निज़ाम-ए-तालीम जिस समाज की देन होता है उसी की अक़्दार का आईनादार होता है। इसलिए उस समाज की अक़्दार[8] को दरहम-बरहम करने और समाज में इंक़िलाब लाने का ज़रिया वह हरगिज़ नहीं बन सकता। ज़ियादा से ज़ियादा अपने वसीअतर दाइरा-ए-अमल में वह तब्दीली की ज़रूरत का एहसास पैदा कर सकता है। वह ऊपरी तौर पर तब्दीलियों को अपनाता भी है और उन्हें अपना हिस्सा भी बनाता है लेकिन उन तब्दीलियों को वह उसी हद तक क़ुबूल करता है जहाँ तक वह उस समाज की क़द्रों और आदर्शों को नुक़्सान न पहुँचाएँ। वह किसी भी बुनियादी तब्दीली की भरपूर मुख़ालफ़त करता है और उस वक़्त तक उसे बारआवर होने का मौक़ा नहीं देता जब तक उस जद्द-ओ-जहद में वह ख़ुद कमज़ोर होकर अपनी तवानाई से महरूम न हो जाए। इसलिए निज़ाम-ए-तालीम में तर्मीम-ओ-इस्लाह की कोशिश इंक़िलाब की नक़ीब[9] नहीं हो सकती क्यूँकि वह क़दीम अक़्दार को पाइदार और उस्तुवार[10] रखने की

1. प्राप्त करना, 2. विकासशील रचना-सामर्थ्य, 3. उत्पत्ति, विकास, 4. क़द्र (मूल्य) का बहुवचन, 5. मध्य वर्ग, 6. निगरानी, 7. व्यर्थ का काम, 8. मूल्यों, क़द्र का बहुवचन, 9. प्रचारक, 10. दृढ़

ताक़त है, इंक़िलाब बरपा करने की तवानाई उसमें होती ही नहीं। तालीम यक़ीक़न शुऊर पैदा करती है जिससे इंक़िलाब का रास्ता हमवार होता है। लेकिन हमें तालीम और निज़ाम-ए-तालीम[1] में साफ़ तौर से हद-ए-फ़ासिल[2] खींचना पड़ेगी। हममें से जो लोग इश्तिराकी इंक़िलाब के दिलदादाह[3] हैं उन्हें तालीमी इदारों और तालीमी निज़ाम के घेरे के बाहर अवाम की तालीम का कोई बंदोबस्त करना होगा। यह तालीम उन्हें, दावत-ए-फ़िक्र देगी और सूद-ओ-ज़ियाँ[4] से मुतआरिफ़ करा के वह शुऊर पैदा करेगी जिससे एक समाजी, सियासी और इक़्तिसादी इंक़िलाब[5] रूनुमा होगा। यही शुऊर वह समाजी और तहज़ीबी अक़्दार पैदा करेगा जिनकी बुनियाद पर मुस्तक़बिल के समाज की तामीर-ए-नौ के लिए एक नया समाजी निज़ाम वुजूद में आएगा। इस फ़र्ज़ की अंजाम-देही की ज़िम्मेदारी इंक़िलाब-पसंद दानिशवरों पर भी है और इंक़िलाबी पार्टियों पर भी। लेकिन किसी भी इंक़िलाबी पार्टी ने इस तरफ़ ख़ातिरख़्वाह ध्यान नहीं दिया। रहे इंक़िलाबी दानिशवर तो उनका ख़ुलूस और उनकी वाबस्तगी इंक़िलाब और तालीम दोनों की तरफ़ से मश्कूक[6] है।

आज के हिंदुस्तान का मौजूदा निज़ाम-ए-तालीम अंग्रेज़ी निज़ाम-ए-तालीम की एक भोंडी नक़्ल है और उसका अव्वलीन मक़्सद एक ऐसी नौकरशाही पैदा करना था जो हर तरह के सामराजी ख़ादिम पैदा कर सके। इसमें किसी शक की गुंजाइश नहीं है कि इस निज़ाम-ए-तालीम ने अपने मक़्सद को बहुत ही मुस्तइद्दी और चाबुकदस्ती से पूरा किया है। इस तारीख़ पर नज़र डालते हैं तो तीन बातें साफ़ तौर पर सामने आती हैं : तालीम-ओ-तर्बियत के हर वसीले को नेस्त-ओ-नाबूद करके हिंदुस्तान के तमाम तालीमी और तदरीसी मराकिज़ को ख़त्म करने में यह निज़ाम कामयाब होता है और आख़िर में इदाराजाती और दर्जाबंद तालीम राइज करके इल्म के तमाम सरचश्मों को ख़ुश्क कर देता है। सरकारी अमला पैदा करके अपने मक़्सद को पूरा कराने के लिए यह सरकारी तालीम को समाजी वक़ार का वाहिद ज़रिया बनाता है और मुलाज़मत का लालच देकर यह हूसुल-ए-इल्म के तमाम वसाइल को सरकारी या हुकूमत की मंज़ूरशुदा तालीमगाहों में मुक़य्यद कर देता है। इस निज़ाम में सिर्फ़ आला और मुतवस्सित तबक़ों की तालीम का बंदोबस्त ही मुमकिन था और 'फिल्टर' होकर ही यह दूसरे तबक़ों तक पहुँच सकती थी। यही वजह है कि इस निज़ाम के ख़िलाफ़ क़ौमी तहरीक एक हिंदुस्तानी और क़ौमी निज़ाम-ए-तालीम की जुस्तजू करती है। जामिया मिल्लिया इस्लामिया और दर्जनों विद्यापीठ इसी जुस्तजू का नतीजा हैं। लेकिन क़ौमी तहरीक के दौरान हासिल किए हुए अपने तालीमी तजुर्बात को हमने सामराज-परस्त तालीमी धारे में गुम कर दिया। नौकरशाही ने माली इम्दाद के शिकंजे में जकड़कर उन इदारों की तजुर्बाती हैसियत को ख़त्म कर

1. शिक्षा की पद्धति, 2. सीमा-रेखा, 3. प्रशंसक, समर्थक, 4. लाभ-हानि, 5. आर्थिक क्रान्ति, 6. संदिग्ध

दिया। क्यूँकि उसमें राइज तालीमी निज़ाम का मक़्सद सामराजी ख़ादिमों की जगह अवामी ख़िदमतगार पैदा करना था और आज़ादी के बाद साहिब-ए-इक़्तिदार तबक़े[1] को ओहदेदारों की ज़रूरत थी, अवामी ख़िदमतगारों की नहीं। हिंदुस्तान में अंग्रेज़ी सामराज एक ऐसा निज़ाम-ए-तालीम छोड़ गया था जिसने नौकरशाही को परवान चढ़ाया और इसी नौकरशाही ने आज़ादी के बाद सत्ताईस साल तक इस निज़ाम-ए-तालीम की आबयारी[2] की। हम अब तक निज़ाम-ए-तालीम में इस्लाह के लिए तीन कमीशन मुक़र्रर कर चुके हैं। उनकी सिफ़ारिशों को हमने पढ़ा, उनसे लुत्फ़अंदोज़ हुए, और उन सिफ़ारिशात के सिर्फ़ उन्हीं हिस्सों को ही क़ाबिल-ए-अमल बनाया जिनसे इस निज़ाम में कोई बुनियादी तब्दीली रूनुमा होने का ख़तरा लाहक़ नहीं था। बाक़ी सिफ़ारिशात दानिशवरों ओर माहिरीन-ए-तालीम की दिलचस्पी का मौज़ूअ बनी रहीं। उन पर सेमिनार होते रहे। मुबाहासे[3] के मंच सजाए जाते रहे, मक़ाले पढ़े जाते रहे और क़ौम और दानिश्वरान-ए-क़ौम इस तरह अपने फ़र्ज़ से ओहदा-बरा होते रहे। इसकी साफ़ वज्ह यह थी कि साहिब-ए-इक़्तिदार तबक़ा किसी बुनियादी और अक़्दारी तब्दीली[4] के लिए तैयार नहीं था। उसका सियासी और इक़्तिसादी नज़रिया गुंजलक था, फिर तालीमी निज़ाम वाज़ह कैसे हो सकता था। वह सरमायादारी और जागीरदारी के मेल से पैदाशुदा नज़रियों का अलमबरदार था और उन्हीं नजरियों की अक़्दार को परवान चढ़ाना चाहता था। वह निज़ाम-ए-तालीम को अपनी इसी मक़्सद-बरारी के लिए इस्तिमाल कर रहा था और इसी फ़र्सूदा निज़ाम को अह्द-ए-नौ के तक़ाज़ों के मुताबिक़ ढालना चाहता था। सेक्युलरिज़्म, मग़रिब-ज़दगी[5] और यूरोप के ख़ुसूसी समाजी, अख़्लाक़ी और इक़्तिसादी हालात से पैदा होने वाले ख़यालात और अमल को हिंदुस्तानी निज़ाम-ए-तालीम में समोकर वह रोशनख़याली और तरक़्क़ीपसंदी का सबूत देना चाहता था। अस्ल में ये सब उसकी बुनियादी नज़रिया-ए-हयात को मज़बूत करने के लिए ज़रूरी थे। इन्हीं के ख़मीर से एक 'इंसान-दोस्त इंसान' की तलाश को हमारे निज़ाम-ए-तालीम की बुनियाद बताया है। लेकिन तवह्हुम-परस्ती[6] से आज़ाद इंसान और इंसान के माबैन हर ना-बराबरी को ख़त्म करने वाले इंसान की अज़्मत का अलमबरदार यह इंसान नहीं है, 'यह इंसान-दोस्त इंसान' तमाम मज़ाहिब की अख़्लाक़ी क़द्रों और अक्सर मुतज़ाद क़द्रों[7] को एक साथ अपनी शख़्सियत में समोने की कोशिश करता हुआ, सेक्युलरिज़्म के नाम पर अच्छा 'हिंदू' और अच्छा 'मुस्लिम' बनता हुआ हिंदुस्तानी शह्री बनता है। हक़ीक़त यह है कि हमारा 'इंसान-दोस्त इंसान' एक मुहज़्ज़ब अंग्रेज़ ही है। यह आज़ाद-ख़याल है और तालीम-याफ़्ता भी, रवादार भी है और रियाकार[8] भी। यही वह आदर्श किरदार की शम्अ है जिसे ऑक्सफ़ोर्ड और

---

1. शासक वर्गों, 2. सींचना, 3. परिचर्चा, 4. मूल्यों में बदलाव, 5. पश्चिम का अत्यधिक प्रभाव, 6. अंधविश्वास, 7. विरोधाभासपूर्ण मूल्यों, 8. पाखंडी

कैम्ब्रिज के फ़ारिग़-उल-तहसील[1] हिंदुस्तान में फ़रोज़ाँ करना चाहते हैं। यह वह 'इंसान-दोस्त इंसान' है जो मेहनत के पसीने की बू बर्दाश्त नहीं कर सकता, यह गुफ़्तार में समाजी बहबूद का दिलदादा है और किरदार में फ़र्द की बिगटेट आज़ादी का ख़ाहाँ, इसलिए यह दूसरों के इस्तिहसाल की आज़ादी भी ज़रूरी समझता है। यह ख़ुदपरस्ती और सफ़ेदपोशी के हिसार से बाहर निकलना नहीं चाहता। इसलिए हमारे इंसान-दोस्त इंसान के लिए एक तकनीकी इंसान की तलाश क़ुदरती और लाज़मी है। हमारे तालीमी कमीशन हल्का-ए-अशराफ़[2] से बाहर इस तकनीकी इंसान को पैदा करने की सिफारिश करते हैं ताकि तकनीकी इदारे क़ाइम किए जाएँ और उनके ज़रिए इस तकनीकी इंसान को पैदा किया जा सके। लेकिन यह कोशिश किसी नज़रिए की देन न थी बल्कि इसकी बुनियाद तरक़्क़ीयाफ़्ता ममालिक[3] की नक़्काली पर थी। इस तकनीक का इर्तिक़ा स्वदेशी नहीं था बल्कि इसकी दुनिया ग़ैर-ज़रूरी तौर पर विदेशी थी इसलिए इन इदारों से भी सफ़ेदपोश मुलाज़िम ही हमें हासिल हुए। यह तबक़ा न तो मेहनत को क़ाबिल-ए-एहतिराम समझ सका और न ही इसने तकनीक की जानकारी को अपने लिए बाइस-ए-फ़ख़्र समझा। नतीजा यह हुआ कि हम तकनीकी इंसान की तलाश में भी नाकाम रहे क्यूँकि मुतवस्सित तबक़े के लिए हम इसे क़ाबिल-ए-इज़्ज़त न बना सके और अदना तबक़े को तकनीकी माहिर बनाने के हम ख़ाहिशमंद नहीं थे। इस तरह तकनीकी इंसान की तलाश फ़िटर और मैकेनिक पैदा करने तक ही महदूद रही।

एक मुतवाज़िन[4] तालीमी निज़ाम के हुसूल की हमारी तमाम कोशिशें नाकाम रही हैं और इसकी वज्ह यह है कि हमारे सामने कोई वाज़ह नस्ब-उल-ऐन[5] नहीं है और इसीलिए इसकी सम्त का तअय्युन नहीं हो सका है। निज़ाम-ए-तालीम की इस्लाह के लिए मुक़र्रर किए जाने वाले कमीशन और बार-बार मुन्अक़िद होने वाले सेमिनार महज़ कार-ए-फ़ुज़ूल हैं। इनसे कोई नतीजा बरआमद नहीं हो सकता क्यूँकि निज़ाम-ए-तालीम में कोई इस्लाह उस वक़्त तक मुमकिन ही नहीं हो सकती जब तक कि इस मुल्क के मआशी और समाजी नस्बु-उल-ऐन के ख़द-ओ-ख़ाल वाज़ह न हो जाएँ और यह उस वक़्त तक मुमकिन नहीं है जब तक हम अपनी देसी रूह से सामराजी मैल बिल्कुल साफ़ न कर डालें और अह्द-ए-सामराज के परवर्दा आला मुतवस्सित तबक़े की नफ़्सियात[6] और रुज्हानात से हम अपने ज़हन को मुकम्मल तौर पर आज़ाद न कर लें। इस नफ़्सियात को मी मिनुशीस ने बहुत ख़ूबसूरत अंदाज़ में पेश किया है। "जो दिमाग़ से मेहनत करते हैं वो हाथ से मेहनत करने वाले पर हकूमत करते हैं।" हमारे मुल्क में तालीम इसी रुज्हान की परवरिश करती रही है और कर रही है। तालीमी निज़ाम में किसी तरह की इस्लाह का तसव्वुर ही नहीं किया जा सकता जब तक यह नफ़्सियात ख़त्म नहीं

1. शिक्षाप्राप्त, 2. संभ्रांत वर्ग, 3. विकासशील देश, 4. संतुलित, 5. प्रयोजन, 6. मनोविज्ञान

होती। आज़ादी से पहले चीन में भी यही नफ़्सियात कारफ़र्मा थी। 1959 ई. में पान-मूचुवान ने उमूए यूनिवर्सिटी में अपने दस साला तजुर्बात शाए किए थे लेकिन वो सारे तजुर्बात हमारी किसी भी दानिशगाह[1] के हो सकते हैं। तालीमयाफ़्ता तबक़े की नफ़्सियात की अक्कासी करते हुए उन्होंने लिखा है कि "डिप्लोमा डिग्री की ईंट से सरकारी दफ़्तरों के दरवाज़ों को ठोंक-ठोंककर अफ़सर की गद्दी पर बैठकर ऐश-ओ-इश्रत की तलब और हकूमत और दौलत की बुल्हवसी ही तालीमयाफ़्ता तबक़े का वाहिद मक़्सद था।" लेकिन इन्क़िलाब के बाद "हमने उन्हें जब हुब्ब-उल-वतनी की तालीम दी, अवाम की ख़िदमत करना सिखाया, मेहनत और साइंस का एहतराम उनके ज़हनों में उजागर किया, निजी मिल्कियत की जगह हमारी समाजी मिल्कियत का जज़्बा उनके दिलों में पैदा किया और इस तबक़े के ज़हन से ख़ुदपरस्ती ख़त्म करके अवाम-परस्ती का रुज्हान पैदा कर दिया।" आज़ादी के सत्ताईस साल बाद भी हम यह सब नहीं कर पाए। इससे यह बात साफ़ हो जाती है कि मआशी और साइंसी तरक़्क़ी का दारोमदार निज़ाम-ए-तालीम में इस्लाह और तर्मीम पर ही नहीं है बल्कि उसका इन्हिसार उस नज़रिए पर है जो तमामतर इंसानी कोशिशों को ख़िदमत-ए-ख़ल्क़ की तरफ़ माइल करता है। इसलिए हमारे मुल्क में भी यह ज़रूरी है कि ख़ुदपरस्ती की जगह अवाम-परस्ती का रुज्हान पैदा किया जाए। हिंदुस्तान में ज्ञान मार्ग, भगती मार्ग और कर्म मार्ग का ज़िक्र बहुत होता रहा है। अब ज़रूरत है कि हम नर-नारायन सेवा मार्ग की बात पर ज़ियादा ध्यान दें। लेकिन सरमायादारी निज़ाम फ़र्द की बहबूद पर ज़ोर देता है और इज्तिमाई बहबूद की फ़िक्र से वह बे-परवा होता है। उसके नज़रिया-ए-फ़िक्र के मुताबिक़ फ़र्द की तरक़्क़ी पर ही समाज की मज्मूई तरक़्क़ी का इन्हिसार है और लूट-खसोट, इस्तिहसाल[2] और ग़ैर-मुसावात[3] उसके लाज़िमी नताइज हैं। इसलिए इज्तिमाई तरक़्क़ी[4] के लिए हमें ऐसे सियासी और मआशी नज़रिए को अपनाना होगा जो इज्तिमाइयत की तरक़्क़ी को अपना लाइहा-ए-अमल[5] बनाता हो। तभी तालीमयाफ़्ता तबक़े में ख़िदमत-ए-ख़ल्क़ का रुज्हान पैदा हो सकता है और उसके ज़रिए समाज में मुफ़ीद तब्दीलियाँ रूनुमा हो सकती हैं। ईमानदारी, सादगी और ख़िदमत-ए-ख़ल्क़ लाज़िम-ओ-मल्ज़ूम[6] हैं। ख़िदमत-ए-ख़ल्क़ मुमकिन नहीं है जब तक ईमानदारी न हो और जब तक सादगी न हो ईमानदारी भी नामुमकिन है। इसके बग़ैर इल्म और साइंस दोनों की ख़िदमत नामुमकिन है। बड़े-बड़े आलिम और साइंस-दाँ ज़रूर पैदा होते रहेंगे और बहुत से इम्तियाज़ी[7] हैसियत भी हासिल करते रहेंगे लेकिन यह उनकी ज़ाती कामयाबी होगी। फ़र्द तरक़्क़ी की मेराज हासिल कर लेगा, लेकिन इससे मुल्क और क़ौम को कोई फ़ाइदा नहीं पहुँचेगा क्यूँकि इस

---

1. विश्वविद्यालय, 2. शोषण, 3. असमानता, 4. सामूहिक प्रगति, 5. एजेंडा, 6. अत्यावश्यक, 7. विशेष

कामयाबी की बुनियाद ज़ाती मफ़ाद है, समाजी बहबूद नहीं। इल्म और साइंस की नीलामी में ऊँची बोली बोलने वाले के हाथ ये बिक जाते हैं और मुल्क-ओ-क़ौम के समाजी क़र्ज़ की अदायगी से मुँह मोड़ लेते हैं।

इन हक़ायक़[1] को नज़रअंदाज़ करके अगर हम निज़ाम-ए-तालीम को समाजी तब्दीली का वसीला बनाने पर कमरबस्ता ही हैं तो भी हमें सबसे पहले यह फ़ैसला करना होगा कि किसको तालीमयाफ़्ता बनाना चाहते हैं? हम अवाम कही जाने वाली इस भीड़ को तालीम देना चाहते हैं। इस सवाल के जवाब में ही मुस्तक़बिल के हमारे निज़ाम-ए-तालीम के ख़द-ओ-ख़ाल पोशीदा हैं। अगर अवाम तक ही तालीम पहुँचाना चाहते हैं तो रिवायती तालीम की जगह हमें ऐसे तालीमी निज़ाम का बंदोबस्त करना होगा जो ग़ुर्बत और इफ़्लास[2] के परवर्दा और ज़हनी तौर पर पज़मुर्दा[3] अवाम में ख़ुद-एतमादी और शहरियत का शुऊर पैदा कर सके, नई रोशनी और नई तहज़ीबी क़द्रों से उन्हें रूशनास करा सके। यह तालीम बालिग़ाँ की नाकाम कोशिश से बिल्कुल मुख़्तलिफ़ होगी। आम आदमी के पेशे, माहौल और ज़िंदगी के तजुर्बे से यह तालीम मुताबक़त रखेगी। उन्हें पढ़ा-लिखा बेकार बनाने के बजाए यह उन बाकार लोगों को तालीमयाफ़्ता और बा-सलाहियत बनाएगी। लेकिन यह तालीम उस वक़्त तक मुमकिन नहीं हो सकती जब तक हम अंग्रेज़ी ज़बान और अंग्रेज़ियत से ज़हनी और अमली तौर पर आज़ाद न हो जाएँ। अंग्रेज़ी ज़बान अस्ल में वह फ़सील है जिसे पार किए बग़ैर अवाम तालीम के महल में घुस नहीं सकते। दो-चार चोरी-छुपे इस में दाख़िल हो जाएँ, यह दूसरी बात है। अगर अवाम को तालीमयाफ़्ता बनाने के सिलसिले में हम ईमानदार हैं तो मयार-ए-तालीम के गिरने और उठने के ख़याल-ए-ख़ाम[4] को अपने ज़हन से बाहर निकालना होगा। 'मयार-ए-तालीम' की बात से साफ़ तबक़ाती बरतरी और इस्तिहसाल की महक आती है। इस मुल्क में मआशी तरक़्क़ी के लिहाज़ से भी हर इलाक़े में यक्साँ तरक़्क़ी नहीं हुई, इस तरह तालीम के मैदान में भी 'अछूत' तालीमगाहें मौजूद हैं। कुछ इदारों में सरमाए की इफ़रात है और कुछ में सरमाया इस क़दर कमयाब है कि दीमक-ख़ुर्दा तम्बुओं ही का नाम स्कूल है। मर्कज़ी यूनिवर्सिटियों में भी यह फ़र्क़ नुमायाँ है। देही[5] इलाक़ों के डिग्री कॉलेजों का वुजूद तो तालीम के नाम पर एक मज़ाक़ है। हमारे यहाँ इंसान ही हरिजन नहीं होते तालीमगाहें भी ऊँची ज़ात की और हरिजन की होती हैं। इसलिए जब तक तमाम दर्सगाहों की यक्साँ तरक़्क़ी न हो जाए और सबमें मेयारी सहूलतें फ़राहम न हो जाएँ तब तक आला मयार-ए-तालीम की बात आला तबक़े के तलबा के मफ़ाद के तहफ़्फ़ुज़ का एक जाल है और इस साज़िश में अंग्रेज़ी ज़बान एक अहम रोल अदा करती है। आला मयार-ए-तालीम एक बहाना है

1. वास्तविकताओं, 2. दरिद्रता, 3. मृतप्राय, 4. अपरिपक्व विचार, 5. ग्रामीण

नीचे तबक़े के लोगों को आला तालीम के हुसूल से रोकने का, बे-सर-ओ-सामान इदारों और क़ाबिल असातिज़ा[1] से महरूम दर्सगाहों से निकलने वाले तलबा का मयार वह हो ही नहीं सकता जो पब्लिक स्कूल के मुतअल्लिमों का होता है। इस मेयार की बुनियाद पर दाख़िले की बात ग़ैर-मुनासिब है। हमारे तालीमी निज़ाम की इस्लाह उसी वक़्त मुमकिन होगी जब हम पसमाँदा तबक़े के तलबा को ज़ियादा से ज़ियादा सहूलतें और तालीम के अच्छे से अच्छे मवाक़े फ़राहम कर सकें। इसके लिए ज़रूरी है कि दाख़िले की पॉलिसी को यक्सर तब्दील कर दिया जाए क्यूँकि इससे तलबा दाख़िल नहीं किए जाते बल्कि इसका फ़ाइदा उठाकर 'ना-मुनासिब' तलबा के लिए दर्सगाहों के दरवाज़े बंद किए जाते हैं। इसके लिए ज़रूरी है कि दर्जाबंद और पाबंद ज़ाबिते से तालीमी शिकंजे को तोड़ दिया जाए और ऐसे तालीमी निज़ाम को राइज किया जाए जो काम और तालीम, उसूल और अमल में तवाज़ुन[2] पैदा कर सके। 'तालीम ही तालीम', और फिर 'काम ही काम' के मौजूदा निज़ाम को हमें बदलना होगा और काम के ज़रिए तालीम के हुसूल और तालीम के ज़रिए काम की सलाहीयत उसूल की बुनियाद पर एक मुतवाज़िन निसाब-ए-तालीम वज़्अ करना होगा। लेकिन निजाम-ए-तालीम के इस नज़रिए की कामयाबी का इन्हिसार होगा पुर-ख़ुलूस और वाबस्ता असातिज़ा पर और ऐसा मुअल्लिम डिग्री के वज़्न से बड़ी तनख़ाहों की बोली लगाकर ख़रीदा नहीं जा सकता। इसके लिए ज़रूरत होगी उस उस्ताद की जो नज़रियाती वाबस्तगी रखता और मुअल्लिमी को पेशे के बजाए अपनी ज़िंदगी का मक़्सद समझता हो। जब तक असातिज़ा में नज़रिए और तालीम से वाबस्तगी पैदा नहीं होगी तब तक निज़ाम-ए-तालीम में कोई इस्लाह कामयाब नहीं हो सकती। इसका वाहिद जवाब अब तक मिलता रहा है और अब भी मिलेगा कि इस तरह की नज़रियाती वाबस्तगी जम्हूरी निज़ाम में मुमकिन नहीं है। कहा जाता है कि इसके लिए मुतलक़-उल-इनानी[3] ज़रूरी है जिसके हम सख़्त मुख़ालिफ़ हैं। हमारे तालीमी मुस्लिहों को नज़रिया-ए-हयात की तब्दीली से कोई सरोकार नहीं रहा, वो सिर्फ़ तालीमी तरक़्क़ी की रोशन मिसालों के मुतलाशी रहे हैं। अब तक हम अमेरिका की मिसाल के सहारे तरक़्क़ी की चोटी पर चढ़ने की कोशिश करते रहे हैं। लेकिन अब बहुत से वुजूह से रूस और चीन के तालीमी निज़ाम को मश्अल-ए-राह बनाकर हमारे माहिरीन-ए-तालीम मुल्क-ओ-क़ौम को तरक़्क़ी की उस एवरेस्ट पर पहुँचा देना चाहते हैं जिसकी कोह-पैमाई[4] ये दोनों ममालिक[4] कर चुके हैं। ऐसे लोगों से सिर्फ़ यही कहने की जुर्अत कर सकता हूँ कि यह 'खेल' निज़ाम-ए-तालीम का नहीं है बल्कि यह कामयाबी उस नज़रियाती वाबस्तगी की है जो समाज के तामीर-ए-नौ के जज़्बे की देन है, यह जज़्बा पैदा होता है एक

1. अध्यापक गण, उस्ताज़ का बहुवचन, 2. संतुलन, 3. तानाशाही, 4. देशों, मुल्क का बहुवचन

वाज़ह नस्ब-उल-ऐन[1] और लाइहा-ए-अमल से और इसे मुनज़्ज़म[2] करता है एक ख़ास सियासी निज़ाम। इसलिए वाबस्तगी को फ़र्द का कैंसर समझने वाले अगर इन मिसालों पर तवज्जोह न दें तो मुनासिब होगा। हर बीज हर ज़मीन पर तनावर[3] दरख़्त नहीं बन सकता।

1. उद्देश्य, 2. व्यवस्थित, 3. विशाल, मोटा-ताज़ा

तसव्वुफ़ क्या है?

सूफ़ी कौन है? यह बताना बहुत मुश्किल है। लफ़्ज़ सूफ़ी क़दीम है लेकिन इसकी तौज़ीह-ओ-तज्ज़िया[1] जर्मन आलिमों की देन है और डेढ़-सौ साल से ज़ियादा पुराना नहीं है। यह राह तसव्वुफ़ का राइज-उल-वक़्त नाम है। लेकिन तसव्वुफ़ तो हक़ीक़त की मारिफ़त है और हक़ीक़त नाम में बँधकर महदूद नहीं हो सकती क्यूँकि वह लामहदूद है। इसलिए तसव्वुफ़ को नाम देने में हज़रत अबू हाशिम तैयार नहीं हैं। उनका कहना है कि "तसव्वुफ़" कभी वह हक़ीक़त हुआ करता था जिसका कोई नाम नहीं था, आज तसव्वुफ़ एक नाम है जिसकी कोई हक़ीक़त नहीं है। "नाम हक़ीक़त पर पर्दा ज़रूर डालता है लेकिन उसके बग़ैर काम भी नहीं चलता। हद यह है कि उसका भी नाम रखना पड़ गया जो बेनाम-ओ-निशान है, बे-ज़मान-ओ-मकान[2] है। ख़ुद उस ज़ात ने अपने निन्यानवे नाम बताए। लेकिन ये सब के सब उसकी किसी एक सिफ़त को ही ज़ाहिर करते हैं जबकि वह उन सबका मज्मूआ-ए-कुल है, जुज़्व का कुल नहीं बल्कि अपने-आप में मुकम्मल है। उस कुल का कोई नाम नहीं है। कहा जा सकता है कि उसका कुल्ली नाम अल्लाह है लेकिन फिर 'लाइलाहा' को किस ख़ाने में रखा जाए, समझ में नहीं आता है। मुझे तो यही महसूस होता है कि अल्लाह उस बे-नाम का सिर्फ़ पहला नाम है और उस कुल का कोई नाम बताया ही नहीं गया। न बताया जाना ही अहम है क्यूँकि इसी से वह हर गिरफ़्त से बालातर रह सकता है। उसकी तो सिर्फ़ निशानदेही यह कहकर की जा सकती है कि वह अहद है, समद है, लम-यलद[3] है व लम-यूलद[4] है, ला-सानी है, उसके बराबर कोई नहीं है और अर्ज़-ओ-समा में बतौर नूर छाया हुआ है।

सूफ़ी कौन है? इस सवाल का जवाब देना होगा। एक पुराने फ़ारसी लुग़त में सूफ़ी के मानी लिखे हैं—"आन कि सूफ़ी अस्त" यानी जो सूफ़ी है। लुग़त-निगार[5] इस लफ़्ज़ का कोई मुतरादिफ़[6] नहीं ढूँढ़ सका। यह उसकी कोताही नहीं बल्कि उसकी ईमानदारी है। दरअस्ल सूफ़ी का कोई मुतरादिफ़ हो ही नहीं सकता। फिर भी अहल-ए-इल्म इस लफ़्ज़ पर ग़ौर-ओ-ख़ौस करते रहे। कुछ ने अंदाज़ा लगाया

1. व्याख्या और विश्लेषण, 2. देश-काल, 3.शाश्वत, 4. अनश्वर, 5. कोशकार, 4. पर्यायवाची

कि यह यूनानी लफ़्ज़ 'सूफ़िया' से मुश्तक़[1] है जिससे अंग्रेज़ी लफ़्ज़ फ़िलॉसफ़ी और फ़ारसी फ़ल्सफ़ा बने हैं। लेकिन फ़ल्सफ़ा तो सिर्फ़ मंतिक़-ओ-दलाइल और मफ़रूज़ात की बिना पर काइनात को समझने का वसीला बना रहा। वह बदलने का ज़रिया नहीं बना लेकिन सूफ़ी काइनात को समझने का राही नहीं है। वह बदलता है, इंसान-ए-ख़ाकी को इंसान-ए-कामिल[2] बनाता है। नासूत से हाहूत[3] तक पहुँचता है। इसलिए मार्क्स को कहना पड़ा कि अब सवाल समझने का नहीं बदलने का है। साइंस ने माद्दे को समझा और बदला, उसने तजुर्बा किया और काइनात के पोशीदा राज़ों को आशकार किया। तसव्वुफ़ भी नाम है तजुर्बात का लेकिन यह रूहानी तजुर्बा है, यह साइंस है बातिन को ज़ाहिर करने की। लेकिन इसमें ज़ाहिर बदल जाता है बातिन में और तफ़रीक़ मिट जाती है क्यूँकि इस तजुर्बे का हासिल हौल-अल-ज़ाहिर और हौल-अल-बातिन है।

ज़ाहिर-ओ-बातिन की दुई को मिटाना ही तसव्वुफ़ में रियाज़त-ओ-इबादत[4] का मक़सद है और इसके ज़िक्र-ओ-फ़िक्र का हुसूल है। सूफ़ी कसरत के पर्दों को चीरकर उस निस्बत-ए-यक्ताई की तलाश करता है जो सूरत और माद्दे के दर्मियान निस्बत-ए-ज़ुहूर है और अर्ज़-ओ-जौहर दोनों पर जो हावी है वह हक़ीक़त-ए-वहदानियत है। उसी को वुजूद भी कहा जाता है और यह ला-शई है, एक बसीत हक़ीक़त[5] है। यूनानियों ने इसे माद्दा-ए-ऊला[6] और अक़्ल-ए-ऊला कहा क्यूँकि यह असर-पज़ीर माद्दा भी है और इल्लत-ए-फ़ाइलिया भी। अस्ल में यह इब्अदा (ज़ुहूर-ए-बिला-सबब) और ख़ल्क़ (ज़ुहूर-ए-बा-सबब) की यक्ताई है। ला-शई कुल-शई में मौजूद है[7] "ज़ात मोहब्बत", "अहदियत" और "वाहिदियत" (ज़ाहिर-उल-वुजूद) में वही तअल्लुक़ है जो पानी, भाप और बादल में है और इसी तअल्लुक़ से ज़ाहिर-उल-वुजूद और बातिन-उल-वुजूद मुंसबित हैं।

इस यक्ताई के इंकिशाफ़[8] की पहली सीढ़ी तौहीद-ए-अफ़आली[9] है और इसके ऊपर जब सूफ़ी पहुँचता है तो मालूम होता है कि सारे इख़्तिलाफ़ात एक ही अस्ल में साबित और मौजूद हैं। यह तौहीद सिफ़ाती मक़ाम है। यहाँ वह नौअ-ए-इंसान के तमाम अफ़राद हैं। एक इंसान कुल का मुशाहदा करता है। यह दोनों मक़ाम बाहम मिले-जुले हैं, जहाँ एक ख़त्म होता है, वहीं से दूसरे मक़ाम की इब्तिदा होती है। दूसरे मक़ाम का आख़िरी पड़ाव नफ़्स-ए-कुल्लिया है। इस तक ग़ौर-ओ-फ़िक्र के ज़रिए भी पहुँचा जा सकता है और विज्दान के ज़रिए भी। मुहक़्क़िक़ और साइंस-दाँ, शाइर और इंसान-दोस्त फ़ल्सफ़ी नफ़्स-ए-कुल्लिया पर आकर रुक जाती है।

---

1. किसी दूसरे शब्द से बनने वाला शब्द, 2. पूर्ण मानव, 3. सांसारिकता से साधना की उच्चतम अवस्था तक पहुँचना, जीव और ब्रह्म के अद्वैत की स्थिति, 4. साधना और उपासना, 5. नित्य सत्य, 6. प्रथम पदार्थ, 7. अर्थात् जीव एवं ब्रह्म की सत्ता एक है, 8. प्रकटीकरण, 9. अद्वैत

यहाँ पर यक़ीनन् कसरत में वहदत और वहदत में कसरत का राज़ आशकार हो जाता है और तफ़रीक़ के पर्दे हट जाते हैं। लेकिन सूफ़ी इस वहदत में क़ाने[1] नहीं है। वह उस असरार[2] को पा लेना चाहता है जो तौहीद-ए-सिफ़ाती का मख़रज है। यह मक़ाम तौहीद-ए-ज़ाती है। यहाँ तक सिर्फ़ जज़्ब और विज्दान से ही पहुँचा जा सकता है। लेकिन यहाँ तक कोई-कोई सूफ़ी ही पहुँच पाता है।

इस राज़-ए-यक्ताई तक रसाई की दो निस्बतें हैं। एक निस्बत-ए-इल्मिय्या है। इसके ज़रिए राज़ को पाया जा सकता है लेकिन इस यक्ताई में अपनी "अना" को ग़र्क़ कर देना और ख़ुद उसमें तहलील हो जाना मुश्किल ही नहीं तक़रीबन नामुमकिन है। दूसरी निस्बत इश्क़ है। इसके ज़रिए जब यक्ताई का राज़ आशकार[3] होता है तो "अना"[4] नापैद हो जाती है और अपनापन मिट जाता है। वह सिर्फ़ राज़-दाँ नहीं रह जाता, उस राज़ को अपने वुजूद में ढाल लेता है। इस तरह मिटने का ही नाम तसव्वुफ़ है।

इसलिए तसव्वुफ़ कोई फ़ल्सफ़ा नहीं है जो काइनात और ख़ालिक़-ए-काइनात[5] की सिर्फ़ मू-शिगाफ़ी[6] करता रह जाए, वह न इल्म है और न कोई उसूल, क़ाइदा या ज़ाबिता। इसलिए इसके आलिम नहीं हो सकते। इसलिए आलिमों की दुनिया में यह ज़िंदा नहीं रह सकता है। इसलिए आलिम और सूफ़ी में हमेशा ठनी रही और ब-क़ौल-ए-कबीर एक किताब की लेखी कहता रहा और दूसरा आँखन देखी बयान करता रहा। तसव्वुफ़ रूहानियत का सर-चश्मा इस रूहानी तजुर्बा के लिए नाज़िम है। जब इस मुहर्रिक को निज़ाम के तहत सिक्काबंद कर दिया जाता है तो वह मुर्दा हो जाता है। इसका तअल्लुक़ दिमाग़ से नहीं, क्यूँकि ज़हन सवाल करता है लेकिन तसव्वुफ़ सवाल नहीं सिर्फ़ जवाब ही जवाब है। सूफ़ी सवाल नहीं पूछता सिर्फ़ रूहानियत में जीना शुरू कर देता है और वह जीता है दिल में, इश्क़ में। जब कोई जान लेता है कि ख़ालिक़ अपने ख़ल्क़ में ही है, हस्ती और काइनात में उसी का जल्वा है तो इश्क़ ख़ुद-ब-ख़ुद ज़ुहूर-पज़ीर होता है। यही इश्क़ दुई को ख़त्म करने का रास्ता है, ख़ालिक़-ओ-मख़्लूक़ की दुई को ख़त्म करने का तरीक़ा है। मज़ाहिब ख़ालिक़-ए-मख़्लूक़ को अलग बताते हैं और ख़ल्क़ को छोड़ने पर ज़ोर देते हैं लेकिन सूफ़ी इसे छोड़ने पर नहीं इसी में मस्त होकर लुत्फ़अंदोज़ होने पर ज़ोर देता है। इसलिए सूफ़ी शाइर मलिक मुहम्मद ने इसे भोगमार्ग कहा है। रूमी ने फ़रमाया है कि "जो नहीं है महबूब के साथ तू एक, तू खोज उसे, हो जाए अगर वस्ल उससे तो मस्त हो जा।"

सूफ़ी के लिए मोहब्बत और इश्क़ अलग तजुर्बात हैं। मोहब्बत लम्हाती है, इसमें गहराई और गीराई नहीं है, यह वुजूद पर हावी नहीं होती। इसमें ख़ुद को खोया नहीं जाता, इसलिए यह मशरूत होती है। इसे हम भगतों की ज़बान में गोड़ी

1. आत्मसंतोषी, 2. भेद, रहस्य, 3. रहस्योद्घाटन, 4. अहं, 5. सृष्टि का रचयिता, 6. नुक्ताचीनी, छिद्रान्वेषण

भगती कह सकते हैं। लेकिन इश्क़ ख़ुद को खो देना है, ख़ुद को मिटा देना है, यहाँ जन्नत-दोज़ख़ का लेन-देन नहीं, शफ़ाअत[1] और बख़्शाइश की शर्त नहीं। यह तो बस पागलपन है। पागल वही तो है जो सूद-ओ-ज़ियाँ के हिसाब-किताब से बे-बहरा हो जाए।

जब सूफ़ी वज्द[2] में होता है तो वह नहीं होता सिर्फ़ अल्लाह होता है क्यूँकि ला-इलाहा का सफ़ाया हो चुकता है और सिर्फ़ अल्लाह रह जाता है। यही ला-इलाहा-इल्लल्लाह तसव्वुफ़ का निचोड़ है और इसी बीज पर इसका तनावर दरख़्त खड़ा है। हर साँस में सूफ़ी इसी का विर्द[3] करता है, यही इसका ज़िक्र है। इसी के ज़रिए वह अपने वुजूद को ख़ाली करता है और रहमत की बारिश से पुर होता है।

हालत-ए-वज्द में सूफ़ी जान-ओ-जिस्म की दीवारों में क़ैद नहीं होता। एक तजल्ली रूनुमा होती है और सारा अँधेरा मिट जाता है, हिचक और झिझक का ख़ात्मा हो जाता है। एक झलक नज़र आती है, काइनात के एक होने की झलक आती है और चली जाती है लेकिन धीरे-धीरे यह कोई जगह नहीं रहती। सब एक हो जाता है। मौलाना रूम ने इस कैफ़ियत को अपनी एक हिकायत में इस तरह बयान किया है :

> किसी ने माशूक़ के दरवाज़े पर दस्तक दी। अंदर से आवाज़ आई—"कौन है?" जवाब दिया गया—"मैं हूँ"। अंदर से कहा गया—"चला जा, यहाँ 'मैं' और "तू" दोनों के लिए जगह नहीं है। वह जंगल में चला गया। बरसों रियाज़त करता रहा। फिर वापस आया। उसने फिर दस्तक दी। वही सवाल हुआ कि "कौन है?" उसने जवाब दिया—'तू' है"—दरवाज़ा ख़ुल गया। इसी 'मैं' को ख़त्म करना ही तो इश्क़ है।

लेकिन इश्क़ हो कैसे? तसव्वुफ़ इंसानी हिस्सियत[4] के साथ बहुत बड़ा तजुर्बा है क्यूँकि इस का मक़सद है ख़ुदा के साथ पूरे वुजूद के साथ एक होना। यह तअल्लुक़ ख़तरनाक है। जैसे-जैसे इश्क़ बढ़ता जाता है वैसे-वैसे 'मैं' मिटने लगता है। जब 'मैं' क़रीब आता है तो 'ख़ुद' नहीं रहता। तसव्वुफ़ अस्ल में एक साइंस है जो 'मैं' और 'तू' के बीच की दीवार को ढा देती है। लेकिन इसका ढह जाना न तो आसान है और न ही किसी के बस में है। यह सआदत तो उसी को नसीब होती है जिसे ख़ुद ख़ुदा वदीअत[5] कर दे क्यूँकि यह कोई फ़ार्मूला नहीं है जिस पर अमल करके कोई भी मंज़िल-ए-मक़्सूद पर पहुँच जाए। इसके लिए ख़ुदा ख़ुद बंदे को मुंतख़ब करता है। शेख़ सादी ने सही फ़रमाया है कि—

इश्क़ अव्वल दर दिल-ए-माशूक़ पैदा मी शवद

1. गुनाहों की मुआफ़ी का अनुरोध, 2. ध्यानावस्था, 3. अभ्यास, 4. इंद्रियाँ, 5. ईश्वरेच्छा

ख़ुदा ख़ुद आशिक़ को तलाश करता है, उसे पुकारता है। सूफ़ी लफ़्ज़ सूफ़िया से भी मुश्तक़[1] बताया जाता है जिसके मानी हैं वह जिसे अल्लाह ने अपने दोस्त के तौर पर चुन लिया हो। जब वह चुन लेता है तो बंदा उसे तलाश करने लगता है। यह तौफ़ीक़-ए-इलाही है। यह बात सिर्फ़ सूफ़ी ने कही है और इसके दूर-रस असरात भगती पर पड़े हैं। इसे अब सभी मानते हैं कि भगती में अनुकंपा का नज़रिया सूफ़ियों की देन है।

यह पुकार गहरी बेहोशी में सुनाई पड़ती है। इसलिए पता नहीं चल पाता कि वह कहाँ से आ रही है। लगता है कि आवाज़ अंदर से उठ रही है। मुतलाशी फिर पीर की तलाश करता है लेकिन मुरीद का भी इंतिख़ाब ख़ुद पीर करता है। लेकिन जब सूफ़ी मनाज़िल-ए-इश्क़ तै कर लेता है तो ब-क़ौल—

पाछे-पाछे हरि फिरे कहत कबीर-कबीर

लेकिन इश्क़ ज्ञान नहीं है, महज़ वहदत की जानकारी नहीं है। यह एक हिस्सियत है जो वुजूद पर तारी हो जाती है और चाहे वुजूदी नज़रिए से देखा जाए या शहुदी ज़ाविया-ए-निगाह[2] से, ख़ालिक़-ओ-मख़्लूक़ में यगानगत का रिश्ता नज़र आने लगता है। काइनात चाहे हमा-ऊस्त[3] हो या हमा-अज़-ऊस्त[4] हो लेकिन इश्क़ तफ़रीक़[5] मिटा देता है और सब एक ही नज़र आने लगता है। हज़रत राबिआ को शैतान भी ख़ुदा नज़र आता है और मजनू को लैला के इलावा कुछ नज़र नहीं आता। वह मिन-उर्फ़-नफ़्सिही के दर्जे पर पहुँच जाता है।

वह कामिल हो जाता है और फिर उसे दोस्त के इलावा कुछ नज़र नहीं आता :

यारे दारम कि जिस्म-ओ-जाँ सूरत-ए-ऊस्त
चे जिस्म-ओ-चे जाँ जुमला जहाँ सूरत-ए-ऊस्त

[मेरा महबूब ऐसा है कि जिस्म-ओ-जान उसकी जल्वागाह है, जिस्म-ओ-जान ही क्या पूरा जहान उसकी जल्वागाह है।]

वह पुकार उठता है :

जमालल्लाह मी बीनम ज़ हर राहे, ज़ हर रूए

कामिल जल्वा महबूब में गुम हो जाता है और काइनात के ज़र्रे-ज़र्रे में उसे वह ही नज़र आता है।

मंन न दीदम दर्मियाने कू-ए-ऊ
बर दर-ओ-दीवार इल्ला रू-ए-ऊ

[उस गली के दर-ओ-दीवार पर उसके चेहरे के इलावा कुछ नज़र नहीं आया]

---

1. निकला हुआ, उत्पन्न, 2. दृष्टिकोण, 3. सब कुछ खुदा है, 4. सब चीज़ें खुदा से है, 5. भेद, अंतर

बोसा गर बर दर ज़नम लैला बुवद
ख़ाक गर बर सर कुनम लैला बुवद

[अगर उसके दर का बोसा लूँ तो यह लैला है, अगर उसकी गली की ख़ाक सर पर डालूँ तो यह भी लैला ही है।]

चूँ हमा लैला बुवद कू-ए-ऊ
कू-ए-लैला न बुवद जुज़ रू-ए-ऊ

[जब उसकी गली में सब लैला ही लैला है तो लैला की गली में उसके चेहरे के सिवा कुछ नहीं।]

अब कसरत में वहदत और वहदत में कसरत नज़र आने लगती है और सूफ़ी कह उठता है :

तू हर रंगे कि ख़ाही जामा मी पोश
कि मन आँ जल्वा-ए-क़द मी शनासम

[तू चाहे जिस रंग का लिबास पहन ले, मैं तो क़द के जल्वे को पहचानता हूँ।]

शाह बरकतुल्लाह पयमी इस नज़ारे से मस्त होकर लिबास-ए-शेरी[1] में इसे ढाल देते हैं :

ब-नाम-ए-आँ कि अज़ हर मज़हब-ओ-केश
लिबास-ए-ताज़ा दारद दर बर ख़ेश

[उसके नाम जो हर मज़हब-ओ-मिल्लत के नए-नए कपड़े पहनता है।]

हज़रत बायज़ीद के क़ौल की ताईद में साहिब "गुलशन राज़" ने लिखा है कि :

मुसलमाँ गर ब-दानिस्ती कि बुत चेस्त
ब-दानिस्ती कि दीं दर बुत-परस्तीस्त

[मुसलमान अगर बुत के राज़ से आगाह हो जाता तो यही समझता कि दीन बुत-परस्ती में ही है।]

दिगर काफ़िर ज़ बुत आगाह गश्ती
कुजा दर दीन-ए-ख़ुद गुमराह गश्ती

[और अगर काफ़िर को बुत की आगाही हासिल हो जाती तो वह ख़ुद अपने ही दीन से गुमराह हो जाता।]

---

1. कविता का रूप

यह वह मंज़िल है जहाँ केश-ओ-मिल्लत[1] ख़त्म हो जाते हैं और मंदिर-ओ-मस्जिद में फ़र्क़ नहीं रह जाता। सबमें उसी का जल्वा नज़र आने लगता है। राह-ए-इश्क़ के राही शाह बरकतुल्लाह को नूर-ए-ख़ुदा का दीप हर जगह जलता नज़र आने लगता है :

पयमी हिंदू तुर्क में, हर रंग रह्यो समाए
देवल और मसीत में दीप एक ही भाए

और सूफ़ी के अल्लाह और मोमिन की दुई को भूलकर कह उठता है :

बैकुंठ है संतन को, नर्क आसते जान्हाँ
हमको मोहन चाहिंएँ, मिलूँ जो भरि-भरि बाँहाँ

इसी मोहन की यही चाह शाह काज़िम तुराब के दिल में भी कुलबुला रही है :

जिन गोकुल मथुरा को छल-छल मुरली फूँक-फूँक बौरावा

ख़ालिक़ को ख़ल्क़ में देखना, बिखरे हुए ज़र्रात को रिश्ता-ए-इत्तिहाद में पिरोना, तफ़रीक़ मिटाना, सबको एक समझना, यही मज़हब-ए-इश्क़ का पैग़ाम है। यही सूफ़ी की रियाज़त और इबादत का हासिल है। और यही आज वक़्त की पुकार है, यही हमारे दौर का तक़ाज़ा है। इसलिए तसव्वुफ़ की मानवीयत में किसी शक-ओ-शुब्हे की गुंजाइश नहीं है। सूफ़ी इत्तिहाद, दलाइल-ओ-मंतिक़ और सूद-ओ-ज़ियाँ के हिसाब से क़ाइम नहीं करता, वह तो यकजहती का पैग़ाम रूहानी सत्ह पर देता है, रूहानी तजुर्बे की बिना पर इस इत्तिहाद को साबित करता है और इसे पाएदार बना देता है। राम-रहीम की दुई मिटाकर राम से ही हम-कलाम होता है और जो राम को तक़्सीम करना चाहते हैं और किसी जगह उन्हें मुक़य्यद कर देना चाहते हैं उनसे राम के तवस्सुत से कहता है :

हिंदू का नाथ तो हमारा कुछ दावा नहीं
जगत का नाथ तो हमारी सुध लीजिए

सूफ़ी मिल्लतों को मिटाकर जुज़्व-ए-ईमान बना देता है।

---

1. मज़हब और मिल्लत

हिंदुस्तानी तमद्दुन के इर्तिक़ा में मुसलमानों का हिस्सा

तमद्दुन[1] और तहज़ीब, संस्कृति और सभ्यता, कल्चर और सिविलाइज़ेशन ऐसे अल्फ़ाज़ हैं जो अक्सर हम-मानी क़रार दे दिए जाते हैं और कभी-कभी उनके दर्मियान मौजूद फ़र्क़ को उजागर करके उन्हें मुख़्तलिफ़ मफ़्हूम[2] में इस्तिमाल किया जाता है। कल्चर और सिविलाइज़ेशन का फ़र्क ज़ियादा वज़ाहत से सामने आ चुका है। इसलिए हम बेहतर यही समझते हैं कि इस मक़ाले में तमद्दुन के लिए कल्चर का लफ़्ज़ ही इस्तिमाल करें क्यूँकि इसकी तौज़िहात और तशरिहात[3] मुतअय्यन[4] हो चुकी हैं, कल्चर और सिविलाइज़ेशन के आपसी तअल्लुक़ात पर बहुत कुछ लिखा जा चुका है। कल्चर दरअस्ल इज्तिमाई तजुर्बात का वह मज्मूआ है जो इंसानी वुजूद से लेकर आज तक नस्ल-दर-नस्ल मुंतक़िल होता रहता है। इन तजुर्बात की तरतीब में ज़मीन, आब-ओ-हवा, पैदावार का बहुत बड़ा हिस्सा होता है। लेकिन साथ में किसी आसमानी ताक़त की सरपरस्ती का जज़्बा भी इंसान पर हावी होता है। इसलिए कल्चर एक तरफ़ ज़मीनी यानी जुग़राफ़ियाई हुदूद का ग़म्माज़ होता है और दूसरी तरफ़ उसके अंदर एक रूहानी ताक़त की कारफ़र्माई[5] होती है। जुग़राफ़ियाई कशिश उसे धरती से जोड़े रखती है और रूहानियत उसे आसमानी दुनिया की सैर कराती है। इन तजुर्बात की नौइय्यत जो भी हो लेकिन उन्हें हासिल करने वाला होता तो इंसान ही है। यह सच है कि इंसान गीली मिट्टी से बना है। फिर भी आख़िर यह इंसान है क्या? अरस्तू ने इसे हैवान-ए-नातिक़ कहा तो हिंदू फ़ल्सफ़े ने इसे "अणु" बताया। उसने कहा कि जो कुछ भी आलम-ए-कबीर में है वह सब इंसान-नुमा आलम-ए-सग़ीर में पिन्हाँ है। अपनी इस हक़ीक़त को जानने की तड़प ही उसे मनु की औलाद मानव से मनुष्य बनाती है। इस्लाम ने एलान किया कि इंसान ज़मीन पर अल्लाह का ख़लीफ़ा है और क़ुरआन के मुताबिक़ ख़ुदा की गिराँ-क़द्र "अमानत" को अपने नातवाँ कंधों पर उठाने वाला है। यह नज़रियाती तफ़रीक़[6] सिर्फ़ फिक्री नहीं है बल्कि अपने-अपने ज़मीनी तजुर्बात की रोशनी में इंसान की क़द्र-ओ-क़ीमत मुतअय्यन करने का नतीजा है। अरस्तू महज़ माद्दियत के चश्मे से उसे देखता है

1. संस्कृति, 2. भिन्न अर्थ, 3. व्याख्याएँ, 4. निर्धारित, 5. सक्रियता, 6. वैचारिक भिन्नता

और हिंदू फ़ल्सफ़ा इसी में लामुतनाही रूहानी ताक़त[1] को पोशीदा पाता है जिसे सोती हुई हालत से जगाकर वह अगर ब्रह्म नहीं तो ब्रह्म जैसा ज़रूर हो सकता है। इस्लाम ज़मीन पर उसे अल्लाह और रूहानियत का जाइज़ वारिस और ख़ुदा की ख़ुदाई मज़हर-ए-अत्तम गर्दानता है।

यही इंसान जब अपने इज्तिमाई नस्ली तजुर्बात के साथ जिंदा रहता है और वक़्त के तक़ाज़े और नए तजुर्बात की रोशनी में इसकी तामीर-ए-नौ करता है तो उसे उसका कल्चर कहा जाता है। इस तरह कल्चर एक फित्री वदीअत है। इसलिए जो क़ौमें मुहज़्ज़ब नहीं समझी जातीं उनका भी कल्चर होता है। मसलन् आदिवासियों के कल्चर से कोई इन्कार नहीं कर सकता जबकि वह भले ही तहज़ीब के ज़ेवर से आरास्ता न हों। कल्चर ही दरअस्ल सिविलाइज़ेशन को जनम देता है। यह एक बीज है जिस पर तहज़ीब का ख़ुशनुमा दरख़्त ख़ड़ा होता है। कल्चर बुनियाद है और तहज़ीब वह इमारत है जो इस पर तामीर होती है। इस तरह कल्चर इंसान की विरासत है और तहज़ीब उसी की रंग-बिरंगी तस्वीर है, जो इंसान ख़ुद बनाता है। अपनी इस नौइय्यत की वज्ह से तहज़ीब मस्नूई है इंसान की बनाई हुई है। तहज़ीब इंसान को फ़ितरत से अलग करके तसन्नो[2] की तरफ़ ले जाती है और इंसान अपनी इस तामीर की चमक-दमक में इतना खो जाता है कि वह विर्सा जो इसकी तहज़ीब को पैदा करने वाला है उसके दिल-ओ-दिमाग़ से अक्सर मह्व हो जाता है। यही वह हालत है जो इसकी तहज़ीब को ज़वाल की तरफ़ ले जाती है।

तहजीब में ज़वाल का उंसुर[3] रोज़-ए-अव्व्ल से मौजूद होता है जबकि कल्चर शुरू से आख़िर तक इर्तिक़ा-पज़ीर[4] होता है। तहज़ीब में तब्दीली जल्द-अज़-जल्द हो सकती है और इसमें ऐसे मज़ाहिर पनप सकते हैं जिनका उसके अस्ल विर्से से कोई तअल्लुक़ ही न हो। लेकिन कल्चर में तब्दीली मुश्किल से रूनुमा होती है। कोई नया नज़रिया या कोई नया नस्ली या क़ौमी तजुर्बा उसे इर्तिक़ाई मंज़िल की तरफ़ गामज़न कर सकता है। फिर भी वह अपनी शबाहत[5] नहीं बदलता बल्कि सिर्फ़ भेस बदलता है। इसकी बेहतरीन मिसाल हमारे लोकगीत हैं। फ़िल्मी कल्चर की तड़क-भड़क में आज भी वह जुगनुओं की तरह ज़िंदा और ताबिंदा[6] हैं। बड़े-बड़े फैशन-परस्त और मग़रिबियत के दिलदादा लोगों की महफ़िल में शादी-ब्याह और ऐसे ही ख़ुशी के मौक़ों पर लोकगीत ही महफ़िल की रौनक़ बढ़ाते हैं और अपनी नौइय्यत के लिहाज़ से ये ज़रई ज़िंदगी[7] और मफ़्लूक-उल-हाली[8] के ग़म्माज़ होते हैं और उनमें जज़्बात का इज़हार बिल्कुल ज़मीनी सत्ह पर होता है। उनकी मक़्बूलियत की वजह यही है कि यह हमें अपने विर्से यानी कल्चरी बुनियाद की तरफ़ वापस ले जाते हैं।

---

1. असीम आध्यात्मिक शक्ति, 2. कृत्रिमता, 3. तत्त्व, 4. विकासशील, 5. सादृश्य, 6. जीवंत और देदीप्यमान, 7. कृषि जीवन, 8. ग़रीबी

कल्चर और तहज़ीब की यह बहस इसलिए ज़रूरी है क्यूँकि जो कल्चर और तहज़ीब मुसलमानों से मंसूब की जाती है वह किसी एक कल्चर या तहज़ीब की परवर्दा नहीं है। यह उस माद्दे की नई और इर्तिक़ा-पज़ीर शक्ल है जिसका ख़मीर यूनानी, मिस्री, बाबिली, बैज़ान्तीनी, अरब और ईरान, वस्त[1] एशिया और चीन के कल्चरी अनासिर से तैयार हो चुका था। लेकिन इसकी माहियत में अन्वाअ-ओ-अक़्साम[2] के मुख़्तलिफ़ अनासिर इस्लाम की देग़ में जमा होकर शक्ल-ए-वाहिद में मुरत्तब हो गए थे। इन अनासिर में वहदत और यगानगत पैदा करके एक आलमी कल्चर और तहज़ीब को सामने लाने का काम इस्लाम ने किया था।

इस्लाम ने क्या मुख़्तलिफ़ कल्चर और तहज़ीबों की नफ़ी करके लोगों पर एक ख़ास यानी अरब कल्चर को थोपने की कोशिश की? इसका जवाब यही है कि इस्लाम का मक़्सद ही किसी बात की नफ़ी करना नहीं है। उसका आदर्श तस्दीक़ करना है। वह अपने से पहले के मज़ाहिब की तस्दीक़ करता है, क़ुरआन से क़ब्ल मौजूद इल्हामी किताबों की तस्दीक़ करता है, हर ख़ित्ता-ए-अर्ज़ में पैग़म्बरों की मौजूदगी की तस्दीक़ करता है। लेकिन अपनी तस्दीक़ के लिए उसने एक मेयार मुक़र्रर किया है। उस कसौटी पर जो खरा उतरता है वह उसे क़ुबूल करता है और जो इसकी कसौटी से मुताबक़त नहीं रखता उसे रद्द करता है। इस्लाम का तरीक़ा-ए-कार रदद्-ओ-क़ुबूल का है नफ़ी[3] करने का नहीं। इसलिए मुख़्तलिफ़-उल-नौअ[4] तहज़ीबों को अपने मेयार पर जाँचकर उसने कल्चर और तहज़ीब को एक नई इर्तिक़ाई मंज़िल की तरफ़ गामज़न किया और तज़ाद[5] से पाक करके उनमें हमआहंगी पैदा कर दी। इस कल्चरी आईने में मुख़्तलिफ़-उल-नौअ कल्चरी विर्से के ख़द-ओ-ख़ाल नज़र आते हैं। फूलों का रंग और महक अलग सही लेकिन यकजा हो कर ये सब ख़ुशनुमा गुलदस्ता बन गए हैं। इस्लाम की दुनिया को यही बहुत बड़ी देन है।

लेकिन इस गुलदस्ते में हिंदुस्तानी विर्सा अगर बिल्कुल ही नापैद[6] न सही फिर भी इसकी कमी ज़रूर थी। यह नामौजूद था यह कहना बहुत मश्किल है क्यूँकि इस्लाम के उरूज और तौसीअ के वक़्त से ही उसका राबिता हिंदुस्तान से रहा है। ख़ुद रसूल-ए-अकरम के दौर में भी मक्का, मदीना और क़ुर्ब-ओ-जवार में हिंदुस्तानी-निज़ाद[7] लोग आबाद थे और उस वक़्त के अरबी माहौल में अपने सियासी, इक़्तिसादी,[8] तिजारती और तहज़ीबी रोल अदा कर रहे थे। उनमें से चार क़ौमियतों की शिनाख़्त हो चुकी है : जाट या जट जिन्हें अरब "शत्ता" कहते थे। मेव ग़ालिबन राजपूत थे जो आज भी मेवों की एक ज़ैली ज़ात[9] की शक्ल में बाक़ी हैं। अल-हम्र वो लोग थे जो लाल रंग का लिबास पहनते थे। हो सकता है

1. मध्य, 2. विभिन्न रूप, 3. निषेध, 4. विभिन्न प्रकार की, 5. विरोधाभास, 6. अनुपस्थित, अप्राप्य, 7. भारतीय वंश के, 8. आर्थिक, 9. नीची जाति

ये गेरुआ वस्त्र–धारी बौद्ध हों। ताकिर इंतिहाई ताक़तवर और बा-हैसियत ग्रुप था। ये लोग ईरानी सामराज के मुक़र्रर-कर्दा इस इलाक़े में बादशाह-ए-ईरान के नुमाइंदे थे जो अरब इलाक़े पर ईरानी मक़्बूज़ा क़ाइम रखने और उनकी सरज़निश[1] करने पर मुक़र्रर थे। ताकिर आज के ठाकुर हैं। आज भी कुछ लोग नाम से पहले ठाकुर लगाते हैं। उनका तअल्लुक़ इस ग्रुप से नहीं है क्यूँकि ये छत्री हैं। लेकिन कुछ नामों के बाद ठाकुर का इस्तिमाल होता है। अस्ल में उन्हीं के मूरिस-ए-आला[2] ये ताकिर थे। ताकिर या ठाकुर ग़ालिबन ब्रह्मन थे जो किसी वजह से जात-बाहर कर दिए गये थे और उन्होंने ख़ुद को ठाकुर कहकर एक अलग ज़ात बना ली थी। ऐसा इस मुल्क में होता रहा है। त्यागी भी अस्ल में ब्रह्मन हैं लेकिन हाथ का काम करने की पादाश[3] में ज़ात से त्याग दिया गया और एक अलग बिरादरी त्यागी वुजूद में आ गई। महाकवि रबींद्रनाथ टैगोर का तअल्लुक़ अस्ल में तो बैनर्जी ब्रह्मनों से था लेकन किसी वजह से ज़ात से अलग कर दिए जाने की वजह से ये लोग भी ठाकुर कहलाए जिसे अंग्रेज़ों ने टैगोर बना दिया।

यहाँ यह बात वाज़ह हो जानी चाहिए कि इन क़ौमियतों के बारे में यह तफ़्सील ब-ज़ाहिर ग़ैर-ज़रूरी है लेकिन इसकी ज़रूरत यह दिखाने के लिए पेश आई कि पैग़म्बर-ए-इस्लाम और इस्लाम से हिंदुस्तानियों के तअल्लुक़ात पर रोशनी पड़ सके। इनमें से कुछ मुसलमान हो गए होंगे और कुछ यक़ीनन मुख़ालिफ़ीन-ए-इस्लाम के हमनवा रहे होंगे। लेकिन बाद के दौर में बस इतना पता चलता है कि इनमें से अक्सरियत मुसलमान होकर बसरा में आबाद हो गई थी और इनके इस्लामी नामों के साथ अल-बसरी लगाने का चलन आम हो गया था। हज़रत अबू-बक्र के दौर-ए-ख़िलाफ़त से लेकर हज़रत अली के दौर तक बहुत ही क़लील[4] अर्से में पच्चीस सहाबी हिंदुस्तान आए और इस्लाम की तब्लीग़ करते रहे। हो सकता है कि ये वही हिंदुस्तानी-निज़ाद लोग हों जो अपने वतन में इस्लाम फैलाने के लिए वापस आए हों। इसके इलावा वस्त एशिया में दाख़िल होते ही मुसलमानों का वासिता बौद्धों से पड़ा और बुद्धमत हिंदुस्तानी कल्चरी विर्से का हामिल था। इसलिए यह कहना ज़रा मुश्किल है कि अपने कल्चरी गुलिस्ताँ में उन्हें हिंदुस्तानी फूल खिलाने थे। लेकिन यह ज़रूर कहा जा सकता है कि इस फूल की महक कुछ अभी तक नुमायाँ नहीं थी। इस कमी को बाद के मुसलमानों को दूर करना था और उन्होंने अपना ये फ़रीज़ा पूरा किया।

मुसलमान अपनी तमाम कमज़ोरियों और बाक़ी-माँदा ख़ूबियों, अपनी कोताहियों और पस्ती के साथ हिंदुस्तान में दाख़िल हुए लेकिन एक आलमी कल्चरी विर्सा उनके पास ज़रूर महफ़ूज़ था। यह कहना ग़लत है कि मुसलमान लश्करी यल्ग़ार[5] के साथ आए। मुसलमान वस्त-एशिया और ईरान से पिटे-पिटाए, लुटे-पुटे क़ाफ़िलों

1. लानत-मलामत करना, 2. पूर्वज, 3. दंड स्वरूप, 4. कम, 5. आक्रांताओं

में इस मुल्क में वारिद[1] हुए। ये तातारियों, तुर्कों और मंगोलियों के ज़ुल्म-ओ-इस्तिबदाद[2] के मारे हुए थे। इनके मुहाफ़िज़ हस्ब-ए-दस्तूर फ़ातिहों[3] से समझौता कर चुके थे। ये लाचार मुसलमान दारु-उल-अम्न की तलाश में सरगर्दां थे। उन्हें ख़ुशी-ख़ुशी बहुत गर्मजोशी से पनाह देने के लिए जो सरज़मीन तैयार थी वह हिंदुस्तान की थी। मंगोलों ने उनके सरों को काट-काटकर मीनारे बनाए थे। उनका हौसला बढ़ाने वाला अगर कोई गिरोह था तो वो सूफ़िया थे। यही वक़्त है जब इन्फ़िरादी तसव्वुफ़ का दौर ख़त्म होता है और सूफ़ी सिलसिलों का वुजूद अमल में आता है। उन बेसहारा लोगों का तअल्लुक़ पेशवों से था। इसलिए अपने पेशे की रिआयत से उनकी बस्तियाँ हिंदुस्तान में बसाई गईं, सूफ़ियों की ख़ानक़ाहें भी क़ाइम हुईं।

सवाल यह उठता है कि इन पनाह-गुज़ीनों[4] की यहाँ पज़ीराई क्यूँ की गई? कहने को हम कह सकते हैं कि यह यहाँ के लोगों की रवादारी का बैन[5] सबूत है। लेकिन मेरे ख़याल में अस्ल वजह यह थी कि नौ-वारिद नई तकनीक अपने साथ ला रहे थे जिसकी हिंदुस्तान में सख़्त ज़रूरत थी। मसलन् यहाँ धागे बनाने के लिए तकली मौजूद थी लेकिन इसके ज़रिए बहुत कम रेशम, सूत या ऊन काता जा सकता था। लेकिन नौ-वारिद अपने साथ चर्ख़ा लाए थे। चर्ख़े पर ज़ियादा और आसानी से कताई हो सकती थी। इसकी बदौलत कपड़े की पैदावार कई गुना बढ़ गई। यहाँ सिंचाई की जाती थी। लेकिन आने वालों के पास सिंचाई के आसान नुस्ख़े थे जिनके ज़रिए कम वक़्त में ज़ियादा रक़्बा सींचा जा सकता था। उनके पास कुछ ऐसे ज़रई औज़ार भी थे जो यहाँ दस्तयाब नहीं थे। यही वजह है, ज़राअत तक में इस्तिमाल होने वाले ऐसे बहुत से औज़ार हैं जिनके नामों का तअल्लुक़ ग़ैर-मुल्की ज़बानों से है। ये तो ऐसी बातें हैं जिनका तअल्लुक़ तहज़ीब से है और हम अपने मौज़ूअ यानी कल्चर से इधर-उधर भटक नहीं सकते।

यह बात सिर्फ़ इसलिए पेश-ए-ख़िदमत करनी पड़ी कि यह दिखाया जा सके कि हमलावर मुसलमानों से बहुत पहले यहाँ मुसलमान आ चुके थे और यहाँ की ज़िंदगी को सँवारने में मुन्हमिक[6] थे। ये लोग अपने इस नए देस में अपने हुनर की वजह से क़बिल-ए-एहतिराम थे और उनकी तर्ज़-ए-इबादत और तर्ज़-ए-रिहाइश की तरफ़ हैरतज़दा रग़बत[7] नहीं थी तो किसी तरह की मुख़ासमत[8] भी नहीं थी।

इसके बाद के दौर में मुसलमान इस मुल्क में फ़ातिह के तौर पर दाख़िल हुए। मैदान-ए-जंग में तलवारों की झंकारें और तीरों की सरसराहट तो सुनाई पड़ी लेकिन कोई भी शहादत इस बात की मौजूद नहीं है कि कोई भी मज़हबी या सक़ाफ़ती[9] टकराव हुआ हो। यहाँ के लोग मुसलमानों से वाक़िफ़ थे लेकिन मुसलमानों के इस नए हुक्मराँ तबक़े के तौर-तरीक़ों से ना-बलद[10] थे। इसलिए वो हैरत से और मरऊब

---

1. आगमन, 2. अत्याचारों, 3. विजेताओं, 4. शरणार्थियों, 5. प्रत्यक्ष, 6. तल्लीन, तत्पर, 7. प्रेरणा, लगाव, 8. दुश्मनी, 9. सांस्कृतिक, 10. अनभिज्ञ

होकर उन्हें दूर से देखते रहे। इसका सबूत इस दौर के मैथिली शाइर विद्यापति अपनी तख़्लीक़ 'कीर्ति-लता' में फ़राहम करते हैं। उनका कहना है कि ये लोग आपस में एक-दूसरे को 'अबे' कहते हैं और "कतीब" पढ़ते हैं। "अबे" अब, अपी, अब्बा की बिगड़ी हुई शक्ल है और अरबी क़वाइद के लिहाज़ से किताब की ही एक शक्ल "कतीब" है लेकिन इस लफ़्ज़ से मुराद क़ुरआन शरीफ़ है। बाद में कबीरदास और दूसरे हिंदी शुअरा ने भी क़ुरआन को "कतीब" ही कहा है। तुर्कों के तसल्लुत के काफ़ी अर्से बाद सिर्फ़ एक बात सामने आती है कि बंगाल में निबंध-साहित्य का जनम होता है। इसके ज़रिए इस बात का ख़द्शा[1] ज़ाहिर किया जाता है कि ब्रह्मन-मत ख़तरे में है क्यूँकि इसके मुक़ाबिल हुक्मरानों का मज़हब एक चुनौती बनकर खड़ा है। इसलिए ब्रह्मन या वैदिक मत के मानने वालों को तमामतर मस्लिकी तफ़रीक़[2] भुलाकर इत्तिहाद और इत्तिफ़ाक़ पैदा करना चाहिए। इसके लिए ज़रूरी है कि बहुत-सी राइज स्मृतियों की जगह सबको मिलाकर एक स्मृति बनाई जाए जिस पर सारे लोग अमलपैरा[3] हों। इसलिए यह कोशिश भी की गई लेकिन वह बहुत कामयाब नहीं हो सकी। लेकिन इतना ज़रूर हुआ कि उस वक़्त शैवमत के बारह फ़िर्क़े मौजूद थे जो ब्रह्मनी मत के ख़िलाफ़ थे। लेकिन बाद में पता चलता है कि उनमें कुछ फ़िर्क़े हार मानकर या किसी और वजह से ब्रह्मनी मत में ज़म हो गए। बाक़ी छै फ़िर्क़ों का क्या बना? इस बारे में कुछ नहीं कहा जाता। ग़ालिबन ये मुसलमान हो गए थे। वैदिक धर्म का इत्तिहाद ज़रूर बढ़ रहा था और जो लोग वैदिक धर्म के क़ाइल नहीं थे वो 'तुर्क' कहे गए। लेकिन मेरे ख़याल में यह महज़ क़ियास-आराई है।

संस्कृत ज़बान में "तुरश्क" लफ़्ज़ मौजूद है जिसका इतलाक़[4] उन लोगों पर होता है जो वेदों के मुन्किर हों। राजा हर्षवर्धन चूँकि बौद्धमत के ज़ेर-ए-असर था इसी लिए ब्रह्मनों ने उसे 'तुरश्क राजा' कहा है।

कहने का मक़सद यह है कि लश्करी मुसलमानों की आमद के बाद भी कोई ख़ास मज़हबी तनाव या कल्चरी मुक़ाबला-आराई तारीख़ के सफ़्हात पर नज़र नहीं आती। टकराव की नौइय्यत सियासी है। यहाँ भी यहाँ के हुक्मराँ आने वालों के ख़िलाफ़ आगे बढ़कर मुक़ाबला नहीं करते। वो सिर्फ़ अपने क़िलों और अपनी फ़र्मा-रवाई का तहफ़्फ़ुज़[5] करते हैं। हमलावर अपना तसल्लुत मज़बूत करने और उसकी तौसीअ[6] के लिए हमलावर होते हैं और इताअत[7] क़ुबूल कर लेने और ख़िराज अदा करने का वादा कर लेने के बाद राजा की हुक्मरानी बहाल हो जाती है और सारा निज़ाम-ए-सल्तनत पहले की तरह ही चलता रहता है। इस अमल में ज़मीनी तसल्लुत का दाइरा महदूद है। लेकिन मुख़्तलिफ़ रियासतों को अपने ज़ेर-ए-असर लाने का तरीक़ा-ए-कार ज़ियादा नुमायाँ है।

---

1. संदेह, 2. उपासना की भिन्नता, 3. अनुसरण करना, 4. व्यवहार, चरितार्थ होना, 5. प्रभुत्व की रक्षा, 6. विस्तार, 7. अधीनता

पहली खेप में मुसलमान पनाह-गुज़ीन की शक्ल में आए थे और अब वो फ़ातिह और हुक्मराँ होकर आए थे। लेकिन सवाल पैदा होता है कि क्या फ़ातिहों की सफ़ में शामिल सब हुक्मराँ तबक़े से तअल्लुक़ रखते थे। यह बात नज़रअंदाज़ नहीं की जा सकती कि उस वक़्त मुसलमान इक़्तिसादी तबक़ात-बंदी का शिकार हो चुके थे, अशराफ़ और अरज़ाल[1] के ख़ाने में वो बँट चुके थे, पेशावराना बिरादरी में वो तक़्सीम हो चुके थे। इस्लामी मुसावात अगर कहीं नज़र आती थी तो वह मसाजिद के अंदर, समाजी सत्ह पर वह नापैद थी। मुसलमान अपने इस कल्चरी विर्से से यहाँ के समाज में ज़बर्दस्त इन्क़लाब पैदा कर सकते थे लेकिन वो तो ख़ुद ही इससे महरूम हो चुके थे। हुक्मराँ तबक़ा कल्चरी नमू[2] खो चुका था और बस तलवार भाँजने वाला और सरवत[3] का पुजारी रह गया था। इसलिए अमीर ख़ुसरो और दूसरे बा-शुऊर लोग उन्हें जहाँगीरी की जगह जहाँपनाहा का दर्स लेते नज़र आते हैं। लेकिन उनके साथ आम मुसलमान भी आए थे। आज भी हर फ़ौज में जंगजू और ग़ैर-जंगजू अफ़राद होते हैं जो जुमला ख़िदमात जंगजूओं को फ़राहम करते हैं। इसलिए यह बात हो ही नहीं सकती थी कि उस वक़्त की फ़ौज के साथ साईस, नाल-बंद क़साई, तंबू बनाने और लगाने वाले, ज़ीन-साज़, बावर्ची, बहिश्ती और मोची वग़ैरह क़िस्म के लोग साथ न आए हों। हुक्मराँ तबक़ा तो मफ़्तूह[4] हुक्मराँ के दर्मियान ही ज़िंदगी बसर कर सकता था। लेकिन उन लोगों के लिए बसेरा वहीं मुयस्सर आ सकता था जहाँ उन्हीं के जैसा काम करने वाले बिराजमान थे। उनमें टकराव नहीं था बल्कि उन दोनों के दर्मियान बाहमी इन्हिसार[5] का रिश्ता क़ाइम होना ज़रूरी था। हम पहले कह चुके हैं कि मस्जिद में एक सफ़ में खड़े होकर बग़ैर किसी रोक-टोक के नमाज़ अदा करते थे तो बाज़ार में बैठे उनके हमपेशा उनके साथी उन्हें हैरत से देखते थे क्यूँकि ये अपनी मज़हबी रुसूम इस तरह अदा कर सकते थे, मंदिर में जाकर ये पूजा नहीं कर सकते थे। उनका जुर्म सिर्फ़ इतना था कि हाथ से काम करते थे और जो भी हाथ से हलाल की रोटी कमाता था वह अछूत हो जाता था। मुसलमान पेशावर बिरादरी ने इस तरह उनमें एक नया शुऊर बेदार कर दिया। उन्होंने ब्रह्मनी मत के इस इबादती और समाजी ढाँचे को चुनौती देनी शुरू कर दी। हिंदी का पूरा संत-साहित्य इसी बेदारी की ग़म्माज़ी करता है। इसका मौज़ूअ हिंदू-मुस्लिम इत्तिहाद नहीं है जैसा कि आजकल समझा जाता है बल्कि समाजी बराबरी, इबादत-गुज़ारी के मुसावी हक़ और नई बेदारी का एलान है और उन्हें हासिल करने का ज़रिया है। ये सारे शाइर बहुत नीची ज़ातों से तअल्लुक़ रखते हैं। रविदास चमार थे तो कबीरदास जुलाहे, कोई बहिश्ती है तो कोई धुनिया। इन सबका तअल्लुक़ रज़ीलों[6] से है अशराफ़ों से नहीं। नई बेदारी के इन नक़ीबों[7] ने अशराफ़िया

---

1. ऊँच और नीच, 2. विकास, 3. हुकूमत, दौलतमंदी, 4. विजित, 5. पारस्परिक निर्भरता, 6. अछूतों, 7. प्रचारकों

के चंगुल से सदियों से ज़हनी और जिस्मानी ग़ुलामी का बोझ ढोने वाले उठ खड़े हुए और उन्होंने वैदिक धर्म के शिकंजों को तोड़ डाला। इस आवाज़ में सूफ़ियों की आवाज़ शामिल हो गई और "अरज़ल" मुसलमानों ने भी इसे लब्बैक[1] कहा। इस दौर में समाजी बेदारी और समाजी इंसाफ़ की माँग यक़ीनन अद्ना मुसलमानों की बहुत बड़ी कल्चरी देन है। इसके बरअक्स हुक्मराँ मुसलमानों ने ब्रह्मनी मत का साथ दिया है और उनके मंदिरों और पुजारियों को ज़मीन और जाइदाद से नवाज़ा। मादूदे चंद इस्तिसना[2] के बाक़ी मतों को पस-ए-पुश्त डाला गया और ब्रह्मनी मत के मुख़ालिफ़ीन की सरज़निश[3] की गई। इसे अक्सर मुसलमानों की रवादारी के सबूत में पेश किया जाता है। लेकिन यह रवादारी ब्रह्मनी मत तक ही महदूद रही। इस मत के मंदिरों से "दिली ईश्वर जग ईश्वर" के नारे ज़रूर गूँजने लगे और वैदिक धर्म के बिखरते शीराज़े में क़याम आ गया, इसका क़िला मज़बूत होने लगा और साथ ही समाजी मुसावात का परचम बुलंद होने के बावजूद जात-पात के बंधन और भी कस गए, और वैदिक धर्म की जकड़ और मज़बूत हो गई। आम मुसलमानों ने बेदारी के अलमबरदारों का साथ दिया और हुक्मराँ तबक़े ने उनके मुख़ालिफ़ीन की हिम्मत-अफ़्ज़ाई की। आज जो पेशावर बिरादरियाँ मुसलमान नज़र आती हैं वो किसी जब्र या लालच से मुसलमान नहीं हुईं, उनमें यह तब्दीली इसलिए रूनुमा है क्यूँकि उनके लिए बाहर से आए मुसलमान पेशावर लोगों की मिसाली ज़िंदगी मश्अल-ए-राह बन गई। इसलिए बिरादरियों को ख़ालिस हिंदुस्तानी बिरादरी कहना दुरुस्त नहीं है।

समाजी तब्दीली की यह आवाज़ और समाजी इंसाफ़ की यह धारा नामुनासिब माहौल में कमज़ोर ज़रूर हो गई लेकिन उसके दूर-रस नताइज बरआमद हुए। इससे मुतअस्सिर हुए बग़ैर यहाँ की तर्ज़-ए-इबादत न रह सकी।

ब्रह्मनी तर्ज़-ए-इबादत यज्ञ है। इसके मुताबिक़ सारी रूहानी क़ुव्वत मंतरों में मुज़्मर है। मंतरों से देवता बुलाए जा सकते हैं और उन्हें वह बरदान देना ही पड़ेगा जिसका जजमान तालिब है। बरदान उसे हर सूरत में देना है वह चाहे तो अपने बरदान के लिए जो भी आहुति चाहे माँग सकता है। इस तर्ज़-ए-इबादत में माँग है, बंदना नहीं, इसमें हुक्म है, बंदगी नहीं, इसमें ख़ुदी की बुलंदी है, आजिज़ी नहीं। इसमें तक़दीर बनाने के लिए जतन किए जाते हैं, रज़ा-ए-इलाही पर सर-ए-तस्लीम ख़म नहीं होता। लेकिन अह्द-ए-वुस्ता[4] में नज़र आता है कि इस तर्ज़-ए-इबादत के नज़रिए में बुनियादी तब्दीली रूनुमा हो गई है। यज्ञ पर यक़ीनन बहुत पहले बौद्धों और जैनियों के असरात पड़ चुके थे और इसकी वजह पुराण की कथाओं और मूर्तिपूजा ने ले ली थी और देवता को स्तुति करके ख़ुश करने और चढ़ावा चढ़ाकर उसे मनाने की रिवायत चल पड़ी थी। लेकिन अब भी अपने आमाल पर ज़ोर दिया जाता था और तीर्थ, बरत, दान-पुण्य और धर्म के मुताबिक़ ज़िंदगी बनाने के नतीजे

1. हृदय से स्वीकार करना, हाज़िर हूँ, 2. कुछ अपवादों को छोड़कर, 3. भर्त्सना, 4. मध्य युग

में मोक्ष यानी नजात का हुसूल यक़ीनी समझा जाता था। कुछ जगहें ऐसी थीं जहाँ मरने का मतलब था सीधे स्वर्ग में पहुँच जाना। इसके लिए प्रयाग और काशी में "करवत" (आरी से चिरवाना) कराई जाती थी। ग़रज़े कि यह तर्ज़-ए-इबादत पूरी तरह रुसूमाती और फ़िक़्ही थी। यह हालत तभी पैदा होती है जब कल्चर मुर्दा हो जाता है और सिर्फ़ उसके मज़ाहिर बाक़ी रह जाते हैं। कबीरदास वग़ैरह ने इस रुसूमाती इबादत को चुनौती दी और ख़ुदा को अपने अंदर ढूँढ़ने और हर हालत में और हर वक़्त इसी के साथ ज़िंदगी बिताने की तल्क़ीन[1] की। इन संतों ने तीरथ, बरत, स्नान, पूजा-पाठ का खोखलापन अवाम के सामने अयाँ किया और ख़ुदा की रज़ा हासिल करना ही इबादत का अस्ल क़रार दिया और मोक्ष को उसकी मर्ज़ी पर मुन्हसिर[2] बनाया। इस नज़रिए को अवाम में मक़्बूलियत हासिल हुई। पुरोहितों के ज़रिए पूजा की जगह भजन ने ली। ब्रह्मनी इबादत शख़्सी थी और सिर्फ़ ज़ाती नजात की तालिब थी। अब तर्ज़-ए-इबादत उमूमी[3] हो गई और लोग एक जगह जम्अ होकर कीर्तन करने लगे और पुरोहित को बीच से हटा दिया गया, ख़ुदी की जगह बंदगी ने ले ली। नजात का ज़रिया ज़ाहिरी आमाल नहीं रह गए और इसका इन्हिसार "ईश्वर की अनुकंपा" (रज़ा-ए-इलाही) पर हो गया। सूरदास और तुलसीदास भी कह उठे के रियाज़त, ज़ुहूद-ओ-तक़्वा से कुछ नहीं होता। मोक्ष मिलती है तो परमात्मा की अनुकंपा से। बरसों की रियाज़त से कुछ नहीं होता। उसकी मर्ज़ी होती है तो बड़े-बड़े पापियों को महज़ एक बार ईश्वर को दिल से याद करने से मोक्ष मिल जाती है। मार, मार (मारना या शैतान) कहते-कहते वाल्मीकि के मुँह से राम-राम निकल गया और ईश्वर की ऐसी ख़ुशनूदी हासिल हुई कि वह महर्षि हो गए। तर्ज़-ए-इबादत में यह तब्दीली सूफ़ियों की देन है। इस बात को मशहूर तारीख़दाँ डॉक्टर ताराचंद और दूसरे मुफ़क्किरीन[4] ने क़ुबूल किया है। यह यक़ीनन मुसलमानों की बुनियादी कल्चरी देन है और इससे हिंदुस्तानी कल्चर इर्तिक़ा-पज़ीर हुआ है।

मुसलमान बादशाहों और हुक्मराँ तबक़े ने भी हिंदुस्तानी सिक़ाफ़त के इर्तिक़ा में रोल अदा किया है। लेकिन उनकी देन का तअल्लुक़ तहज़ीब से है कल्चर से नहीं। इसमें शानदार और पुर-शिकोह इमारतों की फ़न-ए-तामीर,[5] मौसीक़ी[6] में ईरानी मौसीक़ी की आमेज़िश, नए रागों और नई रागिनियों की ईजाद, मुसव्विरी[7] में नुदरत, फ़न-ए-हर्ब[8] में जिद्दत, निज़ाम-ए-हुकूमत में कुछ नयापन जैसी ख़ुसूसियात शामिल हैं। इस तबक़े ने आर्ट और अदब की सरपरस्ती की। अदब में ब्रह्मनी मत की किताबों—रामायण, महाभारत, गीता, उपनिषद—का फ़ारसी में तर्जुमा कराया। अमीर ख़ुसरो ने संस्कृत अदब की पहेली और करणभक (रेख़्ता) जैसे अस्नाफ़ को ज़िंदा किया

1. सीख देना, प्रेरणा देना, 2. निर्भर, 3. सामान, आम, 4. चिंतकों, 5. स्थापत्य कला, 6. संगीत, 7. चित्रकला, 8. युद्ध कला

और उन्हें रूहानियत के इज़हार का ज़रिया बनाया। दारा शिकोह ने ब्रह्मनी मत और इस्लाम में मुमासलत तलाश की। लेकिन ये कारनामे तहज़ाबी पैवंदकारी ही कहे जा सकते हैं। ये सारी कोशिशें ईरानी तहज़ीब को हिंदुस्तानी तहज़ीब में पैवस्त करने तक महदूद हैं। इसमें वह कल्चरी ख़मीर नापैद था जिससे मुसलमानों की एक आलमगीर तहज़ीब वुजूद में आई। इसकी जड़ में वह कल्चर था। हख़ामंशियों और सासानियों की देन है। इसलिए यहाँ कल्चरी फ़ज़ा को तब्दील कर सकने की इसमें क़ुव्वत नहीं थी। दूसरी तरफ़ सूफ़िया और आम मुसलमान थे जो एक तहज़ीब में दूसरी तहज़ीब की क़लमकारी नहीं कर रहे थे, वो तो यहाँ के समाज और तहज़ीब के बुनियादी कल्चर में इर्तिआश[1] पैदा कर रहे थे और यहाँ की खोखली हो चुकी कल्चरी बुनियाद को नई क़ुव्वत-ए-इर्तिक़ा से पुर कर रहे थे।

इस तरह हिंदुस्तानी तमद्दुन में मुसलमानों की देन की दो वाज़ह धाराएँ बहती नज़र आती हैं। एक तहज़ीबी पैवंदकारी की धारा है और दूसरी यहाँ के कल्चर को नई जिहत[2] और नई मानवीयत से रूशनास कराने की धारा है। यह इस बात के लिए कोशाँ नज़र आती हैं कि यहाँ के कल्चर को भी इस्लामी कसौटी पर कसकर आफ़ाक़ी[3] मुस्लिम कल्चर और तहज़ीब का अटूट हिस्सा बना ले। एक तीसरी बारीक-सी धारा भी इस वक़्त मौजूद है। इसकी नुमाइंदगी उलमा करते हैं। ये अपनी साबिक़ा धरोहर (विर्सा) में किसी क़िस्म की आमेज़िश बर्दाश्त करने को तैयार नहीं हैं। ये किताब-ए-इल्म के शैदाई और लफ़्ज़ी मूशिगाफ़ियों[4] के माहिर हैं। उलमा-ए-सौ हों या उलमा-ए-हक़ ये सिर्फ़ फ़तवे सादिर कर सकते थे लेकिन उनके निफ़ाज[5] के लिए उन्हें हुकूमत की बैसाखी और लश्करी सोंटे का सहारा दरकार था। इसके बरअक्स सूफ़िया को अपनी अख़्लाक़ी क़ुव्वत पर भरोसा था। वो हुक्म नहीं चलाते थे बल्कि अपनी बातों को लोगों के दिल-ओ-दिमाग़ में इस तरह उतारते थे कि असर-पज़ीर होने वाले को कोई बेकली भी महसूस नहीं होती थी। उलमा और सूफ़िया का यह नज़रियाती फ़र्क़ बहुत गहरा और वाज़ह था और इसकी वजह से ही उलमा समाजी सत्ह पर नाकाम और सूफ़िया बेहद कामयाब नज़र आते हैं। उलमा किताबी इल्म के परस्तार हैं। इसीलिए रासिख़-उल-अक़ीदा उलमा को "ज़ाहिरिया"[6] कहा गया और सूफ़िया ने अपने रूहानी तजुर्बात को शर्अ में तहलील करके उसे नई मानवीयत और वुसअत अता की और "बातिनिया"[7] कहलाए। कबीरदास ने इसी सूरत-ए-हाल को अपने एक मिस्रे में पेश किया है :

तू कहता पोथी लिखी, मैं कहता आँखिन देखी

---

1. कंपन, 2. दिशा, 3. वैश्विक, 4. शाब्दिक नुक्ताचीनी, 5. लागू करना, 6. बाह्य चीज़ों को मानने वाले, 7. आंतरिक तत्त्व को मानने वाले

सूफ़िया ने भी यहाँ के कल्चर के रद्द-ओ-क़ुबूल के लिए इसी कसौटी से काम लिया जो बहुत पहले आफ़ाक़ी[1] कल्चर की तामीर में ब-रू-ए-कार[2] लाई जा चुकी थी। इसलिए इस के ख़द्द-ओ-ख़ाल उजागर करना ज़रूरी है। मुसलमानों ने अपनी तनज़्ज़ुली[3] की हालत में भी तौहीद का दामन कभी नहीं छोड़ा। तौहीद वह्दा-ओ-लाशरीक लहु की ही गर्दान नहीं है, यह हर चीज़ में वहदत तलाश करने और वहदत को इसका मख़रज[4] मानने का फ़ल्सफ़ा है। वाज़ह तौर पर कहा जाए तो यह कसरत में वहदत और वहदत में कसरत की शिनाख़्त का नज़रिया है। इसलिए हर फ़न-ए-लतीफ़ में "वहदत और यगानगत" का होना इसकी क़ुबूलियत के लिए लाज़िमी है। लेकिन वहदत-ओ-यगानगी को "एहसास-ए-दीनी" से निस्बत देना ज़ियादा मुनासिब नहीं है क्यूँकि हर एहसास महदूद होता है और कल्चर की मेराज-ए-लामहदूद को पहचानता है। इसलिए फ़ुनून-ए-लतीफ़ा[5] की इस्लामी कसौटी हिस्सियत[6] नहीं है क्यूँकि यह क़ुव्वत-ए-एहसास से कहीं बालातर है और यह बिल-ज़रूरत मुबहम-ओ-मुसलसल होने के साथ मुतनव्वे[7] है। यह शुहूद-ए-अक़्ली या इदराकी शुऊर या इरफ़ान-ओ-विज्दान है और यही इस्लामी फ़ुनून-ए-लतीफ़ा के क़ालिब में शामिल है। इसकी मदद से उन हक़ाइक़ का जो ला-ज़माँ और ला-मकाँ[8] हैं, मुशाहदा किया जा सकता है। यह अगर ईमान पर दरख़्शाँ न हों तो वह दर्जा-ए-कमाल को नहीं पहुँच सकता। इसलिए मुस्लिम आफ़ाक़ी कल्चर का जुज़्व होने के लिए हर तख़्लीक़-ओ-ईजाद को मानवी और रूहानी पहलू का हामिल होना लाज़िमी है। यही वस्फ़[9] किसी कल्चर की बक़ा[10] है वरना वह तारीख़ी मंज़रनामे के साथ रूनुमा होता है, अपने उरूज को पहुँचता है और ज़वाल-पज़ीर[11] होकर फ़ना हो जाता है। मुसलमान उसी फ़ुनून-ए-लतीफ़ा को अपना सकता है जिसमें वहदत, बाक़ाइदगी और तनासुब[12] हो क्यूँकि ख़ालिक़-ए-काइनात की तख़्लीक़ में भी उन्हीं की कारफ़र्माई है। चूँकि ख़ालिक़-ए-मुतलक़ की तख़्लीक़ इंसानों के लिए उसकी हिकमत-ओ-दानिश की आयतें या निशानियाँ हैं इसलिए इंसानी तख़्लीक़ को भी हिकमत-ओ-दानिश के चश्मे से सैराब होना चाहिए। इसका मतलब यह है कि अदब- बराए-अदब और आर्ट-बराए-आर्ट की तख़्लीक़ात को मुस्लिम कल्चर की सनद-ए-क़ुबूलियत हासिल नहीं हो सकती। इसलिए मुस्लिम कल्चर को जमालियात-शनासी[13] का एक नज़रिया भी क़ाइम करना ज़रूरी था। जमालियात-शनासी का फ़न यूनान-ए-क़दीम और उसके फ़न से वुजूद में आया कहा जाता है। यह क़ुरून-ए-वुस्ता[14] के बाद मंज़र-ए-आम पर आया और इर्तिक़ाई मनाज़िल तै करता हुआ आज के मग़रिब के ज़रिए हम तक पहुँचा है। इसके मुताबिक़ जमालियात का ख़ालिक़ ख़ुद इंसान है और इसलिए किसी

1. वैश्विक, 2. प्रकट, सामने, 3. अवनति, 4. स्रोत, 5. ललित कलाएँ, 6. ऐंद्रिकता, 7. विविधतापूर्ण, 8. देश-काल से परे, 9. गुण, 10. कल्याण, प्रगति, 11. पतनोन्मुख, 12. अनुपात, 13. सौंदर्य दृष्टि, 14. मध्ययुग

तख़्लीक़ को उसी वक़्त फ़न्नी शाहकार समझा जा सकता है जब उसकी पेशानी पर वह मुह्र सब्त हो जो फ़नकार की शख़्सियत को नुमायाँ करे। लेकिर मुस्लिम कल्चरी नज़रिए के मुताबिक़ हुस्न-ओ-जमाल बुनियादी तौर पर आफ़ाक़ी हक़ीक़त, ख़ालिक़ के जमाल-ओ-जलाल की तजल्ली-ओ-मज़हर है। इसलिए फ़नपारे[1] को तख़्लीक़कार की ज़ात का इज़हार न होकर हुस्न-ए-मुतलक़ के मज़ाहिर का नमूना होना चाहिए। मेरे ख़याल में किसी कल्चर को परखने और उसके फ़नून-ए-लतीफ़ा के मुतअल्लिक़ राए क़ाइम करने की यही कसौटी मुस्लिम आफ़ाक़ी[2] कल्चर ने पेश की है और मजाज़[3] के ज़रिए हक़ीक़त तक पहुँचने का वसीला उसने कल्चर को बनाया है।

कल्चर मज्मूआ होता है अक़्दार का[4] और यह ही जिंदगी के हर पहलू को मुहर्रिक रखती है। तफ़रीही कल्चर से लेकर रहन-सहन और खानपान यानी समाजी कल्चर, आमाल के कल्चर, माद्दी यानी सियासी और इक़्तिसादी कल्चर, फ़ितरत में तलाश-ए-हुस्न के कल्चर, दानिशवरी के कल्चर, मज़हबी कल्चर और जिस्मानी कल्चर तक में अक़्दार रची-बसी होती हैं। अक़्दार के ओझल होते ही कल्चर बेजान हो जाता है और ख़ैर[5] की जगह शर[6] का दामन पकड़ लेता है। मुसलमान तौहीद-परस्त थे और हिंदुस्तान में भी वहदानियत[7] ही अस्ल फ़ल्सफ़ा-ए-हयात था। अद्वैत के फ़ल्सफ़े से कोई ज़ी-शुऊर हिंदुस्तानी इन्कार नहीं कर सकता था। लेकिन वह किताबों में बंद हो गया था और मुख़्तलिफ़ अक़्दार की गर्द से आलूदा हो गया था। मुसलमानों का काम इतना था कि अद्वैत की तरफ़ लोगों को दोबारा राग़िब कर दें। अपनी इस कोशिश में सूफ़िया कामयाब हो गए और ग़ैर-मुस्लिमों ने अपनी विरासत की बाज़याफ़्त[8] कर ली। अद्वैतवादियों की नज़र में सिर्फ़ ब्रह्म सत्य था और जगत महज़ माया यानी एक छलावा। इसकी वजह से तर्क-ए-दुनिया और तर्क-ए-लज़्ज़त पर बेहद ज़ोर दिया जाता था। लेकिन सूफ़ी जगत यानी काइनात को फ़ानी तो मानते थे लेकिन इसके वुजूद से मुन्किर नहीं थे, इसलिए वो राह-ए-एतिदाल[9] की तल्क़ीन करते थे। गौतम बुद्ध ने भी मध्यम मार्ग यानी राह-ए-एतिदाल की तालीम दी थी लेकिन वह अब तक भुलाई जा चुकी थी। मुसलमान हिंदी शाइरों में इसी एतिदाल[10]-पसंदी को "घरई मा उदासी" का नाम दिया। ये दुनिया में रहते हुए भी दुनिया में मुलव्वस[11] न होने का रास्ता था। सूफ़ियों की यह वहदानी[12] तालीम आग की तरह फैल गई। कबीर से लेकर गुरु नानक तक सभी संतों ने इसी तर्ज़-ए-हयात[13] को अवाम तक पहुँचाया। भगती में भी इसी वहदानियत की चर्चा होने लगी। भगत हालाँकि अवतारवाद और ब्रह्म की तज्सीम[14] पर अक़ीदत रखते थे लेकिन वो भी बार-बार कहते मिलते हैं कि निर्गुन ब्रह्म और सगुन ब्रह्म दरअस्ल एक ही हैं। एक ज़ात-ए-मुतलक़[15] है जो

---

1. कलाकृतियाँ, 2. वैश्विक, 3. लोक, 4. संस्कृति मूल्यों का संग्रह होती है, 5. कुशलता, शांति, 6. हिंसा, 7. एकत्व, 8. खोज, 9. मध्यम मार्ग, 10. संतुलन, 11. लिप्त, 12. अद्वैतवाद, 13. जीवन शैली, 14. सगुण, 15. परमसत्ता

हमारी अक़्ल में समा नहीं सकती इसलिए भगती उन सिफ़ात के गुनगान तक ख़ुद को वक़्फ़ करती है। भगती दक्षिन से भले ही आई हो लेकिन मुसलमानों की वजह से यह बिजली की तरह कम से कम सारे शुमाली हिंदुस्तान में कौंद गई। अब तक कृष्ण और राम विष्णु के अवतार माने जाते थे लेकिन अब उन्हें सगुन ब्रह्म की हैसियत हासिल हो गई। कृष्ण-भगती में तो योगमार्ग यानी तर्क-ए-दुनिया और भोगमार्ग यानी "घरई मा उदासी" पर डटकर बहस छिड़ी और भोगमार्ग को तरजीह दी गई। भगत सूरदास के यहाँ तो कृष्णजी के दोस्त अक्रूर/उद्धव और गोपियों की इस मौज़ूअ पर गर्मागर्म बहस छिड़ी और इकरोर को अपने योगमार्ग के संदेश के साथ हार मानकर वापस जाना पड़ा। ग़रज़ेकि हिंदुस्तान में वहदानियत का परचम लहराने लगा चाहे उसकी समाजी और मज़हबी नौइय्यत मुख़्तलिफ़ क्यूँ न रही हो।

कल्चर का बेहतरीन इज़हार फ़ुनून-ए-लतीफ़ा[1] में होता है। लकीरें, रंग, आवाज़ और अल्फ़ाज़ की तरतीब से और एक क़ाइदे के मुताबिक़ आमेज़िश से फ़ुनून-ए-लतीफ़ा वुजूद में आते हैं। लकीरों के मेल और उनमें रंगों की मुतनासिब आमेज़िश से मुसव्विरी वुजूद में आती है। आवाज़ों के मेल और उतार-चढ़ाव से मौसीक़ी का जनम होता है। अल्फ़ाज़ के ख़ूबसूरत मेल से अदब पैदा होता है और ज़बान परवान चढ़ती है। लेकिन फ़ुनून-ए-लतीफ़ा के सारे अनासिर अलामती होते हैं। सूफ़िया और आम मुसलमानों ने इन अलामतों को नई मानवीयत से रूशनास कराया और उनकी जिहत[2] को वसीतर कर दिया। उन्होंने गोया पहले से मौजूद अलामतों में इस्लामी अनासिर समो दिए। मसव्विरी का फ़न सूफ़िया के मक़्सद को पूरा नहीं कर सकता था लेकिन मौसीक़ी से मतलब-बरारी[3] कुछ आसान थी। ख़ालिस मौसीक़ी सिर्फ़ आवाज़ों का मज्मूआ होती है लेकिन यह बहुत कारआमद नहीं हो सकती थी। इस महफ़िल-ए-समाअ में जो मौसीक़ी दाख़िल हुई वह बोलों के साथ थी यानी उसमें आवाज़ के साथ अल्फ़ाज़ का मेल था। इस महफ़िल में विष्णुपद और शैवपद गाए जाने लगे और हाल-ओ-क़ाल[4] की बज़्म सजने लगी। इसलिए ज़रूरत महसूस हुई कि हिंदी बोलों की इस्लामी मानवीयत को ज़ब्त-ए-तहरीर में लाया जाए। हज़रत अब्दुल वाहिद बिलगरामी की किताब 'हक़ाइक़-ए-हिंदी' इस बात का तहरीरी सबूत है। इसके इलावा भी इसी तरह की दूसरी किताबें भी लिखी गईं जो मख़्तूत शक्ल में आज भी महफ़ूज़ हैं। 'हक़ाइक़-ए-हिंदी' फ़ारसी में है और इसमें क़ुरआन और हदीस के तवस्सुत से हिंदी अल्फ़ाज़ के मानी-ओ-मतालिब मुतअय्यन[5] किए गए हैं। इसमें कहा गया है कि जहाँ-जहाँ कृष्ण लफ़्ज़ आए उससे कभी पैगम्बर और कभी ख़ुदा मुराद लेनी चाहिए और बाँसुरी को "कुन-फ़ईकूँ" का मुतरादिफ़ तसव्वुर करना चाहिए। महादेव को इस्राफ़ील, विष्णु को मीकाईल, ब्रह्मा को जिबरील, यम को इज़्राईल, ब्रह्मलोक को आलम-ए-ज़ात, आकाशवानी

---

1. ललित कलाएँ, 2. दिशा, 3. उद्देश्य पूर्ति, 4. गीत-संगीत, काव्य-रस, 5. अर्थ-निर्धारण

को वही, महाप्रलय को क़ियामत-ए-कुब्रा समझा जाना चाहिए। नारद शैतान के मुतरादिफ़ ठहराए गए और और कंस को फ़िरऔन का हमपियाला गर्दाना गया। अब्दुर्रहमान चिश्ती के मख़्तूते[1] 'अनीस-उल-उश्शाक़' में ब्रह्मा को आदम और महादेव को मुहम्मद बताया गया। औरंगज़ेब के दौर के एक बा-शर् सूफ़ी और बरकातिया सिलसिले के बानी बरकातुल्लाह शाह ने अपने "प्रेम-प्रकास" में तो बिस्मिल्लाहिर्रहमानिर्रहीम" का तर्जुमा 'श्रीदयानिधान करुणाय नमः' कर दिया। राम का धनुष और कृष्ण का चक्र अल्लाह की क़ह्हारी[2] की अलामत तसव्वुर किए गए। ज़नाना आज़ा-ए-जिस्मानी को ख़ुदा की सिफ़ात का आईनादार समझा गया और माशूक़ के नाज़-ओ-अश्वा को जलाल-ए-ख़ुदावंदी का मज़हर माना गया। ग़रज़ेकि उस वक़्त राइज मज़हबी और दसातीरी इस्तिलाहात[3] का इस्लामीकरण कर दिया गया और ये अल्फ़ाज़ अपने अलामती मानी खोए बग़ैर एक नई मानवीयत से रूशनास होकर अदबी शहपारों में एक नए हुस्न, एक नई हिस्सियत[4] और एक नई फ़िक्र से आरास्ता होकर दमकने लगे।

सूफ़िया जिन इस्तिलाहात[5] में बात करते थे उनके मुतरादिफ़[6] यहाँ मौजूद थे। रब दुनिया का पालने वाला है और ऋग्वेद में इसी का मुतरादिफ़ "रे" है। क़ुरआन में अल्लाह रब्ब-उल-आलिमीन है और गीता में वह "सर्वलोकमईश्वरम्" है। क़ुरआन में वह सिरात-उल-मुस्तक़ीम पर चलाने वाला है और ऋग्वेद में इसी ख़याल को "अग्ने नय सुपथा" कहकर ज़ाहिर किया गया है। इस्लामी नज़रिए में ख़ुदा वहद-हू-लाशरीक-लहू है और हू-ब-हू इसी तरह ऋग्वेद में "एकमाद्वितीयम्" कहकर उसकी वहदानियत पर रोशनी डाली गई है। अलीम, क़ादिर, समी, बसीर, के लिए बित्तरतीब चेतन, समर्थ, श्रोता, दर्शना जैसे हम-मानी अल्फ़ाज़ यहाँ मौजूद हैं। अनलहक़ "अहम-ब्रह्म" है, हमा-ऊस्त "सर्वखलु-ब्रह्म" है। गीता की "विभूतियाँ" सूफ़ी के मज़ाहिर हैं और मुराक़बा-ए-इहाता-ए-कुल्ली गीता का विश्वरूप या विराट रूप है। अगर मौलाना रूम का ये ख़याल कानों में गूँज रहा है कि

ख़ुद कूज़ा-ओ-ख़ुद-कूज़ागर-ओ-ख़ुद-गिल-ए-कूज़ा ख़ुद रिंद-ए-सबू-कश
ख़ुद बर-सर-ए-आँ कूज़ा ख़रीदार बरआमद ब-शिकस्त-ओ-रवाँ शुद

तो गीता की यह आवाज़ भी कानों में पड़ रही है : हवन की सामग्री भी ब्रह्म है घी भी ब्रह्म है, आग भी ब्रह्म है, हवन करने वाला भी ब्रह्म है और जो आदमी उस ब्रह्म-कर्म में लगा हुआ है वह ब्रह्म को ही पहुँचता है।"

दरअस्ल यह एक ही सुर था जो दो बाजों से निकल रहा था। इस सुर को सिर्फ़ पहचानने की ज़रूरत थी। यहाँ हमआहंगी पैदा करने की ज़रूरत नहीं थी,

1. प्राचीन हस्तलिखित पांडुलिपि, 2. कोप, 3. शब्दावली, 4. संवेदनशील, 5. पारिभाषिक शब्द, 6. समानार्थी

यह पहले से मौजूद थी। ज्ञाता (जानकार), ज्ञेय (जिसे जाना जाए) और ज्ञान (जानकारी) एक ही हक़ीक़त के ये तीन रूप हैं और उन्हें "तृप्ति" कहा गया है। ख़ाजा अजमेरी ने भी मुहिब्ब, हुब, महबूब की वहदत-ए-तस्लीस[1] का ख़याल पेश किया है। तौहीद-ए-तस्लीस और "तृप्ति" में लफ़्ज़ी और मानवी यक्सानियत भी नज़र आती है। इसलिए ज़रूरत थी तो इस हमआहंगी की बाज़याफ़्त[2] की और इस लिसानी[3] दीवार को ढाने की जो इसकी बाज़याफ़्त में हाइल थी। यह काम तभी हो सकता था जब किसी ऐसी ज़बान के क़ालिब[4] में ढालकर इस हमआहंगी को पेश किया जा सके जो अवाम समझते हों। ऐसे तो ये मुसलमानों की ख़ुसूसियत रही है कि वो जहाँ भी गए वहाँ की ज़बान को उन्होंने परवान चढ़ाया। लेकिन यहाँ तो ख़ुसूसी ज़रूरत थी इस बात की। इसलिए शुरू में तो नाथों और सिद्धों की ज़बान को इज़हार का ज़रिया बनाया गया। अमीर ख़ुसरो इसी ज़बान के शाइर हैं और उनकी पहेलियों, मुकरनियों और रेख़्ता में निहाँ रूहानी मतलब तभी आशकार होते हैं जब सिद्धों और नाथों के ज़रिए मुस्तामल अलामतों[5] की कुंजी से इस बे-बहा ख़ज़ाने का ताला खोला जाए। यह ज़बान अपनी लुग़ात[6] और अपनी क़ुव्वत-ए-इज़हार के लिहाज़ से बहुत महदूद थी। मीर सेन के बेटे अब्दुर्रहमान के 'संदेश रासक' में एक दूसरी क़िस्म की ज़बान दस्तयाब होती है जिसे उन्होंने देश-भाषा कहा है, अपभ्रंश नहीं। लेकिन दरअस्ल यह अपभ्रंश की आमेज़श लिये हुए क़दीम हिंदी का पहला और अब तक दस्तयाब आख़िरी शेरी मज्मूआ है जो हम तक पहुँचा है। 'संदेश रासक' में उस वक़्त की तमाम अदबी रिवायात की पासदारी है। यह मुसलसल नज़्म है इसे तरतीब दिया गया है मुख़्तलिफ़ अदबी अस्नाफ़[7] को जमा करके। लेकिन 'संदेश रासक' की ज़बान में वह वुस्अत नहीं थी जो इस कल्चरी हमआहंगी के इज़हार का ज़रिया बन सके जिसकी बाज़याफ़्त हुई थी। इसलिए बड़े पैमाने पर और बहुत बड़े रक़बे में बोली और समझी जाने वाली एक ज़बान की ख़ोज की गई और फ़ारसी की लुग़ात, तराकीब[8], तश्बीहात[9] और इस्तिलाहात को इस ज़बान में तर्जुमा करके इसे मालामाल किया गया। इस शेरी ज़बान को अवधी कहा जाता है। इसमें अश्आर नज़्म करने वालों ने इसे "भाखा" कहा है। यह दरअस्ल अवधी नहीं है बल्कि हिंदी की मुख़्तलिफ़ बोलियों की आमेज़िश से बनी है और इसका तख़्लीक़ी इस्तिमाल करके मुसलमान शुअरा ने बहुत तरक़्क़ी-याफ़्ता ज़बान बना दिया है। इसमें क़ुरआन की आयात को नज़्म किया गया, हदीसों के मंज़ूम तर्जुमे किए गए, सूफ़िया बुज़ुर्गों के अक़वाल-ए-ज़र्रीं को इसके क़ालिब में ढाला गया, मौक़ा-ओ-महल के लिहाज़ से रूमी, सादी, फ़िरदौसी, निज़ामी और अमीर ख़ुसरो के अश्आर और मिस्रों को इस ज़बान में

1. प्रेमी, प्रेमिका तीनों का ऐक्य, 2. पुन: खोजना, 3. भाषायी, 4. देह, रूप, 5. प्रयोग किए जाने वाले प्रतीक, 6. शब्दकोश, 7. साहित्य-रूप, 8. समास, 9. उपमाएँ

मुंतक़िल करके उसे एक नई मानवीयत और नई कुव्वत-ए-इज़हार से रूशनास करा लिया गया है। इस क़िस्म के तर्जुमों की चंद मिसालें पेश-ए-ख़िदमत हैं :

मुश्कीं ज़ुल्फ़	कस्तूरी केसा	पद्‌मावत 2/99
गुल-ए-रुख़्सार	कँवल-कपोल	1/48
कश्ती-ए-ईमान	बौहत धर्म	4/18
बारिश-ए-नज़र	दिस्टी दूँगरा	
ज़ाग़-ए-फ़िराक़	बिरह-काग	
दर्या-ए-दिल	सरोवर हीया	
दर्या-ए-जवानी	जल-जोबन	
दीदा-ए-दरयूज़ागर	नैन-भिखार	
शजर-ए-ग़म	दुख-बिरखा	
ज़िया-ए-माहताब	ससी-जोति	
रंग-ए-गुल-ए-सुर्ख़	रंग-पुहपसुरंगा	
तौसन-ए-जवानी	जोबन-तुरय	
गंजीना-ए-दिल	हई-भंडार	
चश्म-ए-ग़ज़ाल	नैन-करंगन	
मुर्ग़-ए-जान	प्रान-परेवा	
कैफ़ियत-ए-इश्क़	रस-पेमा	
कीमिया-ए-हुस्न	पारस-रूप	
मर्द-ए-तवाना	पुरख-परयारू	
ग़ैबी पैग़ाम	बुधी-संदेश	
आसमानी पैग़म्बर	सरग-संदेसी	
ख़ुदाया जहाँ बादशाई तुरास्त	आदि सोई बरनों बड़ राजा, आदहु अंत राज जेहिं ध्वाजा। 1/60	
	निज़ामी	
तुई काफ़िरीदी ज़-यक कतर-ए-आब	कीन्हिस सीप मोति बहु भरे	
गुहर-हा-ए-रोशन तुरा-ज़-आफ़्ताब	कीन्हिस बहुरंग नरमरे	
चिराग़ किता औनेफ़रवफ़्तनूर	दीपक लैस जगत कह दीन्हा	
ज़ चश्म-ए-जहाँ रोशनी बुवद दूर	या निर्मल जग मारग चीन्हा	
सिकंदर शकू है कि दर हमला साज़	तेह लग राज खरग बरयंहा	
ब-मुह्र-ए-सुलेमानी अफ़रोख़्ता	हाथ सुलेमाँ कीर अँगूठी	
न पैले नहदपाए परपुश्तमोर	चांठे चलत न दुखुए कोई	
हर कि आमद इमारत-ए-नौ साख़्त	जो आवा नौ गढ़ावा	

इस ज़बान में क़ुरआन को पुरान और वेद कहा गया और नमाज़ का मुतरादिफ़ जोहार को तस्लीम किया गया :

लिखी पुराण बुधपठवा साँचा, भा परवान दूवों जगबाँचा
नई नई करै जोहार मुहम्मद निति उठि पाँच बार

बस्तन	बाँधना
बीमार शुदन	बीमार होना
तहय्या शुदन	बेहतर होना
जवाब दादन	जवाब देना
पुख़्तन	पकाना
परहेज़ कर्दन	परहेज़ करना
पैरवी कर्दन	पैरवी करना
बुनियाद शुदन	बुनियाद रखा जाना
बुनियाद कर्दन	बुनियाद रखना
पाक शुदन	साफ़ होना
तब बाला रफ़्तन	बुख़ार बढ़ जाना
तब बुरीदन	बुख़ार उतर जाना
तशरीफ़ आवुर्दन	तशरीफ़ लाना
तआरुफ़ कर्दन	पेश करना
तवानिस्तन	सकना
सब्त-ए-नाम कर्दन	नाम लिखवाना
चशीदन	चखना
हलाल कर्दन	हलाल करना
ख़राब कर्दन	ख़राब करना, बरबाद करना
ख़रीदन	ख़रीदना
ख़ुश्क कर्दन	ख़ुश्क करना
दर्जा गुज़ाश्तन	बुख़ार देखना
दुचार शुदन	दो-चार होना
दर्स हाज़िर कर्दन	सबक़ याद करना
दावत कर्दन	दावत करना
दोस्ती दाश्तन	दोस्ती रखना
ज़िंदगी कर्दन	ज़िंदगी गुज़ारना
साख़्तन, बिना कर्दन	बनाना
सर फ़िरो आवर्दन	सर झुकाना
सर्मा ख़ुर्दन	सर्दी खा जाना

सुलूक कर्दन	सुलूक करना
सैर कर्दन	सैर करना
तूल कशीदन	तूल खींचना, लम्बा खींचना
ज़ाहिर शुदन	ज़ाहिर होना
ज़ुल्म कर्दन	ज़ुल्म करना
अर्क़ कर्दन	पसीना आना
फ़र्मूदन	कहना
कामयाब शुदन	कामयाब होना
कर्दन	करना
कूच कर्दन	कूच करना
कोशिश कर्दन	कोशिश करना
गुज़श्तन	गुज़रना
गिरफ़्तार शुदन	मसरूफ़ होना
रुख़्सत ख़ास्तन	रुख़्सत होना
दर्द कर्दन	दर्द करना
रुख़्सत कर्दन	रुख़्सत करना
मुसाफ़िरत कर्दन	सफ़र करना
मुआइना कर्दन	मुआइना करना
माइल दाश्तन	माइल होना
नाराहत बूदन	बेचैन होना
नाराहत कर्दन	बेचैन करना, तकलीफ़ पहुँचाना
नमाज़ ख़्वांदन	नमाज़ पढ़ना
वज़ू गिरफ़्तन	वज़ू करना
हिजरत कर्दन	हिजरत करना
हज़्म कर्दन	हज़्म करना
आसिया कर्दन	पिसाई करना
आसेब ज़दन	आघात पहुँचाना
आसेब याफ़्तन	घायल होना
आगाह शुदन	पता चलना, होशियार हो जाना, सावधान होना
आगाह कर्दन	सूचित करना
आन	शान
आन	पल
आहक कर्दन	मिट्टी करना

1. भाषा-शैली

ज़बान बनाई नहीं जाती, वह बनी-बनाई होती है। सिर्फ़ एक तारीख़ी दौर में अपने इर्तिक़ाई अमल के दौरान एक नया उस्लूब-ए-बयान[1] और एक नई मानवीयत की हामिल होती है। हिंदुस्तान की एक ज़बान जो हिंदवी नाम से मौसूम थी, शेरी और इल्मी ज़बान बन गई। इसे इस मक़ाम तक पहुँचाने का सहरा यक़ीनन आम मुसलमानों और सूफ़िया-ए-किराम के सर है। ये कंकरियाँ चुन-चुनकर, उन्हें धो और माँजकर लिसानी ताजमहल तामीर करने का अमल है। इसमें ख़ालिस देसी नज़र आने वाला अदब फ़ारसी के आला अदब की चाशनी अपने में समोए हुए है और बाज़ जगह दो-आतिशा, सिह-आतिशा हो गया है। दो अदबी रिवायतों और एक गिरी-पड़ी ज़बान को नए उस्लूब-ए-बयान का हामिल बनाने में मलिक मुहम्मद जायसी का तख़्लीक़ी अमल बेमिसाल है। आज इस ज़बान-ए-अदब को अवधी से मंसूब किया जाता है, लेकिन वाक़िआ यह है कि जायसी की अवधी तुलसीदास की अवधी से बिल्कुल अलग पहचानी जाती है। हिंदी के मुस्लिम शुअरा ने इस ज़बान को ख़ाली ख़ुशनुमा और मानवी तहदारी की हामिल तराकीब ही नहीं दीं, उन्होंने ख़ालिस देसी अल्फ़ाज़ को नए मानी से रूशनास कराया है। जो अल्फ़ाज़ फ़ारसी के मुतरादिफ़ के तौर पर उन्होंने गढ़ और सँवार कर इस ज़बान को दिए हैं उनमें इस्म भी हैं सिफ़त भी। सबसे बड़ा कारनामा यह है कि सैकड़ों अफ़आल[2] को फ़ारसी से तर्जुमा करके इस ज़बान में शामिल कर दिया गया है। लिसानियाती तारीख़ में यह एक हादिसे से कम नहीं है। जायसी ने फ़ारसी मुहावरों को भी इस ज़बान के क़ालिब में ढाल दिया है। इस ज़बान का नाम वही होना चाहिए जो इसके अदबी तख़्लीक़कारों ने इसे दिया है और वह है "भाखा"।

बाद के दौर में एक और ज़बान भी लिसानी मिलावट की वजह से पैदा हुई और जिसे 1750 ई. में उर्दू नाम दिया गया। यह एक मख़्लूत ज़बान[3] है जिसमें एक देसी ज़बान के क़वाइद के ढाँचे में फ़ारसी, अरबी और तुर्की अल्फ़ाज़ की आमेज़िश हुई है। इसके इर्तिक़ा में भी मुसलमानों का बहुत बड़ा हिस्सा है। इसमें आज तक आला अदब की तख़्लीक़ हो रही है। हमारे ख़याल में यह लिसानी और तहज़ीबी पैवंदकारी के ज़ुमरे[4] में आती है। यह कोशिश भी क़ाबिल-ए-सताइश[5] ज़रूर है लेकिन इसके इर्तिक़ा में तनआसानी[6] है। यह देसी ज़बान के ढाँचे में फ़ारसी की तराकीब, तश्बीहात, हिकायात और लुग़ात भरने का अमल है। इसके लिए दीदा-रेज़ी और जाँफ़िशानी की ज़रूरत नहीं है बस किसी उस्ताद-ए-सुख़न की सनद दरकार है। कभी-कभी तो इन अनासिर[7] की इतनी भरमार हुई कि अस्ल देसी ज़बान के ख़द्द-ओ-ख़ाल ही मुबहम हो गए।

---

1. कथन की शैली, 2. कृतियाँ, 3. खिचड़ी भाषा, 4. समूह, 5. प्रशंसनीय, 6. अत्यधिक सुविधा, आरामतल्बी, 7. तत्त्वों

भाखा के इर्तिक़ा में देसी ज़बान को फ़ारसी के हम-पियाला बनाने का अमल कारफ़र्मा है। इसके लिए दो ज़बानों पर पूरी दस्तरस[1], दो कल्चरों और दो अदबी रिवायतों में मौजूद हमआहंगी और यगानगत की भरपूर जानकारी की ज़रूरत है। रेख़्ता के इर्तिक़ा में देसी ज़बान को फ़ारसी ज़बान और अदब से मुज़य्यन करने का अमल नुमायाँ है। पहला बहुत मुश्किल और पित्तामार काम है। दूसरा काफ़ी सह्ल और ज़ूदरवी का अमल है। लेकिन इंसान फ़ितरतन् आसान रास्ता अपनाता है। इसलिए मुसलमानों के ज़वाल-पज़ीर तारीख़ी दौर में रेख़्ता या उर्दू का उरूज हुआ और मुसलमान धीरे-धीरे "भाख़ा' की विरासत से कनारा-कश हो गए और यह ज़बान और उसका अदब हिंदी की छत्रछाया में ज़िंदा और क़ाइम रहा।

भाखा का ज़िक्र बग़ैर उसके तख़्लीक़ी अदब की चर्चा के अधूरा है। इस ज़बान में लिखी सबसे पहली शेरी तख़्लीक़ का नाम 'चंदायन' है जो मुल्ला दाऊद की तस्नीफ़-कर्दा है। यह 777 हिज्री और 781 हिज्री के दर्मियान लिखी गई थी। लेकिन तक़रीबन इस बात पर इत्तिफ़ाक़-ए-राए है कि इसका सन-ए-तस्नीफ़ 1369 ई. है। इसके बाद 1503 ई. में क़ुतबीन ने 'मृगावती' तस्नीफ़ की और हुमायूँ के दौर में 947 हिज्री में मलिक मुहम्मद जायसी ने 'कन्हावत' लिखी क्यूँकि शाह-ए-वक़्त के तौर पर इसमें हुमायूँ का ज़िक्र है। इससे पहले वह 'आखरी कलाम' और 'अखरावट' लिख चुके थे जिनमें बाबर को शाह-ए-वक़्त बताया गया। लेकिन जायसी का शाहकार 'पद्मावत' है जो शेरशाह सूरी के दौर-ए-हकूमत में पा-ए-तक्मील को पहुँची है। सलीम शाह के दौर-ए-हकूमत में शेख़ मंझन ने 'मधुमालती' लिखकर भाखा के अदबी ज़ख़ीरे में इज़ाफ़ा किया। यह सिलसिला तक़रीबन उन्नीसवीं सदी तक बराबर चलता रहा। अर्सा-ए-दराज़ तक इन अदबपारों को महाकाव्य और खण्डकाव्य के मेयार पर परखा जाता रहा। लेकिन अब इस बात पर इत्तिफ़ाक़-ए-राए है कि ये मसनवी हैं। इस तरह फ़ारसी की माया-ए-नाज़ सिन्फ़ मसनवी भाखा के क़ालिब में ढलकर यहाँ की अदबी रिवायत में क़ाबिल-ए-क़द्र इज़ाफ़ा साबित हुई। इन मसनवियों के अज्ज़ा-ए-तरकीबी वही हैं जिन्हें निज़ामी और ख़ुसरो मुस्तनद[2] कर चुके थे। लेकिन इनमें मुतवातिर दोहा और चौपाई का इस्तिमाल हुआ है। बयानिया शाइरी का यह तरीक़ा अपभ्रंश के अदब में मौजूद था। लेकिन इसे ज़िंदा करने का काम मुसलमानों ने किया है।

फ़ारसी की मसनवियों में यूनान, रोम, ईरान, हिंदुस्तान, चीन, क़फ़क़ाज़, तुर्किस्तान और रूस के तवारीख़ी, नीम तवारीख़ी वाक़िआत और मुख़्तलिफ़ मौज़ूआत को नज़्म करके भराव पैदा किया जाता था। लेकिन भाखा के शुअरा ने इसे हिंदुस्तानी तहज़ीब का आईनादार बनाया है। उन्होंने हिंदुस्तानी फलों, फूलों, रीत-रिवाजों, रहन-सहन, शादी-ब्याह, तर्ज़-ए-तालीम और तर्ज़-ए-इबादत को नज़्म

1. पूरा अधिकार, 2. प्रमाणित

करके उसे ख़ालिस हिंदुस्तानी अदब बना दिया है और महाभारत और रामायण की तल्मीहात और देवी-देवताओं की करामात का तख़्लीक़ी इस्तिमाल करके अपनी मसनवियों में रचाव-भराव पैदा किया है। जायसी ने इन तल्मीहात[1] का सिर्फ़ इस्तिमाल ही नहीं किया बल्कि उन्हें मुतहर्रिक अलामत बना दिया है। 'कन्हावत' में महाभारत के कृष्ण पुराणों के कृष्ण और गीता के कृष्ण की आमेज़िश से एक "इंसान-उल-कामिल" कृष्ण के किरदार की तख़्लीक़ की गई है। वहदत-उल-वुजूद की छाप लगाकर अवतारी को "विधाता का दूत" बनाकर पेश किया गया है।

मसनवी एक बहुत वसीअ सिन्फ़ है। इसमें ग़ज़ल, क़सीदा, रुबाई, क़त्आ, मुनाजात, शह्र-आशोब को अपने में समो लेने की गुंजाइश है। भाखा की मसनवियों में इन सब अस्नाफ़ की झलक वाज़ह तौर पर मिलती है लेकिन बतौर एक सिन्फ़-ए-अदब के अलग से इस्तिमाल नहीं किया गया।

हिंदी अदब में इन मसनवी-निगारों के इलावा दूसरे मुस्तनद शुअरा को भी अहम मक़ाम हासिल हैं। रहीम, अब्दुन्नबी रसलीन, शेख़ मुबारक, बरकातुल्लाह शाह और आलम ऐसे पाए के मोतबर शाइर हैं जिन्हें हिंदी अदब की तारीख़ फ़रामोश कर ही नहीं सकती। लेकिन इन लोगों ने जिस ज़बान में तख़्लीक़ की है वह "भाखा" से मुख़्तलिफ़ है।

प्रोफ़ेसर मुहम्मद मुजीब ने अपनी किताब 'दुनिया की कहानी' में लिखा है कि: "मुसलमानों की हर जगह एक बड़ी तहजीबी ख़िदमत यह थी कि उन्होंने बोलचाल की ज़बान की क़द्र बढ़ाई। यूरोप में हिस्पानवी, इतालवी, एशिया में फ़ारसी, सिंधी, हिंदी, बंगाली ने इनकी सरपरस्ती की बदौलत अदबी ज़बान की हैसियत पाई।" इसमें कोई शक नहीं कि कम से कम शुमाली हिंदुस्तान की दीगर ज़बानों को भी तरक़्क़ी देने में मुसलमानों का ज़बरदस्त हिस्सा है। हिंदी के सबसे पहले शाइर अमीर ख़ुसरो तो हैं ही लेकिन सिंधी के शाह लतीफ़, पंजाबी के बुल्लेशाह और वारिस शाह, बंगाली के अलावल भी इन ज़बानों के अव्वलीन शुअरा हैं। इन ज़बानों की सरपरस्ती का सहरा सुल्तानों के सर बाँध दिया जाता है लेकिन दरअस्ल इनकी तरवीज[2] और तरक़्क़ी ख़ानक़ाह और आम मुसलमानों की काविशों[3] की ही मरहून-ए-मिन्नत[4] है।

किसी भी ख़ित्ते या क़ौम का मेयार-ए-हुस्न[5] भी उसके कल्चर से ही मुतअय्यिन होता है। हिंदुस्तान के अदब में ज़नाना हुस्न का मेयार यह था : चाँद के जैसा गोल चेहरा, ऐड़ी तक चोटियाँ, शंख जैसी गर्दन (गोया कोताह-गर्दन) कुंभ यानी कलश जैसे पिस्तान, चौड़ी कमर, भरे-भरे और नुमायाँ शंभ (कूल्हे), केले के पेड़ जैसी टाँगें, सुग्गे (तोते) जैसी नाक, हाथी जैसी चाल, बिंबफल जैसे होंट (लाल और मोटे

---

1. मिथक, अंतर्कथाएँ, 2. प्रसार, 3. प्रयासों, 4. आपेक्षी, भाव यह है कि यह सब कुछ आम मुसलमानों के प्रयासों से ही संभव हुआ है। 5. सौंदर्य की कसौटी

होंट)। मुसलमान शुअरा ने इस मेयार-ए-हुस्न को ऐसा बदला कि वह फिर वापस न आ सका। किताबी चेहरा, सुतवाँ तलवार जैसी नाक, नाज़-ओ-अदा से पुर आँख, मुतनासिब पिस्तान[1] (सोने के कटोरे), पतली कमर शेर की जैसी और हिरनी जैसी चाल उनके अदब में हुस्न का मेयार ठहरा। यह एक बहुत बड़ी कल्चरी तब्दीली थी।

हिंदुस्तानी तमद्दुन के इर्तिक़ा[2] में मुसलमानों के हिस्से की कहानी बहुत लंबी है और उसे मुख़्तसर वक़्त में पूरी तरह पेश नहीं किया जा सकता। इसलिए हिंदुस्तान की कल्चरी हमआहंगी के बरक़रार रहने की तमन्ना करते हुए मुल्ला मंझन की आवाज़ में आवाज़ मिलाते हुए इस दास्तान को यहाँ ही ख़त्म करता हूँ :

खोर खोर सब घर घर नगर अनंद हुलास
कलयुग मँह जिस पर थमीं उतर बसी कबिलास

[हर-हर कोने, हर एक घर और हर शहर में ख़ुशियों और ख़ुशहाली का राज हो। ऐसा लगे जैसे कलजुग में ज़मीन पर जन्नत बस गई हो।]

---

1. सानुपातिक स्तन, 2. भारतीय संस्कृति का विकास

बारहमासा : हिंदी शाइरी में मौसम

हमारी इस ख़ूबसूरत ज़मीन पर मौसम तो तीन ही होते हैं—गर्मी, बरसात और जाड़ा। लेकिन जुग़राफ़ियाई हालात के तहत इन मौसमों की मुद्दत हर ख़ित्ता-ए-ज़मीन और मुल्क में यक्साँ नहीं होती। हमारा मुल्क चूँकि बहुत बड़ा है और जुग़राफ़ियाई लिहाज़ से हिमालय से लेकर समुंदरी किनारे तक फैला हुआ है, इसलिए यहाँ भी हर इलाक़े में मौसमों की मुद्दत एक जैसी नहीं है। पूरे मुल्क में यक्साँ तौर पर एक सा मौसम भी नहीं होता। कहीं गर्मी की तपिश होती है तो कहीं सर्दी पड़ती है, कहीं बारिश का मौसम होता है तो कहीं जाड़ों का आग़ाज़ हो जाता है।

लेकिन संस्कृत के शास्त्रियों ने इन बारीकियों को भुलाकर पूरे मुल्क में षट् ऋतुओं यानी छै मौसमों का नज़रिया पेश किया है। उन्हीं छै मौसमों की अक्कासी हमें संस्कृत अदब में मिलती है। इनमें से हर ऋतु में दो महीने होते हैं। तरतीब के लिहाज़ से ग्रीष्म ऋतु यानी मौसम-ए-गर्मा का ज़िक्र सबसे पहले होता है। इसके तहत जेठ और असाढ़ दो महीनों की गिनती की जाती है। वर्षा यानी मौसम-ए-बरसात के दो महीने सावन और भादो हैं। कातिक और क्वार के महीनों में शरद ऋतु का दौर-दौरा होता है। अगहन और पूस के महीनों में हेमंत ऋतु होती है। शिशिर के तहत फागुन और माघ के महीने आते हैं। बसंत तो सारी ऋतुओं का राजा है, इसमें चैत और बैसाख के महीने आते हैं। जाहिर है कि मौसमियात की यह तक़सीम ग़ैर-हक़ीक़ी है।

इसके बरअक्स अवामी रिवायत के मुताबिक़ गर्मी, बरसात और जाड़े की मुद्दत चार महीने की मानी गई है। फागुन, चैत, बैसाख, जेठ में गर्मी का मौसम होता है। असाढ़, सावन, भादों, क्वार बरसात के महीने हैं। कातिक, अगहन, पूस, माघ में जाड़ा पड़ता है। लेकिन मौसमों की इस चार माहाना तक़्सीम में मौसम यक्साँ नहीं रहता। एक मौसम ब-तदरीज[1] बदलता हुआ दूसरे मौसम का आग़ाज़ करता है। मौसमों पर अगर उनके उतार-चढ़ाव के लिहाज़ से ग़ौर किया जाए तो साफ़ दिखाई पड़ता है कि एक मौसम के इख़्तिताम[2] और दूसरे के आग़ाज़ के दर्मियान एक-दूसरे क़िस्म का ही मौसम होता है। इसमें कुछ जुज़ उस मौसम का होता है जिस का

1. क्रमिक रूप से, 2. समाप्ति

ख़ात्मा होने वाला है और कुछ जुज़ उसका शामिल होता है जिसकी शुरुआत होने वाली है। इस तरह गर्मी, बरसात और जाड़े के तीन मौसम छै क़िस्म के मौसम बन जाते हैं। ये तीनों उबूरी मुद्दत[1] के मौसम हैं। असाढ़ बरसात का पहला महीना है लेकिन यह गर्मी का भी आख़िरी महीना है। ये दोनों मौसमों को इस तरह जोड़ता है। जाड़ों की शुरुआत कातिक से हो जाती है लेकिन कड़कड़ाता जाड़ा तो अगहन और पूस में ही पड़ता है। फागुन में गर्मी की शुरुआत होती है लेकिन यह शिशिर यानी पतझड़ का मौसम है। बसंत के महीने चैत और बैसाख हैं लेकिन उन्हें गर्मी के मौसम में शुमार किया जाता है। इस वजह से संस्कृत की मौसमी रिवायत में इन दो मौसमों को जोड़ने वाली मौसमी कैफ़ियत को अलग मौसम का नाम दिया गया है और तीन के बजाए छै ऋतुओं का तसव्वुर किया गया है। लेकिन अवामी रिवायत में ऐसी बारीक-बीनी से काम नहीं लिया गया और तीनों मौसमों को यक्साँ तौर पर चार-चार महीनों में बाँट दिया गया है।

यह तो रही मौसमों की जुग़राफ़ियाई हक़ीक़त। लेकिन अदबी रिवायात तो अपने आप में एक हक़ीक़त है। संस्कृत अदीबों ने छै मौसमों के लिहाज़ से ऋतु की कैफ़ियात क़लमबंद की हैं और बाद में अपभ्रंश या अवामी अदबी रिवायत में बारह महीनों की कैफ़ियात का अलग-अलग असर इंसानी ज़िंदगी पर पड़ता दिखाया गया है। लेकिन दोनों रिवायतों में एक बात यक्साँ है, वह यह है कि मौसम के मंज़रनामों का दोनों रिवायतों में फ़ुक़दान[2] है। मौसमों के ख़ूबसूरत मनाज़िर क्यूँ नहीं पेश किए गए, यह एक ग़ौरतलब मस्अला है। दोनों रिवायतों में मौसम को या तो सनाए-बदाए के तौर पर इस्तिमाल किया गया है और या उन असरात की अक्कासी शेरों में की गई है जो इंसानी जज़्बात पर मुरत्तब होते हैं। असलियत यह है कि दोनों रिवायतों में मौसमों को जज़्बात को बरअंगेख़्ता[3] करने में मददगार माना गया है। लेकिन सारा ज़ोर श्रृंगार या जिंसी जज़्बे पर है। संस्कृत अदबी रिवायत में छै ऋतुओं में वस्ल की कैफ़ियत का बयान मिलता है जबकि बारहमासा की रिवायत में हर माह बिरहा या हिज्र की कैफ़ियात पर असर-अंदाज़ होता है, इसकी रूदाद बयान की गई है। संस्कृत रिवायत का तअल्लुक़ वस्ल[4] से है तो बारहमासा का रिश्ता कैफ़ियात हिज्र[5] से जुड़ा हुआ है। हैरत इस बात पर होती है कि लज़्ज़त-ए-वस्ल को भी औरत के ज़रिए बयान किया गया है और बारहमासा में सिर्फ़ औरत के हिज्र में तड़पने के नक़्श उभारे गए हैं।

बरसात का पहला महीना असाढ़ का है और जाड़े का पहला महीना कातिक का है—इसलिए हिंदी अदब में इन दोनों महीनों की तफ़्सील कुछ ज़ियादा मिलती है। ऋतुवर्णन हो या बारहमासा, दोनों ही आम तौर पर असाढ़ के महीने से शुरू होते हैं। एक-दो बारहमासे ऐसे ज़रूर मिल जाते हैं जो चैत के महीने से शुरू होते हैं, लेकिन

1. संधि-काल, 2. अभाव, 3. जज़्बात उभारना, 4. संयोग, 5. वियोग

उसूली तौर पर बारहमासे असाढ़ के महीने से ही शुरू होते हैं और वह भी इसके उस हिस्से से जब असाढ़ का दौंगड़ा प्यासी ज़मीन की प्यास बुझा देता है, लू और अंधड़ ख़त्म हो जाते हैं। आसमान पर काले, सफ़ेद, धोमीले बादल मँडलाने लगते हैं। बे-आब-ओ-गियाह[1] ज़मीन पर दोबारा घास अपना चेहरा दिखाने लगती है।

बारहमासा लिखने की रिवायत का आग़ाज़ बारहवीं-तेरहवीं सदी में हो चुका था। इसमें कभी कोई महजूर[2] ख़ातून किसी यात्री या किसी ताइर के ज़रिए अपने हिज्र की महीनावार कैफ़ियत को परदेसी प्रीतम तक पहुँचाने की कोशिश करती है। कभी यह काम कोई साधू करता है या फिर सुनहरा हंस, कव्वा, उल्लू या हुद्हुद इस फ़रीज़े को अंजाम देने के लिए चुना जाता है। हिंदी अदब में अब्दुर्रहमान की 'संदेश रासक' से बारहमासा की रिवायत मिलने लगती है। सूफ़ी हिंदी मसनवियों के तो सारे मुसन्निफ़ों ने बारहमासा को अपनी तस्नीफ़ात[3] का पुरअसर हिस्सा बनाया है लेकिन कुछ ने सिर्फ़ नौ महीनों के तहत ही बारह महीनों की कैफ़ियात बयान की हैं। मलिक मुहम्मद जायसी वाहिद[4] हिंदी मसनवी-निगार हैं जिन्होंने संस्कृत ऋतुवर्णन को भी अपनाया है और बारहमासा भी लिखा है। उन्होंने नागमती के हिज्र की कैफ़ियत को माह-ब-माह बयान किया है बल्कि एक महीने में पाए जाने वाले नक्षत्रों या नकहतों को भी मद्द-ए-नज़र रखा है। जायसी ने 'पदमावत' में अपना बारहमासा असाढ़ महीने से शुरू किया है और उसका ख़ात्मा भी असाढ़ पर ही किया है। इसकी वजह ग़ालिबन यही है कि असाढ़ मौसम-ए-गर्मा और मौसम-ए-बरसात दोनों में शामिल है।

अगर तमाम बारहमासों पर नज़र डाली जाए तो एक बात ही नज़र आती है कि तर्ज़-ए-बयान और लुग़ात में चाहे जो फ़र्क़ हो लेकिन हर एक में औरत की जिंसी ख़्वाहिशात को हवा दी गई है जो हर माह मौसम की तब्दीली के तहत उसके जिस्म पर असर-अंदाज़ होती हैं। शौहर की ग़ैर-मौजूदगी में वह लज़्ज़त-ए-जिंसी से महरूम है और अपनी इस महरूमी को वह बार-बार दोहराती है और ख़ाहिश करती है कि उसका शौहर जल्द लौट आए और उसकी जिस्मानी प्यास को बुझाकर उसके जिस्मानी हुस्न की हिफ़ाज़त करे। इसके साथ-साथ मौसम की कैफ़ियत, चिड़ियों, फ़स्लों, रीत-रिवाजों, तीज-त्यौहारों का ज़िक्र ज़मानी[5] तौर पर होता है। मिसाल के तौर पर हम यहाँ मलिक मुहम्मद जायसी के बारहमासा का एक मुख़्तसर ख़ुलासा पेश करते हैं : साढ़ का महीना आया है दौंगड़ा पड़ चुका है, किसान खेतों में बीज बोने लगे हैं, मेढक, मोर, कोयल और पपीहे की आवाज़ें सुनाई पड़ने लगी हैं। गर्मी की तेज़ हवाओं में झोंपड़े की फूस इधर-उधर हो गई है। इसलिए उसे दोबारा छाने और मकान की मरम्मत करने के लिए बिरहनी अपने शौहर को याद करती है।

1. जलविहीन, सूखी, 2. विरहिणी 3. रचनाओं, 4. अकेले, 5. गौण

सावन के महीने में रिमझिम बारिश हो रही है। बीर-बहूटियाँ सुर्ख़ पैराहन में मल्बूस[1] हर तरफ़ घूम रही हैं। हिंडोले पड़ गए हैं, अपने पिया के साथ हिंडोलों पर पेंग बढ़ा रही हैं। ज़मीन पूरी तरह हरियाली से भर गई है और गोरियों ने पीले चोले पहन रखे हैं। रास्ते ओझल हो गए हैं भादों में रातें अँधेरी हो गई हैं। बारिश की झड़ी लगी हुई है, हवा के झकोरे भी चल रहे हैं, सेज पर लेटी महजूर को हिज्र का नाग डस रहा है, बिजली चमक-चमककर उसे डरा रही है। उधर औलती चू रही है और इधर बिरहनी की आँखें आँसू बहा रही हैं।

क्वार में पानी घटने लगा है। आसमान पर अगस्त्य या सहील तारा नज़र आने लगा है। हंस झीलों में वापस आ गए हैं, सारस खेतों में घूमने लगे हैं। खंजन आँगनों में उछल-कूद मचाने लगे हैं। जंगल में सरपत फूल खिल उठे हैं। बरसात के बाद जाड़े का आग़ाज़ हो रहा है। कातिक में दिवाली मनाने की तैयारी हो रही है। गोरियाँ झूमर गा रही हैं, यह बरसात की बिदाई का त्यौहार है। सर्दियाँ बढ़ने लगी हैं। दिन घटने लगा है और रातें लंबी होती जा रही हैं। कव्वे मुँडेरों पर काएँ-काएँ कर रहे हैं और भौंरे पेड़ों पर मँडला रहे हैं, सर्दी और तेज़ हो गई है। पूस में सर्दी से बदन थर-थर काँपने लगा है। लिहाफ़-तोशक में ठंडक से नजात मिलती है। अब रुई से बदन ढँके बग़ैर चारा नहीं है। महावट की बारिश सर्दी को और बढ़ा देती है। पाला पड़ता है। कुहरा घिरता है।

लेकिन अब सर्दी अपने ख़ात्मे की तरफ़ रवाँ है। फागुन का महीना है, हवा के झकोरे चल रहे हैं। सर्दी काटने को दौड़ती है। पत्ते झड़ने लगे हैं। ढाक के पेड़ बे-पत्ती के हो गए हैं। पतझड़ के बाद ही तो बहार आती है। यह चैत का महीना है यही तो बसंत है। पत्तों की नई-नई कोंपलें निकल आई हैं। आम जो बौरा गए थे उनमें कैरियाँ आ गई हैं, नारंगी भी अपनी बहार दिखाने लगी है। हर तरफ़ धमारी और चाचरी गाई और नाची जा रही है। यह तो मस्ती का महीना है।

गर्मी की अब आमद-आमद है। सूरज का रुख़ ख़त-ए-सरतान[2] की तरफ़ हो गया है। इसलिए शुमाली हिंदुस्तान[3] में गर्मी बढ़ गई है, तालाब सूख गए हैं। जेठ में गर्मी अपने इंतिहा को पहुँच गई है, लू चल रही है, बगुले उड़ रहे हैं, जमना सूखकर काली हो गई है। अंधड़ के थपेड़े बर्दाश्त से बाहर हैं।

बारहमासा में मौसम के इसी उतार-चढ़ाव को हिज्र की तड़प, जलन की आमेज़िश[4] से शेरी क़ालिब में ढाला[5] गया है। मौसम कैसा भी हो लेकिन बेचारी बिरहनी की बस एक ही रट होती है—पिया आ जा, पियारे पिया मन की पियास, तन की पियास बुझा जा।

---

1. सुर्ख़ रंग के वस्त्र पहने हुए, 2. सूर्य का कर्क राशि में प्रवेश करना, 3. उत्तर भारत, 4. मिश्रण, 5. कविता के रूप में ढालना

हिंदी-इस्लामी तहज़ीब का नाफ़ानी[1] पुल हज़रत अमीर ख़ुसरो

हज़रत अमीर ख़ुसरो को दरबार और ख़ानक़ाह के दर्मियान पुल कहा जाता है। हो सकता है कि यह क़ौल कहने और सुनने में अच्छा लगता हो लेकिन मैं समझता हूँ कि न तो इसका कोई जवाज़[2] है और न ही हक़ीक़त पर यह मबनी[3] हो सकता है। दरबार तो यक़ीनन ख़ानक़ाह को बतौर "लश्कर-ए-दुआइया इस्तिमाल करने के लिए कोशाँ[4] है। यह इसकी जिबिल्लत[5] भी है और ऐसा करना इसके लिए लाज़मी भी। लेकिन यह बात हज़रत अमीर ख़ुसरो की शख़्सियत के शायान-ए-शान नहीं है कि वह किसी दरबार के ख़ुसूसी एलची बनकर ख़ानक़ाह के आस्ताने में आएँ। जहाँ तक हज़रत महबूब-ए-इलाही का तअल्लुक़ है उन्हें दरबार से न राबते की जरूरत थी और न ही उन्हें किसी ऐसे राबता-ए-कार की ज़रूरत हो सकती थी। अक़ीदतन् और उसूलन् बुज़ुर्गान-ए-सूफ़िया और ख़ास तौर पर चिश्तिया सिलसिले के बुज़ुर्ग दरबारों से ख़ुद को दूर रखते थे। इसलिए यह बात क़रीन-ए-क़यास नहीं है कि हजरत निज़ामुद्दीन औलिया और सुल्तानों के दर्मियान हज़रत अमीर ख़ुसरो कोई पुल बने हों।

लेकिन यह बात यक़ीनी है कि हज़रत अमीर ख़ुसरो ख़ानक़ाह और अवाम के दर्मियान पुल थे। वह ऐसा सिक़ाफ़ती पुल थे जो हिंद की मौसीक़ी, अदब, रिवायात, ज़बान, जुग़राफ़ियाई माहौल और तर्ज़-ए-रिहाइश को उस सिक़ाफ़ती विरासत से जोड़ते हैं जो अब तक मुसलमानों ने यूनान, मिस्र, रोम, ईरान, मर्कज़ी एशिया और कुछ हद तक चीन से हासिल की थी और उसको इस्लामी नज़रियात की कसौटी पर कसकर ऐसी आराइश और ज़ेबाइश[6] की थी कि उसके हुस्न के सामने सारी सिक़ाफ़तों की चमक-दमक माँद पड़ गई थी। अस्ल में यह किसी मख़्सूस इलाक़े या किसी क़ौम क़बीले की तहज़ीब नहीं थी। यह एक आलमी सिक़ाफ़त थी जिसमें मुख़्तलिफ़ अजज़ा[7] ऐसे घुल गए थे कि उन्हें अब अलग-अलग करना मुश्किल

1. अनश्वर, अमर, 2. औचित्य, 3. आधारित, 4. प्रयासरत, 5. प्रकृति, स्वभाव, 6. साज-सज्जा, 7. विभिन्न कारक

था। इसमें अगर कोई कमी थी तो हिंदी सिक़ाफ़त की थी। इसी कमी को दूर करने और इस आलमी तहज़ीब को मज़ीद[1] मालामाल करने और हसीन बनाने का सहरा यक़ीनन अमीर ख़ुसरो के सर है।

अमीर ख़ुसरो के इसी कारनामे का एक सरसरी जाइज़ा पेश करने की कोशिश इस मक़ाले में हम करेंगे।

हर तहज़ीब को फलने-फूलने और वसीअ होने के लिए ज़बान की ज़रूरत होती है। ख़ुसरो के अह्द में उस सिक़ाफ़ती विरासत का रथ फ़ारसी थी जिसके वह वारिस थे। हिंदी तहज़ीबी अजज़ा[2] को इस आलमी सिक़ाफ़त में तहलील[3] करने के लिए ज़रूरी था कि उसे फ़ारसी के क़ालिब में ढाला जाए। महज़ संस्कृत के चंद अल्फ़ाज़ फ़ारसी में शामिल कर देना कोई बड़ा कारनामा नहीं है यह तो कोई भी कर सकता था। लेकिन फ़ारसी को नई रिवायतों से रूशनास कराना वह कारनामा है जो सिर्फ़ और सिर्फ़ अमीर ख़ुसरो ही अंजाम दे सकते थे। फ़ारसी रिवायत में इज़हार-ए-इश्क़ मर्द की तरफ़ से होता है और माशूक़ एक ज़ालिम, जाबिर और ईज़ा-पसंद[4] बनकर आशिक़ की तकालीफ़ से लुत्फ़-अंदोज़ होती है। लेकिन हिंद की रिवायत में इज़हार औरत की तरफ़ से होता है और वह ही हिज्र की सताई हुई इधर-उधर मारी-मारी फिरती है। हज़रत अमीर ख़ुसरो ने इस अदबी रिवायत को फ़ारसी में मुंतक़िल किया है। दौलरानी और ख़िज्र ख़ाँ में दौलरानी के आह-ओ-फ़ुग़ाँ[5] को इतना पुर-असर बना दिया है कि बाद के हिंदी के शुअरा अमीर ख़ुसरो के शेरों और मिस्रों से इस्तिफ़ादा[6] करते हुए नज़र आते हैं।

अमीर ख़ुसरो पहेलिका (पहेली) और मुकरनियों के लिए संस्कृत के मरहून-ए-मिन्नत हैं। लेकिन इन अस्नाफ़ को तरक़्क़ी देने और इस फ़न में जिद्दत पैदा करने, इनमें गहराई और गीराई लाने का सहरा यक़ीनन अमीर ख़ुसरो के सर है।

शह्र-आशोब भी एक संस्कृत सिन्फ़-ए-सुख़न है। हाफ़िज़ महमूद शीरानी इसे संस्कृत की सिन्फ़ मानते हैं लेकिन इस बात से मुत्तफ़िक नहीं हैं कि अमीर ख़ुसरो ने इसे बराह-ए-रास्त संस्कृत से लिया है। उनका ख़याल है कि यह सिन्फ़ ख़्वाजा मस्ऊद सलमान के तवस्सुत[7] से उन तक पहुँची है। लेकिन इस बात की कहीं ज़ियादा गुंजाइश है कि इस सिन्फ़-ए-सुख़न का तआरुफ़ अमीर ख़ुसरो से बराह-ए-रास्त संस्कृत से हुआ हो। वह चाहे बहुत अच्छी संस्कृत न जानते रहे हों लेकिन अपनी संस्कृत-दानी का दावा उन्होंने 'नुह सिप्हर' में यह कहकर किया है कि "अगर मैं सच्चाई और इंसाफ़ से हिंदी की तारीफ़ करूँ तब तुम शक करोगे या नहीं? ठीक ही है मैं इतना कम जानता हूँ कि वह नदी की एक बूँद की तरह है।" ख़ुसरो ने जगह-

1. और अधिक, 2. सांस्कृतिक अंग या तत्त्व, 3. विलीन, 4. अत्याचार और निष्ठुरता को पसंद करनेवाला, 5. विलाप, 6. लाभान्वित होना, 7. माध्यम

जगह लफ़्ज़ हिंदी का इस्तिमाल संस्कृत के लिए किया है और इसकी वज़ाहत[1] इस तरह की है कि हिंदी को संस्कृत का मुतरादिफ़ समझा जाना यक़ीनी हो जाता है। इसके इलावा उस वक़्त ख़िलजी दरबार में आचार्य विश्वनाथ भी उनके साथ मौजूद हैं। वह संस्कृत ज़बान-ओ-अदब के जय्यद आलिम और अदबी नज़रिया-साज़ हैं। दोनों के ख़यालात में भी काफ़ी मुमासलत पाई जाती है। मौलाना मुहम्मद अमीन चिरयाकोटी ने 'जवाहर-ए-ख़ुसरो' में अमीर ख़ुसरो का शह्र-आशोब[2] मुरत्तब किया है। उनका भी यही मानना है कि "...ग़ालिबन इसी तर्ज़ को हज़रत अमीर ख़ुसरो ने फ़ारसी ज़बान में लाकर एक जिद्दत और फ़ारसी लिटरेचर में इज़ाफ़ा किया है।"

अमीर ख़ुसरो के अह्द में फ़ारसी आलमी ज़बान थी। उसमें हर रुज्हान और ख़याल के इज़्हार की ताक़त थी। लेकिन उस वक़्त हिंदुस्तान में कोई ऐसी ज़बान नहीं थी जो फ़ारसी अदब की नज़ाकत और बलाग़त[3] को अपने में समो सके। संस्कृत बक़ौल-ए-अमीर ख़ुसरो सिर्फ़ दो-एक सौ ब्रह्मनों की ज़बान बनकर रह गई थी। बहुत सी हिंदवियाँ ज़रूर मौजूद थीं। हर इलाक़े की हिंदवी की मुस्तलहात अलग थीं। अपभ्रंश में भी अदबी तख़्लीक़ात का सरचश्मा[4] ख़ुश्क हो चुका था। ख़ुसरवी अह्द में एक ज़बान इब्लाग़ का ज़रिया बन रही थी। इसकी आबयारी नाथ और सिद्ध-साधू कर रहे थे। यह शुमाली हिंदुस्तान में अलख निरंजन जगाते फिर रहे थे। यह ज़बान का इस्तिमाल अपनी तर्ज़-ए-फ़िक्र को आम लोगों तक पहुँचाने के लिए करते थे। इसलिए इसमें तख़्लीक़ी अदब पैदा करने की कोशिश उस दौर में नज़र नहीं आती। यही लिसानी सरमाया[5] सूफ़िया को मिला। उन्होंने इस ज़बान को सँवारा, अपभ्रंश की सौतियात[6] से उसे पाक किया क्यूँकि यह उनकी मजबूरी थी। वह अपभ्रंश की बहुत-सी आवाज़ों और अल्फ़ाज़ का तलफ़्फ़ुज़ अदा नहीं कर सकते थे। सूफ़िया-ए-किराम ने ही इसे अदबी ज़बान बनाने की कोशिश की। उन्होंने अपने ख़यालात को फ़ारसी में क़लमबंद किया और फिर अपने इस काम को इस ज़बान में ढाला। मुंदरजा-ए-ज़ैल[7] मिसाल से यह बात वाज़ह हो जाती है :

शेख़ शरफ़ुद्दीन बू-अली क़लंदर (वफ़ात 1324 ई.) ने यह शे'र फ़ारसी में लिखा :

मन शुनीदम यार-ए-मन फ़र्दा रवद राह-ए-शिताब
या इलाही ता क़ियामत बर न आयद आफ़्ताब

फिर इन्हीं ख़यालात को उस वक़्त की ज़बान में पेश किया गया :

सजन सकारे जाएँगे नैन मरेंगे रोय
बिधुना ऐसी कीजिए कि भोर कभू न होय

---

1. विवरण, 2. फ़ारसी की एक काव्य-विधा जो बाद में उर्दू में भी अपना ली गई, 3. औदात्य, 4. रचनाओं का स्रोत, 5. भाषायी पूँजी, 6. ध्वनियाँ, 7. निम्नांकित

हाँ यह कहना मुश्किल है कि फ़ारसी का यह देसी एडिशन ख़ुद हज़रत बू-अली क़लंदर ने तैयार किया है या किसी और ने उनके शे'र को इस शक्ल में ढाला है। ऐसे कारनामों से सूफ़िया के मल्फ़ूज़ात[1] भरे पड़े हैं। हज़रत अब्दुल वाहिद बिलग्रामी की तस्नीफ़ में तो हर सफ़्हे पर इस क़िस्म के अश्आर मिल जाते हैं।

इस ज़बान के नाम से बहस यहाँ ग़ैर-ज़रूरी है। हिंदी-उर्दू की बहस और कज-बहसी ने इस ज़बान को कहीं गुम कर दिया है। सामराज के वफ़ादार आई.सी.एस. जार्ज ग्रियर्सन ने इस ज़बान को इतने टुकड़ों में बाँटा है कि इसका नामो-ओ-निशान ही गुम हो गया है और यह अवधी, ब्रज, हरियाणवी, भोजपुरी वग़ैरह-वग़ैरह बनकर बँट गई है, सिमट गई है। जिस ज़बान का ज़िक्र हमने ऊपर किया है वह उन सभी बोलियों को अपने में समोए हुए है। इन मुख़्तलिफ़ बोलियों के मुरक्कब में फ़ारसी भी घुलमिल गई है। इस ज़बान ने उस वक़्त फ़ारसी अल्फ़ाज़ तो कम अपनाए लेकिन फ़ारसियत को खुले दिल से क़ुबूल कर लिया। इसमें बातिन के लिए गुप्त और ज़ाहिर के लिए प्रगट इस्तिमाल होने लगा। ज़ात का अगुन और ज़ात-ए-बा-सिफ़ात का सगुन बतौर-ए-मुतरादिफ़ रिवाज पा गया—रूह और क़ल्ब के लिए मन का रिवाज हो गया। गोया फ़ारसी हसीना देसी लिबास में मल्बूस हो गई। यह भी एक हिंदवी थी जो आगे चलकर भाषा और भाखा नाम से जानी जाने लगी। इस ज़बान की आबयारी अमीर ख़ुसरो ने की है और उन्हीं की बदौलत यह ज़बान तख़्लीक़ी अदब की हामिल हो सकती है। ख़ुसरो का हिंदवी कलाम इस बात का वाज़ह सबूत है। ख़ुसरो ने इस ज़बान और इसके अदब को परवान न चढ़ाया होता तो 1368 ई. में 'चंदायन' ऐसी मसनवी का लिखा जाना मुमकिन हो ही नहीं सकता था। इसके लिए अमीर ख़ुसरो ही ज़मीन हमवार कर गए थे।

अमीर ख़ुसरो का एक और कारनामा रेख़्ता का हिंदवी में राइज करना है। संस्कृत लफ़्ज़ क्रंभक और रेख़्ता हम-मानी हैं। संस्कृत के साथ बोलियों के मिस्रे जोड़ने का चलन संस्कृत अदब में था। आचार्य विश्वनाथ हज़रत अमीर ख़ुसरो के हम-अस्र हैं और दरबार में एक साथ भी हैं। उन्होंने अपनी किताब 'रत्नावली' में संस्कृत के साथ सोलह बोलियों के मिस्रे जोड़े हैं। लेकिन अमीर ख़ुसरो पहले और ग़ालिबन आख़िरी शाइर हैं जिन्होंने इस रिवायत को ग़ज़ल के पैकर में ढाला है। इस ग़ज़ल में मर्द इज़हार-ए-ख़याल करता है और हिंदवी में औरत हम-कलाम नज़र आती है। "म-कुन तग़ाफ़ुल" की तश्रीह[2] 'दुराए नैना, बनाए बतियाँ' से की गई है। "ताब-ए-हिज्र" अगर न हो तो इसका इलाज "न लेहु काहे लगाए छतियाँ" है। शबान-ए-हिज्राँ", "ज़ुल्फ़ की तरह दराज़" है और इसकी तारीकी[3] पिया के मिलने से ही दूर

1. उपदेश या कथन, 2. व्याख्या, 3. अंधकार

हो सकती है। "शम्अ-ए-हिज्राँ", "जर्रा हैराँ" और "हमेशा गिरियाँ की कैफ़ियत तभी तारी हो सकती है जब "आप आवे, न भेजे पतियाँ" और इस का लाज़िमी नतीजा "न नींद नैना, न अंग चैना" है। ग़रज़ेकि इस ग़ज़ल में दो अदबी रिवायतें दो ज़बानों में ख़ुद को ज़ाहिर करती हैं लेकिन दोनों हमआहंग होकर एक इकाई में ढल गई हैं। इसलिए यह ग़ज़ल शीर-ओ-शकर आमेख़्ता[1] हम-शे'र है हम-गीत है। इसमें दो शेरी रिवायतों को ही शीर-ओ-शकर नहीं किया गया बल्कि दो अस्नाफ़-ए-सुख़न को भी एक साँचे में ढाल दिया गया है। अगर इस ग़ज़ल के तमाम हिंदवी मिस्रों को अलग कर लिया जाए तो वह एक मरबूत और भरपूर गीत की शक्ल इख़्तियार कर लेंगे। इसके इलावा भगती और सूफ़ियाना फ़िक्र की इसमें आमेज़िश इस तरह की गई है कि दोनों में तमीज़ करना मुश्किल है। हमारे ख़याल में यह इश्क़िया शाइरी के बजाए भगती का गीत है, सूफ़ियाना ग़ज़ल है। इसके मुरतनद होने पर सवालिया निशान लगाया जाता है। लेकिन यह वह वाहिद अदब-पारा है जिसकी मिसाल न ख़ुसरो से पहले मिलती है और न उनके बाद। अगर इसका कोई परतौ[2] कहीं नज़र आता है तो कबीरबानी में है।

श्लेष (ज़ू-मानी अल्फ़ाज़) और यमक (ऐसा लफ़्ज़ जो एक इबारत में कई बार इस्तिमाल हो और मुख़्तलिफ़ मा'नी दे) संस्कृत के सन्नाए लफ़्ज़ी[3] हैं। अमीर ख़ुसरो ने उन्हें तख़्लीक़ी अमल का ज़रिया बनाया और उसे फ़ारसी अदबी रिवायत का हिस्सा बना दिया। उन्होंने शाइरी में इसके इस्तिमाल का दाइरा बहुत वसीअ कर दिया। उनसे पहले एक साख़्त के मुख़्तलिफ़ मानी वाले अल्फ़ाज़ का ही शुअरा इस्तिमाल करते थे लेकिन अमीर ख़ुसरो ने मुख़्तलिफ़ ज़बानों में एक साख़्त के पाए जाने वाले और मुख़्तलिफ़ मानी के हामिल अल्फ़ाज़ के इस्तिमाल को जाइज़ ठहराया। 'एजाज़-ए-ख़ुसरवी' में उन्होंने इस पर सेर-हासिल बहस की है। इस बात की वज़ाहत यहाँ हम एक लफ़्ज़ "नार" से करने की कोशिश करेंगे। मुख़्तलिफ़ ज़बानों में इसके हस्ब-ए-ज़ैल[4] मानी हैं :

संस्कृत = इंसानों से मुतअल्लिक़; रूहानी; इंसानी गुरोह, पानी; नया पैदाशुदा बछड़ा; सोंठ(1)

अरबी = आग; दोज़ख़; झलने का दाग़; हवा; ज़हन; मशवरा, नसीहत(2)

फ़ारसी = अनार(3)

हिंदी = गर्दन; औरत, नार(4)

अवधी = और; कमल की नाल; झुंड चरवाहा; बंदूक़ की नाल, मोटी रस्सी; नार जिससे रस्सी बनाई जाती है।(5)

हज़रत अमीर ख़ुसरो ने लफ़्ज़ 'नार' का बार-बार मुख़्तलिफ़ मानों में अपने हिंदवी कलाम में इस्तिमाल किया है। मुमकिन है फ़ारसी कलाम में भी अपनी

1. मिला हुआ मिश्रित, 2. आभा, 3. शब्दालंकार, 4. निम्नलिखित

इस जिद्दत को वह बरू-ए-कार लाए हों। लेकिन वह न तो तफ़न्नुन-ए-तब्अ[1] के लिए इसका इस्तिमाल करते हैं और न ही अपनी ज़बानदानी की धाक जमाने के लिए इसे काम में लाते हैं। यह उनके लिए एक कारगर वसीला है मुख़्तलिफ़ सिक़ाफ़तों को मिलाने का। इसी के ज़रिए वह हिंदी सिक़ाफ़त[2] को उस अह्द के आलमी सिक़ाफ़त में ज़म करते हैं। और एक नए, हसीनतर शगुफ़्तातर कल्चर की बुनियाद पाइदार करते हैं। लेकिन अफ़सोस है कि हज़रत अमीर ख़ुसरो की इन बेबहा ख़िदमात को जितना सराहा और अपनाया जाना चाहिए था उतनी पज़ीराई[3] उनकी नहीं हुई।

सन्दर्भ

(1) बृहद हिंदीकोश, छटा एडिशन, ज्ञानमंडल, वाराणसी, 1989 ई.

(2) पर्शियन-इंग्लिश डिक्शनरी, एफ़ स्टेंगास, सेकेंड एडिशन

(3) ऐज़न

(4) बृहद हिंदीकोश, छटा एडिशन, ज्ञानमंडल, वाराणसी, 1989 ई.

(5) डिक्शनरी, हिंदुस्तानी और इंग्लिश, डंकन फोर्बेस, लंदन, 1866 ई.

1. मनोविनोद, 2. हिंदी अर्थात् भारतीय संस्कृति, 3. प्रशंसा

उत्तर कथन

मुजीब भाई

असग़र वजाहत

मुजीब भाई पर यानी प्रो. मुजीब पर कुछ लिखना थोड़ा मुश्किल है, क्योंकि उनकी शख़्सियत के कई आयाम थे। अगर सरसरी तौर पर उनके बारे में लिखा जाए तो यह कहा जा सकता है कि वे 'जामिया मिल्लिया इस्लामिया' में हिन्दी विभाग के प्रोफ़ेसर और अध्यक्ष थे। वे जामिया के सभी ऊँचे पदों पर, हद ये है कि वाइस चांसलर के पद पर भी आसीन रह चुके थे। लेकिन यह उनकी शख़्सियत का एक बहुत छोटा हिस्सा है। अगर 'दिल-ए-आशिक़' को फैलाया जाए, उसे विस्तार दिया जाए तो उसकी परिधि बहुत बड़ी हो जाएगी। मुजीब भाई स्वतंत्रता सेनानी थे। यह बात दूसरी है कि उन्हें इस शब्द से चिढ़ हो गई थी और वे किसी भी क़ीमत पर ये पसंद न करते थे कि उन्हे स्वतंत्रता सेनानी कहा जाए। लेकिन ये भी सच्चाई है कि उन्होंने कई क़ीमती साल पंडित सुदर लाल के साथ राष्ट्रीय आन्दोलन को देखने-समझने और आगे बढ़ाने में बिताए थे। आन्नद भवन और वर्धा के गांधी आश्रम से लेकर हैदराबाद के पुलिस एक्शन तक उनके अनुभव संसार का हिस्सा थे। महात्मा गांधी के हिन्दी शिक्षक मंजर अली 'सोख़्ता' से भी उनके आत्मीय सम्बन्ध थे। मुजीब भाई लेखक भी थे। उनके कहानी-संग्रह 'गोमती से गंगा तक' के फ़्लैप पर मैंने भैरव प्रसाद गुप्त, अमृत राय, अमरकांत जैसे हिन्दी के वरिष्ठ और माने हुए कहानीकारों की टिप्पणियाँ देखी हैं जिन्होंने मुजीब भाई की कहानी की बहुत प्रशंसा की है। एक रचनाकार के अलावा वे साहित्य के बहुत गम्भीर विद्यार्थी थे। उनकी अपनी बड़ी मौलिक स्थापनाएँ थीं। वे कुछ ऐसे मूल प्रश्न उठाते थे जिनका जवाब देना कठिन हो जाता था। उन्होंने तुलसीदास और मीर अनीस का तुलनात्मक अध्ययन भी किया था। रामचरितमानस पर फ़ारसी साहित्य के प्रभाव को भी उन्होंने बहुत विद्वत्तापूर्ण ढंग से लिखा था। आधुनिक साहित्य में भी उनकी गहरी रुचि थी। मध्यकाल में उनकी विशेष रुचि थी। फ़ारसी जानने के कारण वे सूफ़ी साहित्य को हिन्दी के किसी अन्य विद्वान की तुलना में अधिक गहराई से समझते थे। उनके व्यक्तित्व की सबसे बड़ी पहचान उनकी

रचनात्मकता कही जा सकती है। मैंने उन्हें सदा नए विचारों से लैस पाया था। किसी भी विषय पर उनके अपने मौलिक विचार थे। मुजीब भाई सामाजिक और राजनैतिक स्थितियों पर गहरी नजर रखते थे। सन् 1971 से लेकर 2015 मतलब उनके स्वर्गवास तक उनसे दुनिया-ज़माने के बारे में काफ़ी बातचीत हुआ करती थी। जामिया में नौकरी मिलने के बाद मैं ओखला गाँव में ही रहता था और मुजीब भाई भी वहीं रहा करते थे। इसलिए मुलाक़ातों का सिलसिला जारी रहता था। कभी-कभी वे सुबह-सुबह मेरे यहाँ चले आते थे और फिर चाय 'नोशी' के साथ-साथ तमाम तरह की बातें हुआ करती थीं।

मैं एम.ए. पास करने के बाद नौकरी के लिए भटक ही रहा था कि इस बीच अलीगढ़ से प्रो. के.पी. सिंह की चिट्ठी आई कि जामिया मिल्लिया इस्लामिया (डीम टु बी यूनिवर्सिटी) के हिन्दी विभाग में एक लेक्चरर की ज़रूरत है और इस सम्बन्ध में मैं मुजीब रिज़वी साहब से जा कर मिलूँ। मैं मुजीब भाई के पास जब पहली बार गया तब वे क्लास ले रहे थे। क्लास के बाद उन्होंने मुझसे कहा—"कहाँ लुप्त हो गए थे। अब तो पोस्ट 'एडवरटाइज़' हो गई है, अब तुम्हें सेलेक्शन कमेटी फ़ेस करना पड़ेगी।"

पहली मुलाक़ात में मुजीब भाई बुद्धिमान, संवेदनशील, सरल और सहज आदमी लगे थे। उनसे मिलने के बाद मैं अलीगढ़ चला गया था और वहीं अपनी रिसर्च के काम में लग गया था।

मुजीब रिज़वी साहब से पहली मुलाक़ात का मेरे ऊपर काफ़ी असर पड़ा था। उस ज़माने में रोज़ डायरी लिखा करता था। अचानक बहुत साल बाद पुरानी डायरियों में कहीं मुझे मुजीब रिज़वी साहब से पहली मुलाक़ात का ज़िक्र मिला। मैंने लिखा था कि नौकरी चाहे मिले या न मिले लेकिन यह दिन मेरे जीवन में इसलिए यादगार रहेगा कि इस दिन मैं मुजीब रिज़वी साहब से मिला।

इंटरव्यू देने के लिए मैं जामिया आया तो सीधा मुजीब भाई के घर चला गया। उन्होंने चाय-वाय पिलाई और कहा कि "इंटरव्यू में अगर मैंने प्रो. मोहम्मद मुजीब (उस समय जामिया के उप-कुलपति, इतिहासकार और उर्दू साहित्य के प्रकांड पंडित) के सवाल का जवाब दे दिया तो मुझे नौकरी मिलेगी और अगर नहीं दे सका तो नहीं मिलेगी।" मैं क्या कह सकता था।

इंटरव्यू वी.सी. ऑफ़िस में होना था और हम दोनों एक साथ वी.सी. ऑफ़िस के लिए निकले। मै मुजीब भाई के साथ-साथ चल रहा था, वे कुछ बता रहे थे। जब हम रजिस्ट्रार और वी.सी. ऑफ़िस के नज़दीक पहुँचने लगे तो मुजीब भाई ने धीरे से कहा—'तुम ज़रा पीछे हो जाओ।' मैं फ़ौरन पीछे हट गया और ख़्याल आया कि मैं इतनी बेवक़ूफ़ी का काम क्यों कर रहा था। सेलेक्शन कमेटी में हैड

ऑफ़ दी डिपार्टमेंट और कन्डीडेट का साथ-साथ जाना कितना अशोभनीय और आपत्तिजनक लगता।

इन्टरव्यू में मैंने प्रो. मुजीब के सवाल का जवाब दे दिया था और नौकरी मिल गई थी।

मुजीब भाई 'हेड ऑफ दि डिपार्टमेंट' थे। चूँकि जामिया कॉलेज के अदर नए-नए विभाग बनाए गए थे, इसलिए अभी तक हिन्दी विभाग को कोई जगह नहीं मिल पाई थी। विभाग का पूरा दफ़्तर मुजीब भाई के थैले में ही हुआ करता था। जल्दी ही मुझे यह पता लग गया था कि मुजीब भाई बहुत दोस्त क़िस्म के इंसान है। ऊँच-नीच और भेदभाव से बिल्कुल पाक हैं। जामिया की पुरानी तहज़ीब में रचे-बसे हैं। सब लोग एक बड़े स्टाफ़ रूम में बैठते थे। यहीं स्टाफ़ को पानी वगैरह पिलाने का काम एक बहुत सीनियर चपरासी सिद्दीक़ी मियाँ करते थे। उनके बारे में कहा जाता था कि वे डॉ. ज़ाकिर हुसैन के ज़माने के हैं। उनकी सब बहुत इज़्ज़त करते थे। मुझे याद है गर्मियों के दिनों में जब मुजीब भाई को प्यास लगती थी तो वो सिद्दीक़ी मियाँ से सीधे-सीधे यह नहीं कहते थे कि मुझे पानी पिला दीजिए प्यास लग रही है। मुजीब भाई उनके सामने कहते थे भई आज गर्मी बहुत है, गला बिल्कुल सूख रहा है। यह सुनते ही वे मुजीब भाई के लिए पानी ले आते थे।

कभी-कभी शाम को मैं मुजीब भाई के घर चला जाता था। उनसे हमेशा समाजी हालात, सियासत या पढ़ाई-लिखाई की बातचीत होती थी। मैंने उन्हें कभी किसी की बुराई करते हुए नहीं सुना। उनके पास बहुत लम्बा तर्जुबा था। इलाहाबाद में उनकी जान-पहचान और दोस्ती बड़े-बड़े लेखकों से लेकर राष्ट्रीय स्तर के नेताओं तक से थी। वे आनंद भवन के बारे में जो कुछ बताते थे उससे यह साफ़ पता चलता था कि आनंद भवन में भी उनका आना-जाना था। उस ज़माने में मुजीब भाई कहानियाँ लिखा करते थे। उन्होंने अपना एक कहानी-संग्रह भी दिखाया था जिसके फ़्लैप पर उस समय के बहुत प्रसिद्ध साहित्यकारों और आलोचकों की टिप्पणियाँ छपी थीं। भैरव प्रसाद गुप्त, मार्कंडेय, अमृत राय जैसे लेखकों ने उनकी कहानियों की बहुत प्रशंसा की थी। पता नहीं क्यों उन्होंने बाद में कहानियाँ लिखना छोड़ दिया था।

उन दिनों मुजीब भाई सिगार पिया करते थे। सिगार ओखला में नहीं मिलते थे। कनाट प्लेस में एक दुकान थी जहाँ सिगार मिलते थे। मैं चूँकि लगभग हर शाम कॉफ़ी हाउस जाया करता था, इसलिए मुजीब भाई मुझसे सिगार मँगवाते थे। सिगार मँगवाने से पहले पूरे पैसे दे दिया करते थे। मतलब ये कि कभी उन्होंने बग़ैर पैसे दिए हुए ये नहीं कहा कि मेरे लिए सिगार लेते आना, मैं बाद में पैसे दे दूँगा।

अख़बार सब लोग पढ़ते हैं लेकिन अख़बार की ख़बरों के आगे आनेवाली घटनाओं का अंदाज़ा बहुत कम लोगों को हो पाता है। मुजीब भाई को भारतीय

राजनीति और समाज से सिर्फ़ गहरी दिलचस्पी ही न थी और वे न केवल उनकी व्याख्या और विश्लेषण करते थे बल्कि उन्हें बहुत छोटी ख़बरों की पूरी गम्भीरता का अंदाज़ा हो जाता था। शाह बानो का केस भारतीय राजनीति में एक बहुत बड़ा मुद्दा बन जाने से कुछ साल पहले यह ख़बर अख़बार के किसी कोने में छपी थी और इसे पढ़कर लोगों ने कोई महत्त्व नहीं दिया था। मुजीब भाई ने भी ये ख़बर पढ़ी थी और कहा था कि ये छोटी ख़बर नहीं है। आगे चलकर यह एक बहुत बड़ी राष्ट्रीय स्तर की समस्या का रूप ले लेगी। उस वक़्त मुझे लगा था कि मुजीब भाई सिर्फ़ अटकलें लगा रहे हैं लेकिन जैसे-जैसे समय गुज़रता गया उनकी बात सही सिद्ध होती चली गई।

मुजीब भाई की बातचीत से ये पता लगता था कि उनका वैचारिक झुकाव वामपंथ की तरफ़ है। मुंबई वाले कम्युनिस्ट कम्यून के बारे में भी वे बहुत विस्तार से चर्चा करते थे। वामपंथी विचारधारा से निकट होते हुए भी वे भारत की वामपंथी राजनीति के कड़े आलोचक थे। उनके विचार से वामपंथी राजनीति को भारतीय परिस्थितियों और संस्कृति के अनुसार अपनी कार्यपद्धति तय करनी चाहिए थी। इस सिलसिले में वे महापंडित राहुल सांकृत्यायन का उदाहरण दिया करते थे। वे कम्युनिस्ट पार्टी की समझ और शैली को बहुत यांत्रिक मानते थे।

वे पुरानी जामिया के बड़े प्रसंशक थे। पुरानी जामिया और उसकी प्रयोगधर्मिता के बारे में एक रोचक घटना बताया करते थे। इस घटना को मैंने जामिया पर लिखी दूसरी किताबों से भी कन्फ़र्म करना चाहा। लेकिन इस घटना का उल्लेख कहीं मिलता नहीं। हो सकता है यह मुजीब भाई की कल्पना हो, लेकिन अगर यह कल्पना है तब भी बहुत ख़ूबसूरत है। छानबीन करने पर पता चला है कि यह कल्पना नहीं है। वास्तव में ऐसा हुआ था। क़िस्सा यह है कि एक बार यह सोचा गया कि जामिया के कान्वोकेशन में हर वर्ष किसी बुद्धिजीवी या राष्ट्रीय नेता आदि को बुलाया जाता है। समाज में दूसरे लोग भी हैं जो अपने-अपने क्षेत्रों में महत्त्वपूर्ण काम कर रहे हैं। उन लोगों को कान्वोकेशन में मुख्य अतिथि के रूप में क्यों न बुलाया जाए। बात होते-होते ग़ुलाम मोहम्मद उर्फ़ गामा पहलवान (1878-1960) पर आ गई। उस ज़माने में गामा पहलवान की बड़ी चर्चा थी। उन्होंने सन् 1910 में लदन जाकर इंग्लैंड के किसी भी पहलवान को तीस मिनट के अंदर चित कर देने की चुनौती दी थी। उनकी चुनौती को बेनजामिन रोलर ने स्वीकार किया था जिसे गामा ने एक मिनट चालीस सेकेंड में चित कर दिया था। और इस तरह गामा पहलवान राष्ट्रीय अस्मिता के एक प्रतीक बन गए थे।

गामा पहलवान को कान्वोकेशन का मुख्य अतिथि बनाकर बुलाया गया था। वे आए थे। भव्य, औपचारिक और गरिमामय कान्वोकेशन में गाउन पहने एकेडेमिक प्रोसेशन के साथ चलते हुए मंच पर आकर अपनी कुर्सी पर बैठ गए थे।

उनसे जब भाषण देने के लिए कहा गया तो वो पत्ते की तरह काँप रहे थे। उन्होंने सिर्फ़ इतना कहा था कि 'मैं बड़े-बड़े से पहलवान को चित कर सकता हूँ लेकिन बोल नहीं सकता।' यह कहकर वे बैठ गए और उनकी ईमानदार अभिव्यक्ति पर पाँच मिनट तक तालियाँ बजती रही थीं।

मुजीब भाई जैसा हेड न मैंने पहले देखा था और न बाद में देखा। कहीं से लगता ही न था कि वे हेड हैं। डिपार्टमेंट का पूरा काम इतनी सरलता और सहजता से चलता था कि पता भी न चलता था कि कोई किसी को किसी तरह का आदेश दे रहा है। मीटिंगों में पेपर पढ़ाने को लेकर बातचीत होती थी। जब सब लोग अपनी-अपनी पसंद के पेपर चुन लेते थे तो बचे हुए पेपर मुजीब भाई ले लेते थे। मतलब जो पेपर कोई न पढ़ाना चाहता था वे मुजीब भाई पढ़ाते थे। उन्हें पढ़ाने से इश्क़ था। उन्हें पढ़ाने में जितना मज़ा आता था उतना शायद ही और किसी चीज़ में आता होगा। वे घंटों 'एक्स्ट्रा' क्लास ले सकते थे। एक अकेला लड़का या लड़की भी उनका दिमाग़ जितना चाहे चाट सकता था। कभी यह न कहते थे कि मेरे पास टाइम नहीं है, कल आना। इम्तिहान आने से पहले डिपार्टमेंट की मीटिंग होती थी। सब बताते थे कि कोर्स कितना पढ़ा दिया गया है और कितना बचा है। जिन लोगों का कोर्स पूरा नहीं होता था उन्हें मुजीब भाई कुछ न कहते थे बल्कि उनके कोर्स को पूरा करने की ज़िम्मेदारी ले लेते थे। छात्रों के साथ उनके सम्बन्ध हमेशा दोस्ताना रहते थे। किसी को डिबेट की तैयारी करना है तो वह सीधे मुजीब भाई के पास चला आता था। किसी को कोई पेपर लिखना है तो वह मुजीब भाई से सलाह लेता था। किसी को कोई तकलीफ़ या परेशानी है तो मुजीब भाई का दरवाज़ा खटखटाता था।

मैं शाम को अक्सर मुजीब भाई के घर चला जाता था और साहित्य, समाज और राजनीति पर बातचीत होती थी। वे जामिया की राजनीति में बहुत प्रमुख थे लेकिन मुझसे कभी जामिया की राजनीति के सम्बन्ध में बातचीत नहीं करते थे। वे अपने बारे में भी कम बताते थे लेकिन बहुत लम्बे समय तक साथ काम करने के कारण अक्सर उनके अतीत की झलकियाँ मिल जाती थीं।

मुजीब भाई इलाहाबाद की चायल तहसील के बिसौना गाँव के थे। उनकी पढ़ाई इलाहाबाद में हुई थी। वे जब कॉलेज में थे तो एक ऐसी घटना घटी जिसने उनकी ज़िंदगी को एक नया मोड़ दे दिया। राष्ट्रीय आन्दोलन के दिन थे। गांधी जी के नेतृत्व में पूरा देश आज़ादी के संघर्ष में लगा हुआ था। भगत सिंह और राजगुरु आदि को फाँसी पर चढ़ा दिया गया था। पूरे देश में ब्रिटिश सरकार भयानक अत्याचार कर रही थी। इन्हीं दिनों इलाहाबाद में प्रसिद्ध स्वतंत्रता सेनानी और विद्वान पंडित सुंदर लाल आए हुए थे। मुजीब भाई उनसे मिलने गए। पंडित जी ने उनसे पूछा, तुम क्या कर रहे हो तो इन्होंने कहा—'बी.ए. का इम्तिहान दे रहा हूँ।' जवाब में पंडित जी ने कहा—'हाँ अब इससे बड़ा काम तो देश में बचा ही नहीं।'

यह बात युवा मुजीब भाई के दिल को लग गई। अगले दिन वे अपने सारे सर्टिफ़िकेट, मार्कशीट आदि लेकर पंडित सुंदर लाल के पास पहुँचे और उनके सामने अपने सारे सर्टिफ़िकेट, मार्कशीट फाड़ डाले और कहा—'अब बताइए मैं क्या करूँ।' पडित जी ने मुजीब भाई से कहा कि तुम मेरे साथ काम करो। मुजीब भाई घर और पढ़ाई छोड़कर पंडित सुंदर लाल के साथ राष्ट्रीय आन्दोलन में कूद पड़े।

पंडित सुंदर लाल के साथ उनको बहुत महत्त्वपूर्ण अनुभव हुए। गांधी जी के सदाकत आश्रम के अलावा उनका परिचय राष्ट्रीय स्तर के अन्य नेताओं से हुआ। हैदराबाद स्टेट के भारत में विलय सम्बन्धी प्रयासों में भी पंडित सुंदर लाल के सचिव के रूप में उनकी महत्त्वपूर्ण भूमिका थी। पंडित जी के साथ उन्होंने चीन की यात्रा भी की थी।

आज़ादी मिलने के बाद मुजीब भाई ने राजनीति से संन्यास ले लिया था और लम्बे 'गैप' के बाद फिर पढ़ाई शुरू की थी। उन्होंने हिन्दी में एम.ए. करने का फ़ैसला किया था। यह अपने आप में बहुत महत्त्वपूर्ण और विचारणीय है कि उन्होंने हिन्दी में एम.ए. करने का फ़ैसला क्यों किया था जबकि वे उर्दू, अंग्रेज़ी या इतिहास जैसे विषयों में भी एम.ए. कर सकते थे। इन विषयों में भी उनकी बहुत अधिक रुचि थी। हिन्दी में एम.ए. करने के पीछे उनकी समझ यही रही होगी कि हिन्दी बहुसंख्यकों की भाषा है। हिन्दी भारत को जोड़ने का काम कर सकती है। हिन्दी भारत का भविष्य है। अलीगढ़ से हिन्दी में एम.ए. करने के बाद उन्हें जामिया में नौकरी मिल गई थी और वे लेक्चरर से रीडर भी हो गए थे लेकिन उन्होंने पी-एच.डी. नहीं की थी। वजह सिर्फ़ कहालत ही न थी। मुजीब भाई मौखिक परम्परा के आदमी थे। ज्ञान का सीधा सम्बन्ध वाणी से मानते थे। इसलिए पढ़ते थे और बोलते थे। धाराप्रवाह बोलते थे। घंटों बोल सकते थे लेकिन लिखने से कतराते थे।

अलीगढ़ में जायसी पर पी-एच.डी. करने के लिए उनका पंजीकरण था। लेकिन उनका पी-एच.डी. का काम बहुत सालों से रुका पड़ा था। भाभी (अज़रा रिज़वी, मुजीब रिज़वी साहब की पत्नी) उनको थीसिस लिखने की याद दिलाती रहती थीं और वो तरह-तरह के बहाने बनाते थे। जैसे—'अरे भई लिखूँ कैसे, शाम को चार बजे कॉलेज से लौटकर आता हूँ और उसके बाद यही कोई-न-कोई आ जाता है। आठ-नौ बजे रात को खाना खाने के बाद तो मैं बैठ नहीं सकता लिखने को।' या कभी कहते—'काम करने की जगह तो है नहीं मैं क्या काम करूँ, घर में किताबें बिखरी पड़ी हैं और कुछ किताबें तुमने ऊपर रखवा दी हैं अब किताबों को ढूँढ़ना और जमा करना यह तो मुश्किल काम है न।' एक दिन कहने लगे—'भई, मैं लिखा करता था एक चिकने से काग़ज़ पर जो जर्मन पेपर कहलाता था। मुझे आजकल जो काग़ज़ मिलते हैं उन पर लिखने की प्रैक्टिस नहीं है। अब कहीं से वह जर्मन काग़ज़ मिले तो मैं लिखना शुरू करूँ।'

अज़रा भाभी ने उनकी सारी दिक्कतें दूर कर दीं। मतलब एक अलग कमरा, मेज़, किताबें वग़ैरा फ़राहम हो गईं। जर्मन काग़ज़ ढूँढ़ने का काम मुझे सौंप दिया था। सन् 1947 से पहले जो जर्मन पेपर आया करता था उसे 1972 में चावड़ी बाज़ार में तलाश करना मेरे लिए दिलचस्प काम था। मैंने इस चुनौती को गम्भीरता से लिया। मैंने चावड़ी बाज़ार के बहुत चक्कर लगाए। कई दुकानदारों ने मेरा मज़ाक़ भी उड़ाया लेकिन मैंने हिम्मत नहीं हारी। जिसने जिस दुकान का पता बताया वहीं गया। हद यह है कि काग़ज़ के कुछ गोदामों में जाकर भी मैंने चिकने जर्मन काग़ज़ को ढूँढ़ने की कोशिश की थी। ख़्याल यह था कि अगर एक-आध रिम भी मिल गया तो मुजीब भाई की थीसिस लिख जाएगी। लेकिन मैं कामयाब न हो सका।

मलिक मोहम्मद जायसी के साथ-साथ अमीर खुसरो मुजीब भाई के प्रिय लेखकों में थे। उन्होंने अमीर खुसरो के ऊपर भी कई लेख लिखे हैं। मेरे ख़्याल से अमीर खुसरो और मुजीब भाई में शायद कुछ समानताएँ भी थीं। अमीर खुसरो के बारे में कहा जाता है कि बड़े-बड़े सम्राटों के दरबारों से लेकर उनकी पहुँच सूफ़ियों की दरगाहों तक थी। दो एक दूसरे से विपरीत बल्कि एक-दूसरे की विरोधी शक्तियों के साथ सामंजस्य बिठाना मुश्किल काम था। लेकिन अमीर खुसरो जीवन-भर सफलतापूर्वक यह करते रहे। मुजीब भाई के व्यक्तित्व में भी उनकी कुछ झलकियाँ मिलती थीं। जामिया में उनकी जान-पहचान और सम्बन्धों का दायरा बहुत व्यापक था। यह माना जाता था कि मुजीब भाई जामिया की सत्ता यानी इस्टैब्लिशमेंट का हिस्सा हैं। मुजीब भाई अपने ज़माने में उन लोगों में शामिल थे जो जामिया के 'कस्टोडियन' कहे जा सकते हैं। उनका बड़ा असर था। उनकी बात टालना मुश्किल था। यूनिवर्सिटी की बड़ी-बड़ी कमेटियों के वे न सिर्फ़ मेम्बर थे बल्कि उनकी और उनके साथियों की बात मानी जाती थी। यूनिवर्सिटी के बड़े ओहदेदारान उनसे मशविरे लेते थे। दूसरी तरफ़ उन लोगों का एक गुट था जो मुजीब भाई के ख़िलाफ़ रहा करते थे। लेकिन उसी के साथ-साथ बहुत साधारण और आम लोगों से भी उनके अच्छे सम्बन्ध थे। इलाहाबाद में भी मुजीब भाई की पहुँच एक तरफ़ आनंद भवन तक थी तो दूसरी तरफ़ देर रात गए रेलवे स्टेशन के कुलियों के साथ बैठकर चाय भी पी लिया करते थे।

उनका पंडित सुंदर लाल के साथ गांधी आश्रम का एक अनुभव मुझे आज तक याद है। मुजीब भाई ने बताया था कि आम की फ़सल के दौरान, गांधी जी और आश्रम में रहने वाले दूसरे सीनियर लोग सिर्फ़ आम और दूध खाया करते थे। एक बार कुछ युवा लोगों ने इस पर टिप्पणी की और कहा कि यह तो बहुत ग़लत बात है कि महात्मा लोग तो आम और दूध खाते हैं और हम लोगों को दाल, रोटी, सब्ज़ी मिलती है। युवा लोगों के 'प्रोटेस्ट' करने के बाद गांधी जी ने आदेश दिया कि आश्रम में सभी लोगों को खाने के लिए आम और दूध दिया जाएगा। चार-पाँच दिन तो युवा

लोगों को यह अच्छा लगा लेकिन उसके बाद पन्द्रह-बीस दिन तक दोनों वक़्त आम और दूध खाते-खाते उनकी तबियत बहुत उकता गई। युवा लोगों ने गांधी जी से कहा कि अब उनको आम और दूध नहीं दाल, सब्ज़ी वाला खाना दिया जाए। गांधी जी ने कहा, 'नहीं जब तक हम लोग आम और दूध खा रहे हैं उस वक़्त तक तुम लोगों को भी यही खाना होगा।' फिर तो कुछ दिनों बाद युवा लोगों की हालत ये हो गई कि वे गिड़गिड़ाने और माफ़ी माँगने लगे। तब गांधी जी ने उनसे कहा कि तुम लोग क्या ये समझते थे कि हम स्वाद के लिए आम और दूध खाते हैं। ऐसा नहीं है, हम लोग दवा के रूप में आम और दूध खाते हैं। बहरहाल तब गांधी जी ने यह अनुमति दी की आश्रम में दूसरे लोगों को सामान्य खाना दिया जाए।

गांधी जी के आश्रम के बारे में बताते हुए मुजीब भाई एक और नाम बार-बार लेते थे। यह नाम था मंजर अली 'सोख़्ता'। मुजीब भाई के अनुसार मंजर अली 'सोख़्ता' ने गांधी जी को हिन्दी पढ़ाई थी। मंजर अली 'सोख़्ता' राष्ट्रीय आन्दोलन के सक्रिय कार्यकर्ताओं में थे जो गाँधी जी के बहुत निकट थे। मुजीब भाई ये भी बताया करते थे कि मंजर अली 'सोख़्ता' गांधी जी के लिए रोज़ सुबह नीम की दो कोंपलें तोड़कर लाते थे जिनका गांधी जी सेवन करते थे।

नीम की पत्तियाँ तोड़ने पर गांधी जी और मंजर अली 'सोख़्ता' के बीच बहस भी हो जाया करती थी। जैसे 'सोख़्ता' दो पत्तियों की जगह पूरी डाली तोड़ लाते थे। गांधी जी कहते थे मैंने तो दो पत्ती के लिए कहा था तुम डाली क्यों तोड़ लाए। यह तो बर्बादी है। सोख़्ता कहते थे, दो पत्तियाँ मैं खा लूँगा। इस पर गांधी जी कहते थे तब भी डाली की सैंकड़ों पत्तियाँ बर्बाद जाएँगी। इस पर सोख़्ता कहते—'बकरी खा लेगी।' गांधी जी कहते थे, वे नहीं चाहते कि बकरी खाए बहरहाल दोनों में काफ़ी देर बहस होती रहती थी।

पंडित सुंदर लाल के साथ मुजीब भाई कई बार हैदराबाद भी गए थे। यह वह समय था जब आज़ादी मिलने से पहले देशी रियासतें भारत या पाकिस्तान के साथ विलय कर रही थीं। पंडित सुंदर लाल बहुत सक्रियता से ये प्रयास कर रहे थे कि हैदराबाद का विलय भारत के साथ हो जाए। इस सम्बन्ध में वे निज़ाम के उन मंत्रियों से विचार-विमर्श करते थे जो हैदराबाद के भारत में विलय के पक्ष में थे। इन लोगों में नवाब होशियार जंग बिलगरामी बहुत प्रमुख थे। मुजीब भाई बताया करते थे कि नवाब होशियार जंग बिलगरामी जब दिल्ली आते थे तो इम्पीरियल होटल में ठहरते थे और वहीं पर सुंदर लाल उनसे मिलने जाया करते थे।

आज़ादी के बाद पंडित सुंदर लाल ने मुजीब भाई को एक बहुत कठिन और रोचक काम सौंपा था। भारतीय संविधान छप चुका था, पंडित जी के दिमाग़ में यह बात आई थी कि भारत का अनपढ़ आदमी इस संविधान को कैसे समझेगा? यदि उसे कोई पढ़कर भी सुनाएगा तो भी उसकी समझ में नहीं आएगा। इसलिए पंडित

सुंदर लाल चाहते थे कि भारतीय संविधान आम लोगों के लिए, आम लोगों की भाषा में तैयार किया जाना चाहिए। मुजीब भाई और उनकी टीम भारतीय संविधान की किसी एक धारा का अनुवाद बोलचाल की भाषा में करने का प्रयास करती थी। यह अनुवाद सबसे पहले पंडित जी को सुनाया जाता था। पंडित जी अगर इसे पास कर देते थे तो मुजीब भाई और उनकी टीम रात के वक़्त रेलवे स्टेशन जाकर कुलियों को अनुवाद सुनाती थी। कुली अगर अनुवाद समझ जाते थे तो उसे 'फाइनल' माना जाता था। पंडित सुंदर लाल के मरने के बाद यह काम अधूरा रह गया।

एक बार चीन के सम्बन्ध में कुछ बातचीत हो रही थी। मुजीब भाई ने बताया था कि वे पंडित सुंदर लाल के साथ चीन गए थे। उस समय चीन में जो नया समाज बन रहा था उसकी झलकियाँ मिलना शुरू हो गई थीं। मुजीब भाई ने बताया था कि पंडित सुंदर लाल का डेलीगेशन जब बीजिंग यूनिवर्सिटी के वाइस चांसलर के ऑफ़िस के सामने पहुँचा तो वहाँ डेलीगेशन का स्वागत करने के लिए साधारण कपड़े पहने एक अकेला चीनी खड़ा था। उसे देखकर पंडित जी को थोड़ा ग़ुस्सा आ गया था। उन्हें लगा कि हाई पावर डेलीगेशन के स्वागत के लिए कम-से-कम वाइस चांसलर को तो होना ही चाहिए था। पंडित जी ने इस आदमी से पूछा कि तुम्हारा वाइस चांसलर कहाँ है? यह आदमी तीन-चार बार झुका और उसने बड़ी विनम्रता से कहा कि जी मैं ही इस यूनिवर्सिटी का वाइस चांसलर हूँ। पंडित जी उस समय के चीनी समाज की सादगी, ईमानदारी, कर्मठता और समर्पण देखकर कहा करते थे कि यही गांधीवाद है।

हम लोगों ने कई बार मुजीब भाई से कहा कि वे अपने संस्मरण लिख दें लेकिन उन्होंने कभी इस ओर ध्यान नहीं दिया। यही नहीं, उन्होंने अपने कहानी-संग्रह 'गोमती से गंगा तक' को फिर से छपवाने में भी कोई रुचि नहीं ली थी। उनका कहानी-संग्रह बहुत पहले शायद पाँचवें या छठे दशक में इलाहाबाद से छपा था। इस पुस्तक को मैंने देखा है। मुजीब भाई ने कभी अपनी सृजनात्मक प्रतिभा की ओर ध्यान नहीं दिया जबकि मेरे विचार से उनके अंदर रचनात्मक प्रतिभा और मौलिकता का अद्‌भुत सम्मिश्रण था।

मुजीब भाई से बातचीत में दुनिया-जहान की बातें और मसले सामने आते थे। पाकिस्तान के बारे में उनकी राय बहुत स्पष्ट थी। कभी किसी ने उनसे कहा था कि आप कभी पाकिस्तान गए हैं तो उन्होंने जवाब दिया था—"नहीं अभी तक नहीं गया। और उस वक़्त तक नहीं जाऊँगा जब तक पाकिस्तान के लोग जिन्ना की क़ब्र खोदकर और उनकी हड्डियाँ निकालकर इधर-उधर फेंकेंगे नहीं और यह नहीं कहेंगे कि यही आदमी था जिसने पूरे महाद्वीप को और ख़ासतौर से मुसलमानों को बरबाद कर दिया था।" उनका यह मानना था कि पाकिस्तान आधुनिक भारत की सबसे बड़ी ट्रेजेडी थी। वे द्वि-राष्ट्र सिद्धांत के कट्टर विरोधी थे और बंगलादेश का उदाहरण देकर यह सिद्ध करते थे कि धर्म के आधार पर देश नहीं बन सकता।

जाड़ों में मुजीब भाई को आमतौर पर बहुत सख़्त नज़ला हो जाता था। इलाज वग़ैरह करवाते रहते थे। एक दिन कहने लगे—भई नज़्ले का इलाज तो अलीगढ़ में हुआ करता था। अमीर निशा चौराहे पर हमीद मियाँ का होटल था जहाँ हम लोग खाना खाया करते थे। बस जनाब जैसे ही नज़्ला जोर पकड़ता था, हमीद मियाँ से कहते थे। वो असली घी में ख़ूब लाल मिर्चें और मसाला डालकर गोश्त पकाया करते थे। उसको खाते जाते थे और नाक से और आँखों से पानी बहता रहता था। एक ही दिन में नज़्ला हवा हो जाता था। अब वो इलाज कहाँ होगा।

एक बार डिपार्टमेंट आए तो पता नहीं बात कैसे निकल आई कि उन घरों में क्या होता है जहाँ पति और पत्नी दोनों काम करते हैं। मुजीब भाई ने बहुत नपे-तुले और पक्के लफ़्ज़ों में कहा—'देखिए जनाब, चाहे जो कुछ होता हो लेकिन जनाब शौहर साहब को ये मानना पड़ता है कि घर में जो कुछ भी ख़र्च होता है वह सब बीवी की तनख़्वाह से होता है।' हम लोग बात की गहराई और उसके बैकग्राउंड को समझ गए। अज़रा भाभी भी उस ज़माने की एक बड़ी संस्था में काम करती थीं।

मुजीब भाई को संगीत में कोई रुचि न थी। चित्रकला और मूर्तिकला में भी उन्हें कोई ख़ास दिलचस्पी न थी। फ़िल्म और नाटक से भी उन्हें कोई ज़्यादा लगाव न था। खेल-कूद और सैर-सपाटे में भी उनकी कोई दिलचस्पी न थी। पहनने-ओढ़ने में भी उनकी कोई प्राथमिकता न थी। वे कुछ भी पहन सकते थे। कहीं भी रह सकते थे। खाने-पीने में भी मुझे नहीं लगता उनकी कोई ऐसी पसन्द थी जिसका ज़िक्र करते हों। हाँ, कभी-कभी अरहर की दाल और असली घी की बात कर लिया करते थे। टेक्नॉलोजी या विज्ञान में भी उनका कोई दख़ल न था। उनकी दिलचस्पी, उनका लगाव, उनका समर्पण, उनकी श्रद्धा और आस्था केवल ज्ञान, साहित्य, समाज और राजनीति थी। पढ़ने का उन्हें बेपनाह शौक़ था। कभी-कभी कहते थे—'अरे भई अब तक पुराना पढ़ा काम आ रहा है। अब कुछ नया पढ़ना चाहिए।' प्रशासनिक कामों की वजह से उन्हें नया पढ़ने का उतना मौक़ा नहीं मिल पाता था जितना वे चाहते थे।

मार्क्सवाद और गांधीवाद की चर्चा करते हुए एक बार मुजीब भाई ने बड़ी अर्थपूर्ण बात बताई थी। उन्होंने बताया था—गांधी जी के पास कोई बहुत बड़े और पहुँचे हुए कम्युनिस्ट विद्वान आए और उन्होंने गांधी जी से कहा कि मैं आपको मार्क्सवाद के बारे में कुछ बताना चाहता हूँ। गांधी जी ने कहा था, "ज़रूर बताओ, लेकिन उसमें कोई पारिभाषिक शब्द नहीं आना चाहिए।" यह सुनकर कम्युनिस्ट विचारक परेशान हो गए और उन्होंने गांधी जी से कहा था कि ऐसा कैसे हो सकता है।

मुजीब भाई में एक अजीब तरह की मस्ती और लापरवाही थी। उनके एक अलीगढ़ के मित्र ने बताया था कि एक बार मुजीब भाई के पाजामे का एक पाँयचा

फट गया था जिसकी वजह से उन्हें रात में सोते समय कुछ दिक्कत हो रही थी। उन्होंने दूसरे पाँयचे का भी उतना हिस्सा फाड़ दिया था ताकि दोनों पाँयचें बराबर हो जाएँ और उन्हें सोने में कोई दिक़्क़त न हो।

एक दिन दोपहर को मैं उनके साथ उनके घर आया। बैठक में अपना बैग रखकर उन्होंने मुझसे कहा—'चलो गई, अब कुछ आराम कर लेते हैं।' ये कहकर वे अपनी पैंट उतारने लगे। मैं थोड़ा हैरान हुआ लेकिन फिर देखा कि पैंट के नीचे उन्होंने पाजामा पहन रखा है और क़मीस के नीचे कुर्ता। मेरे कुछ कहने पर बड़ी लापरवाही से बोले थे—'अरे भई, अब बार-बार कुर्ता-पाजामा कौन उतारे और पैंट-क़मीस कौन पहने।'

मुजीब भाई अपनी अँगुलियों से बालों में कंघा कर लिया करते थे। खाने-पीने के बारे में उनकी कोई ऐसी पसन्द या नापसन्द नहीं थी। हाँ असली घी के शौक़ीन थे। बताया करते थे कि उनके वालिद साहब के पास जब किसान लगान देने आते थे तो हर किसान एक लुटिया में थोड़ा-सा असली घी ज़रूर लाता था। एक बड़ा बर्तन रखा होता था जिसमें सब किसान अपना-अपना घी उलट दिया करते थे। घी के मामले में कोई छुआछूत नहीं थी।

उनके तलीफ़े भी बड़े मानीख़ेज हुआ करते थे। मेरे एक फ़िल्ममेकर मित्र परवीन अरोड़ा उन दिनों जामिया में काम करते थे और कभी-कभी मिलने हिन्दी डिपार्टमेंट आ जाते थे। एक बार मैं नहीं था। मुजीब भाई थे। हस्बे-दस्तूर मुजीब भाई उनसे बातें करने लगे। परवीन अरोड़ा ने बाद में मुझे मुजीब भाई के अंदाज़ में ही पूरी बात बताई थी। मुजीब भाई ने कहा था, देखो भाई हम लोग हिन्दी पढ़ाते हैं। हिन्दी भी अजीब भाषा है। इसमें सब कुछ हो सकता है, प्यार नहीं किया जा सकता। मुहब्बत भरी बातें नहीं की जा सकतीं। मिसाल के तौर पर अगर तुम अपनी महबूबा से कहो कि आज तुम बड़ी क़ातिल लग रही हो तो वह ख़ुश होगी। लेकिन अगर तुम कहो कि आज तुम बड़ी हत्यारिन लग रही हो तो जूता लेकर दौड़ा लेगी।

मुजीब भाई का यह लतीफ़ा दरअसल एक विमर्श की तरफ़ इशारा करता है जिसके लिए सीरियस बहस दरकार है। मुद्दा यह है कि क्या हिन्दी आज तक आम बोलचाल की भाषा नहीं बन सकी है? क्या हिन्दी घरेलू भाषा नहीं बन पाई है? क्या हिन्दी वाले जब प्यार करते है वो ब्रज, अवधी, भोजपुरी में करते हैं?

मुजीब भाई अपने वालिद साहब और अपने बचपन के बारे में बहुत कम बात करते थे। एक दिन बातों-ही-बातों में अपने ख़ास अंदाज़ में उन्होंने अपने वालिद साहब के बारे में बताया था। सुबह खाना-वाना खाने के बाद हजरत उचककर एक घोड़ी पर बैठ जाते थे और घोड़ी सीधे तहसील पहुँचकर दम लेती थी। दिन-भर तहसील में कभी इस अहलकार कभी उस वकील के बस्ते पर बैठा करते थे। अपने

मुक़दमों की पैरवी भी किया करते थे और शाम होते ही जनाब घर आ जाते थे। ये उनका रोज़ का दस्तूर हुआ करता था।

मुजीब भाई ने शायद लड़कपन में ही घर छोड़ दिया था और इलाहाबाद आ गए थे। पता नहीं क्या बात थी कि वे अपने घर के बारे में न तो ज़्यादा बात करते थे और न घर जाते थे। उड़ती-उड़ती ख़बर सुनी थी, जो बिल्कुल ग़लत भी हो सकती है कि मुजीब भाई के वालिद ने उनकी माँ के मरने के बाद दूसरी शादी कर ली थी और सौतेली माँ से मुजीब भाई के बहुत अच्छे सम्बन्ध नहीं थे। इसलिए घर से उनका कोई लेना-देना न था। बहुत बाद में मेरे ख़्याल से शायद रिटायरमेंट के बाद या उससे कुछ पहले वे ज़मीनें बेचने अपने गाँव गए थे। लेकिन यह भी कोई पक्की बात नहीं है।

मुजीब भाई फ़ारसी, अंग्रेज़ी, उर्दू, हिन्दी और अवधी भाषाएँ अच्छी तरह जानते थे। उन्होंने 'जायसी की पद्मावत' को अपने शोध का विषय बनाया था। वे जायसी के काव्य को ईरान के महाकवियों जैसे फ़िरदौसी, निज़ामी, सादी और रूमी आदि के काव्यालोक में पढ़ा और समझा करते थे। मलिक मोहम्मद जायसी तो फ़ारसी परम्परा से परिचित रहे होंगे और उनकी कविता में फ़ारसी काव्य की छाया अवश्य होगी। लेकिन मुजीब भाई ने तो तुलसी के काव्य में भी फ़ारसी प्रभाव खोजा है। उन्होंने शायद पहली बार यह स्थापित किया है कि तुलसी के 'राम का स्वरूप' बड़ी हद तक 16वीं शताब्दी के आदर्श पुरुष (मर्द-कामिल) से मिलता-जुलता है। जायसी पर उन्होंने जो काम किया है उसका कम-से-कम हिन्दी में तो कोई जवाब नहीं है। तुलसीदास पर उनके कुछ लेख बहुत महत्त्वपूर्ण हैं जिनका प्राय हिन्दी के आलोचक उल्लेख करते रहते हैं। अमीर खुसरो पर भी मुजीब भाई ने बहुत सार्थक काम किया है। चूँकि ऐसे लोगों की काफ़ी कमी है जो हिन्दी और फ़ारसी दोनों भाषाएँ जानते हों, इसलिए मुजीब भाई के काम का महत्त्व और अधिक बढ़ जाता है। मुजीब भाई बताया करते थे कि इलाहाबाद विश्वविद्यालय में वे और हिन्दी के विख्यात कवि शमशेर बहादुर सिंह एक ही हॉस्टल में रहा करते थे। उस समय युवा शमशेर बहादुर को ग़ज़लें लिखने का शौक़ था। मुजीब भाई बताते—"रोज़ सुबह शमशेर आठ-दस ग़ज़लें लेकर मेरे पास आ जाया करते थे। मैं उन्हें पढ़ने के बाद फाड़कर फेंक दिया करता था और शमशेर से कहता था कि ग़ज़ल कहना हँसी-मज़ाक़ नहीं है। शमशेर को न तो रदीफ़ और काफ़िए का पता था और न ग़ज़ल की बहरों से वाक़फ़ियत थी।"

हिन्दी साहित्य के सम्बन्ध में मुजीब भाई की कुछ धारणाएँ बहुत मौलिक और विवादास्पद थीं। मिसाल के तौर पर वे कहा करते थे कि छायावाद के अधिकतर कवियों की कविताएँ बनावटी हैं और उनका कोई प्रभाव पाठक पर नहीं पड़ता है। वे अपनी बात यहीं से शुरू करते थे कि छायावाद के प्राय: सभी कवि खड़ी बोली क्षेत्र से बाहर के कवि थे। खड़ी बोली उनकी मातृभाषा नहीं थी। खड़ी बोली

हिन्दी उनके लिए सीखी या अर्जित की गई भाषा थी और इस कारण उनकी भाषा बनावटी, बोझिल और उबाऊ लगती है। अर्जित की गई भाषा में श्रेष्ठ कविता नहीं लिखी जा सकती है। वे ये भी मानते थे कि छायावादी कवियों ने संस्कृत शब्दावली और सस्कृत छंदों का प्रयोग इसी कारण किया है कि वे खड़ी बोली हिन्दी काव्य भाषा और उसके छंदों से परिचित नहीं थे। इसका एक कारण वे ये भी बताते थे कि उर्दू विरोध और हिन्दू-मुस्लिम अलगाव के कारण छायावादी कवियों को भाषा और काव्य-शास्त्र की एक ऐसी परम्परा खोजना था जो खड़ी बोली उर्दू के काव्य-संसार से अलग हो। इस संदर्भ में एक और महत्त्वपूर्ण बात वे बताते थे जिस पर भी ध्यान देने की आवश्यकता है। वे कहते थे कि छायावाद के कवि खड़ी बोली क्षेत्र से बाहर काव्य-रचना कर रहे थे और उनके सामने ये सुविधा भी नहीं थी कि खड़ी बोली क्षेत्र के लोगों को अपनी कविता सुनाकर उनकी सम्मति लें या ये समझने का प्रयास करें कि जिनकी मातृभाषा खड़ी बोली हिन्दी है, वे उनकी कविता को किस रूप में स्वीकार कर रहे हैं। छायावादी कविता के छंदों पर बात करते हुए वे कहा करते थे कि छायावाद के अधिकतर छंद संस्कृत के छंद हैं जिनमें खड़ी बोली व्याकरण के बहुत से 'पद' नहीं समा सकते। वे इस संदर्भ में कविता की एक पंक्ति पढ़ा करते—'वियोगी होगा पहला कवि, आह से उपजा होगा गान।' वे कहते थे 'वियोगी होगा से क्या मतलब निकलता है। होगा का मतलब क्या यह है कि भविष्य में जाकर होगा' या इसका मतलब यह है कि अतीत में कोई ऐसा कवि था। दरअसल कवि 'हुआ' होगा कहना चाहता है लेकिन उसके छंद में 'हुआ' नहीं समा पा रहा। इस कारण उसने 'हुआ' को निकाल दिया। वे कहते थे कि संस्कृत छंदों में 'अक्ज़िलरी वर्ब' (सहायक क्रिया) नहीं समा सकती। यही कारण है कि कवि आवश्यक होने के बाद भी 'हुआ' का प्रयोग नहीं कर पा रहा है।

छायावाद की प्रमुख काव्य-प्रवृत्तियों जैसे पलायनवाद, मानवीकरण और प्रकृति प्रेम के सम्बन्ध में उनका मानना था कि ये विषय सीधे-सीधे यूरोपीय कविता से ले लिये गए हैं। इनमें अपना देश, अपना समाज और अपनी समस्याएँ नहीं हैं। ध्यान देने योग्य बात है कि छायावाद का समय राष्ट्रीय आन्दोलन का समय था और पूरे देश की चेतना पलायन की नहीं बल्कि संघर्ष की थी जबकि यूरोप में औद्योगिकीकरण के दबाव ने पलायन को जन्म दिया था।

उन दिनों जामिया बिरादरी में पान खाने का बड़ा ज़बर्दस्त रिवाज था। क्लासें ख़त्म होने के बाद चार-चार, पाँच-पाँच अध्यापकों के गुट स्टोर की तरफ़ आते थे। हायर सेकेंड्री के सामने स्टोर नाम का एक छोटा-सा बाज़ार हुआ करता था जो अब नहीं है। इस बाज़ार का नाम स्टोर इसलिए पड़ा था कि यही जामिया स्टोर हुआ करता था जहाँ से अध्यापक राशन आदि ले जाते थे। स्टोर में एक पान की दुकान थी। दुकान क्या थी एक लकड़ी का खोखा था जो नीम के पेड़ के नीचे रख

दिया गया था। इस खोखे के अंदर एक सफ़ेद दाढ़ी वाले बुज़ुर्ग पान बनाया करते थे। उन्हें देखकर लगता था कि वे सदा से यही करते चले आ रहे हैं और सदा यही करते रहेंगे। यही दुकान थी जिसे हबीब तनवीर ने 'आगरा बाज़ार' नाटक के मंच पर लगवा दिया था। पान बनाने वाले सज्जन का कोई नाम था जो मैं भूल गया हूँ। वे जानते थे कि कौन कैसा पान खाता है और दुकान के सामने खड़े अध्यापकों के चेहरे देखकर पान लगाना शुरू कर देते थे। मुजीब भाई को भी पान खाने का काफ़ी शौक़ था। वे क़िमाम का देशी पत्ते वाला पान खाया करते थे।

हर अच्छी पत्नी की तरह अज़रा भाभी चाहती थीं कि मुजीब भाई सिगार पीना बंद कर दें क्योंकि सिगार से उनकी खाँसी बढ़ जाती थी और उनकी सेहत के लिए भी नुक़सानदेह था। मुजीब भाई सिगार नहीं छोड़ना चाहते थे। अज़रा भाभी जब भी उन पर ज़्यादा ज़ोर डालती थीं तो वे एक भयानक क़िस्सा सुनाकर उन्हें ख़ामोश कर दिया करते थे। मिसाल के तौर पर एक दिन अज़रा भाभी ने उनके सिगार छोड़ने पर बहुत संजीदगी से बात की तो मुजीब भाई ने क़िस्सा सुनाया—भई एक साहब थे—सिगरेट बहुत पीते थे। पुरानी आदत थी। उनकी बीवी उनसे सिगरेट छोड़ने के लिए कहती थी। उस बात को लेकर अक्सर दोनों में काफी टेंशन हो जाता था। एक बार बीवी ने उनसे कुछ ऐसी बात कह दी कि उन्हें ग़ुस्सा आ गया और उन्होंने कहा कि ठीक है मैं कल से सिगरेट नहीं पियूँगा। भई इतनी पुरानी आदत थी, अचानक सिगरेट छोड़ देने से उनकी अजीब कैफ़ियत हो गई। ग़ुस्सा, उलझन और परेशानी बढ़ती चली गई। एक दिन जनाब रात में उनकी आँख खुल गई। बड़ी हैजानी कैफ़ियत हो गई। पागलों की तरह इधर-उधर घूमने लगे और जनाब बग़ैर कुछ सोचे-समझे अपना रिवाल्वर निकाला और कनपटी पर रखकर फ़ायर कर दिया। अब ऐसा भयानक क़िस्सा सुनने के बाद कौन बीवी अपने मियाँ से कह सकती है कि वह सिगार पीना छोड़ दे!

मुजीब भाई प्रोफ़ेसर और हैड ऑफ़ दि डिपार्टमेंट थे। उस ज़माने में रूल ये था कि हैडशिप 'रोटेट' करेगा। मतलब यह कि डिपार्टमेंट में अगर एक और प्रोफ़ेसर होता तो तीन साल के बाद वह हेड बनता। लेकिन चूँकि और कोई प्रोफ़ेसर न था इसलिए हैडशिप मुजीब भाई के पास ही रहा करती थी। इस दौरान डिपार्टमेंट में एक रीडर की नियुक्ति हुई। नए रीडर कहीं और भी पढ़ा चुके थे और अपनी पिछली नौकरी के अनुभवों के आधार पर वे मैरिट स्कीम में प्रोफ़ेसर हो सकते थे। उनके काग़ज़ मुजीब भाई को ही फ़ॉर्वर्ड करने थे। कुछ लोग मुजीब भाई से कह रहे थे कि वे इनके पेपर फ़ॉर्वर्ड न करें। नए रीडर प्रोफ़ेसर अगर प्रोफ़ेसर हो गए तो हेडशिप उनके पास चली जाएगी। मुजीब भाई ने इस राय के बरख़िलाफ़ नए रीडर के काग़ज़ फ़ॉर्वर्ड कर दिए और नए रीडर प्रोफ़ेसर हो गए। प्रोफ़ेसर और फिर हेड हो गए। लोगों ने मुजीब भाई से कहा कि ये तो आपने अपने पैर पर कुल्हाड़ी मार ली।

मुजीब भाई ने जवाब दिया, 'अपने पैर पर कुल्हाड़ी मारने से वही डरते हैं जिनके सिर्फ़ दो पैर होते हैं या एक पैर होता हैं।'

यह सच्चाई है कि मुजीब भाई अपने काम और व्यक्तित्व के कारण जामिया की रीढ़ थे। वे डीन भी रहे, डॉक्टर भी रहे, प्रो-वाइस चांसलर भी रहे। लेकिन कभी उन्होंने अफ़सरी को पास नहीं फटकने दिया। ऊँची से ऊँची कुर्सी पर बैठकर भी वे मुजीब भाई ही रहे।

मुजीब भाई से मुझे एक शिकायत हमेशा रही। शिकायत यह कि उन्होंने अपने आप को पूरी तरह जामिया को समर्पित कर दिया था। उनका और जामिया का रिश्ता कुछ ऐसा था जैसे माँ और दूध पीते बच्चे का होता है। मैं चाहता था कि मुजीब भाई जामिया से बाहर भी निकलें। मुजीब भाई की विद्वत्ता से दिल्ली के बुद्धिजीवी और लेखक परिचित हों। लोगों को पता चले कि जामिया में एक ऐसा विलक्षण व्यक्ति और विद्वान मौजूद है। लेकिन मुजीब भाई ने कभी जामिया से बाहर निकलने की कोई कोशिश नहीं की। एक ज़माने में उन्हें आई सी सी आर की तरफ़ से पोलैंड जाकर हिन्दी पढ़ाने का ऑफ़र था। लेकिन वे टालते रहे और नहीं गए। ऐसा भी नहीं है कि दिल्ली के लोगों से मुजीब भाई का परिचय ना रहा हो। वे भारत सरकार के बहुत बड़े अधिकारियों को अच्छी तरह जानते थे क्योंकि उनका भी सम्बन्ध इलाहाबाद से रह चुका था। एक बार वे मुझे अपने साथ शिक्षा मंत्रालय के बहुत बड़े अधिकारी के पास ले गए थे। अधिकारी इतना बड़ा था कि उसके एक इशारे पर मुजीब भाई कहीं के वाइस-चांसलर हो सकते थे। बड़ा अधिकारी उनसे इस तरह मिल रहा था जैसे मुजीब भाई उसके बहुत आत्मीय हों। लेकिन मुजीब भाई ने अपने उन सम्बन्धों का कभी कोई लाभ नहीं उठाया। यू जी सी में भी उनका परिचय शिखर के लोगों से था। लेकिन उनसे भी मुजीब भाई ने कोई निजी फ़ायदा नहीं उठाया।

एक बार मैं ज़िद करके उन्हें रघुवीर सहाय के पास ले गया था जो उस समय 'दिनमान' जैसी पत्रिका के सम्पादक थे। रघुवीर सहाय ने हम लोगों को प्रेस क्लब में बुलाया था। उस दो घंटे की मीटिंग में रघुवीर सहाय जैसा आदमी मुजीब भाई से इतना प्रभावित हो गया था कि उन्हें 'दिनमान' में लिखने की खुली छूट दे दी थी। लेकिन मुजीब भाई जामिया के कामों में इतने उलझे रहे कि उन्होने 'दिनमान' के लिए कभी कुछ नहीं लिखा।

सन् 1984 के आसपास मुजीब भाई जामिया कॉलेज के प्रिंसिपल हो गए थे। वैसे भी जामिया की राजनीति में उनका बहुत प्रमुख स्थान था। सब लोग जानते थे कि मुजीब भाई अगर चाहें तो किसी को नौकरी मिल सकती है, प्रमोशन हो सकता है, वग़ैरा-वग़ैरा। उर्दू विभाग में एक लेक्चरर की नियुक्ति हुई थी जो रीडर होना चाहते थे। इन सज्जन की उम्र अच्छी ख़ासी थी। पता नहीं क्या वजह थी कि वे अब

तक रीडर नहीं हो पाए थे। ये सज्जन जामिया के नहीं थे बल्कि दिल्ली के किसी कॉलेज से जामिया आए थे।

एक दिन मुजीब भाई के ऑफ़िस में हम सब लोग बैठे थे। इधर-उधर की बातचीत हो रही थी। इन सज्जन ने मुजीब भाई से कहा—डॉ. साहब मैं जहाँ बैठकर लिखता-पढ़ता हूँ वहीं मैंने कुछ तस्वीरें लगा रखी हैं। एक तरफ़ शेक्सपियर की तस्वीर है, दूसरी तरफ़ मोपासाँ की है, उसके साथ मिल्टन, टाल्सटाय, फिर चेख़व, फिर गोर्की और बीच में मैंने आपकी तस्वीर लगाई है। अधेड़ उम्र लेक्चरर को यह आशा थी कि यह बात सुनकर मुजीब साहब बहुत ख़ुश हो जाएँगे और उनकी तरक़्क़ी का रास्ता कुछ और साफ़ हो जाएगा। लेकिन हुआ बिल्कुल उल्टा। मैंने पहली बार मुजीब भाई को ग़ुस्से में देखा। उनका चेहरा लाल हो गया था और वे लगभग चिल्ला रहे थे। उन्होंने कहा—'आप ये क्या कह रहे हैं, क्या मतलब है आपका, आप समझ भी रहे हैं? आप मुझे समझते क्या हैं? आपको शर्म नहीं आती?" मुजीब भाई का डाँटना बंद नहीं हो रहा था और ये सज्जन बहुत परेशान हो रहे थे। आख़िरकार मैंने उनसे कहा, चलिए, बाहर चलिए। मैं उन्हें लेकर बाहर आया तो वे कहने लगे—"भाई मुझे अंदाज़ा नहीं था कि प्रो. रिज़वी इतना नाराज़ हो जाएँगे।"

मैंने कहा—"आप रिज़वी साहब को ख़ुश करना चाहते थे न? हमसे पूछ लेते कि रिज़वी साहब को कैसे ख़ुश किया जाता है। बहुत आसान तरकीब है। आप ये कहते कि रिज़वी साहब पद्मावत पढ़ रहा था, नागमति वियोग खंड में ये लाइन है जो मेरी समझ में नहीं आई। अगर आप रिज़वी साहब से ये कहते तो वे सारे काम छोड़कर आपको नागमति वियोग खंड समझाने लगते और आपसे बहुत ख़ुश होते कि आप पढ़ने-लिखने में बहुत दिलचस्पी लेते हैं।"

प्रशासन चलाने का उनका अपना एक विशेष तरीक़ा था। एक बार विश्वविद्यालय के प्रॉक्टर महोदय ने किसी लड़के को 'रस्टीकेट' कर दिया था। वह लड़का एक माना हुआ गुंडा था। उसने प्रॉक्टर से बदला लेने के लिए एक दिन जामिया से कुछ दूर प्रॉक्टर की कार रोकी और उनके साथ बहुत ही अभद्र और गंदा व्यवहार किया। यह ख़बर हम लोगों को मिली। वैसे ही बातचीत के दौरान मैंने मुजीब भाई से पूछा कि आप भी कई बार यूनिवर्सिटी के प्रॉक्टर रह चुके हैं और आपने भी कुछ लड़कों को रस्टीकेट किया होगा। क्या उन लड़कों ने आपके साथ भी उसी तरह का व्यवहार किया था जो इन प्रॉक्टर साहब के साथ किया गया है। मुजीब भाई बोले, "मैंने जिन लड़कों का 'रेस्टीकेशन' किया था वे आकर मेरे पैर छुआ करते थे और कहते थे कि सर, आपने हमारे साथ जितना अच्छा किया है उससे अच्छा हो ही नहीं सकता था।"

एक बार विभाग की कुछ लड़कियों ने मुजीब भाई से एक लड़के की शिकायत की और कहा कि वह हमें बहुत परेशान करता है। मुजीब भाई को बहुत ग़ुस्सा आया

और उन्होंने उस लड़के को बुलाया। लड़के से मुजीब भाई ने कहा, "गधे, बेवक़ूफ़, नालायक़ हम तुम्हें कविता पढ़ाते हैं, कहानी पढ़ाते हैं, उपन्यास पढ़ाते हैं। अब क्या ये भी पढ़ाएँ कि लड़कियों से दोस्ती कैसे की जाती है? अरे उल्लू, लड़कियों के लिए लाइब्रेरी से अच्छी-अच्छी किताबें निकलवाकर उन्हें दिया कर। नोट्स बनाने में उनकी मदद किया कर। उन्हें कोई छोटा-मोटा क़लम प्रेज़ेंट कर दिया कर। लड़कियाँ ख़ुश हो जाएँगी और उनसे तेरी दोस्ती हो जाएगी।"

पढ़ाने का जितना शौक़ मैंने मुजीब भाई में देखा है उतना कम ही लोगों में होता है। विभाग के दूसरे साथियों पर पूरा विश्वास करने और उन्हें काम करने की पूरी छूट देने पर भी उनका यक़ीन था और आमतौर से कभी अपनी बात मनवाने और किसी तरह का दबाव डालने की कोशिश भी नहीं करते थे। यही वजह थी कि उनके साथ काम करने में मज़ा आता था। न केवल उनके विचार मौलिक हुआ करते थे बल्कि वे दूसरे के मौलिक विचारों का भी बहुत सम्मान करते थे।

एक दिन बातचीत के दौरान बोले थे कि जनाब आप लोगों ने भी जामिया में हिन्दी एम.ए. शुरू कर दिया है। ये बताइए दिल्ली यूनिवर्सिटी और जे.एन.यू. के एम.ए. में दाख़िला न लेकर छात्र आपके यहीं एम.ए. करने क्यों आएँगे? उनका सवाल बहुत महत्त्वपूर्ण था जिसका सम्बन्ध विभाग के भविष्य से था। अपने सवाल का जवाब भी उनके पास था। उन्होंने कहा कि हम लोगों को अपना एम.ए. का कोर्स कुछ ऐसा बनाना चाहिए जो दूसरे विश्वविद्यालयों की तुलना में अलग और ज़्यादा उपयोगी हो। इसका रास्ता यह हो सकता है कि हम लोग हिन्दी के उन क्षेत्रों पर ध्यान दें जिन पर दिल्ली विश्वविद्यालय और जे.एन.यू. में ध्यान नहीं दिया जाता। मिसाल के तौर पर किसी विश्वविद्यालय के हिन्दी विभाग में 'क्रिएटिव राइटिंग' मतलब रचनात्मक लेखन नहीं पढ़ाया जाता। हम लोग क्यों न एम.ए. में क्रिएटिव राइटिंग का एक स्पेशल पेपर रखकर देखें। उनकी सलाह हम सबको पसन्द आई थी। उन्होंने यह भी बताया था कि अमेरिका के कुछ विश्वविद्यालयों में क्रिएटिव राइटिंग की पढ़ाई ही नहीं होती बल्कि क्रिएटिव राइटिंग पर पी-एच.डी. तक दी जाती है। उनका कहना था कि प्रेमचंद के उपन्यासों पर अगर कोई पी-एच.डी. कर सकता है तो प्रेमचंद को पी-एच.डी. की डिग्री क्यों नहीं दी जा सकती। इसी तरह 'निराला' को पी-एच.डी. की डिग्री क्यों नहीं दी जा सकती। उनका तर्क ज़ोरदार था। तय पाया कि मैं अमेरिकी विश्वविद्यालयों में क्रिएटिव राइटिंग के कोर्सेज़ की तलाश करूँ और उस आधार पर एक नया पेपर बनाया जाए।

कुछ महीनों की लिखा-पढ़ी और भाग-दौड़ के बाद पता चला कि अमेरिका के आयोवा विश्वविद्यालय में क्रिएटिव राइटिंग के कोर्स चलते हैं। वहीं से उनका पाठ्यक्रम भी मँगा लिया गया था। हम लोगों ने रचनात्मक लेखन का एक प्रश्न-पत्र

तैयार किया था जिसमें समाचार-पत्र लेखन, रेडियो लेखन और फ़िल्म लेखन को सम्मिलित किया गया था। यह पेपर बहुत लोकप्रिय हुआ और इसके आधार पर आगे चलकर विभाग ने रचनात्मक लेखन का एक पी जी डिप्लोमा भी शुरू किया था। उस समय देश की किसी यूनिवर्सिटी के हिन्दी विभाग में इस तरह का कोई कोर्स नहीं था। मुजीब भाई ने विभाग को जो दिशा दिखाई थी उस पर विभाग लगातार आगे बढ़ता रहा और विभाग ने टी.वी. पत्रकारिता का भी एक पी जी डिप्लोमा शुरू कर दिया था। इसमें कोई शक नहीं कि अगर मुजीब भाई ने यह रास्ता न दिखाया होता तो आज जामिया के हिन्दी विभाग की जो प्रतिष्ठा है, वह न होती।

सन् 1971 से लेकर अब तक जामिया बहुत बदली है। 'डीम्ड टु बी यूनिवर्सिटी' से जामिया 'सेंट्रल यूनिवर्सिटी' बन गई थी। जामिया को सेंट्रल यूनिवर्सिटी बनाने के सिलसिले में मुजीब भाई और उनकी पीढ़ी का बड़ा योगदान था। दरअसल मुजीब भाई ने जामिया को अपना पूरा जीवन समर्पित कर दिया था। ऐसा नहीं है कि इसके पीछे निस्वार्थ सेवा का भाव था। मुजीब भाई आदमी थे और कोई आदमी ऐसा न होगा जिसमें कोई कमी न हो।

मुजीब भाई में भी कमियाँ थीं। हो सकता है ज़्यादा रही हों। लेकिन मैंने इतना ज़रूर देखा कि मुजीब भाई जामिया में पद और प्रतिष्ठा के प्रति उदासीन नहीं थे।

जामिया में उनका अपना एक सशक्त गुट था। वे पूरी तरह गले तक जामिया की सत्ता-राजनीति में डूबे हुए थे। अपने गुट और अपने प्रियजनों के लिए रास्ता बनाने और अड़चनें दूर करने में उनका जवाब न था। यही वजह थी कि वे कार्यकारी उपकुलपति की कुर्सी तक पहुँचे थे। कभी-कभी आश्चर्य होता था कि एक बुनियादी ईमानदारी और बेशर्म दुनियादारी के बीच उन्होंने कैसे तार मिलाए होंगे? क्या कोई मजबूरी थी? महत्त्वाकांक्षा थी? या कुछ न था केवल अभ्यास था या वे अपने गुट के हित में यह सब करते थे, जो भी हो मुजीब भाई फ़रिश्ता नहीं थे।

मुजीब भाई जब रिटायर हुए, मैं उन दिनों जामिया में नहीं था। आई सी सी आर की एक योजना के अंतर्गत बुदापेश्त, हंगरी में हिन्दी पढ़ा रहा था। इसलिए नीचे बताए जानेवाले प्रसंग का मैं साक्षी नहीं हूँ। मुझे दूसरे लोगों ने जो बताया है, वह लिख रहा हूँ। अपने कार्यकाल के अंतिम दिन मुजीब भाई विभाग के कार्यालय आए। क्लर्क से बोले कि भाई मैं आज रिटायर हो रहा हूँ। ये लो रजिस्टर और दूसरे काग़ज़ जो मुझे देना है। रजिस्टर और काग़ज़ देकर मुजीब भाई ने क्लर्क से हाथ मिलाया और उस विभाग से निकल गए जिसे उन्होंने बनाया था। उन सब लोगों में से उस वक़्त वहाँ कोई न था जिनको वे 'डिपार्टमेंट' में लाए थे, जिनको पी-एच.डी. कराई थी। उन्हें तत्कालीन विभागाध्यक्ष ने अपने कमरे में नहीं बुलाया। उन्हें कोई 'फ़ेयरवेल पार्टी' नहीं दी गई।

उनसे मिलने कोई नहीं आया। उन्हें दरवाज़े तक छोड़ने कोई नहीं गया। बाद में कुछ ने कहा, उन्हें पता ही नहीं था। कुछ ने कहा, वे क्लास ले रहे थे। कुछ ने कहा कि हमें किसी ने बताया ही नहीं। जल्दी ही सबको यह लगा कि मुजीब भाई के साथ विभाग ने अन्याय किया है। उन्हें जो आदर और सम्मान दिया जाना चाहिए था, वह क्यों नहीं दिया गया?

जामिया से रिटायर होने के बाद मुजीब भाई ईरानी सूचना और संस्कृति केन्द्र के एक प्रोजेक्ट में आमंत्रित कर लिए गए थे। इसके अंतर्गत फ़ारसी-हिन्दी का एक बड़ा शब्दकोश बनाया जा रहा था। उन दिनों मुजीब भाई से मुलाक़ात हुई तो लगा कि वे पूरी तरह शब्दकोश बनाने में डूबे हुए हैं। बहुत विस्तार से और बहुत रुचि लेकर बताने लगे कि काम कैसे हो रहा है। मुझे लगा मुजीब भाई दरअसल स्कॉलर ही हैं। प्रशासन के कामों में उलझकर उन्होंने अपनी विद्वत्ता और रचनात्मकता को नुक़्सान ही पहुँचाया है। लेकिन सिक्के की तरह हर आदमी के भी कुछ पहलू होते हैं और वो इकहरा नहीं होता। अगर इकहरा होता है तो अधूरा रहता है।

फिर धीरे-धीरे विभाग मुजीब भाई को अपने विशेष कार्यक्रमों में आमंत्रित करने लगा। उन्हें विशेष व्याख्यान देने के लिए आदरपूर्वक बुलाया जाने लगा। मुजीब भाई ने कभी पुरानी बातों की चर्चा नहीं की। प्रो. दुर्गा प्रसाद गुप्त के अध्यक्षीय कार्यकाल के दौरान एक अच्छा निर्णय लिया गया और विभागीय पुस्तकालय का नामकरण प्रो. मुजीब रिज़वी पुस्तकालय कर दिया गया।

मुजीब भाई की ज़िंदगी में उनकी कोई आलोचनात्मक पुस्तक प्रकाशित न हो सकी। उनका एक कहानी-संग्रह ज़रूर प्रकाशित हुआ था लेकिन यह उस समय की बात है जब वे इलाहाबाद में छात्र थे। जायसी पर थीसिस पूरी हो जाने के बाद भी वे उसे छपवाने को टालते रहते थे। कभी कहते थे, इस पर अभी कुछ और काम करना बाक़ी है। कभी कहते कि थीसिस को पुस्तक का रूप देकर ही छपने दी जाएगी। कुल मिलाकर यह कहा जा सकता है कि वे 'परफ़ेक्शनिस्ट' थे। एक-एक शब्द के लिए परेशान रहने वाले स्कॉलर को आप और क्या कह सकते हैं!

उनकी ज़िंदगी में अगर उनकी किताबें छप गई होतीं तो निश्चित रूप से वे हिन्दी आलोचक के रूप में प्रतिष्ठित हुए होते। उन्होंने तुलसीदास, अमीर ख़ुसरो और दूसरे सूफ़ी कवियों के बारे में जो आलोचनात्मक लेखन किया है वह श्रेष्ठ है। मलिक मोहम्मद जायसी पर उनकी पी-एच.डी. के सम्बन्ध में हिन्दी के बड़े आलोचक यह मानते हैं कि ऐसा काम और किसी ने नहीं किया।

रिटायरमेंट के बाद उनसे मिलना-जुलना कम हो गया था। लेकिन जब भी मुलाक़ात होती थी, उनके अंदर वही मौलिकता और रचनात्मकता दिखाई पड़ती थी जो पहले थी। हर विषय पर उनकी अपनी अलग सोच हुआ करती थी। एक बार मैंने उनसे ज़िक्र किया था कि मैं जामिया के इतिहास पर कुछ लिखना चाहता

हूँ। उन्होंने सुझाव दिया था कि मैं यह इतिहास एक अलग ढंग से लिख सकता हूँ। उनका सुझाव था कि अगर मैं जामिया के क़ब्रिस्तान को आधार बनाकर जामिया का इतिहास लिखूँ तो यह एक नई 'अपरोच' होगी।

अपने अकादमिक काम के प्रति उदासीन रहने वाले मुजीब भाई ने कभी अपने लेख, अपने नोट्स और अपनी थीसिस तक को सँभालकर नहीं रखा। प्रो. नामवर सिंह ने राजकमल प्रकाशन से कहकर उनकी थीसिस छपवाने की जब बात चलाई थी तब पता चला था कि थीसिस की कोई कॉपी मुजीब भाई के पास है ही नहीं। अलीगढ़ मुस्लिम विश्वविद्यालय की लाइब्रेरी से थीसिस की कॉपी हासिल की जा सकती थी। लेकिन इस काम में भी उन्होंने पूरी लापरवाही बरती थी। उनके न रहने पर ही जायसी पर उनकी पुस्तक प्रकाशित हो पाई थी।

आज जामिया का इतिहास कल्पना लगता है और मुजीब भाई जैसे लोग उस कल्पना-लोक के काल्पनिक पुरुष लगते हैं।

जाने हुए को जानना

रवीश कुमार

एक पाठक के तौर पर इस किताब के पन्नों से गुज़रते हुए मेरे हलक को दो बूँद समझदारी के नसीब होते हैं। मैं जिसे समझता रहा कि यह तो हमारी संस्कृति का हिस्सा है, जिसका ज़िक्र हर साल हर जलसे में सुनता हूँ, जो सबकुछ भले याद न हो, मगर जाना हुआ है। किताब पढ़ने के बाद भरम के बनाए इस महल के परख़च्चे उड़ गए।

जाना हुआ और जानना दोनों में कितना फ़र्क़ है। हम सभी जिस गंगा-जमुनी तहज़ीब को हिन्दुस्तान की संस्कृति के प्रतीक के रूप में पेश करते हैं उसी इलाक़े में दो और नदियाँ हैं, सरयू और घाघरा, जिनके किनारे पैदा होने वाली, शख़्सियतों की रचनाओं ने इस संस्कृति में ज़्यादा पानी बहाया है। मुजीब रिज़वी सबसे पहले उन्हीं खिड़कियों को खोलते हैं जो ज़माने से बंद हैं। बाद में पता चलता है कि वो दरवाज़े थे जिन्हें रिज़वी साहब ने खोला है, जिनसे एक नया रास्ता दिखता है। जानने के नाम पर मान कर चलते रहने वालों के लिए जानने के लिए मान कर 'नहीं' चलने का सबक़ है यह किताब।

हममें से बहुत से लोग बग़ैर जाने हुए भी इस बात को मान सकते हैं। लेकिन रिज़वी जानने की कोशिश करते हैं। उनकी स्कॉलरशिप की यही ख़ूबी है कि वह उस दौड़ से अलग हैं जो हर दूसरे जुमले में संस्कृति को गंगा और जमुना के दोआब में क़ैद करते रहते हैं। कोई रिज़वी जैसा विद्वान् ही तुलसीदास और मीर अनीस की रचनाओं के तसव्वुर के उद्गम तक जा सकता है—दिखा सकता है कि दोनों एक ही घाट से अपने लोटे में पानी भर रहे हैं, लेकिन घाट से दूर जाते-जाते उनकी कल्पनाएँ अलग-अलग लोक की रचना कर देती हैं जिन्हें अपनाकर लोग संस्कृति के घर में रख देते हैं। बिना जाने कि उनके घर में जो रखा है वही दूसरे के घर में रखा है।

इस बात को मानते रहने की ज़िद ने ही जानने के फ़न को इलाक़े से भी वंचित रखा है। आप यह समझने की भूल क़तई न करें कि यहाँ लेखक तुलसीदास और मीर अनीस की रचनाओं का तुलनात्मक अध्ययन कर रहे हैं। तुलनात्मक अध्ययन

हमारे क्लास रूम से निकला वो पैमाना है जिस पर कोई भी अध्ययन घिसा-पिटा साबित हो जाता है। उसकी ख़ूबियाँ सामान्य लगने लगती हैं और दिलचस्पियाँ हवा हो जाती हैं।

प्रोफेसर रिज़वी ने उस मिट्टी के अवयवों की जाँच की है जिनसे ये दोनों रचनाएँ निकली हैं और अमरत्व को प्राप्त हुई हैं। पढ़ने वाले का अनुभव अद्‌भुत हो जाता है। पेट की आग को जंगल की आग से बड़ा मानने वाले तुलसीदास राम के रूप में ग़रीबनवाज़ की मिसाल गढ़ते हैं। उनकी ग़रीबी उनकी नियति नहीं थी बल्कि उन नीतियों के कारण रही होगी जिसके बरक्स आदर्श नीतियों को लाने वाले राम की कल्पना हक़ीक़त में उतरती है।

जिस राजा की प्रजा दुखियारी हो वह राजा नरक का अधिकारी होता है। तुलसी ग़रीब हैं इसलिए ग़रीबों के हमदर्द हैं। इसका पाठ आप आज के दौर में करने से ख़ुद को रोक नहीं पाएँगे।

रामायण को मज़हबी शख़्सियत देने की कहानी कहते हुए रिज़वी इस बात पर ज़ोर दे रहे हैं कि तुलसी *रामचरितमानस* के बाद भी *विनयपत्रिका* और *कवितावली* में आम लोगों की तकलीफ़ों से ख़ुद को दूर नहीं करते हैं। प्रतिबद्ध रहते हैं।

हम जिस दौर में इस किताब को पढ़ रहे हैं, उस दौर में जनता की ग़रीबी मायने नहीं रखती है। यहाँ उसके चुने हुए प्रतिनिधि की ग़रीबी मिसाल है। उसकी ग़रीबी के क़िस्से गढ़े जाते हैं और वह ख़ुद भी अपनी ग़रीबी को दास्तान में बदलता है। उसके चारों तरफ़ अमीर-उमरा और उनकी बेशुमार दौलत नज़र आती है लेकिन उसके बीच अकेला ग़रीब वही नज़र आता है। देखने में उसकी ग़रीबी नज़र नहीं आती है लेकिन जानने की जगह मानने के इस दौर में उसकी ग़रीबी मान ली जाती है। उसकी ग़रीबी करोड़ों लोगों की ग़रीबी से बड़ी है। भव्य है। उसकी ग़रीबी का एक महल है। राजपाट है। उसकी ग़रीबी एक धारावाहिक की तरह चलती रहती है। तुलसी ने अवाम की ग़रीबी दूर करने के लिए एक मिसाली बादशाह को रामायण में उतारा है। आज के दौर में ख़ुद को बादशाह समझने वाला तुलसी के राम को आदर्श मानता है। बस यहीं पर रिज़वी की यह किताब आपको जानने और मानने का फ़र्क़ बता देती है। मानने के लिए जरूरी प्रक्रिया जानने की है।

सत्ता की राजनीति ने राम को लेकर अपना पाला बदला है। राम ने नहीं। हमारे लोकजीवन में उनकी उपस्थिति को रिज़वी जिस अधिकार से स्थापित करते हैं वो उन लोगों के 'जानने' के अधिकार को भी चुनौती देते हैं जो यह समझते हैं कि तुलसी की रचनाओं की विरासत के उत्तराधिकारी केवल वही हैं क्योंकि उनका धर्म *रामायण* से प्रेरणा पाता है, पहचान पाता है, मुक्ति पाता है। काश, इसी तर्ज़ पर फिर से तुलसी की रचनाओं का पाठ होता तो हम इस महान रचनाकार का

पुन:पाठ कर पाते और फिर से ऐसी मर्यादाओं को क़ायम कर पाते जिसकी कोशिश तुलसीदास ने की है।

> *रावी और झेलम को अगर अपनी हीर और सोहनी पर फ़ख़्र हो सकता है तो जमना भी अपनी राधा पर जितना फख़्र करे कम है। हीर और सोहनी का प्यार अगर दरियाओं के तलातुम में डूबकर लाफ़ानी बनता है तो राधा का इश्क़ एक आग का दर्या है जिसे तैर कर पार उतरने की ताक़त इस नाज़ुक-बदन में मौजूद है।*

चाहें तो आप इन पंक्तियों में भाषा का लुत्फ़ भी ले सकते हैं लेकिन यह भाषा राधा को केवल नए शब्दों के रूपक नहीं देती है बल्कि उनके क़िस्से को हमारी सांस्कृतिक विरासतों की जड़ता से भी निकालती है। रिज़वी राधा को इश्क़ की मूर्ति कहते हैं। राधा और कृष्ण के प्रेम का वर्णन करते हुए रिज़वी सूरदास की रचनाओं की सीमाओं को भी उजागर करते हैं और बताते हैं कि कैसे सूरदास ने भी दोनों के बीच प्रेम के प्रथम पलों को नज़रअंदाज़ कर दिया है। संस्कृत की रचनाओं में भी राधा और कृष्ण के प्रेम को साधारण पलों की तरह पेश किया गया है या अनदेखा किया गया है। मगर ऐसा नहीं है कि यह प्रसंग हमारे जीवन से ग़ायब हैं। उसी का पता मालूम करने के लिए यह किताब हम पढ़ गए।

रिज़वी राधा और कृष्ण के प्रसंगों की तलाश करते हुए टैगोर की *गीतांजलि* तक पहुँचते हैं। दिखाने लगते हैं कि *गीतांजलि* पर किस क़दर कबीर हावी हैं।

आज के मीडिया समाज में टैगोर का हुलिया तो पेश किया जाता है मगर टैगोर को नहीं। दरअसल रिज़वी खोज रहे हैं कि कबीर कहाँ-कहाँ मौजूद हैं। जैसे इमाम हुसैन की रचनाओं में राम कहाँ-कहाँ मौजूद हैं और तुलसी के *रामचरितमानस* में इमाम हुसैन कहाँ-कहाँ मौजूद हैं। रिज़वी कबीर की रचनाओं का नया पाठ पेश करते हैं। दरअसल कबीर एक ऐसे संगम पर खड़े नज़र आते हैं जहाँ से जब वे मुल्ला और काज़ी से मुख़ातिब होते हैं तो उनकी भाषा और उसके रूपक बदल जाते हैं और जब पण्डे और पंडित से बातें करते हैं तो उनके रूपक और हो जाते हैं। कबीर की रचनाओं से उनके अल्फ़ाज़ को चुनकर रिज़वी ही बता पाते हैं कि कबीर अपने समय के हिन्दुस्तान से कैसे संवाद करते हैं। रिज़वी विरासत के उत्तराधिकार और उस पर एकाधिकार की लड़ाई से दूर हैं। वह हमें मानी जा चुकी बातों को जानने की यात्रा पर ले जाते हैं।

मुझे मुजीब रिज़वी से मिलने का सौभाग्य प्राप्त हुआ है लेकिन उनकी विद्वत्ता से नहीं। उनके सामने बैठा हूँ लेकिन इस बात से अनजान रहा हूँ कि एक शोधकर्ता और शिक्षक के रूप में उनका जीवन किस साधना से गुज़रा है। मैंने भी उन्हें केवल माना है, जाना नहीं। जाना अब, जब वे इस जीवन में नहीं हैं। इसलिए मेरा इस

बात पर इसरार है कि मानकर चलने की जगह जानकर चलने या चलने से पहले जान लेने की यात्रा ज़रूरी है। 2019 में राजकमल प्रकाशन से ही उनकी किताब *सब लिखनी कै लिखु संसारा : पद्‌मावत और जायसी की दुनिया* आई थी। दोनों ही किताबें उनके जाने के बाद आई हैं। लेखक ने उन रचनाओं को किस बारीक नज़र से देखा है जिनका ज़िक्र हिन्दुस्तान की तहज़ीब की बुनियाद के रूप में किया जाता है, वह हमारी समझ और नज़र को हरा-भरा करता है। मुझे भरोसा है कि आप रिज़वी की *पद्‌मावत* पर लिखी किताब भी पढ़ेंगे। रिज़वी क्लास रूम में कबीर की तरह ही खड़े रह गए। एक तरफ़ मुल्लाओं से संवाद करते हुए, दूसरी तरफ़ पंडितों से मुख़ातिब होते हुए। लेकिन वक़्त को उसकी रफ़्तार के नशे से कौन अलग कर सकता है। हाँ, दर्ज कर सकता है। हमारी ग़रीबी कुछ कम हुई इसे पढ़कर। पढ़ने-लिखने की दुनिया की अमीरी, जानने से हासिल होती है।

इस किताब को पढ़कर हम कुछ कम नहीं बल्कि पहले से ज़्यादा बेहतर भारतीय होते हैं।

✪✪✪